西南大学
历史文化学院 民族学院
学术文丛

出土唐人墓志历史地理研究

马 强 / 著

科学出版社
北京

内 容 简 介

本书利用出土唐人墓志的文献资料和墓志资料对唐代乃至中古时期的我国的自然地理环境与人文社会地理进行全面的创新性研究。全书总共分十章，分别从研究进展、唐人墓志与唐代环境、唐人墓志与唐代政区地理、唐人墓志与唐代交通地理、唐人墓志与唐代经济地理、唐人墓志与唐代乡村地理、唐人墓志与唐人的地域观念等方面来构建全书的研究体系，是一部全面利用出土唐人墓志研究唐代历史地理的学术专著。

本书可供历史学、文献学等相关专业的人员参阅。

图书在版编目（CIP）数据

出土唐人墓志历史地理研究 / 马强著. —北京：科学出版社，2020.11
ISBN 978-7-03-066320-7

Ⅰ.①出…　Ⅱ.①马…　Ⅲ.①墓志-历史地理-研究-中国-唐代
Ⅳ.①K820.42

中国版本图书馆 CIP 数据核字（2020）第 195624 号

责任编辑：王　媛　杨　静／责任校对：韩　杨
责任印制：师艳茹／封面设计：黄华斌
编辑部电话：010-64011837
E-mail: yangjing@mail.sciencep.com

科 学 出 版 社 出版
北京东黄城根北街 16 号
邮政编码：100717
http://www.sciencep.com
三河市骏杰印刷有限公司 印刷
科学出版社发行　各地新华书店经销
*
2020 年 11 月第 一 版　开本：720×1000　1/16
2020 年 11 月第一次印刷　印张：22 1/2
字数：388 000
定价：187.00 元
（如有印装质量问题，我社负责调换）

序　言

郭声波

　　我感觉，近几十年来，无论是中国史研究还是中国历史地理学研究，热衷于明清至近现代时段的学者越来越多，特别是中青年人。究其原因，大概与以前受传统史学的影响，尚古之风盛行，而轻视晚近历史，改革开放以后，影射史学偃旗息鼓，治学者越来越关切国计民生，讲求经世致用，故转而盛行厚今薄古有一定关系。当然，也与近现代文献逐渐解封、解禁、公布、出版，加以现代化检索手段迅速提高有很大关系。这是好现象。

　　不过话说回来，古代部分的历史文献数量有限，该查、该用的史料毕竟只有那么多，乾嘉以来的二三百年间，翻来覆去地搜索、编类、整理、点校、出版，故纸基本上都已重见天日，不再是故纸。尤其是进入计算机时代、数字化时代、网络时代，古籍查阅更加便捷，基本上不存在死角。我们要在已经取得的十分丰硕的研究基础上更上一层楼，继续大范围地超越前人，就变得越来越困难。当然，我的导师史念海教授等老一辈学者，还能够从一些偏僻历史文献中发掘新的史料，"变废为宝"，如根据不为人所关注的《三国志》引《献帝纪》关于献帝从陕县故城渡河时以十匹绢"连续为辇"的记载，竟然算出当时此地河岸高度。这种神奇的方法值得学习，但功夫得来不易，自非一日之寒，能者不多。所以，不少中青年学者皆将古史视为畏途，故而治明以前历史地理远不如治明以后历史地理那么兴旺。

　　人们常说，"山重水复疑无路，柳暗花明又一村"。近代以来，罗振玉、王国维、郭沫若等就已开始利用传世或出土的甲骨文、金文研究上古史，但这些文字资料毕竟量少，且非出自正式的考古发掘，材料本身的年代断限就存在问题，所以很难进一步展开。

　　可以说，从中华人民共和国成立后，蓬勃发展的文物考古工作才真正为明以前的中国古代史研究打开了一扇大门，大量的地下文物特别是文字资料经科学考古发掘出土，其年代断限大多是精准的、可信的，尤其是墓志。墓志由题款、志文和铭文组成，志文是其精华部分，记录墓主的生平事迹，这些墓主都是有一定身份地位的人物，墓志一般是根据墓主生前或家属提供的事状写成，因此它们具有完整、详细、真实的特点，排除其明显的隐恶扬善成分，其任职履历、活动地域及基本业绩应具有相当可信的程度，大部分内容不见于传世文献，在古史研究中具有极高的史料价值。

唐以前墓志尚处于发展阶段，文字较短，出土量少，属于稀缺文物。唐宋时期墓志处于成熟阶段，文字较长，出土量大，但宋代周边疆界较之盛唐有大幅内缩，北方残破，且先后为辽、夏、金所据，故以墓志的地域广阔性和社会完整性而言，宋又不及唐。元以后的古墓发掘并非考古工作重点，出土墓志不多，对于史实的补充作用，又不及唐宋明显。正如本书作者马强教授指出："出土唐人墓志是近百年来我国地下出土石刻大宗，其数量不断增加，据专家估计已超过万方以上。"所以，马强教授选择唐代墓志作为切入点，探讨其对于历史和历史地理研究的重要性，不仅如他所说，"一定意义上关系到隋唐史及唐代历史地理研究的突破和深化"，而且对如何利用各个朝代的墓志研究当时的历史和历史地理，在方法论上也应能起到很好的示范作用。

马强教授的学术面较广，兼通中国古代史和历史地理学，在出土石刻文献研究、中国地理学史及史学理论等领域颇有造诣。其博士论文便是以唐代历史地理为研究对象，对唐宋文献和史实尤为熟悉，接连出版过《唐宋时期中国西部地理认识研究》《出土唐宋石刻文献与中古社会》《中国历史地理文献导读》等著作，这就使得本书作者在史料的运用上如鱼得水，在写作的准备上游刃有余。

本书题为《出土唐人墓志历史地理研究》，出版之际，作者嘱我作序。我对此题目颇有兴趣，故在欣贺之余，允作骥尾之蝇，借此一角赘言数语。

首先，此书主旨可以一言蔽之：不仅在于提倡出土文献对历史研究的重要性，并且在于提倡历史研究的科学性、严谨性。

本书分唐人墓志与唐代生态环境、唐人墓志与唐代政区地理、唐人墓志与唐代交通地理、唐人墓志与唐代经济地理、唐人墓志与唐代乡村地理、唐人墓志与唐人的地域观念等章节，除无关墓志内容的人口地理、民族地理外，基本上涵盖了历史地理学所有分支学科。因为近期研究的关系，我比较关注第三章、第五至七章。

第三章着重就唐人墓志所见初唐"权置州郡"及"析州设官"现象进行

了深入分析，并根据唐初墓志进一步证实了《贞观十三年大簿》所载州政区的真实性，然后对出土唐人墓志所见唐代政区的变迁及南方边远地区都督府及羁縻州设置问题进行了探讨，都有不少创见。

由此想到，我在 2002—2012 年间撰写《中国行政区划通史·唐代卷》时，也对唐人墓志在政区地理研究中的重要性深有体会，收集比对有关唐人墓志资料一二百种，实际引用数十种，其中借以纠正传世文献错误的事例主要有：

据《鲜州宾徒县令郭善摩墓志》，更正两唐书《地理志》"宾从（從）县"之误。据《濮王李泰墓志》，纠正《唐会要》关于贞观二年扬州大都督所领十六州名单中的两个州名错误，并证实《册府元龟》所言"颉利之败也……竟分其部置三都督府"，得知定襄都督未及除授即改置北抚州都督，云中都督未及除授即改置北宁、北开二州都督，另置之顺、北安二都督乃以突利、隋王等部置，不在颉利六州三府内。据《慕容威墓志》，考定长乐州乾元元年仍为唐有，《唐会要》《新唐书·地理志》所载失陷年代之"至德"为"广德"之误。据《阿史那婆罗门墓志》，知《新唐书·地理志》之羁縻阿史那州为俗称，正式州名为那州。苏颋《授樊侃益州司马制》云樊侃曾任"荣州都督"，据墓志可知当作"营州都督"。又据《李爽墓志》，知贞观中至龙朔中交州都督兼骥州都督，《旧唐书·地理志》载交州都督领骥州有误。据《程知节墓志铭》，贞观初泸州都督领三州，《旧唐书·地理志》领"一州"有误。据《张审文墓志》，黎州于天宝年间曾有汉源郡之名，并为唐后期所沿用，《元和郡县图志》、两唐书《地理志》皆作"洪源"，当从北宋本《通典》作"汉源"……

借以弥补传世文献阙失的事例主要有：

据《尉迟敬德墓志》，推知贞观间灵州都督府回州一度改名静州。据《吴令俊墓志》，考定乾元二年置邠宁节度使时并置押蕃落使，以代庆州都督统党项诸羌部落。据《皋兰州都督浑公夫人契苾氏墓志》，考定麟德东皋兰州治所。据《宁夏盐池唐墓发掘简报》之墓志及《曹闰国墓志》，考定河曲六胡州中的鲁州、含州所在。据《阿史那忠墓志》，知羁縻宁州都督府贞观八年后改为羁縻长州都督府。据《拓拔守寂墓志》志盖文字，推知羁縻开元州地望。据《故延州安塞军防御使白敬立墓志》，补充羁縻兴宁州都督府建置沿革及族属。据《金微州都督林中县开国公仆固乙突墓志》，推知龙朔年间发生以多滥葛和思结部为主的铁勒叛乱，事平，唐朝移部分仆骨部众填充土拉河下游地区，金微州都督府亦移治该地。据《屈突铨墓志》，推知万岁通天年间行营州都督领州数及名单。由《扶馀隆墓志》，知羁縻熊津州都督府罢于永淳元年。据《靳勣墓志》，百济故地曾置羁縻进礼州；据《阳玄基墓志》，高句丽故地曾置羁縻东栅州都督府；据《辽阳郡王李多祚墓志》，靺鞨故地曾置羁縻乌蒙州都督府；据《守可水州都督李承嗣墓志》，羁縻乌蒙州都督府曾分置羁縻可水州都督府。据《安东都护高震墓志》，知宝应元年后，安东都护府改为以旧酋高氏世袭之羁縻都护府，并未完全罢废。据《扬州大都督李勣墓志》，推定宣、歙二州割隶江南道时间。据田章、李行素墓志，考定贞元五年所置琼州管内招讨游奕使领州数。据《都督梁凤兴洋等四州诸军事守梁州刺史樊侃墓志》，确认景云年间分置山南西道时，已对梁州都督府辖境进行了调整，将兴、凤二州划入，壁、集二州划出，并知神龙初至开元初年后营州都督府领州数。据《故交州都督李道素墓志》载：其父李弘节赠桂州都督廿七州诸军事，知贞观十三年桂州都督府督十八正州，并督九羁縻州。据《李佐墓志》，贞元年间桂管观察经略使领羁縻州十八，仍含古州。据《故容州都督李俭墓志》，补永淳二年容州都督府领州名单，并知平琴州初名"邻州"。据《裴怀古墓志》，知天授中姚州都督府领三十七州，含一正州及三十六羁縻州，长安三年桂州都督府督领十九正州及十三羁縻州。据《安南都护张舟墓志》，考知元和年间以安南北部乌蛮、獠子部落新置十羁縻州。据《陈崇本墓志》，知天授二年黔州都督府领四十七州，含二十正州及二十七羁縻州。据《杜才墓志》，知永徽初年滇池地区曾置弄州及汤罗县。据《陆□□及夫人孙氏墓志》，知长安中巂州都督府领四十二州，含一正州及四十一羁縻州。据《拓拔驮布墓志》，知贞观七年吐谷浑所属党项拓拔吴伽率部内附，置羁縻西平州。据《故叠州密恭县丞杨师善墓志》，知显庆年间叠州曾领密恭县。据《元师奖墓志》，知永隆元年茂州都督府之羁縻姜、恕、卓、葛、蓬鲁五州自雅州都督府徙入，又知系衔中丽、津、超、罕、永、定六州是羁縻州。据《天山县南平乡令狐氏墓志》，知贞观中安西都护府曾领庭州……上述事例，或可作为第三章最后一个问题的补充。

其次，最值得称道的是本书第五至第七章。作者花了很多心血，利用唐人墓志稽考出大量唐代两京附郭县的乡里名，以及村、店、驿、城、门、桥、陵、山、水名，并考出其相关位置，对于我们深入研究及复原唐代两京地理特别有用。当年我在史念海教授门下读书时，他就称赞过 20 世纪 60 年代初陕西省博物馆武伯纶馆长发表的《唐长安郊区的研究》和《唐万年、长安县乡里考》两文，推荐我们学习。文章充分利用了当时出土的唐人墓志和买地券提到的乡里名进行乡村地理复原，属于开拓性研究。对此我念念不忘，在

2013 年复旦史地所举办的一个沙龙上我做了题为《解构探底：历史政区地理研究的基层延伸》的发言，提出今后历史政区地理的研究主攻方向，将向三个方面展开或延伸，"一是横向的边疆民族政区地理，一是纵向的县以下基层政区地理，一是人地关系角度的政区与环境关系"。当时已在指导研究生王旭，以宋人墓志和买地券资料为中心，进行县以下基层政区复原性研究，他在博士生阶段即出版了专著《宋代乡的建置与分布研究》，引起学术界注意。但在唐代县以下乡村地区，基层政区是否存在，应当如何研究，相信读者看完马强教授这本书后，会受到很大启发。

在本书的这几章中，马强教授对唐人墓志所见乡村基层政区体系、乡村中的"坊"与"庄"、乡村地名资料及其地理学地名学价值，都做了深入研究，确实值得一读。毋庸讳言，本书也有少许美中不足之处，主要是缺乏必要的地图，特别是关于政区地理和两京乡村地理两个章节。

另外，第三章序言评价了岑仲勉、严耕望和我关于隋唐五代政区研究的论著，最后总结说："上述论著对出土唐人墓志中所涉政区数据均基本忽略或很少加以引用和辨析，不能不说是一种缺憾。"岑、严二氏因所处时代和地区关系，难以见到和较多使用唐人墓志，确实令人遗憾，但我所著《中国行政区划通史·唐代卷》（复旦大学出版社，2012、2017 年版）如前所举，应当不在"基本忽略或很少加以引用"之列。其实在更早的《彝族地区历史地理研究——以唐代乌蛮等族羁縻州为中心》（四川大学出版社，2009 年版）一书中，我就已注意到唐人墓志的价值和对其的应用，如《皇甫文备墓志》《南宁一十四州都督爨子华墓志》等。

第三章第四节，关于《元师奖墓志》提到墓主"曾兼领河、兰、廓、缘、淳、丽、津、超、罕、永、定、鄯等十二州刺史"问题，经查应是根据墓志题款的系衔"大唐故通议大夫使持节都督鄯河兰廓缘淳丽津超罕永定等一十二州诸军事、守鄯州刺史"，及志文"授公使持节都督鄯河兰廓缘淳丽津超罕永定等一十二州诸军事、守鄯州刺史"得来，但理解可能有一定偏差。墓志原意是指元师奖所担任的鄯州都督管辖有十二州，并非兼领这十二州的刺史，他只兼领都督府所在州（即本州鄯州）的刺史，所以才特别加了一句"守鄯州刺史"。唐代以都督兼领本州刺史是惯例，但都督系衔全称是要把所领支州全部列出，而简称一般只提本州，或者只提前面几个州，后面的州名用"等"字略去，仅保留领州数，例如《大周故陈府君（崇本）墓志》言，天授二年时陈瓒任"使持节都督黔辰等卅七州诸军事"。同理，下句的"后又兼统茂、涂、向、维、姜、冉、笮、恕、卓、葛、蓬、鲁十一州刺史"也有问题:"统"有管辖、都督的意思,比"领"字准确,但"兼统"(即都督)对象也只是十一州诸军事,而非十一州刺史,因为墓志原文是"授公使持节都督茂涂向维姜冉笮恕卓葛蓬鲁一十一州诸军事、守茂州刺史",而且此事是在元师奖担任鄯州都督之前,而非"之后"。又,元师奖鄯州都督系衔中的"缘州",应是"儒州"之误,否则,缘州远在宁夏同心,如何能归鄯州都督管辖?"丽州",也不可能是远在灵州都督府境的"六胡(粟特)州"之一,我在《元师奖墓志所见唐代羁縻州探讨》(载《中国史研究》2017年第2期)一文已有详细论证,它只是一个位于浩亹水(今青海大通河)流域的同名吐谷浑羁縻州。

当然,上述瑕疵不能掩玉之白,作者提倡的历史地理研究方法,才是本书精髓所在。利用墓志、买地券之类地下文字资料研究历史或历史地理,这些工作做起来比较琐碎,需要坐冷板凳,可惜不少人不太愿意坐,或者不愿意把板凳坐热。有人把这种实证工作比喻为工匠技术活,说它没有创新。还有一些研究,不外是传说和神话,即便用到一些考古材料,也多属关联比类,没有多少科学价值。依靠故事传说和关联比类推演、重构历史,是相当危险的。我们除了在理论上坚持历史唯物主义,在实践上坚持历史文献与实地调研相结合的研究方法,或者像本书这样,依靠第一手的出土文献,以实证丰富历史,升华理论,别无捷径。模糊的史实得到证实,缺失的环节得到弥补,因之而还原真实或接近于真实的历史,也是创新,这才是我们应有的科学的、严谨的态度。

2020 年 10 月 25 日于暨南大学暨南花园

目　　录

第一章 出土唐人墓志与唐代历史地理研究的新拓展

　　唐人墓志因系唐代埋入地下的第一手历史实物资料，弥足珍贵，是研究唐代政治、经济、军事、文化及唐代历史地理的新实物资料，一定意义上关系到隋唐史及唐代历史地理研究的突破和深化。近年来，随着陕西、河南及全国其他地方唐人墓志的不断发现，业已引起国内考古学、中国古代史、文学史、书法史及历史地理学界学人愈来愈多的关注和重视，且作为研究隋唐五代史的最新文物资料而不断被引用，很大程度上丰富了我国隋唐五代史的研究，被饶宗颐先生称之为"继甲骨、简牍、敦煌写卷、内库档案之后第五种新出史料"。晚清以来，我国学者劳格、陈寅恪、岑仲勉、唐长孺、谷霁光及外国学者沙畹、伯希和、户崎哲彦、气贺泽保规等均曾利用新发现唐人墓志进行隋唐舆地研究，并取得一些重要个案成果。目前，学界对唐人碑铭的研究绝大部分集中在考古学、文献学、书法史及历史人物生平考订等方面，利用唐人墓志研究唐代历史地理近年来取得的研究成果发表，引人瞩目。[①]唐人墓志中有丰富的唐代地名、政区地理、军事地理、交通地理、文化地理包括唐人地理观念信息，都是正史文献很少记载的资料，值得充分重视。目前，学

[①] 周晓薇、张沛、张萍等人利用唐人墓志铭对唐代府兵折冲府和唐两京城坊的考证，弥补了两唐书对折冲府及长安、洛阳城坊数量及其地理分布记载的缺失和遗漏（周晓薇、王其祎：《唐折冲府考校补拾遗》，《中国历史地理论丛》1995 年第 3 辑；张沛编著：《唐折冲府汇考》，西安：三秦出版社，2003 年；张萍：《由唐墓志增补两京城坊宅第》（一），《中国历史地理论丛》2002 年第 2 辑；霍巍、郭声波则对在西藏吉隆发现的王玄策《大唐天竺使出铭》碑铭中中印交通史地价值做了深度考察（《中国藏学》2001 年第 1 期、《中国藏学》2004 年第 3 期）。艾冲、王乃昂等近年来利用在内蒙古河套地区发现的唐人墓志对唐"六胡州"城遗址地理定位进行了有益的新探索（艾冲：《唐代河曲粟特人"六胡州"治城的探索》，《民族研究》2005 年第 6 期；王乃昂等：《六胡州古城址的发现及其环境意义》，《中国历史地理论丛》2006 年第 3 辑），以上都是利用新发现唐人碑志资料研究唐代历史地理的代表性成果。

界对唐人墓志中的历史地理资料还缺乏全面系统的整理和研究，对唐人墓志中所涉及丰富的生态、灾害、交通、政区、地域、人地关系、地域观念等更是少有问津。笔者承担了国家社会科学基金项目"新出土唐人墓志历史地理资料整理与研究"，近年来对出土唐人墓志中的历史地理资料做了一些初步研读、整理，深感其对唐代历史地理研究的重要性，下面试从四个方面加以初步探讨。

第一节　新出唐人墓志与唐两京地理研究的深化

唐国都长安及其陪都洛阳时称西京和东京，是公元 7—9 世纪中国的政治、文化中心，也是当时世界上建筑规模最为雄伟壮丽的国际大都市。[①] 关于唐两京的规模、形制、坊里等问题，考古、文物、历史地理学界已经探讨多年，历史文献如韦述《两京新记》、宋敏求《长安志》、徐松《唐两京城坊考》在复原唐两京都城原貌方面都有不同程度的重要意义，但对两京大量的街市坊里、苑囿渠池、名人宅第的分布和位置来说，许多问题仍然尚未明了。目前出土的唐人墓志以两京地区数量最巨，唐人墓志中的相关记载很大程度上可以弥补文献记载的空白，诚如学者所说唐人墓志"对研究隋唐两京的城市建设、古都风貌更是弥足珍贵的新史料"[②]。

长安、洛阳作为大唐王朝的国都与陪都，号称东、西两京，是唐朝政治、文化中心，加之长安城东、西、南郊诸原与洛阳北郊邙山为唐朝达官贵戚墓葬集中地，因此两地出土的唐代碑石资料最为集中和丰富。近一个世纪以来，出土的唐人墓志大约 90% 即来自两京地区。长安、洛阳地区出土的唐人墓志于唐两京城市及郊区地理研究价值重大，清人徐松及今人武伯纶、杨鸿年、辛德勇、李健超、赵振华、张剑等均利用唐人墓志对唐长安、洛阳城坊（里）、名人宅邸、郊区景观等做了富有意义的探索[③]，刊布成果已经十分丰富，但仍然有许多问题尚未探索。据李健超多年的研究，隋唐墓志首先补充和丰富了两京坊里宅第研究的内容，在增补两京名人宅第（包括两京建造者的宅第）、

---

① 傅熹年：《隋唐长安、洛阳城规划手法的探讨》，《文物》1995 年第 3 期。
② 李健超：《洛阳西安出土隋唐墓志与隋唐两京城坊（里）的研究》，赵振华主编：《洛阳出土墓志研究文集》，北京：朝华出版社，2002 年，第 4 页。
③ 武伯纶：《唐长安郊区的研究》，新建设编辑部编：《文史》第 3 辑，北京：中华书局，1963 年；杨鸿年：《隋唐两京坊里谱》，上海：上海古籍出版社，1999 年；辛德勇：《隋唐两京丛考》，西安：三秦出版社，2006 年；（清）徐松撰，李健超增订：《增订唐两京城坊考（修订版）》，西安：三秦出版社，2006 年；张剑：《洛阳出土墓志与洛阳古代行政区划之关系》，赵振华主编：《洛阳出土墓志研究文集》，第 133—162 页。

公主王孙宅第、皇族后裔宅第、宦官两京宅第、唐代文学名人及书画家宅第、流寓隋唐两京的高丽及百济人的府第名称和位置等方面，一些原来无法明了的问题都因出土墓志的发现得到证实，墓志还对当时两京城内外一些佛寺、道观，包括外来的祆教（拜火教）、景教、摩尼教的寺院位置、分布也有重要的佐证意义。清代学者徐松的《唐两京城坊考》虽为研究唐代长安、洛阳城市历史地理的经典名著，但记录多有阙略，且详于长安而略于洛阳，甚至于一些重要的坊里如西京延祚坊、通善坊，东京福善坊、德懋坊、进德坊、富教坊、嘉猷坊中的宅第在该书中皆无具体内容，而墓志则很大程度上补充了这方面的空缺。目前墓志中涉及的两京坊里宅第已经与文献提及的原数目相接近。同时新出土的唐人墓志还对《唐两京城坊考》有重要检验、印证意义，得出"从出土大量唐墓志来验证，绝大部分内容是正确的、可信的"[1]结论。张剑则利用近年来洛阳地区出土的墓志揭示了洛阳城近郊王城、成周、谷城、祝融城、唐米城、北月城、新城、河阳城等八座古城的存在及部分古城的坐落位置。[2]

如果说隋唐两京城坊多少还有历史文献作为基本记载的话，那么若要复原唐两京所辖乡里分布及地名，唐人墓志就更是不可或缺的一手资料。据宋敏求《长安志》，唐朝长安城郊有 104 乡，其中万年县有 45 乡、长安县有 59 乡，但至北宋时人们对此已经知之甚少，《长安志》仅记 13 乡 8 里；虽然北宋张礼《游城南记》、元代骆天骧《类编长安志》有所补充，但距乡里实际数字仍然相差甚远。幸运的是 20 世纪以来，随着西安、洛阳城市建设的发展，出土了大量唐人墓志，并且大多被有关考古、文博单位收藏和整理出版，为钩沉考索已经湮没在岁月中的唐代两京郊区乡里提供了有力的新资料，使得一定程度上复原唐东、西两京所辖乡里成为可能。自 20 世纪 60 年代开始至今，武伯纶、杜文玉、李健超、张剑、程义、王原茵等皆曾运用出土唐人墓志所载葬地对长安、洛阳城郊的乡里进行考索，丰富了对唐两京郊区乡里的认识。其中武伯纶考证出长安、万年县有 72 个乡里，拓荒之功不可磨灭。[3]王原茵通过对出土于西安郊区的隋唐墓志分析，复原了墓志所见的乡、村、里

---

① 李健超：《汉唐两京及丝绸之路历史地理论集》，西安：三秦出版社，2007 年，第 359 页。

② 张剑：《洛阳出土墓志与洛阳古代行政区划之关系》，赵振华主编：《洛阳出土墓志研究文集》，第 133—140 页。

③ 武伯纶：《唐万年、长安县乡里考》，《考古学报》1963 年第 2 期；武伯纶：《唐长安郊区的研究》，新建设编辑部编：《文史》第 3 辑，北京：中华书局，1963 年。

原所在方位，并探讨了葬地与出土地古今地名的演变。[①] 近年来程义又继武伯纶研究之后，以新近出土墓志资料增补了隋代 14 乡 5 里、唐代 16 乡 33 村 19 里，并发现唐代长安郊区的乡名基本上沿袭隋代之旧，但乡和里分属于不同的系统，之间无统辖关系。[②] 近年出土的《杜玄礼墓志》载墓主生前于开元七年（719 年）"于京城西开远门外七里临罜（皋）驿前，预修砖堂塔一所。北连秦甸，斜接上林。南望周原，旁临通漕。左瞻凤阙，右接鲸池。平陆坦然，寔为信美"[③]。寥寥数语，将唐长安西郊馆驿、漕渠、陂池、原野等景观记录下来，十分逼真形象，是为唐长安西部郊区的一条新史料。按"临罜驿"当为临皋驿之笔误，该驿在长安开远门外龙首乡。宋敏求《长安志》云："临皋驿在县西北一十里开远门外，今废。"[④] 关于此临皋驿，除《杜玄礼墓志》外，另有两方唐人墓志也曾提及。《王守节墓志》称墓主葬于"临皋之平原"[⑤]；《史堵颖墓志》也称史氏葬于长安县（今西安市长安区）龙首乡小严村，并说"小严村即开远门外临皋驿西南"[⑥]，可见并非孤证。这三方墓志对于复原唐长安西部郊区交通与景观地理有重要实证价值。

张剑则利用洛阳出土的大量唐人墓志对北魏、隋唐洛阳近郊的县乡里村分布、乡里地名及变迁、古今位置差异复原做了富有成效的研究，认为墓志反映出北魏洛阳城北郊和西郊分为洛阳、河阴两县，其中洛阳县计有 8 乡 69 里，到了隋代河南、洛阳两县的乡里村名则与北魏时期已经完全不同，墓志表明唐代洛阳县有 15 乡 33 里 17 村，墓志中出现频率最高的平阴乡有平阴、南陶、陶村、凤凰、吕乐、安善、积润等 13 个里，而且唐代洛阳乡里隶属关系复杂[⑦]，有里隶村的记载，也有村辖里的情形，俱见于墓志中。[⑧] 应该说利用唐墓志资料开展对唐两京郊区乡里分布的研究是唐两京历史地理研究中的

① 王原茵：《隋唐墓志的出土时地与葬地》，《碑林集刊》第 6 辑，西安：陕西人民美术出版社，2000 年，第 185—206 页。

② 程义：《隋唐长安辖县乡里考新补》，《中国历史地理论丛》2006 年第 4 辑。

③ 《大唐朝议郎行内侍省宫闱局丞上柱国公士杜君（玄礼）墓志并序》，吴钢主编：《全唐文补遗》第 5 辑，西安：三秦出版社，1998 年，第 347 页。

④ （宋）宋敏求撰，辛德勇、郎洁点校：《长安志》卷 12《长安县》，西安：三秦出版社，2013 年，第 383 页。

⑤ 吴钢主编：《全唐文补遗》第 2 辑，西安：三秦出版社，1995 年，第 25 页。

⑥ 《史堵颖墓志》，吴钢主编：《全唐文补遗》第 7 辑，西安：三秦出版社，2000 年，第 123 页。

⑦ 张剑：《洛阳出土墓志与洛阳古代行政区划之关系》，赵振华主编：《洛阳出土墓志研究文集》，第 140—148 页。

⑧ 张剑：《唐代东都里坊的几个问题》，洛阳市历史学会、洛阳市海外联谊会编：《河洛文化论丛》第 2 辑，开封：河南大学出版社，1991 年，第 311—321 页；张剑：《从墓志出土地点谈唐代东都县乡里村和墓葬的分布》，《洛阳理工学院学报（社会科学版）》1992 年第 2 期。

一大亮点，富有拓展意义。虽然墓志多有对墓主生前歌功颂德的谀辞，但卒葬的时间与地点等却具有客观性和真实性，无须虚构粉饰，因此利用墓志中墓主卒地和葬地来复原唐两京近郊乡里村落无疑是一行之有效的方法，得出的结论因而也是信而有据的。

第二节　墓志所涉唐代政区变迁资料及其价值

出土唐人墓志中包含有丰富的唐代政区变迁资料。墓志虽然以记录墓主郡望、家世、生平仕宦、生卒年月、葬地及歌功颂德为主要内容，但有墓志的唐人大多生前曾经仕宦多个州（郡）、县，任职地理空间变动性、跳跃性大，墓志的叙述客观上留下了当时政区沿革的第一手资料。近百年出土发现的数以万计唐人墓志中所记录的仕宦政区，几乎可以覆盖唐朝所有道、府、州（郡）、县区域，换句话说，唐朝设置的政区包括在两唐书的《地理志》《括地志》《元和郡县图志》中记载的政区地名几乎都可以在墓志中得到证实，还包括文献记载遗漏的若干州、县、乡、村、里。出土唐人墓志中的政区资料大致具备如下特点：一是墓主仕宦州县名称与两唐书的《地理志》、《元和郡县图志》所载对照基本上可以相互印证，成为唐代政区地名资料的又一记载系统，并由此证明历史文献对唐代政区记载的真实性毋庸置疑；二是唐代一些曾经短暂设置、省并的州县以及因特殊原因设置的特殊州县在墓志中也能找到相应的记载；三是唐代不同时期墓志所载政区大致能够反映出唐代行政区划及其地名演变的基本过程，而且对古籍、文献失载阙漏者也有重要补充价值。笔者目前正在进行出土唐代墓志所涉政区地名统计比勘，已经汇集大量数据，待整理后刊布，这其中，最有意义的莫过于那些唐代曾经短暂设置、昙花一现的州县的记载。

唐人墓志于政区地理最重要的在于客观记载下不少建置短暂的政区，因墓主曾经亲历任职显得更加真实可信，如墓志中提及的"仙州"，就是一个典型个案。仙州为唐玄宗开元年间于河南道设置的行政区，存在时间十分短暂，李吉甫《元和郡县图志》卷六《汝州》云："开元三年，于县（叶县）置仙州，以汉时王乔于此得仙也。二十六年废仙州，属许州。其年，又割属汝州。"[①]如此则仙州作为州一级政区在唐代仅仅存在了23年时间，无怪乎在唐史文献中很少有关于仙州的记载，但唐人墓志中却多次提到仙州，开元年间不少墓

---

① （唐）李吉甫撰，贺次君点校：《元和郡县图志》卷6《汝州》，北京：中华书局，1983年，第167页。

志均证实其曾经确实存在,《杨炭墓志》说墓主"解褐补仙州叶县尉",知仙州辖有叶县①;《王钧墓志》也谓墓主解褐不久即任"仙州方城长"②,《杜孚墓志》述及志主以门荫入仕,即"调仙州西平尉"③,则方城县、西平县也曾是仙州辖县。此外,《崔杰墓志》也提及崔杰之父崔志廉曾任仙州刺史。④崔杰卒于天宝十五载(756年),则其父授仙州刺史当在开元十五年(727年)前,此时仙州尚未撤并,因此墓志记载可信。不仅如此,更有实证意义的是洛阳新出土《衡守直墓志》明言仙州为"新造之邦":"特拜仙州刺史。夫仙州者,新造之邦也。"⑤衡守直很有可能为仙州历史上第一或第二任刺史。墓志中还能找到最后一任仙州僚佐的记录,如《张仁方墓志》载志主曾任"仙州别驾"⑥。据此墓志,张仁方卒于开元二十四年,其为仙州别驾后再无任官记录,因仙州撤罢于开元二十六年,则极有可能在其死后不久仙州即罢废。仙州设置时间虽然不长,但置官齐全,《孙婴墓志》述及志主曾"历仙州司仓参军"⑦,即为佐证。《衡守直墓志》还载仙州"人希土旷,难安易扰。洪惟启迪,式践棐彝。均井邑以居之,通贸迁以利之,谨行量以平之,垂礼让以节之。犹是襁负而归者,动以万计"⑧。表明衡氏治理仙州颇有政绩,农商并举,招抚流亡,参之以儒学教化,将这一初创的新州治理得井井有条。新近出土的《程伯献墓志》中也有其由夔州刺史任转授仙州刺史的记录。⑨虽然没有记载具体时间,但根据仙州的置废时限,也当在开元前期。程伯献为初唐名臣程知节之孙,墓志载程氏以开元六年八月二十八日薨于仙州任上,享年六十有五,则其出任仙州刺史时该州确实置立不久,与前揭《元和郡县图志》所载仙州置废时间相符。

---

① 周绍良主编:《唐代墓志汇编》(以下简称《汇编》)下,天宝100,上海:上海古籍出版社,1992年,第1601页。

② 《唐故遂州长史王公(钧)墓志》,吴钢主编:《全唐文补遗》第6辑,西安:三秦出版社,1999年,第460页。

③ 《大唐故静塞军司马杜府君(孚)墓志铭并序》,吴钢主编:《全唐文补遗》第2辑,第492页。

④ 周绍良主编:《汇编》下,天宝178,第1655页。

⑤ 《大唐故仙州刺史衡府君(守直)墓志铭并序》,吴钢主编:《全唐文补遗·千唐志斋新藏专辑》,西安:三秦出版社,2006年,第136页。

⑥ 《仙州别驾张府君(仁方)墓志铭并序》,吴钢主编:《全唐文补遗》第2辑,510页。

⑦ 《唐故宣义郎京兆府蓝田县尉乐安孙府君(婴)墓志铭并序》,吴钢主编:《全唐文补遗》第1辑,西安:三秦出版社,1994年,241页。

⑧ 《大唐故仙州刺史衡府君(守直)墓志铭并序》,吴钢主编:《全唐文补遗·千唐志斋新藏专辑》,第136页。

⑨ 周绍良主编:《汇编》下,开元482,第1488页。《程伯献墓志》记载墓主卒年比较特殊,署为"唐百有廿一载夏五月……十二日",换成唐朝纪年应该是开元二十七年(739年),则伯献出任仙州刺史至少在此十二年前即开元十五年以前。

武则天时期设置的鸿州为时更短，不过十年即废罢，但在唐墓志中仍然留下记录。《阳俭墓志》有墓主"寻授使持节鸿州诸军事、鸿州刺史"①的记载，正是证明。据《臧怀亮墓志》，唐玄宗时期镇守北疆的名将臧怀亮入仕不久即"迁鸿州长道府左果毅长上"②，由此可知唐代在鸿州设立有折冲府长道府，也显示了鸿州军事地位的重要性。《卫子奇墓志》则言墓主以门荫入仕，"选授鸿州参军事"③。按鸿州置于武则天天授二年（691 年），治渭南县（今属陕西省渭南市老城北），领渭南、庆山、高陵、栎阳、鸿门五县。大足元年（701 年），废鸿州入雍州。《旧唐书》卷三八《地理志》载："天授二年置鸿州，分渭南置鸿门县，凡领渭南、庆山、高陵、栎阳、鸿门五县。寻废鸿门县还入渭南。大足元年，废鸿州入雍州也。"④ 因设置短暂，仅仅十年时间，见于唐书列传任职该州者甚少。《阳俭墓志》和《臧怀亮墓志》的出土，无疑是为唐鸿州行政区的存在提供了新资料。

再如，鄚州也是唐代短暂存在的州一级政区，在开元年间墓志中曾经反复出现，而且"鄚州"和"莫州"互见。"鄚州"和"莫州"是一州，还是二州之异？按鄚为古国名，始建于西周，为燕国附庸。查考史籍，《旧唐书》卷三九《地理志》云：莫州"本瀛州之鄚县。景云二年，于县置鄚州，割瀛州之鄚、任丘、文安、清苑，幽州之归义等五县属之。其年，归义复还幽州。开元十三年，以'鄚'字类'鄭（郑）'字，改为莫。天宝元年，改为文安郡。乾元元年，复为莫州。管县六。"鄚州为唐景云二年（711 年）置，治鄚县（遗址在今河北任丘市北鄚州镇），辖境相当于今河北省雄县、容城、安新、任丘、文安、保定、清苑等地。开元十三年（725 年）以"鄚"字类"鄭（郑）"字，故改名莫州，如此墓志中的"鄚州"与"莫州"实为一州。《程思庆墓志》载程氏尝授鄚州文安县尉，开元十一年卒于任上。⑤ 近年在洛阳出土的《李问政墓志》也载李氏在和州刺史任时"以所部县令犯赃，贬授鄚州别驾"⑥。两方新出土唐人墓志中的记载，与《旧唐书·地理志》的记载可互为印证，且在

① 《大周故银青光禄大夫尚方监阳君（俭）墓志之铭并序》，吴钢主编：《全唐文补遗·千唐志斋新藏专辑》，第 84 页。
② 周绍良、赵超主编：《唐代墓志汇编续集》（以下简称《汇编续集》），开元 098，上海：上海古籍出版社，2001 年，第 521 页。
③ 周绍良、赵超主编：《汇编续集》，开元 100，第 523 页。
④ 文献仅有王旭任鸿州参军的记载，见《旧唐书》卷 186 下《王旭传》："旭解褐鸿州参军，转兖州兵曹。"
⑤ 周绍良、赵超主编：《汇编》下，天宝 119，第 1615—1616 页。
⑥ 《大唐正议大夫行鄚州别驾李公（问政）墓志铭并序》，吴钢主编：《全唐文补遗·千唐志斋新藏专辑》，第 134 页。

时间上也与该州的置废相吻合，由此"鄚州"的存在也自成事实无疑。由"鄚州"到"莫州"，实际只是州名的变动。唐中央政府为改变南北朝、隋以来长期存在的州县重名的混乱状况，于开元十三年由朝廷下诏"避文相类及声相近者"，天宝元年（742年）更易天下110处县名，使同名县大大减少[1]，这在墓志资料中也有多方面的反映，鄚州改为莫州即为其中一例。

奉先县创置于开元四年（716年），系唐玄宗李隆基为纪念其父亲睿宗陵寝所在改同州蒲城县时所设。《旧唐书·地理志》载开元四年，改同州蒲城县为奉先县，仍隶京兆府；《旧唐书》卷八《玄宗本纪》载开元四年十月庚午葬睿宗大圣贞皇帝于桥陵，以同州蒲城县为奉先县，隶京兆府。两条记载内容大致相同，只是后者时间更具体一些。奉先县的地名存在时间较长，从唐开元四年（716年）到北宋开宝四年（971年）一直作为唐皇陵所在县得到保护和祭祀，而且因诗人杜甫有《自京赴奉先县咏怀五百字》诗而声名远扬。《唐代墓志汇编》收录的《卢明远墓志》，是有关创设奉先县的第一手资料："释褐汾州平遥县尉，历同州蒲城县尉。御史大夫宋璟以公清白闻诸天子，明年，有诏改蒲城县为奉先县，隶属京兆府，以邑有陵寝也，乃授奉先县尉。"[2] 据此墓志，卢明远正是在任职蒲城县尉时，蒲城县被诏改为奉先县，他也就自然成为第一任奉先县县尉，是将陵寝所在县改为陵县的亲身经历者，因而这是一条珍贵的县名变迁史料。

唐代一些州县名称的变迁与避帝王名讳相关，新出土墓志资料提供了时间上更接近而又系墓主亲历的具体记录。以蜀地为例，因避讳而更改的县名在墓志中同样有所反映。合州新明县本为新民县，武德二年（619年）分石镜县置，后因避唐太宗李世民讳，更改为新明县，县治在今四川岳池县罗渡镇。《李诏墓志》对此可资印证："年廿，明经举，射策高第……再迁合州新明县丞。"[3] 墓主葬于高宗开耀二年（682年），新明县早已取代"新民县"，故顺理成章。再如，绵州昌隆县，自西魏设置以来历北周、隋、唐，至先天元年（712年）唐玄宗即位，因避李隆基名讳，改称"昌明县"。后唐庄宗同光元年（923年）又因避李存勖祖父李国昌名讳，改为彰明县（今为江油市），这在墓志中也留下了记录，有两方涉及诏改前的昌隆县。弘农郡人刘义弘"应诏孝廉及第"后，"释褐绵州昌隆县尉"[4]。按墓志载刘氏卒于显庆元年（656年），

---

[1] 华林甫：《论唐代的地名学成就》，《自然科学史研究》1997年第1期。
[2] 周绍良主编：《汇编》下，天宝112，第1610页。
[3] 周绍良、赵超主编：《汇编续集》，开耀003，第253页。
[4] 《大唐故左武卫兵曹参军刘君墓志》，周绍良主编：《汇编》上，上元044，第624页。

则授昌隆县尉当在高宗初年；《马珍墓志》也载墓主"永徽三年奉诏授绵州昌隆县令"①。两方墓志所及皆为高宗时期的记录。先天元年（712 年）唐玄宗诏改昌隆县称昌明县，"昌隆县"这一县名从此在墓志中消失，说明墓志严格遵从了国家政令对政区命名的要求。

第三节　墓志所见唐代乡村地名资料及其价值

唐人墓志于地名学的意义，最难得的是保留了在正史文献中绝少记载的唐代若干乡村地名资料。这些乡村由于墓志中记述墓主葬地具体方位而得以保存，殊为珍贵。关于唐代地名的研究，当今学者凭借的史料大多仍然以传世文献为主，如华林甫《论唐代的地名学成就》就主要以《元和郡县图志》和《括地志》残本为史料依据②，而且研究范围以州（郡、府）、县级地名为主，很少探讨乡村地名。除了前揭武伯纶、程义、张剑等人对长安、洛阳近郊乡里及其地名做过考证外，学界对唐代其他地区的州县郊区乡村地名问津者甚少，造成这一现状的主要原因无疑是文献中唐代乡村资料的极度阙略，近乎无米之炊。幸运的是，现在大量新出土的唐人墓志中因大多记载墓主葬地而使得一大批未见诸史籍文献的乡村建制及地名得以保存和再现，也使我们今天对唐代乡村地理的研究有了进一步拓展的空间。这方面的资料在墓志中包含较多，限于篇幅仅举几例：收录在《唐代墓志汇编》中的《解进墓志》载墓主为"京兆府鄠县八步乡解村人"③，可见京兆府鄠县辖有"八步乡解村"这一基层组织，这一村名未见《元和郡县图志》《长安志》等任何舆地文献记载，为墓志中所仅见；再如，《王大剑墓志》载述墓主元和四年（809 年）八月三十日病卒于襄阳郡襄阳县春台乡村汉阴里④，可知唐襄阳县有春台乡村汉阴里；同书收录的《崔夫人墓志》载崔氏元和九年病逝于襄阳郡，安葬于"郡东八里汉阴之原"⑤，这个"汉阴原"应该与《王大剑墓志》中的"汉阴里"为同一地方，可知汉阴里的具体地理位置就在襄阳城东郊，或许是唐代襄阳郡的集中墓区。但从墓志看，襄阳县清平乡招贤里盖因风水优越，更受重视，为襄阳士大夫家族墓地选择较集中之地。《卜府君墓志》中墓主卜氏就在生

①　周绍良主编：《汇编》上，调露 020，第 665 页。
②　华林甫：《论唐代的地名学成就》，《自然科学史研究》1997 年第 1 期。
③　周绍良主编：《汇编》下，元和 042，第 1979 页。
④　周绍良主编：《汇编》下，元和 034，第 1974 页。
⑤　周绍良主编：《汇编》下，元和 074，第 2000 页。

前选定此处为墓地，后十年卒，亲属遵照遗嘱安葬于此。①

唐代华北地区的乡村地名墓志中也有少量涉及，《李君夫人石氏墓志》记载石氏夫人有别业在恒州郭下县"六上乡北房头村"，同墓志还记载夫人平时寄居"平山县西北卅里望仙乡北白雁村"②。唐河东乡里地名除了诗歌中偶有涉及外，正史及舆地文献绝少记载，《张偁夫妇墓志》中有张偁夫人李氏元和七年（812 年）九月病逝于"绛州翼城县天柱乡孝义坊"③的记录，也属于一条珍贵的山西历史地名资料。以上所举都是仅见于墓志的唐代乡村地名，并且有的还指出了距离县城的里程和具体方位，虽然这些唐代村落地名早已在后世湮没无闻，但能在墓志中保存至今，对于我们今天从事唐代区域乡村地理的复原研究显得殊为珍贵。

唐代县以下的基层组织一般为乡—村—里三级，如长庆二年（822 年）的《大唐故陇西郡君夫人墓志铭》载墓主卒后"安厝于万年县浐川乡上傅村观台里"④，高力士后裔高克从卒后葬于"万年县浐川乡郑村"⑤，大中年间宦官孟秀荣死后葬"京兆府万年县浐川乡北姚村□□里"⑥，《太原郡王夫人墓志》更明确地记载墓主葬"万年县浐川乡上傅村观台里"⑦，可见关中京畿地区实行的是县—乡—村—里基层组织层层相属制度。但县—乡—村—里相属关系在各地情况也略有差异，并不尽相同，张剑通过对出土于洛阳地区的大量墓志分析后认为，唐代基层乡里关系比较复杂，因地而异，作为地名来说，村与里没有区别，都是方位词，而作为行政级别来说，两者则有级别高低之分，但也不固定。唐代洛阳墓志中反映村属里辖的有 9 例，里属村辖的 6 例。村里间不仅大小有别，而且同一村里在不同时期地位还会有不同的变化。对于形成这种变化状况的原因，张剑推测可能与村里人口的增多或减少相关。⑧但从墓志看，唐代县—乡—里（村）相属的基层行政区划组织结构仍然具有普遍性。《李君故夫人杜琼墓志》载李君卒后"安厝于襄阳县习池乡之西挹里"⑨，其中的襄阳县习池乡西挹里就是山南东道襄阳郡下襄阳县的一个实

---

① 周绍良主编：《汇编》下，长庆 015，第 2069 页。
② 周绍良主编：《汇编》下，元和 108，第 2026 页。
③ 吴钢主编：《全唐文补遗》第 1 辑，第 316 页。
④ 周绍良主编：《汇编》下，长庆 020，第 2073 页。
⑤ 周绍良、赵超主编：《汇编续集》，大中 006，第 973 页。
⑥ 周绍良、赵超主编：《汇编续集》，大中 035，第 994 页。
⑦ 周绍良、赵超主编：《汇编续集》，大中 042，第 999 页。
⑧ 张剑：《洛阳出土墓志与洛阳古代行政区划之关系》，赵振华主编：《洛阳出土墓志研究文集》，第 148—149 页。
⑨ 周绍良主编：《汇编》下，大和 051，第 2132 页。

例。值得注意的是，少数唐人墓志还曾经出现过乡里有"坊"的记录，如《车府君墓志》载车氏大和七年（833 年）病逝于汧源县太平乡崇义坊之私第。①前揭《张傿夫妇墓志》也述及绛州（今属山西运城市）翼城县郊区存在一个"孝义坊"。汧源县即今陕西省宝鸡市陇县，这个崇义坊到底是乡以下与村、里平级的行政单元抑或只是村、里中的一个人口片区，目前尚不明了。新出唐人墓志所反映的这种唐代乡村基层组织的复杂性无疑为研究中国中古时期乡村政权结构和社会组织提出了新方向。

第四节　墓志所反映的唐人地域观念

地域观念属于地理认知史范围，是指一定时期人们对某些区域形成的地域印象、地域认知及地域评价等，一定区域政治地位，经济、文化发展水平在时人地域印象中具有普遍意义的反映。正如许多治舆地学者所揭示的，中国古代地理学思想与知识体系的重要来源之一是中国古代堪舆学（也即风水学），堪舆学在古人住宅基址与墓地选择方面运用最多，这在唐人墓志中也有充分反映。利用唐代墓志中碑铭资料探讨唐人人地关系、地域文化观念、星野观念、堪舆风水、灾异观念及其南北文化观念等都会在一定程度上推进中国地理学史研究的深化和拓展，也是今后中国地理学史一个任重道远的大课题。唐人墓志中有较为丰富的地域评价和地域文化观念资料，目前尚未引起较多关注，这里仅对墓志中记录较多的地域评价资料做简要引证和讨论。

从大量出土的唐人墓志看，唐人在追述墓主生前仕宦地时，往往会出现对任职地的地理特征的介绍及其地域人文环境的评价，虽然带有一定的主观性，但综合起来看，却是唐人地域认知和地域观念的第一手资料，一方面在一定程度上折射了唐代各地的自然与人文环境的实际，另一方面也真实反映了唐人心目中的地域印象和优劣评价，这在唐人墓志中有多方面的记录和体现。首先，唐人墓志对墓主任职地的自然地理环境大致都有简略概括，虽惜墨如金，但往往寥寥数笔即勾勒出某地大致地域特征。如墓志言及郢州，以"荆蛮蠢彼，用切诗人。江汉沔然，是惟国纪"②形容，虽系点化《诗经·小雅·四月》诗句而来，却也十分贴切。对陕州的地理评论则是"以二崤之地，当两京

---

① 周绍良主编：《汇编》下，大和 060，第 2139 页。
② 《大唐故使持节郢州诸军事郢州刺史卢君（承基）墓志》，吴钢主编：《全唐文补遗·千唐志斋新藏专辑》，第 19 页。

之冲"①，准确揭示了陕州地处两京间重要的交通地位。对唐北部边境胜州（治所在今内蒙古准格尔旗东北），《衡府君墓志》如是描述："山连古塞，乍侦胡尘，地接长城，时修汉堞"②，寥寥十六字即把胜州的"边城"特征与军事氛围点画出来，让人不由得想起范仲淹《渔家傲·塞下秋来风景异》的陕北"边城"意境；类似的还有《张怀寂墓志》中的叠州（今甘肃省迭部县）："此州境邻浑寇，地带山岩，烽候屡惊。"③ 胜州和叠州皆为唐朝东北与西北边防重镇，汉代以来即是农牧民族的边界，初唐时更是狼烟频传，屡遭突厥与吐谷浑的侵扰，军事冲突不断，这两个武则天时期的墓志所写符合当时两地区军事地理实际状况。

中唐以前，国家的政治、文化中心在北方黄河流域的长安、洛阳一带，中唐以后虽然全国经济重心区逐渐迁移至江淮地区，但士大夫们文化心理中"京洛乃核心文化区"意识仍然十分牢固，因而唐人墓志中南北文化畛域差异观念十分鲜明，北优南劣的评价比比皆是。如墓志中对江南的人文地理评价往往较差："夫荆扬之东，瓯闽之北，郡列廿，地方立（三）千。吏多聚缮，俗好击剑。"④ 正因为江南礼教淡薄，民风剽轻，所以墓志中提及官员在江南任职者，大多要彰显他们如何在江南地区倡行儒教，移风易俗，德刑并重，严惩豪猾，以教化民风。墓志对岭南的地域印象近乎恐怖，如康州（今广东德庆市）在北方士人看来就是炎荒边徼之地，赴该地任官无异于生离死别："元功未集，朝谴远戍。为障厉之人，窜流御之地。贾生恸哭，世事伤心。马援南征，足疾感发。……云溪昼暗，毒雾成昏。"⑤唐人对泉州和海南岛的印象虽然并不那么恐怖，但却也好不了多少。据《郭品墓志》，郭品万岁通天元年（696 年）迁广州南海县令，墓志云："境称瓯越，邈矣天涯；界号番禺，悠然地角。"⑥唐代岭南除了泉州、广州为海上通商口岸外，其地大多呈现蛮荒状态，加之远离京、洛文化中心，又多为朝廷流贬官员之所，因此唐人向来视赴岭南为畏途。唐人墓志对此地的记录一般都是感叹墓主受诬

---

① 《大唐故幽州都督姚府君（懿）墓志铭并序》，吴钢主编：《全唐文补遗·千唐志斋新藏专辑》，第 104 页。
② 周绍良主编：《汇编》上，天授 013，第 802 页。
③ 周绍良主编：《汇编》上，长寿 030，第 854 页。
④ 《唐故朝议郎行右武卫长史赐绯鱼袋上柱国兰陵萧府君（恖）墓志并序》，吴钢主编：《全唐文补遗·千唐志斋新藏专辑》，第 246 页。
⑤ 《周故灵武军副使吉公（琯）志文》，吴钢主编：《全唐文补遗·千唐志斋新藏专辑》，第 90 页。
⑥ 《故泉州长史太原郭君（品）墓志铭并序》，吴钢主编：《全唐文补遗·千唐志斋新藏专辑》，第 115 页。

蒙冤流贬"南荒"时才涉及的地域，加之空间距离极为遥远，往往有"天涯海角"之评论。

但在大多数情况下，唐人墓志撰写中，对墓主任职之地的评价，多为褒扬赞美之辞，一方面以良地奥区衬托墓主受朝廷倚重，委任镇守；另一方面也有突出墓主佳行懿德、治理有方之意。所以诸多墓志中每写墓主调任一地，即有对该地称颂赞美的地域评价，或者说墓主的任职地总是与该地的良好评价相伴随。透过这些多少有所溢美的评语，不难看出这样的墓志固然是为衬托传主光荣经历，当然也有展示对撰碑者史地知识渊博的炫耀。但从历史地理学的角度来看，这些地域评价更重要的则是反映了若干唐代区域政治、经济信息，文化地位及其时人的地域观念。如《赵王（福）墓志》述及赵王被皇帝任命为梁州都督，即对梁州（今陕西汉中）历史地理作如是评论："近届褒中。良木云蔚，嘉鱼潜跃。汉帝因其王业，蜀将由其作险。宗懿光临，允谐望实。郑武入仕，齐攸居藩。"①汉中为楚汉相争时汉高祖刘邦"因之以成帝业"之地，也是唐代山南政治、军事重镇，帅镇此地者大多为出将入相之重臣，而且汉中生态环境优越，人文历史悠久，西晋左思《蜀都赋》即对汉中赞美有加："嘉鱼出于丙穴，良木攒于褒谷"，《赵王（福）墓志》对梁州褒扬性评价当由此引申。《李义璋墓志》载李氏由果州浪池县丞迁并州寿阳县丞，同时评论说"大夏遗堰，太原故郡。星分营室，地接京陵。山川当七邑之冲，仁物尽一都之会"②，反映出并州（今山西太原）在唐代的人文、交通区位优势。在《霍松龄墓志》中，这一特点表现得尤为典型。霍松龄父亲霍思恭曾任雍州渭南县丞、虢州司法参军事，即评论渭南为"秦中肩髀之邦，言从贰政；陕西唇齿之郡，首弘佳绩"；霍松龄及第授泾州参军事，则云"泾属渭汭，俯届王畿。命我参卿，聿膺时选"；转郑州阳武县尉，则"户牖万家，即陈平之故里；东南一尉，比桥玄之就职"；述及霍氏转任汴州浚仪县主簿，则言"梁宋城池，淮湖控引。舟车所凑，是谓三河之剧"；至主人升至洺州永年（今属邯郸市）县丞，则说"赵都奇士之乡，魏国先王之壤。畇俗殷阜，工贾骈会"③。霍松龄于垂拱四年（688年）卒于私第，终年63岁。一生所历皆为县尉、县

①　周绍良、赵超主编：《汇编续集》，咸亨013，第195页。
②　《唐故泗州录事参军李君（义璋）墓志铭并序》，吴钢主编：《全唐文补遗·千唐志斋新藏专辑》，第103页。
③　《大周故洺州永年县丞霍君（松龄）墓志并序》，吴钢主编：《全唐文补遗·千唐志斋新藏专辑》，第92页。

丞、主簿类基层官职，品秩不高，政绩平平，不排除其怀才不遇的可能，但其本身似也无多大理政才干，乏善可陈。在我们今天看来，这一墓志的主要价值并非霍氏的仕宦经历，而在于对墓主仕历追述中进行接连不断地地域评价，真实地反映了唐人心目中的地域印象及其从中折射的区域地理、经济、文化信息，如其中对汴州、洺州的地理评价中都透露出两地舟车辐凑、甿俗殷阜，商品经济繁荣发达的状况，反而是十分珍贵的唐代区域经济地理的新资料，值得引起重视。

结　　论

唐人墓志中的地理资料庞杂而零碎，更多地反映在唐代长安、洛阳两京城坊、政区（府、州、郡、县）的废置变迁以及乡村分布、乡村地名的保留和地域文化观念等人文地理方面，反映各区域自然地理方面资料相对较少，这也是由墓志的特点和局限性所决定的。但只要条分缕析，细加剥离，我们会整理出不少前所未见的唐代地理新资料，有助于唐代历史地理研究的新拓展，比如我们如果把数以万计的墓志所涉及的唐代道、府、州、县地名一一汇总起来，就完全可以建立一个相对完整的唐代政区地名系统数据库，与传世文献中的唐代政区地名相印证。墓志中除了两京郊区外，还记载了大量墓主葬地所在的全国其他地方（以华北地区居多）的乡村地名、方位、地貌和人文景观，为我们进行唐代乡村地理复原提供了不可多得的珍贵史料，可以将唐乡村历史地理的研究大大推进一步；另外就唐代交通地理研究而言，由于唐人死后有迁葬邙山（也有少量先葬故里）的习俗，不少达官显贵更竞相将洛阳北邙山选为身后安息之地，墓志往往记录了卒于偏远任职地的官员亲属扶柩护送至安葬地所经水陆交通线沿途的山川、馆驿、城镇及其所花费时间等，也为研究唐代交通路线和交通效率提供了新的视角和资料。但就唐代历史地理研究的整体角度考虑，唐人墓志毕竟也只是一种辅助性资料，资料本身往往较为破碎、零散，不成体系，无法完全替代传世文献。另外墓志由于撰写者史地知识的差异和记忆的错误，有时也会出现一些"原发性"讹误，如《卢有邻墓志》无中生有误记利州有汉南县①，《严朗墓志》将通州宣汉县误作"宣瀚县"②，诸如此类的错误，在唐人墓志中时有出现，使用者不可不察。只有将出土的地下墓志资料与传世文献结合起来互为比勘印证，并尽可能地再辅之以针对性地实地考察，才能够真正在唐代历史地理研究中发挥出土墓志文献的应有价值。

---

　　① 《卢有邻墓志》全称为《大唐故文林郎守徐州沛县主簿范阳卢府君（有邻）墓志铭并序》，见吴钢主编：《全唐文补遗·千唐志斋新藏专辑》，第162页，其中谓"夫人李氏……皇朝利州汉南县丞义征之孙"。按唐武德元年（618年）改义成郡为利州，辖绵谷、益昌、葭萌、胤山、景谷五县，并无"汉南县"。《元和郡县图志》卷22《山南西道·利州》对此记载甚明，说明显系撰墓志者误植。隋唐曾在襄州（今湖北襄阳）设汉南县，时间很短，隋开皇元年（581年）析宜城分属率道县、汉南县、上洪县，唐贞观八年（634年）省汉南县入率道县，唐天宝元年（742年）改率道县为宜城县，故"汉南县"存在时间很短，且与利州无涉。
　　② 《严朗墓志》全称为《唐故通州宣瀚县尉严君及夫人燕氏墓志铭并序》，见周绍良主编：《汇编》上，咸亨061，第553页。揆考两唐书的《地理志·通州》，唐通州属县有宣汉县而无"宣瀚县"，见吴钢主编：《全唐文补遗》第5辑，第316页之圣历二年（699年）《唐故昭武校尉上柱国侯君（感）墓志铭并序》中有"父威，唐任通州宣汉县丞"的追述，可知《严朗墓志》中"宣瀚县"系宣汉县之笔误。

第二章　出土唐人墓志所见唐代
若干环境信息考述

　　墓志类文献因本身性质和体例的限制，以记述志主世系、名讳、婚姻、仕历、生卒及功德为主，故学者一般会过多关注墓志所反映的历史、政治、文化、思想及其书法史内容和价值，而对其中历史地理信息多少有所忽略。实际上唐人墓志的书写特点之一是在标明墓葬地的地理位置时，往往会涉及对墓主生活时代周边江河湖泊、山川地貌、物候生态、城镇乡村等一些自然与人文景观的记述，以表明墓地的地理位置和墓主安葬地风水地理的优越。同时，墓志在记载志主仕历时有时也会述及任职地的地理环境及地域评价等，客观上留下一些不见于正史《地理志》记载的当时地理现象。虽然这些记载往往较为破碎，但因系当时人亲历所见并给予记录，所涉环境记载的真实性和可信度较高，为探讨唐代区域地理景观、河湖水文等提供了一批新资料，显得弥足珍贵。因唐代传世文献对生态环境的记载十分缺乏，有"先天不足"的缺憾，出土唐人墓志自然会引起学者的重视和关注，视之今日研究唐代历史地理的一个新资料来源。史念海、吕卓民等学者 20 世纪 90 年代根据西安郊区出土的唐人墓志探讨过唐长安周边地区"小原"分布及河池陂塘与定昆池的位置问题[①]；孙继民、郝良真对《隋唐五代墓志汇编·河北卷》收录的《张修义墓志》等三方墓志记载的唐代邯郸西部诸山脉河流也进行过深入考证。[②]日本学者妹尾达彦（Seo, Tatsuhiko）在《唐代长安城与关中平原的生态环境变迁》一文中曾以学者的敏感认识到墓志在研究唐代关中平原生态环境问题

---

　　① 史念海：《黄土高原历史地理研究·生态环境编》，郑州：黄河水利出版社，2001 年，第 332 页；吕卓民：《高阳原的地望与相关问题》，《中国历史地理论丛》1993 年第 1 辑。
　　② 孙继民、郝良真：《从新出墓志看唐代邯郸历史地理的几个问题》，《文物春秋》1996 年第 1 期。

中的重要性，颇有预见地指出："近年长安城周边墓的发掘有急速发展，从 6
世纪到 10 世纪的墓志大量出土的同时，如实传达了墓主生前生活样式的墓道
壁画和明器也多有出土，这些都是了解当时生态环境的绝好资料，尚有待于
今后进行系统的整理。"① 虽然作者当时所说只是一种预言，但无疑颇具真知
灼见。只是隐含于墓志中的环境资料庞杂而零散，不从头做起，假以时日参之
以文献系统整理，则很难占有、辨识和利用其中的点滴资料。笔者近年整理唐
人墓志历史地理资料，曾就其历史地理价值发表过概括性论述，但限于篇幅未
能涉及唐人墓志中的自然地理资料价值。② 现将唐人墓志中有关自然地理环境
方面的零散资料做初步探讨，以期对唐代历史地理的复原研究有所裨益。

第一节　统万城附近发现的唐人墓志所见毛乌素沙漠记述考察

关于今内蒙古至陕北间毛乌素沙漠在公元七至十世纪的演变，学者已经
做了大量研究，但历史上有关毛乌素沙漠的史籍文献记载极少，以往学者只
能根据《水经注·河水注》《新唐书·五行志》和少量唐诗资料进行反复推证，
近年来随着历史地理学者实地考察和科学勘探方法的运用，毛乌素沙漠演变
及其红柳河地区环境变迁史的研究已经有了长足进展。③ 同时近年来陕北地区
出土的唐人墓志也为我们提供了颇具参考价值的新资料。康兰英主编《榆林
碑石》一书所收录的隋唐墓志大多出土、发现于统万城附近，而且这些墓志
在标明葬地的地理位置时常常以统万城作为一个坐标物，至少有五方墓志不
约而同地披露了唐代夏州统万城附近的沙漠化信息，这为研究隋唐时期毛乌
素沙漠的南缘分布演变提供了新的出土石刻资料。④ 在近年来的中国西北历史

---

　　① 　[日] 妹尾达彦（Seo, Tatsuhiko）：《唐代长安城与关中平原的生态环境变迁》，《中国历史地
理论丛（增刊）》1988 年第 1 辑，第 222 页，后收入史念海主编：《汉唐长安与黄土高原》。
　　② 　马强：《新出土唐人墓志与唐代历史地理研究的新拓展》，《中国历史地理论丛》2013 年第 4 辑。
　　③ 　近年来研究毛乌素沙漠环境的代表性论文主要有韩昭庆：《明代毛乌素沙地变迁及其与周边
地区垦殖的关系》，《中国社会科学》2003 年第 5 期；侯甬坚：《统万城遗址：环境变迁实例研究》，陕
西师范大学西北环发中心编：《统万城遗址综合研究》，西安：三秦出版社，2004 年；安介生：《统万
城下的"广泽"与"清流"——历史时期红柳河（无定河上游）谷地环境变迁新探》，《历史地理》第
23 辑，上海：上海人民出版社，2008 年。
　　④ 　最早注意到并开始使用榆林唐人墓志沙漠记载资料的是陕西考古学者呼林贵先生，在 2003
年 9 月陕西师范大学西北环发中心与陕西省文物局、陕西省靖边县人民政府联合召开的"沙漠古都统
万城学术研讨会"上，呼氏发表了《〈榆林碑石〉反映的统万城史地问题》论文，向学术界首次披露
了康兰英先生主编之《榆林碑石》所收唐人墓志中有沙漠记述的珍贵信息，引起历史地理学者的关注。
但《榆林碑石》发行量相当有限，流布范围狭小，一般学者难以使用。笔者也是久求不得，直到近日
承陕西省文物局文物鉴定中心尹夏清女士慷慨相赠，才得以寓目，发现《榆林碑石》所收唐人墓志中
涉及统万城周边沙漠与河流的信息远比呼文所引用丰富，值得进一步研究。

地理研究中，唐代夏州统万城遗址已经作为北方沙漠化地区环境变迁的一个典型个案，早已引起诸多学者的注意和研究。从《榆林碑石》所收录的唐人墓志看，至少隋朝开皇年间夏州一带就有沙漠，当时无定河两岸已经是一片沙碛之地，据开皇十三年（593年）的《叱奴延辉墓志》，隋夏州都督叱奴延辉卒后"迁葬于砂地南山之阳，西北去夏州统万城十里"①；武则天久视元年（700年）任操夫妇墓地在"统万城东南深井原十里"；《任操墓志》有"皎皎黄陵，波澜万顷"②这样的语句。唐中宗景龙三年（709年）的《王玄度墓志》更是明确说王玄度夫妇"合葬于夏赫连氏统万城东南原，礼也。沙场万里，远瞰南庭；坟遂三边，遥临北塞"③。这里的"沙场"明显与传统意义上的"战场"意思相左，应该指的就是沙碛。武则天神功元年（697年）安旻夫妇合葬墓志也透露了武周时期夏州沙漠的一些信息。④按安旻夫妇安葬在"统万城南二十里"，墓志特地对周边的自然景观做了记述，其中有"背高丘而作镇，嵬岩如陵；面沙阜之崎岖，逦迤成菀"的描述。"面沙阜之崎岖，逦迤成菀"，说明墓地不远外流动性沙丘地貌已经蜿蜒而来，清晰可见。墓志点明安旻夫妇墓地在"统万城南二十里"，则唐代武周时期夏州城外的沙漠已经目能所及，在城南也能够看见"沙阜"了。不过该墓志虽然提到墓地不远处有沙丘存在，但此时统万城环境仍然有可观之处，"萦纡相映，水陆交缠，乡闾菑渠，是称形胜"，夏州一带水资源较为丰富，人与自然尚能和谐相处，时人还没有意识到环境问题这么突出。而到唐玄宗开元年间，统万城附近就有沙漠逼近的迹象和趋势，《王忠亲墓志》中就有"古塞苍茫兮黄沙四起"的状描，明显说明已经存在大风扬沙、遮天蔽日的沙漠地区天气了。⑤到了9世纪前半叶，陕北毛乌素沙漠已经在快速发育，夏州城外已经是一片沙漠风光。据《娥冲虚墓志》，娥冲虚夫妇于唐文宗大和三年（829年）"安厝于朔方县东四十里横水西原"，墓铭文中有"穿崇古原，浩汗（瀚）平沙"⑥这样的记载，也当非虚指，应是唐代朔方县所见确确实实的沙漠景观。按唐朔方县属夏州辖，为夏州治所在地。贞观二年（628年）置夏州，改隋岩绿县为朔方县。天宝元年（742

---

① 《叱奴延辉墓志》，康兰英主编：《榆林碑石》，西安：三秦出版社，2003年，第206页。
② 《任操墓志铭并盖》，康兰英主编：《榆林碑石》，第213页。
③ 《王玄度墓志铭并盖》，康兰英主编：《榆林碑石》，第216页。
④ 呼林贵：《〈榆林碑石〉反映的统万城史地问题》一文将此墓志误作"安昊墓志"，见陕西师范大学西北环发中心编：《统万城遗址综合研究》，第169页。经与《榆林碑石》第29页所收该墓碑拓片辨认查核，"安昊"应以"安旻"为是。
⑤ 《王忠亲墓志铭并盖》，康兰英主编：《榆林碑石》，第233页。
⑥ 《娥冲虚墓志铭》，康兰英主编：《榆林碑石》，第236页。

年）改夏州为朔方郡，领朔方、德静、长泽三县。乾元元年（758 年）复为夏州，辖县不变，朔方县城遗址在今陕西省靖边县红墩界乡白城子，也即今之统万城遗址。

从上述唐人墓志可以发现，毛乌素沙漠至少在隋朝末年就已经存在，从武则天至唐玄宗时期，沙漠不断朝南扩张，到晚唐时期已经逼近统万城外，这一发展趋势在《榆林碑石》所收唐人墓志中得到充分反映。而这些墓志所反映的毛乌素沙漠资料与传统正史文献与唐诗文献中也是可以相互印证的，《新唐书·五行志》所载穆宗长庆二年（822 年）十月"夏州大风，飞沙为堆，高及城堞"①，应是夏州城外沙漠长期积累发展的一次极端沙漠气象事件。而许棠《夏州道中》"茫茫沙漠广，渐远赫连城"②诗句则说明晚唐时期的夏州统万城常常隐没在茫茫沙尘之中。

或许有学者会认为《新唐书》所记长庆二年（822 年）夏州"飞沙为堆，高及城堞"事件只是一次偶发的大风扬沙极端事件，并不能说明当时沙漠已经推进至夏州城下，理由是《新唐书·地理志·夏州》记载当时夏州以北至古大同（今内蒙古乌拉特前旗东北③）之间仍然分布不少湖泊、城镇、驿站等④，例如有学者据此认为贞元年间（785—804 年）夏州（今陕西靖边白城子古城）西北方向存在两片沙漠，即"库结沙"和一片尚未命名的沙漠。鄂尔多斯高原盛行西北风，大风扬起粉沙物质，经过空中搬运一段距离或遇城墙阻挡而降落地表，就形成所谓"飞沙为堆，高及城堞"的沙漠景观，晚唐至北宋前期的毛乌素沙漠只是呈点状分布，自夏州至绥远城之间分布有许多大大小小的湖泊河汉和镇戍聚落，远没有今天的规模。⑤从文本释读而言，这一分析无疑是颇有见地的，但这一问题需要从史源学角度具体分析。《新唐书·地理志·夏州》史料来源于唐代宗、德宗时期名臣兼地理学者贾耽《古今郡国县

---

① 《新唐书》卷 35《五行志二》，北京：中华书局，1975 年，第 901 页。
② 许棠：《夏州道中》，《全唐诗》卷 603，北京：中华书局，1960 年，第 6969 页。
③ 吴松弟编著：《两唐书地理志汇释》，合肥：安徽教育出版社，2002 年，第 322 页。
④ 《新唐书·地理志·夏州》："夏州北渡乌水，经贺麟泽、拔利干泽，过沙，次内横划、沃野泊、长泽、白城，百二十里至可朱浑水源。又经故阳城泽、横切北门、突纥利泊、石子岭，百余里至阿颏泉。又经大非苦盐池，六十六里至贺兰驿。又经库也干泊、弥鹅泊、榆禄浑泊，百余里至地颏泽。又经步拙泉故城，八十八里渡乌那水，经胡洛盐池、纥伏干泉，四十八里度库结沙，一日普纳沙，二十八里过横水，五十九里至十贲故城，又十里至宁远镇。又涉屯根水，五十里至安乐戍，戍在河西壖，其东壖有古大同城。今大同城故永济栅也。"《新唐书·贾耽传》载贾耽尝著《古今郡国县道四夷述》之通域外九道，《新唐书·地理志》此段记载当节录自《古今郡国县道四夷述》之"夏州塞外通大同云中道"。
⑤ 艾冲：《毛乌素沙漠起源的新探索》，陕西师范大学西北环发中心编：《统万城遗址综合研究》，第 239—251 页。

道四夷述》之"夏州塞外通大同云中道",而贾著系成书于唐德宗贞元年间
（785—804 年）的地理文献,已为地理学史学者所公认,因而其反映的只能是
公元 8 世纪末期的地理状况,而《新唐书·五行志》所载"飞沙为堆,高及
城堞"事件有长庆二年（822 年）十月这一明确纪年的时间标志,已经是 9 世
纪前半叶,时间已经过了二三十年。《夏州道中》的作者许棠生活年代更晚,
长庆二年才出生,诗歌创作活动多在大中、咸通年间及以后,其《夏州道中》
应是其晚年辞官游历夏州时所作,时间至少在公元871 年之后①,此时毛乌素
沙漠发展已经很快,推进至统万城下已成事实,所以不能以《新唐书·地理
志·夏州》中的相关记载否定《新唐书·五行志》和许棠《夏州道中》反映
的公元九世纪二十年代以后统万城地区的沙漠状况。北宋政府于淳化年间最
终遗弃夏州城,应当是毛乌素沙漠不断南扩后的无奈之举。

此外从《榆林碑石》所收唐人墓志还可以发现一个值得注意的现象,即
唐代夏州唐人墓葬几乎全部集中在统万城南及其东南二十里范围,未发现在
城北地区有唐人墓葬,这很可能是因为统万城北郊已全部为沙漠覆盖,无法
作为墓葬选择地。统万城东南有深井原,据前揭《任操墓志》,任操夫妇以武
则天久视元年（700 年）十月合葬于"统万城东南深井原十里"。沙漠地区干
旱少雨,蒸发量大于降水量,一般水位低,须掘井很深方得井水,盖此原以
"深井"命名之,这也披露了统万城地区有关地下水位及其地名特点的一条重
要信息。

第二节　从新出土墓志看唐两京郊区的自然地理景观

西安、洛阳郊区发现的唐人墓志突出特点是善于将两京地区自然景观与
人文景观交织记述,作为重要地理标志加以凸现,以显示所选择墓地"地脉"
"风水"的优越无比,这在客观上保留了一幅幅唐两京郊野自然与人文景观画
卷。唐人卜墓归葬多以东、西二京的北邙山与长安东、南、西郊区诸原为主,
近一个世纪以来发现的唐人墓志绝大部分即出土于西安、洛阳附近,因此墓
志所及有关两京地区生态环境的记录与评论相对较多,其中就透露了若干唐

---

① 许棠（822—?）,字文化,宣州泾县（今属安徽泾县）人,晚唐诗人。许氏久困科场,入仕
较晚,咸通十二年（871 年）始进士及第,调泾县尉,以至郑谷有"白头新作尉"诗句相赠。后为江
宁丞,旋即辞官,漫游四方,潦倒以终。《夏州道中》当系其暮年辞官后之作品。除《夏州道中》外,
《全唐诗》还收录有许棠《出塞门》《银州北事书》《边城晚望》等边塞诗,盖皆作于唐懿宗咸通年间。

时关中平原与洛阳地区的地理环境信息。

古代长安周边地区河流众多，环绕京城，故有"八水绕长安"之说。司马相如《上林赋》谓"八川分流，相背异态"，所说"八川"就是长安周边泾、渭、浐、灞、潏、沣、滈、涝八条河流。西安地区出土的大量唐人墓志不少都述及唐代长安城外诸原地貌、河流及自然景观等。首先，墓志对两京周边地区的山川河流环境多有记述，例如武则天如意元年（692 年）的《冯师训墓志》对长安郊野壮美的自然与人文景观进行了十分写实的记录："迁窆于麓苑之西原。……其地磐礴宏敞，周游达观。前临八水，萦纡亘地之流；却枕九嵕，峻竦侵天之险。西瞻陇圳，思白马之初来；东望函关，想青牛之已去。大汉一十二帝之坟阙，磊砢相望；皇秦卅六所之离宫，依希在瞩。"① 墓志写京畿一带地沃平衍，视野辽阔，八水萦绕，秦陵汉墓星布，远近关山巍峨，与其说是记述冯氏夫妇合墓四至所见，倒不如说全面展现了唐人视野中雄伟壮阔的关中平原胜景图画；天宝三载（744 年），《屈元寿墓志》对京兆府咸宁县崇道乡齐礼里神鹿原一带的自然景观也有如此状描："灞陵奥区，露台形胜。黄山巃嵸而南耸，素浐潺湲而北流。龙鳞开京兆之阡，马鬐徙咸阳之柏。"② 灞陵即霸陵，为汉文帝陵寝，在唐长安城东郊白鹿原；"露台形胜"典出左思《西都赋》"抗仙掌以承露，擢双立之金茎"，借汉武帝建仙人台承露盘典故衬托屈元寿墓地人文历史的悠久。"黄山巃嵸而南耸"，应该意指巍峨蜿蜒的秦岭（终南山）横亘于关中平原南缘，这里"黄山"疑为"南山"之误，"巃嵸"言高峻绵延状，典出司马相如《上林赋》"于是乎崇山矗矗，巃嵸崔巍"，皆指长安终南山；"素浐潺湲而北流"，关中历史上向有"玄灞素浐"之说，意指灞河既深且广，水色浑浊，流量较大，而浐河水质很好，清澈见底。浐、灞二水均发源于秦岭北麓，为汉、唐长安城东郊两条重要河流，也是古代长安郊区自然地理景观的重要标志，故西晋潘岳《西征赋》中说："北有清渭浊泾，兰池周曲；南有玄灞素浐，汤井温谷。"《屈元寿墓志》即借用《西征赋》的诗句描绘清澈的浐河自秦岭北麓缓缓南流，加之长安东部平原田畴盈野，阡陌纵横，墓志所状展现了一派长安东郊原野美不胜收的地理景象；尹贞于贞观二十年（646 年）卒葬终南山麓，其墓志也有"左临玄灞，右望浊泾，萦带郊原，沃荡云日，实神游之胜地也"③ 的记述，可见"玄灞""素浐"是唐

---

① 吴钢主编：《全唐文补遗》第 3 辑，西安：三秦出版社，1996 年，第 7 页。
② 吴钢主编：《全唐文补遗》第 3 辑，第 78 页。
③ 周绍良主编：《汇编》上，贞观 121，第 85 页。

人墓志描绘长安东郊河流水文的习用语汇。有的墓志则描绘了时人所见终南山麓、渭河沿线森林、水文状况，天宝十五载（756 年）刘奉智夫妇合袝葬于京兆府长安县城西龙首原龙门乡怀道里，其墓志言"前瞩终南，良木其坏（环）；后临清渭，逝者如斯"①，虽赞叹墓地风水位置，也侧面反映了唐代前期关中平原西南所见尚为良好的生态环境；《杜玄礼墓志》则对京师开远门外西郊龙首乡一带的自然与人文风光做了生动传神的记录："北连秦甸，斜接上林。南望周原，旁临通漕。左瞻凤阙，右接鲸池。平陆坦然，寔为信美"②，用近乎诗化的语言将唐长安西郊馆驿、漕渠、陂池、原野等景观记录下来，十分逼真形象，也是有关唐长安西北郊区自然及人文地理景观的一条新史料。这些有关唐代长安郊区景观地理的描述皆为传世唐两京地理文献，如宋敏求《长安志》、程大昌《雍录》、徐松《唐两京城坊考》等所缺失，一定程度上为探讨中古时期关中平原的自然地理环境提供了弥足珍贵的新资料。

如果说上述所举墓志对长安郊区景观所述皆属于宏观的"远镜头"记录的话，那么墓志中微观景观记录则更多。如《史思礼墓志》就有对墓葬所在地长安城东郊白鹿原自然与人文景观的记录："水临灞岸，山接芷阳，风传长乐之钟，日下新丰之树。"③墓主史思礼于天宝三载（744 年）迁窆万年县浐川乡白鹿原，这里灞河北流，终南逶迤，新丰故城历历在望，原野风光尽收眼底，所列全是长安东南代表性地理标志。

唐代长安城坐落在关中平原龙首原上，畿甸之地分布着诸多"原"，即略高出地面的台地。史念海先生认为，关中平原是黄土高原的一部分，原面容易受到侵蚀与切割，长安郊区诸原是长期演化而形成的，并且归纳了关中平原两种"原"的形态："唐代（关中平原）的原有两种形态，有些原与原之间有河流相隔，显得两原是隔离的，少陵原和白鹿原之间隔着浐水，少陵原和神禾原之间又隔着潏水。这是一种。有些原与原之间，难得有明确的界线。"④龙首原东有铜人原，铜人原西南有白鹿原；龙首原南则有少陵原、凤栖原、乐游原、神禾原（墓志常作神和原），少陵原之西又有洪固乡毕原、高阳原、细柳原、马邬原等名原，都分布有京城达官勋戚的墓地。唐长安郊区的唐人墓志大多涉及周边诸原。史念海先生 20 世纪 90 年代根据数百方西安郊区出

---

① 周绍良主编：《汇编》上，天宝 274，第 1723 页。
② 《大唐朝议郎行内侍省宫闱局丞上柱国公士杜君（玄礼）墓志并序》，吴钢主编：《全唐文补遗》第 5 辑，第 347 页。
③ 吴钢主编：《全唐文补遗》第 3 辑，第 76 页。
④ 史念海：《黄土高原历史地理研究·生态环境编》，第 332 页。

土的唐人墓志统计认为，唐代长安周边地区分布有不下 30 个 "小原"，"由于已经知道墓志出土的地方，可以确定一些小原的地址"①。新近出版的《大唐西市博物馆藏墓志》所收墓志中就有不少 "原" 的记载，如骠骑将军李实于麟德元年（664 年）迁葬于 "长安之高阳原"②，处士郑师于上元二年（675年）同样葬于高阳原③；有的墓志对 "原" 标注更是具体到基层政区属地，如宇文干麟德二年 "枢归迁窆于雍州万年县杜陵凤栖之原"④；《初学记》作者徐坚之父徐齐聃上元三年（676 年）"葬于雍州明堂县智原乡之少陵原"⑤；《裴师墓志》不仅指明墓主安葬的具体方位，而且对墓地所在细柳乡四周的岗陇阡陌、山水树木等自然景观也做了描述："以上元二年八月十九日，窆于城东细柳乡灞渭曲之原。俯带潜龟，傍通饮马。凿飞岗而堑陇，却月临山；列拱树而行楸，悲风扫地。"⑥墓志对离长安郊区稍远些的关中其他诸 "原" 记述者也不少，如咸阳洪渎原、三原县万寿原⑦等，出土唐人墓志中的这些记载，为今天学者认识唐代长安郊区及关中平原的生态环境及景观地理提供了不少前所未见的新资料和新视角。

唐东都洛阳有伊水、洛水、瀍水诸水环绕，唐人墓志记载某志主葬地时也常常涉及对邙山之阳诸 "原" 的记载，其中也不乏有对东都郊区原野景观出色观察记录者。洛阳远有巍峨嵩山横亘，近有滔滔黄河东流，这在洛阳唐人墓志大多都要首先提及，贞观二十年（646 年）入土洛阳平乐里的《大唐傅君妻梁夫人铭》就说葬地 "前瞻嵩岭，巍巍之峻极天；后带长川，滔滔之流纪地"⑧。杨德贞观二十年卒于洛阳，殡于邙山，其墓志言其墓地所在地理环境："爰占兆域，面清洛之鸿流；卜宅营坟，背黄河而巨浪。左连胜地，右带神州，四奥彼同，万口之会也。"⑨透过对邙山兆墓环境满意十足的赞美言辞，

① 史念海：《黄土高原历史地理研究·生态环境编》，第 332—333 页。
② 《大唐故骠骑将军李公墓志并序》，胡戟、荣新江主编：《大唐西市博物馆藏墓志》，北京：北京大学出版社，2012 年，第 154 页。
③ 《大唐故处士郑君墓志铭并序》，胡戟、荣新江主编：《大唐西市博物馆藏墓志》，第 194 页。据吕卓民考证，唐人墓志中的 "高阳原" 位于今西安市长安县（区）郭杜镇郭北村、长里村和西安市丈八沟一带，见吕卓民：《高阳原的地望与相关问题》，《中国历史地理论丛》1993 年第 1 辑。
④ 《大唐故骁骑尉左卫旅帅宇文府君墓志铭并序》，胡戟、荣新江主编：《大唐西市博物馆藏墓志》，第 158 页。
⑤ 《大唐故前西台舍人徐府君墓志铭并序》，胡戟、荣新江主编：《大唐西市博物馆藏墓志》，第 196 页。
⑥ 《大唐故慈州吕香县令裴君墓志铭并序》，胡戟、荣新江主编：《大唐西市博物馆藏墓志》，第 190 页。
⑦ 《大唐故司空公上柱国淮安靖王墓志铭》载淮安靖王李寿贞观四年十二月薨于京城延福里，贞观五年十二月，"葬于雍州三原县之万寿原"。见周绍良主编：《汇编》上，贞观 024，第 25 页。
⑧ 《大唐傅君妻梁夫人铭》，周绍良主编：《汇编》上，贞观 127，第 89 页。
⑨ 《大唐故杨君墓志铭并序》，周绍良主编：《汇编》上，贞观 119，第 83 页。

展现的是洛北平原滚滚黄河东去，潺潺洛河南来的自然景观。诸多邙山墓志都刻意将洛阳平原的名山大河作为最重要的地理标志加以凸现，霍恭于贞观十八年卒，葬洛阳北邙之阳，其墓志对葬地同样大加赞美："此茔域也，居二仪之折中，均万国以会同，左控成皋之严危，右连崤函之险涩，傍眺轩辕以通路，前瞻伊阙以横衢，面清洛之萦纡，背黄河之曲直。"[①]"二仪"典出三国曹植《惟汉行》"太极定二仪，清浊始以形"，明代王鏊《震泽长语·象纬》也有"二仪运而出没，五纬随而起伏"之语，皆指天地、日月（之间）。《霍恭墓志》认为洛阳地理无与伦比，地处"天下"之中，左右有成皋、崤函之险，前后有黄河、洛水环绕。故人长眠于此，自然是生命归宿的最佳选择。这方面最典型者当推《阴夫人（好儿）墓志》。阴好儿龙朔元年（661年）四月卒于洛阳，葬于北邙山，其墓志云："其所即东瞰下都，望姬公之古迹；南瞻洛水，想洋洋乎美哉；西眺金谷，乃石崇之旧居；北距黄河，伤淼淼而东逝。斯地也，七相五公之窀穸；万人百姓之冥居。宅兆安神，莫过于此。"[②]这段书写，不仅道出了唐代无数勋臣显贵和庶民百姓期冀身后归葬北邙的深层心理动机，也从宏观视野描绘了一幅东都洛阳自然与人文景观画卷，黄河东流、洛水潺潺，周、汉、魏、晋之古迹历历在目，历代名臣之墓兆，万千百姓之坟茔星罗棋布，地气、人气均汇聚于此。所以在唐人看来，洛阳的地理风水是无与伦比的，在此入土而安为时人身后最大愿望，因而才有"宅兆安神，莫过于此"之说。

第三节　出土唐人墓志所见华北地区湖泊、河流及森林

关于古代华北地区湖泊河流的变迁，邹逸麟先生《历史时期华北大平原湖沼变迁述略》一文通过钩沉索隐大量历史文献，对黄河中下游特别是河北地区的古代湖泊进行了缜密的考证和复原，至今仍然是研究华北平原河流水文变迁的重要参考范本。[③]新近出版邹逸麟、张修桂主编的《中国历史自然地理》第八章第三节更是对黄河下游平原河道、源沼研究进行了总结性概述。[④]

---

① 《大唐故处士霍君墓志铭并序》，周绍良主编：《汇编》上，贞观100，第72页。
② 《大唐故阴夫人（好儿）墓志铭并序》，吴钢主编：《全唐文补遗》第2辑，第172页。
③ 邹逸麟：《历史时期华北大平原湖沼变迁述略》，《历史地理》第5辑，上海：上海人民出版社，1987年。
④ 详参邹逸麟、张修桂主编：《中国历史自然地理》第三篇《历史时期河流水系的演变（上）》，北京：科学出版社，2013年。

以往的研究基本上是以钩沉历史文献及结合遥感、卫星图片分析为主，从出土石刻资料角度探讨华北地区山河湖泊问题者相对较少，据笔者所见，近年来仅有孙继民、郝良真《从新出墓志看唐代邯郸历史地理的几个问题》一文就《隋唐五代墓志汇编·河北卷》收录的三方墓志对照现代邯郸山水地名，对唐代邯郸西部诸山水如紫山等进行过重要考证。①

　　古代华北平原河流众多，诸多河流发源于太行山区，滋润着华北大地。由于千百年来黄河的泛滥、淤积和改道等塑造改变作用，今日华北平原的水系和水文已经发生巨大变化。在华北平原长治、屯留、邯郸地区发现的唐人墓志，在客观上记述了一些有关江河湖沼的情况，从一个侧面对唐朝时期的华北水系及其生态留下了可贵记录，只是这些墓志的一大缺憾是一般不提及具体河流湖泊名称②，需要结合历史地理文献和现今实际水系加以考察。近年山西境内出土的唐人墓志以潞州（治今山西省长治市）出土最多，其中有不少提及潞州的河流、湖泊及森林等。《申屠行墓志》对潞州③城外自然景观多有状描，从中反映出唐时漳河水文的一些信息。据此墓志，申屠行夫妇于景龙三年（709 年）合葬于潞州潞城县西南一十五里平原，葬地"左连玉峤，祥云屯紫盖之峰；右接清漳，瑞鲔戏碧潭之浪。前瞰神羊之岫，五龙通鸟道之川；却眺仙母之峰，双凤响鸡辞之谷"④。按唐代潞州即今山西省长治市，是清漳河与浊漳河的发源地。⑤清漳河大部流经太行山石灰岩和石英岩区，含泥沙量小，水较清澈，现代则污染严重，"清漳"已经名不符实，但从该墓志可以看出，当时清漳河水质良好，流量大而含沙量小，故墓志有所谓"瑞鲔戏碧潭之浪"之称。《邓恢墓志》于 1993 年出土于山西省长治市屯留县西二十里余吾镇东邓村，墓志言邓氏"以咸亨二年（671 年）十二月……迁窆于余吾城东北二里"。同时该墓志还特地对墓地四周环境做了描述："东瞻大泽，龙

---

① 孙继民、郝良真：《从新出墓志看唐代邯郸历史地理的几个问题》，《文物春秋》1996 年第 1 期。

② 如《汇编》上第 568 页所收录的咸亨 079 号墓志言墓主于咸亨四年二月二十八日葬于州城西一十六里，并且说墓地"左瞻白水，右觌青山。前望蓝河，却临岗阜"。但由于该墓志没有交代墓主到底葬于潞州还是泽州，而且其中提及的"白水""青山""蓝河"等皆无确指，无从查对；《汇编》上上元 043 号墓志也言及墓地周边自然环境："以其年十一月廿日，葬君于阳邑村东二里。左临像水，碧濑流洪；右望纣祠，清池绿沼。前观鼎岳……后眺尹岗，连延万里"，同样由于墓志没有交代"阳邑村"属何州县，且"像水""尹岗"等地名无法确认所指为何地，只是根据墓志中的"纣祠"，推测地点大概应在安阳附近，只好暂且存疑待考。

③ 唐武德元年（618 年）承袭隋制，复置潞州。领上党、长子、屯留、潞城、壶关、黎城、襄垣、涉县等十县。

④ 《唐故潞州潞城县申屠君墓志□□序》，周绍良主编：《汇编》上，景龙 039，第 1108—1109 页。

⑤ 漳河上游由清漳河与浊漳河组成，均发源于今山西长治西北山区，两源在山西晋中市左权县与河北省西南交界的合漳村汇合后称漳河。下游流经河北与河南两省，至河北省馆陶县注入卫河。

蛇所生；西瞰峻山，风云交会；南临绛水，县带屯留；北眺倾城，圣泉灵异，于其四胜，乃置庙焉。"① 这一记述实际上保存了唐高宗时期潞州屯留县一带的自然景观。值得注意的是墓志说邓恢墓地在余吾城东北二里，即今余吾镇东邓村北附近可以"东瞻大泽"，也就是说唐代屯留余吾城东北不远处存在很大一片水域。既以"大泽"称之，说明这个湖泊面积不小，但今日屯留县东部是一片平陆，并没有湖泊存在，全不见有"大泽"的踪影。查考古代舆地文献，这一"大泽"北魏《水经注》和唐《元和郡县图志·河东道·潞州》等书也无记载，推断可能是一个初唐时期浊漳河泛滥潴留形成的短期湖泊，北魏时尚未出现，而唐代后期元和年间已经淤平为陆，湖泊消失。《元和郡县图志》谓："漳水，一名潞水，在县北。阚骃曰：'潞水在县北，为冀州浸，即漳水也。按王猛与慕容评相御于潞川，评鬻水与军人绢匹水二石，则此无他大川可以为浸，所有唯漳水耳，故土俗尚谓浊漳为潞水也。"② 按《元和郡县图志》对湖泊沼泽的记载，包括一些方圆数十里的中小型湖沼往往都见诸记录，而此处李吉甫仅解释了潞城县潞水即漳水，并未提到有境内"大泽"，可知在唐宪宗元和年间，近一个半世纪前《邓恢墓志》所说的"大泽"已经不复存在，幸赖《邓恢墓志》偶然"捕捉"，才保留了这一晋东南盆地古代湖泊的罕见信息。

　　唐代潞州水系纵横，水源充沛，山泉水渠密布，著名的绛河发源于屯留北部的秀盘山，由西向东斜贯全境，所以《邓恢墓志》又说屯留"南临绛水……圣泉灵异，于其四胜，乃置庙焉"，这与李吉甫《元和郡县图志》说屯留县"绛水出县西南方山，去县八十四里"③的记载大致吻合，应该说墓志真实地揭示了唐代屯留县一带生态环境的特点。无独有偶，天宝五载（746 年）的《庾若讷墓志》则可能涉及历史上著名的"大陆泽"在唐代的存在状况。墓志在记述唐玄宗时期赵郡（今河北邯郸市）至巨鹿郡（今河北任县至晋州市藁城）之间一桩土地纠纷时写道："郡前二百里有□□，境连巨鹿。开元初为彼民吏矫枉平曲，张煌□力，夺我天□三十余载。公下车闻而怒之，因白郡守冯公曰：古者为邦九有，星辰表其分野；辟国百里，原隰存乎封场。况今主上设

---

① 《邓恢墓志》，周绍良主编：《汇编》上，咸亨 042，第 539 页；另见吴钢主编：《全唐文补遗》第 7 辑，第 288 页。今山西长治市屯留县余吾镇东 10 公里邓村原立有"上柱国邓恢墓志铭"石碑，这为《邓恢墓志》的出土提供了确切的地理位置。
② （唐）李吉甫撰，贺次君点校：《元和郡县图志》卷 15《河东道四·潞州节度使·潞城县》，第 419—420 页。
③ （唐）李吉甫撰，贺次君点校：《元和郡县图志》卷 15《河东道四·潞州节度使·屯留县》，第 419 页。

制度，分郡邑，又安可以法令许人受屈于公道也！冯公然之，遂焕乃图牒，核厥堤封，抗辞飞章，命不再举。"① 此墓志有残泐，"郡前二百里有□□"，经辨认拓片，隐约可见"隰泽"字样，应该是指距赵郡二百里远处有一湿地开元初被巨鹿郡吏民所强占，庾若讷任职赵郡司户参军时力主公道，通过给巨鹿郡太守做工作使得这片湿地重归赵郡。根据唐代舆地文献推之，这片"隰泽"之地或为大陆泽萎缩后所遗留之一部分。南北朝以前，大陆泽水域面积巨大，系一浩瀚巨浸。北魏以后，太行山诸水为泽西改道的漳水挟而北去，大陆泽水源补充渐渐缺失，湖泊缩小，加之民众围泽造田和煮盐等所致，至唐代演变成不及百里之湖，而大片水域成为沼泽湿地。《元和郡县图志·河东道四·邢州·巨鹿县》载："大陆泽，一名巨鹿，在县西北五里。《禹贡》曰：'恒、卫既从，大陆既作。'按泽东西二十里，南北三十里，葭芦茭莲鱼蟹之类，充轫其中。泽畔又有咸泉，煮而成盐，百姓资之。"② 此说明唐朝时期著名的大陆泽正在萎缩减少，其中某些湿地已出现盐碱化现象，《庾若讷墓志》中所涉"隰泽"纠纷则为唐代大陆泽的演变提供了一条佐证。

今长治市境内发现的唐人墓志中，多次记述了潞州境内的生态环境信息。大历六年潞城县人王修泰病卒，葬潞州府城北一十五里平原。其墓志言及潞州（今山西长治）潞城县有"巍巍峻岳""森森丛林"，证明唐代中期晋东南一带山区尚有森林分布。③ 大历七年（772 年），王珍夫妇合葬于潞州府城西南三里平原。其墓志云"其地东观壶口，西附漳滨，南望羊头，北看陇谷"④，应该是当时潞州府城北原看到的地理景观。"壶口"应该是潞州壶关县的壶口关。"西附漳滨"说明墓地距离漳河很近；"南望羊头"是指从墓地可以遥望潞州境内名胜羊头山，这个唐代羊头山地名至今犹存，今日羊头山北魏石窟是山西省长治市一个著名的旅游景点。

《王言墓志》也有关于壶关县水文地理的记录。《王言墓志》系胡戟、荣新江主编的《大唐西市博物馆藏墓志》首次刊布，全称为《唐故上轻车都尉

---

① 全称为《大唐故赵郡司户参军庾公（若讷）墓志铭并序》，吴钢主编：《全唐文补遗》第 2 辑，第 540—541 页。

② （唐）李吉甫撰，贺次君点校：《元和郡县图志》卷 15《河东道四·邢州·巨鹿县》，第 428 页。潞州（上党郡）辖县，境内北有百谷山（今名老顶山），南有峰山（今双龙山）。

③ 《唐故潞州大都督府潞城县王府君（休泰）墓铭并序》，吴钢主编：《全唐文补遗》第 5 辑，第 411 页。

④ 《唐故太原王府君（珍）并夫人北海元氏之铭并序》，吴钢主编：《全唐文补遗》第 5 辑，第 411 页；又见周绍良主编：《汇编》上，显庆 084，第 281 页。后者收此墓志录文中"西附漳滨"作"西望漳河"。

王君墓志铭并序》。① 墓志载墓主唐高宗总章元年（668 年）四月葬于壶关县南三十里峰山阴，墓志说这里"左临古迹，厥美由存；右带长川，点千妆之树锦"。壶关县地处太行东部山区，唐代属河东道，两山夹峙，中间空断，山形似壶，因而得名壶关。"左临古迹"虽无法确指，但古代壶关历史遗迹众多，《元和郡县图志》记载县内有西汉令狐茂墓和三国时期的曹公垒②，墓志所言或许指其一。"右带长川"则指附近的河流，《元和郡县图志》载壶关县境内有"沾水"③。按"沾水"系淇水支流，据《水经注》卷九《淇水》："淇水出沮洳山。水出山侧，颓波漰注，冲激横山。山上合下开，可减六七十步，巨石礚礌，交积隍涧，倾澜漭荡，势同雷转，激水散氛，暖若雾合。又东北，沾水注之。水出壶关县东沾台下，石壁崇高，昂藏隐天，泉流发于西北隅，与金谷水合，金谷即沾台之西溪也。东北会沾水，又东流注淇水。"④ 今日壶关境内河流主要有陶清河、郊沟河、石子河、百泉河、桑延河。核查今日壶关县地图，墓志中的"长川"当指百泉河或桑延河。

中古时期华北平原河网纵横，水量充沛，这在唐人墓志中也有所反映。唐代漳河水量大，流速急，"济漳"成为华北平原交通一大难题，以至于墓志中有"漳水浚而急，不可以涉"之说。咸通六年（865 年）的《何弘敬墓志》特地记录了晚唐名将何弘敬生前指挥的一次抢渡漳河的战役，"当拔肥乡时，将渡漳水，取邢丘淦阳，乡导者言：漳水浚而急，不可以涉。无舟无梁，难议济矣"。该墓志紧接着还穿插一则"漳水突涨"的故事：渡河时让士兵引索横岸，士兵皆呼水浅，顺利渡河。待全军渡河后，"则向之漳水，腾波浚急，不可瞪视矣"⑤。此事作为何氏军事生涯中用兵如神的奇迹记载入墓志，实际上很可能是漳河上游骤降暴雨导致河水猛涨所致的自然现象，这也说明唐代漳河流量大，洪水经常发生。《何弘敬墓志》的这一记载，可与唐史文献相印

---

① 胡戟、荣新江主编：《大唐西市博物馆藏墓志》，第 163 页。

② （唐）李吉甫撰，贺次君点校：《元和郡县图志》卷 15《河东道四·潞州·壶关县》，第 420 页。

③ （唐）李吉甫撰，贺次君点校：《元和郡县图志》卷 15《河东道四·潞州·壶关县》："羊肠坂，在县东南一百六里，沾水出焉"，第 420 页。清修《钦定大清一统志》卷 103《潞安府·壶关县》对"沾水"作如是解释："沾水在壶关县东南，《汉书·地理志》：壶关有沾水，东至朝歌入淇。《水经注》：沾水出壶关县东坫台卜西北隅，与金谷水合，金谷即坫台之西溪也。东北会沾水，又东流注淇水。元和志：壶关县羊肠坂，沾水出焉。"参见文渊阁四库全书本。

④ （北魏）郦道元著，陈桥驿校证：《水经注校证》卷 9《淇水》，北京：中华书局，2007 年，第 234 页。按陈桥驿校勘《大典》本、《注笺》诸本认为此处"沾水"应为"活水"，但《元和郡县图志》记载为"沾水"，故存疑。

⑤ 《唐故魏博节度开府仪同三司检校太尉兼中书令魏州大都督府长史充魏博观察处置等使上柱国楚国公食邑三千户食实封一百户赠太师庐江何公（弘敬）墓志》，吴钢主编：《全唐文补遗》第 5 辑，第 41 页。

证，据《旧唐书》卷 185《韦机传附韦景骏传》载，唐中宗神龙年间，"县北界漳水，连年泛溢。旧堤迫近水漕，虽修筑不息，而漂流相继"①。时任肥乡县令的韦景骏为防止水患，曾对县境内段的漳河迁堤重筑，并针对桥梁常被冲毁的情况改建浮桥，泽被乡民，说明漳河在唐代决堤泛滥成灾现象经常性发生，但神龙年间修建的浮桥到了晚唐也早已被冲毁，荡然无存，所以才有《何弘敬墓志》所说漳河"无舟无梁，难议济矣"及行军难渡的困境。

《全唐文补遗》第四辑所收《王玉墓志》即对魏州境内黄河、堤防、岗阜、树林等有生动形象的记述。墓志载王氏于会昌元年（841 年）十月病卒魏州冠氏县闻弦乡李难村，大中十三年（859 年）二月迁葬于冠氏县东北六十里高原，"于是森耸□树，前望岗阜；即据尧堤，后枕长河。洪波浪而东渚，西□疆场弥望；桑榆晚而烟生，东即大□"②，表明唐代冠氏县境内山区尚有森林分布，此墓志所述之冠氏县自然与人文地理环境有很大的史料价值。冠氏县，隋开皇六年（586 年）析馆陶县地置，治所在今山东省冠县冠城镇，唐代属魏州。境内东有京杭运河、马颊河，西有漳卫河。唐代黄河穿县境而过，今境内仍然遗留有黄河故道遗迹。而"即据尧堤，后枕长河，洪波浪而东渚"，则指黄河故道大堤无疑。冠氏县境内自古以来有"鲧堤"（或言"尧堤"），相传系远古部落首领鲧受尧派遣治水时所筑。尧堤又名鲧堤、金堤、古堤，"鲧堤春柳"为旧时冠氏县八景之一。宋代司马光《鲧堤》诗中有"东郡鲧堤古，向来烟火疏"之句。明代谢肇淛曾游历至此，其《北河纪余》云："鲧堤在故城县西南三十里，延袤千里。自顺德、广宗界来，相传鲧治水时筑也。北宋司马光曾有诗云：'东郡鲧堤古，向来烟火疏。堤封百里远，生齿万家余。'"③可见墓志所记并非虚言，它是今日聊城境内唐代黄河故道筑堤防洪的历史见证。

关于华北地区的森林资源情况，唐人墓志涉及较少，这或许就是唐代华北地区森林本来就已大大减少的反映，但少数墓志仍然透露了这方面的一些信息。《隋唐五代墓志汇编·河北卷》收录的《张修义墓志》和《王友玉墓志》涉及对唐代邯郸县局部自然环境的记载，据墓志，张修义葬于县西北十里"葛据之隈以平原"，此处"绿水前流，溉灌洪波之殿；紫山斜暎，照耀邯郸

---

① 《旧唐书》卷 185 上《韦机传附韦景骏传》，北京：中华书局，1975 年，第 4797 页。

② 《唐故太原王府君（玉）合祔墓铭并序》，吴钢主编：《全唐文补遗》第 4 辑，西安：三秦出版社，1997 年，第 506 页。

③ 谢肇淛：《北河纪余》卷 3《德州》，《景印文渊阁四库全书》第 576 册，台北：商务印书馆，1986 年。

之宫"①;《王友玉墓志》说墓主安葬的邯郸县城西北一带"前望沧沧之水,牛首谓之扬波;横观郁郁之峦,鼓岳明之岊嶂"②,孙继民、郝良真认为两墓志中所说的"绿水"和"沧沧之水"应属同一条河流,即《水经注》中的沁河,唐代邯郸段称牛道水,"葛据""鼓岳"即今日邯郸西部的紫山和鼓山,唐代山上布满森林,直到民国年间还是"林木森郁,葛蕴尤盛"③。从这两方墓志记载的生态环境来看,唐代邯郸西北一带自然环境尚呈现一派山清水秀的良好状态。

第四节　唐人墓志所见之洞庭湖及南阳山区的环境信息

唐人墓志中所记述的有关江河湖泊信息虽然十分稀少零散,但系唐朝当时人所记述,具有较高真实性和可信度。洞庭湖是我国现存第二大淡水湖,由于新构造运动的作用,具有间歇性升降的特征。④历史时期的洞庭湖曾经几经盈缩,唐代的洞庭湖面积如何?学术界一般认为唐代洞庭湖在缩小,而青草湖在扩大,但唐代直接相关的文献记载甚为稀少。令人欣喜的是,20世纪90年代出土并收入《全唐文补遗》和《唐代墓志汇编》的《吕让墓志》提供了一条有关唐代洞庭湖的新资料。据墓志记载,吕让年轻时文才卓然,擅长诗赋,深得当时文坛领袖柳宗元、韩愈等人赞赏,值得特别关注的是墓志节录其所作《贾珠赋》中有"洞庭方员七百里,其澜浸日月,土出金入"⑤之句的描述,系来自出土唐人石刻中罕见的有关洞庭湖水文珍贵记载。墓志所说"洞庭方员七百里,其澜浸日月"的规模,应该真实反映了中晚唐夏季水盈时的状况,是一条殊为珍贵的唐代洞庭湖水文记录资料。五代宋初孙光宪《北梦琐言》对唐代南方地理环境多有记述,其中提及唐代洞庭湖的夏秋水势变化:"湘江北流至岳阳,达蜀江。夏潦后,蜀涨势高,遏住湘波,让而退溢为洞庭湖,凡阔数百里。而君山宛在水中,秋水归壑,此山复居于陆,唯一条

① 孟繁峰、刘超英主编:《隋唐五代墓志汇编·河北卷》,天津:天津古籍出版社,1991年,第51页。
② 孟繁峰、刘超英主编:《隋唐五代墓志汇编·河北卷》,第97页。
③ 孙继民、郝良真:《从新出墓志看唐代邯郸历史地理的几个问题》,《文物春秋》1996年第1期。
④ 蓝勇编著:《中国历史地理》,北京:高等教育出版社,2010年,第117页。
⑤ 《唐故中散大夫秘书监致仕上柱国赐紫金鱼袋赠左散骑常侍东平吕府君(让)墓志铭并序》,吴钢主编:《全唐文补遗》第4辑,第201页;另见周绍良主编:《汇编》下,大中107,第2334页。

湘川而已。海为桑田，于斯验也。"①可见唐代洞庭湖虽然也有季节性变化，但夏季水盈时面积浩大，堪称巨浸。唐诗中描写洞庭湖浩瀚气势者颇多，著名者如孟浩然《临洞庭》诗之"气吞云梦泽，波撼岳阳城"②、曹松"长与岳阳翻鼓角，不离云梦转鱼龙。吸回日月过千顷，铺尽星河剩一重"③，这些描写唐代洞庭水域辽阔的诗作皆可与《吕让墓志》中的洞庭湖状描互为印证。

由于当代发现的唐人墓志绝大多数分布在北方陕西、河南、山西、北京等地，墓志对北方环境的记录相对较多，涉及南方地理环境的文字记录十分稀少，因而少数穿插有南方地区生态环境的墓志资料也就显得格外珍贵，刻石于仪凤二年（677年）的《周豫州刺史淮南公杜君之墓志》是曾任北周豫州刺史的杜氏（佚名）后人为其先祖改葬时补修的墓志，虽有残泐，但其中涉及的环境信息颇值得关注。墓志载志主杜氏（名缺）"以隋开皇元年十月一日，与夫人冯氏合葬于龙山□□□原里之礼也。其地东窥邵堞，伐楚之迹犹存；西迤滍城，避狄之隍如在。南邻滍水，神龟游括地之澜，北瞰龙山，仙鹤憩耸天之岫。尔其珍木葱翠，嘉树纷披，是汝□（南）之形胜，荆楚之□□者焉"④。此墓志也见于《全唐文》卷994《豫州刺史淮南公杜君墓志铭》、《金石萃编》卷9及《中州冢墓遗文》等，志主应该是曾经担任北周豫州刺史的杜业，其儿孙杜征、杜淹，先后在隋与唐初中央担任要职。墓地所在何地，志文并没有交代，我们只能根据墓志提供的有限线索考证。墓志中的"邵堞"不知何指，但"滍城"有史可考，《魏书》卷106《地势二》："北清郡，领县二。武川，有滍城、鹿鸣山、农山。"按北魏在今河南省南阳市置北清郡，辖武川县、北雉县。如此则墓地可确认在南阳无疑。滍水即今日汝河。今称沙河，发源于鲁山县伏牛山脉主峰尧山，是沙颍河水系的一级支流，北魏郦道元《水经注》有"滍水出南阳鲁阳县西之尧山"⑤。龙山应即《魏书》所言北清郡之"农山"。墓志虽然有残损，但其中"北瞰龙山，仙鹤憩耸天之岫。尔其珍木葱翠，嘉树纷披"的描绘仍然披露了隋唐时期南阳伏牛山地区重要的环境信息，表明隋末初唐时期的南阳森林密布，有珍禽异兽，生态环境良好的状态。

①（宋）孙光宪著，林艾园校点：《北梦琐言》卷7，上海：上海古籍出版社，1981年，第59页。
②孟浩然：《望洞庭湖上张丞相》，（宋）李昉等：《文苑英华》卷250。
③曹松：《洞庭湖》，《全唐诗》卷717，北京：中华书局，1960年，第8241—8242页。
④周绍良主编：《汇编》上，仪凤006，第629页。
⑤（北魏）郦道元著，陈桥驿校证：《水经注校证》卷31《滍水》，第722页。

结　　论

　　以上就唐人墓志所涉及的唐代陕北、两京、华北地区及南方洞庭湖和南阳地区的自然地理环境记述做了初步考察。从历史地理学角度而言，在迄今已经发现的近万方唐人墓志中，真正反映唐代生态环境等自然地理状况的墓志只是其中极少数，而且由于唐人墓归葬地大多集中于洛阳、长安郊区，唐人墓志的发现地又以今日陕西、河南、河北地区居多，所以唐人墓志所反映的区域自然地理资料也具有明显的区域不平衡性特点，墓志中的生态环境记述也主要集中于两京畿甸与河东道、河北道一带，与唐代这些地区乃政治、文化及经济中心的区位优势及唐代士大夫的主要仕宦区域较为集中有关。同时唐人墓志作为记载志主生平及功德的随葬石刻文本，其记录的唐代自然环境方面的信息是十分有限的，更多是作为衬托墓地风水而写进墓志的，但一定程度上仍折射了唐代一些地区的山川地貌、河流水文、森林资源及物候等自然地理的若干信息，可以丰富我们对唐代自然地理环境的认识。唐人墓志作为出土于地下的石刻新资料，我们不应该忽略其中所蕴含的历史地理信息，特别是唐人墓志中零星的环境记述，常常会打开一扇认知唐代自然环境的窗户，给研究唐代历史地理的学者带来意想不到的发现。

第三章　出土唐人墓志与唐代政区地理研究

　　唐代政区地理资料主要保存在《唐书·地理志》《通典·州郡典》《元和郡县图志》《唐六典》《唐会要》等传世文献之中，今人辑佚的《括地志》残本对了解唐初期政区也有一定价值，都是研究唐代政区地理的基本文献依据。但是，唐代政区调整频繁，置废不定，后世整理的唐代文献中关于政区隶属及州县变迁的记载时有错讹，且遗漏较多，此外诸如都督府、节度府与地方州府县之间的行政关系，包括政区中道、郡（州）、府、县级地名、置废、省并及其政区地名调整变换、基层政区与边疆政区调整的背景及细节等文献往往语焉未详，留下不少问题和困惑有待于解决。出土唐人墓志虽非完整意义上的地理数据，但其中包含着若干唐代政区数据信息，一定程度上为深化唐代政区地理的研究和解决某些疑难问题提供了一些新契机。[①]

　　关于隋唐五代政区研究，岑仲勉在 20 世纪三四十年代先后发表《括地志序略新诠》《旧唐书地理志"旧领县"之表解》等论文[②]，着重对唐地理文献进行疏证；严耕望 20 世纪 60 年代所著《括地志序略都督府管州考》[③]对贞观十三年（639 年）43 个都督府所辖州数的考证，至今仍然有重要的参考价值。目前对唐代政区地理整体研究最新成果是郭声波所著《中国行政区划通

---

　　① 关于近年来利用出土墓志研究唐代历史地理的学术概况及动态，可参陈呈：《近二十年来唐代墓志与历史地理研究述评》，《陕西历史博物馆馆刊》第 21 辑，西安：三秦出版社，2014 年，第 207—215 页。

　　② 岑仲勉：《括地志序略新诠》，《中山大学史学专刊》1935 年第 1 卷第 1 期；岑仲勉：《旧唐书地理志"旧领县"之表解》，《中央研究院历史语言研究所集刊》第 20 卷，1948 年。

　　③ 严耕望：《括地志序略都督府管州考》，《严耕望史学论文集》中，上海：上海古籍出版社，2009 年，第 621—660 页。

史·唐代卷》①，本书作为周振鹤主编的《中国行政区划通史》的唐代分册，依据《通典》《元和郡县图志》《新唐书》《旧唐书》《唐会要》等百余种文献和部分考古材料，结合一定的实地考察和深入考证，全面梳理了唐代各行政区（含监理区）置废变迁的过程，是迄今为止对唐代政区最全面系统的断代研究著作。但上述论著对出土唐人墓志中所涉政区数据均基本忽略或很少加以引用和辨析，不能不说是一种缺憾。实际上近年唐人墓志于唐代政区地理的价值，已经引起一些学者的关注和使用，相关的研究主要集中在唐两京地区，洛阳考古工作者张剑《洛阳出土墓志与洛阳古代行政区划之关系》《从墓志出土地点谈唐代东都县乡里村和墓葬的分布》②等文利用大量洛阳地区出土的北魏、隋、唐墓志重点对洛阳城近郊县乡里村的行政区划进行了有益的探讨；马强《新出土唐人墓志与唐代历史地理研究的新拓展》一文，唐墓志对于研究唐代政区的意义特别是对墓志中所载唐短期置废的州县及其基层乡、村、里之间的隶属关系做了举例性简论。③华林甫在《隋唐五代政区研究述评》一文中最后指出："尽管隋唐政区是沿革地理的热门，成果集中，学术研究取得了很大成就，但并没有将所有问题解决，后人仍有进一步发展的空间；并且，从现代政区地理的角度来衡量，还有许多方面值得做深入的专题研究。"④从唐人墓志角度进行唐代政区的补充研究，不失为拓展这一研究空间的新途径。

第一节　唐人墓志所见初唐"权置州郡"及"析州设官"现象

中国历史上"侨置州郡"这一政区现象大量出现是在东晋南北朝时期，主要是南渡的北方政权为了稳定战乱中的社会秩序，安抚南迁的北方人士而施行的一种特殊的政区设置，即在南方地区一些州郡附设南迁人口较集中的原籍地州郡地名命名政区，安置侨民，一方面照顾大量南迁的世家豪族能在新迁地继续任官，保证他们的政治、经济权益，同时也使割据政权控制大量流迁人口，增加政府赋税收入。一般认为南北朝后期至隋，"侨置州郡"现象已经逐渐消失。但从出土唐人墓志可以发现，唐朝初年的兼并战争中，特别

---

① 郭声波：《中国行政区划通史·唐代卷》上、下册，上海：复旦大学出版社，2012 年。

② 张剑：《洛阳出土墓志与洛阳古代行政区划之关系》，赵振华主编：《洛阳出土墓志研究文集》，第 133—140 页；张剑：《从墓志出土地点谈唐代东都县乡里村和墓葬的分布》，《洛阳理工学院学报（社会科学版）》1992 年第 2 期。

③ 马强：《新出土唐人墓志与唐代历史地理研究的新拓展》，《中国历史地理论丛》2013 年第 4 辑。

④ 华林甫：《隋唐五代政区研究述评》，《中国史研究动态》2008 年第 8 期。

是武德年间，唐高祖李渊在一些新占领区曾经一度恢复类似于东晋南北朝以来的临时设置州郡制度，但唐初的临时设立州郡实际上并非"侨置州郡"，更确切地说是"权置州郡"，即为招徕安置隋朝投降的将臣临时设置的州郡。《新唐书·地理志》载："唐兴，高祖改郡为州，太守为刺史，又置都督府以治之。然天下初定，权置州郡颇多。"①这种唐代初年一度施行的"权置州郡"政区设置现象，具体州名文献记载很少，在墓志中则有一定反映。如在武德、贞观年间墓志中频频出现"西亳州""西徐州""东楚州"等州名，就值得关注。《丘蕴墓志》载志主吴兴人丘蕴由隋降唐，"投义有功，补西亳州轩辕县令"②。《李君绚墓志》载志主李君绚隋末任彭城郡司户，后转任彭城县令。"皇祚肇兴，拟西徐州刺史。"③《高冏墓志》载志主高冏"武德五年已来，历任东楚州之山阳，西楚州之盱眙……等五县丞"④。按"西徐州"为南朝萧梁所置，地在今安徽蒙城县。《元和郡县图志》卷七《河南道·亳州》载："蒙城县，本汉山桑县，属沛郡，后汉改属汝南郡。魏属谯郡。后魏孝文帝于此置涡州，理山桑城。其地后入于梁，梁于此置西徐州。后复入魏，改为谯州，改谯县为涡阳县。隋改涡阳为淝水县。武德四年，重立山桑县，属谯州。贞观十七年废谯州，割属亳州。天宝二年，改为蒙城县。"⑤《元和郡县图志》追溯蒙城县建置沿革时仅仅提及"西徐州"系萧梁时初置，高祖武德四年调整谯州属县时未言仍置"西徐州"，墓志则表明至少武德四年（621年）前，"西徐州"仍然存在。盖因"权置"时间极短，为史籍所忽略，墓志可补史籍记载之阙漏。另外南北朝时期创设的"东楚州"与"西楚州"，初唐曾一度袭置，关于"东楚州"，《新唐书·地理志》载："楚州淮阴郡，紧。本江都郡之山阳、安宜县地，臧君相据之，号东楚州。武德四年，君相降，因之，八年更名。"⑥"西楚州"，《旧唐书·地理志》："盱眙，汉县，属临淮郡。武德四年，置西楚州。置总管，管东楚、西楚。领盱眙一县。八年，废西楚州，以盱眙属楚州。"⑦《高冏墓志》说墓主高冏曾在武德五年任职于"东楚州"之山阳县，与两唐书《地理志》所载"东楚州""西楚州"存在时间、领属县名相合，两相印证，说明

①《新唐书》卷37《地理志一》，北京：中华书局，1975年，第959页。

②《大唐故上骑都尉益州新津县丞丘君墓志铭并序》，周绍良主编：《汇编》上，贞观149，第102页。

③《唐故济州别驾李府君墓志铭并序》，周绍良主编：《汇编》上，贞观179，第123页。

④《唐故海州司仓高君墓志铭》，周绍良、赵超主编：《汇编续集》，永徽034，第74页。

⑤（唐）李吉甫撰，贺次君点校：《元和郡县图志》卷7《河南道·亳州》，第187页。

⑥《新唐书》卷41《地理志五》，第1052页。

⑦《旧唐书》卷40《地理志三》，北京：中华书局，1975年，第1573页。

墓志所言不虚，这都是唐朝初创时"权置州郡"现象在墓志中的反映。这种"权置州郡"现象在唐代初期曾经短暂存在，武德八年唐朝统一战争大体结束后基本废止，因而武德以后的墓志中已不复见此类记载。说明李唐王朝在建国之初曾借鉴历史经验，采取了审时度势、灵活权宜的州郡设置政策。随着全国统一局面的形成，唐朝中央逐渐撤销了这一"权置"州郡权宜措施，到唐太宗继位以后，政区设置区划渐趋规范和稳定，"权置州郡"现象的记述在唐人墓志中也渐渐消失。

初唐行政区划的另一"权宜"措施就是临时析州设官，用来招徕安抚归附之隋朝官员，造成州县数量滥增，《新唐书·地理志》说："唐兴，高祖改郡为州，太守为刺史，又置都督府以治之。然天下初定，权置州郡颇多。"① 这一状况到唐太宗继位后才有所矫正。《资治通鉴》称："隋末丧乱，豪杰并起，拥众据地，自相雄长；唐兴，相帅来归，上皇为之割置州县以宠禄之，由是州县之数，倍于开皇、大业之间。上以民少吏多，思革其弊；（贞观元年）二月，命大加并省。"② 初唐高祖时期这一"析州设官"现象在《陈察墓志》中得到典型印证。隋唐之际曾短暂设置过阴平郡，旋即改为文州，而置郡、州的原因两唐书《地理志》、《元和郡县图志》皆无交代，新出土的《陈察墓志》则说得十分具体明确：隋恭帝杨侑义宁二年，隋武都郡曲水县令陈察归顺投诚李渊，"遥知灞上之兴，先献河西之款"。李渊派遣陇右道安抚大使姜謩③"宣劳"，并"割武都郡之长松、曲水、正西三县置阴平郡，仍以公（陈察）为太守。武德元年，改郡为文州，即授公使持节文州诸军事文州刺史"④。这条墓志资料表明，唐王朝创建过程中，州（郡）县的析置往往会临时因人因事而设，以适应统一战争的需要。陈察以隋曲水县令身份降唐，李渊不仅派遣高级官员前往慰劳，还特地划割武都郡三县置阴平郡，委任陈察为郡太守，以表隆重恩宠。唐正式建国后全国改郡为州，阴平郡也随之改为文州，陈氏

---

① 《新唐书》卷37《地理志一》，第959页。

② （宋）司马光等：《资治通鉴》卷192，贞观元年春二月辛丑条，北京：中华书局，1956年，第6033页。

③ 姜謩的墓志也已经发现，只是有残泐，整理者没有辨认出志主身份。《汇编》上第116—117页，编号"贞观029"的佚名墓志实际上就是姜謩，虽盖、题俱失，但志文则较为完整，谓"公讳謩"，降唐后有"以功封长道县开国公，食邑一千户，为陇右道安抚大使"等记载，应为《资治通鉴》所载慰劳陈察的姜謩墓志无疑。只是姜氏薨后"葬于秦州东南岩池谷"偏僻之处，令人费解，推测或许姜氏属陇右羌人，葬以故里。

④ 《唐故使持节文州诸军事文州刺史陈使君墓志铭并序》，周绍良主编：《汇编》上，长寿018，第844—845页。《汇编》下，开元260收录有陈察曾孙陈颖的墓志，其中说陈颖为陈文帝子江夏王之曾孙，"祖察，皇朝文州刺史"，如此则陈察当为南朝陈文帝之裔孙。

又转为文州刺史。实际上隋唐之际临时设置、调整政区，给陈氏如此隆重待遇一定程度上有示范意义，墓志谓陈察父为前隋兰州刺史，本人则恩荫入仕之初即授曲水县令，表明陈氏家族在陇右一带很有影响。而隋唐之际薛举集团雄踞陇右、陕北一带，也在不断招兵买马，扩充实力，所以李渊对一个小小县令的"款附"如此重视，析置新郡、破格提拔陈察，主要是在政权初创期为了吸引更多前隋官员归附唐朝，而《陈察墓志》则真实地披露了李渊置阴平郡的真实起因。《陈察墓志》虽仅仅提供了初唐阴平郡（文州）设置的背景情况，但它是武德年间滥设州郡现象的典型反映，因人而设州任官，以适应统一全国战争中的人事之需，也在情理之中，这对于理解唐太宗贞观时期力矫时弊，做大规模省并州县、调整政区，《陈察墓志》是一则重要的新史料。

第二节　从贞观年间墓志看《贞观十三年大簿》所载州政区的真实性

前面我们说过，唐人墓志保留了大量唐代不同时期州（郡）县、府地名，可视为除唐代地志文献以外另一政区地名系统数据库。如果把墓志中的州县地名与地志文献地名加以对比，则不仅可以进一步印证文献所载州县地名的真实性，还能够很大程度上还原唐代政区地名的原始面貌，进而对唐政区地名有补缺纠谬意义。初唐魏王李泰主编的地理总志《括地志》全帙虽然早已失传，但幸运的是唐人徐坚等《初学记》收录有《括地志序略》，其中最为珍贵的是保存了记录有唐贞观十三年（639 年）全国州县数量、地名的《贞观十三年大簿》（以下简称《大簿》）。《大簿》言当时天下"凡州三百五十八"，"凡县一千五百五十一"，加上新平定高昌所置西州和庭州，"通前凡三百六十州"，并且详列各州、都督府、都护府名称[①]，遗憾的是《大簿》仅仅给出了该年全国 360 州及 1551 个县的数量，具体各州领县情况则无一道及，无法从中了解初唐贞观年间州县辖属情况。出土墓志虽然所涉县级政区较为零碎，不能覆盖全国，但毕竟属于当时人留下的一手石刻资料，其所及州县地名的客观性和真实性毋庸置疑。至今发现的贞观年间唐人墓志数量已经接近 260 方

---

① （唐）李泰等著，贺次君辑校：《括地志辑校》卷首《序略》，北京：中华书局，1980 年，第 1—5 页。

左右①，墓志所载志主生前任职地及其入葬时间、地点往往较为具体，其中墓志中有关贞观年间的州、县地名值得注意，它是初唐政区地名在唐人墓志中最客观、直接的反映。下面我们即以贞观年间部分有确切纪年的墓志为据，以其中所涉州、县地名来考察《大簿》中的州名记载的真实性，具体详见表3-1。

表3-1　出土唐人墓志所见贞观年间州郡领县表

时间	属道	属州	县名	墓志	资料出处	墓志编号
贞观四年	关内道	陇西郡	成纪县	李彦墓志	《汇编》上	贞观 014
贞观五年	关内道	雍州	三原县	李寿墓志	《汇编》上	贞观 024
贞观五年	关内道	雍州	万年县	郭云墓志	《汇编》上	贞观 023
贞观六年	关内道	雍州	长安县	赵夫人墓志	《汇编》上	贞观 026
贞观二年	河南道	洛州	河南县	屈突通墓志	《汇编》上	贞观 007
贞观七年	河南道	洛州	洛阳县	清淇孝敏墓志	《汇编》上	贞观 044
贞观七年	河南道	汝南郡	平舆县	口远墓志	《汇编》上	贞观 036
贞观七年	岭南道	广州	南海县	清淇孝敏墓志	《汇编》上	贞观 044
贞观八年	河南道	戴州②	禹城县	姬喜墓志	《汇编》上	贞观 036
贞观十一年	关内道	豳州	三水县	窦娘子墓志	《汇编续集》	贞观 017
贞观十二年	关内道	雍州	万年县	赵隆墓志	《汇编续集》	贞观 019
贞观十三年	关内道	雍州	万年县	段元哲墓志	《汇编》上	贞观 066
贞观廿三年	关内道	雍州	万年县	赵隆墓志	《汇编》上	贞观 167
贞观十一年	河南道	齐州	历城县	罗君副墓志	《汇编》上	贞观 058
贞观十九年	河南道	洛州	伊阙县	刘德墓志	《汇编》上	贞观 114
贞观四年	河东道	蒲州	河东县	李彻墓志	《汇编》上	贞观 016
贞观八年	河东道	蒲州	虞乡县	王安墓志	《汇编》上	贞观 050
贞观廿年	河东道	晋州	洪洞县	孙佰悦墓志	《汇编》上	贞观 128
贞观廿一年	河东道	绛州	稷山县	乐善文墓志	《汇编》上	贞观 140
贞观六年	淮南道	和州	历阳县	孟公行墓志	《汇编续集》	贞观 007
贞观八年	江南道	宣州	溧水县	宋行墓志	《汇编续集》	贞观 015
贞观八年	江南道	虔州	南康县	宋行墓志	《汇编续集》	贞观 015
贞观六年	山南道	南阳郡	冠军县	张叡墓志	《汇编》上	贞观 030
贞观六年	山南道	南阳郡	白水县	张伯墓志	《汇编》上	贞观 031

① 已经出土整理的唐贞观年间墓志，主要收录在《唐代墓志汇编》和《唐代墓志汇编续集》中，前者收录 182 方，后者补录 74 方，计 256 方。

② 戴州，隋开皇十六年（596 年）置于成武县（治在今山东成武县成武镇东南），大业三年（607年）废。唐武德四年（621 年）复置戴州，仍治成武县，领单父、成武、楚丘、高乡、凿城（治所不详）5 县，贞观十七年（643 年）戴州废。

续表

时间	属道	属州	县名	墓志	资料出处	墓志编号
贞观七年	山南道	南阳郡	白水县	乐陟墓志	《汇编》上	贞观 033
贞观八年	山南道	南阳郡	西鄂县	张岳墓志	《汇编》上	贞观 039
贞观三年	陇右道	安定郡	临泾县	胡质墓志	《汇编》上	贞观 013
贞观五年	陇右道	安定郡	临泾县	胡俨墓志	《汇编》上	贞观 027
贞观元年	河北道	清河郡	武城县	崔志墓志	《汇编》上	贞观 002
贞观六年	河北道	平原郡	将陵县	张伯墓志	《汇编》上	贞观 031
贞观八年	河北道	洺州	永年县	韩仁师墓志	《汇编》上	贞观 041
贞观十一年	河北道	清河郡	武城县	张举墓志	《汇编》上	贞观 060
贞观十二年	河北道	清河郡	广宗县	潘基墓志	《汇编》上	贞观 063
贞观十三年	河北道	南徐州	兰陵县	萧瑶墓志	《汇编》上	贞观 064
贞观十三年	河北道	沧州	景城县	萧瑶墓志	《汇编》上	贞观 064
贞观十七年	黔中道	黔州	洪杜县	口宾墓志	《汇编》上	贞观 092
贞观二十年	关内道	雍州	长安县	胡演墓志	《唐西市志》	唐西市志 36
贞观廿三年	河北道	邢州	南和县	丘蕴墓志	《汇编》上	贞观 149
贞观廿一年	陇右道	西州	交河县	辛氏墓志	《汇编》上	贞观 134
贞观廿一年	陇右道	秦州	长川县	乐善文墓志	《汇编》上	贞观 140
贞观廿二年	陇右道	西州	交河县	王朋显墓志	《汇编》上	贞观 154
贞观廿二年	陇右道	西亳州	轩辕县	丘蕴墓志	《汇编》上	贞观 149
贞观十五年	江南道	苏州	吴县	杜荣墓志	《汇编》上	贞观 081
贞观廿年	江南道	睦州	桐庐县	李桀墓志	《汇编》上	贞观 092
贞观廿年	山南道	忠州	垫江县	王才墓志	《汇编》上	贞观 132
贞观廿一年	山南道	涪州	永安县	乐善文墓志	《汇编》上	贞观 140
贞观廿一年	山南道	荆州	石首县	乐善文墓志	《汇编》上	贞观 140
贞观廿一年	山南道	商州	上洛县	乐善文墓志	《汇编》上	贞观 140
贞观四年	剑南道	绵州	万安县	毛祐墓志	《汇编》上	贞观 015
贞观廿二年	剑南道	益州	新津县	丘蕴墓志	《汇编》上	贞观 149
贞观十三年	剑南道	戎州	犍为县	董柱墓志	《汇编》上	贞观 177

注：《唐代墓志汇编》，表中用简称《汇编》；《唐代墓志汇编续集》，表中用简称《汇编续集》；《大唐西市博物馆藏墓志》，表中用简称《唐西市志》，以下同。

以上所列贞观年间州郡属县表，系根据目前收录唐人墓志数量最多的周绍良主编《唐代墓志汇编》及新出的《大唐西市博物馆藏墓志》，参之以吴钢主编的《全唐文补遗》收录的贞观年间墓志记载制作而成。虽然目前发现的贞观年间墓志数量总体较少，反映的州（郡）领县也十分有限，但因形成年代与《括地志》大致同时，涉及范围十分广泛，从关内道的雍州长安县、成纪县到河南道洛州的洛阳县、河南县，从河北道冀州下博县、沧州景城县到江南道苏州吴县、睦州桐庐县，从陇右道秦州长川县、西亳州轩辕县到剑南道益州新津县、戎州犍为县、山南道商州上洛县、荆州石首县，甚至于贞观十四年（640年）新归附唐朝而新建的西州交河县等，都在墓志中有所反映。数量虽然远不及《大簿》所言的"凡县一千五百五十一"，但墓志中记载的州、县地名是与《大簿》同时代的地名，这些州属县地名的记载与《大簿》比勘可以得到一一印证，揭示了贞观州郡领县的冰山一角，也从一个侧面证实了《大簿》所载州名的真实性毋庸置疑。同时这六十个左右的州领县地名此后在唐代长期延续，尽管有所析并，但大体保存了原有的地名。

此外自唐武德改隋制，废郡为州已成定制，但在贞观墓志中，仍然存在"州""郡"并存、墓志中政区名称使用常有不规范的现象，如《唐代墓志汇编》上编号"贞观031"的墓志，就反映了由隋入唐之初，唐人尚习惯沿袭隋时政区的称谓习俗。当然还有一种情况，初唐墓志开篇称某志主为何地人时多以郡望称之，因此贞观墓志中多次出现诸如"南阳白水""清河武城""汝南平舆""平原高唐""弘农华阴""琅琊临沂"这些唐以前郡县地理称谓，实际上一般而言皆指志主的郡望而不是实际籍贯，反映了唐人重"郡望"的文化地理观念至少在唐代初年墓志中即十分流行。郡望是州郡地名与地方家族文化观念结合的产物，也是中古时期世家大族地域化形成与发展在文化地理观念上的反映。贞观年间唐人墓志中大量出现的以"郡望"称志主为某地人的现象，是魏晋南北朝隋以来世家望族观念在地名学上的典型体现，同时还带有强烈的重祖寻根文化意识，凡是屡屡被提及的家族"郡望"，如弘农杨氏、博陵崔氏、荥阳郑氏、河东裴氏及柳氏、琅琊王氏及颜氏等，都是历史上文化昌盛、名宦辈出的优越地域，唐人每每引以为豪，以至于在唐代形成士人"郡望"与籍贯并行不悖的双重家族地理空间"虚实"相参的文化风尚。

第三节 出土唐人墓志所见唐代政区的变迁

唐朝近三百年间，为了加强巩固中央王朝对全国的有效控制与行政管理，从初唐至晚唐，政区屡经调整变化，与王朝国家兴衰治乱相始终。从贞观元年（627年）全国高层监察区"道"的创建，到唐代前期总管府、都督府的设置，再到安史之乱后由节度府到方镇区的形成，及其与州平级但有特殊政治意义的"府"制的出现，以及多次对全国政区地名的调整和规范，都在中国行政区划史上留下了丰富的政治遗产和经验教训，今天仍然有许多方面值得借鉴，值得认真分析研究。

同时，唐代"不历州县，不拟台省"的官员任命调迁制度，使得绝大多数官员都有基层州、县任职经历。受吏部铨选官员制度影响，唐人仕宦地理空间跳跃性、变动性大，南北东西，变幻不定，一个官员一生历任多个州、县乃寻常之事，所以墓志中的仕宦叙述，加之卒、葬地的记载，以及其墓志叙述其生平时必然会涉及这些任职州县的地名和治理政绩等记录，客观上留下不少珍贵的政区地理数据，可与正史记载互为印证。

墓志中政区资料的一大特点在于其亲历性，即一些志主亲身经历了仕宦州县的调整或者更名，墓志因记载州郡地名的"当时性"而显得真实可信。从大量唐人墓志看，有墓志的士大夫大多都有基层政区任职仕宦的履历，有的墓主生前在任期间还亲身经历了政区的变动，墓志中留下的政区变迁记载殊为珍贵。《杨敏墓志》载杨氏由隋入唐，本为唐洛州"治□（中）"，恰逢国家政区名称更迭，"政刊式序，州改为都督，乃转府长史"[①]，所言应该是指武德七年（624 年）诏令总管府改称都督府这次政区名称变动，杨敏此时正在洛州治中任上，随之转为洛州都督府长史，这也是一条墓主亲身经历的政区变迁事件。唐朝列帝死后均葬关中诸原，因要突出陵寝所在县的行政级别，朝廷曾几度诏改陵寝所在县为陵县，这在唐人墓志中也有反映。如唐奉先县系同州蒲城县诏改而来，创置于开元四年（716 年），系唐玄宗李隆基为纪念其父亲睿宗陵寝所在改同州蒲城县所设，这在《旧唐书·地理志》中有记载："（开元）四年，改同州蒲城县为奉先县，仍隶京兆府。"《唐代墓志汇编》上所收录编号为"天宝 112"的《卢明远墓志》就是唐朝在京畿地区改同州蒲城县为奉先县的第一手资料："释褐汾州平遥县尉，历同州蒲城县尉。御史大夫宋璟以公清白闻诸天子，明年，有诏改蒲城县为奉先县，隶属京兆府，以邑有陵寝也，乃授奉先县尉。"[②] 据此墓志，卢明远正是在任职同州蒲城县尉时，蒲城县被诏改为奉先县，他也就成为第一任奉先县县尉，因而该墓志是一则珍贵的县名变迁史料。

① 《□□□国洛州长史金乡县开国公杨府君墓志铭并序》，周绍良主编：《汇编》上，贞观 005，第 12 页。
② 《□□□大夫太原府少尹上柱国范阳卢君墓志铭并序》，周绍良主编：《汇编》下，天宝 112，第 1610 页。

源光乘①在开元末任职陈、汝二州刺史，遇到"天宝改元，官号复古"，于是源氏秩满量移，先后成为"绛郡太守，冯翊太守"②。达奚珣的岳父寇洋墓志中也是州、郡地名并存，寇洋在开元末至天宝初曾经担任多地要职，"加朝散大夫……移贝州别驾，历吉、舒二州刺史，南阳、广平二郡太守"③，可知寇洋仕历地方职官也是经历了天宝元年（742 年）州改郡的政区变迁，所以其州一级任职头衔由"刺史"而"太守"。另据《窦说墓志》，志主由绛州太平县尉、彭州司马、益州府兵曹迁新安郡长史。④天宝年间墓志中的政区叙述也有相互矛盾之处，如《张含墓志》中题额就与志文相冲突⑤，其题额为《唐故东平郡寿张县令卢公墓志铭并序》，而志文中却是"迁郓州寿张县令"，实际不经意间保留了开元年间政区的习惯叫法。这是因为志主张含卒于开元十五载，而墓志成文于天宝十二载张含迁葬之时，此时废州为郡早已成制，这样书写也当属自然。与此相类的还有《郑逞墓志》⑥，墓志题额言襄阳郡襄阳县，志文中却是志主郑逞丁忧"服阕"后，"授襄州襄阳县令"，可见政区名称的使用在天宝墓志中是灵活运用的，而且符合不同年代志主任职地地名的实际。

唐人墓志于政区地理研究而言，其重要价值还在于客观上记载下来不少建置短暂的政区，因墓主曾经亲历任职显得更加真实可信。如墓志多次提及的"仙州"，就是一个典型个案。仙州为唐玄宗开元年间于河南道设置的行政区⑦，存在时间短暂，李吉甫《元和郡县图志》卷六《汝州》载："开元三年，于县（叶县）置仙州，以汉时王乔于此得仙也。二十六年废仙州，属许州。其年，又割属汝州。"⑧如此则仙州作为州一级政区在唐代仅仅存在了二十余

---

① 源光乘，相州临漳人，神龙中以门荫入仕，初授左卫亲卫，补陕州硖石、同州白水二县尉。其墓志称"时府君元昆左丞光裕、族祖侍中干曜咸有令德，同列于朝"。按源光裕为其长兄、源干曜为其族人，皆为开元名臣、著名诗人。
② 《唐故通议大夫守太子詹事上柱国源府君墓志铭并序》，周绍良主编：《汇编》下，天宝105，第1605页。
③ 《唐故广平郡太守恒王府长史上谷寇府君墓志铭并序》，周绍良主编：《汇编》下，天宝136，第1627页。
④ 《唐故朝议郎行新安郡长史窦君墓志并序》，周绍良主编：《汇编》下，天宝159，第1643页。
⑤ 《唐故东平郡寿张县令卢公墓志铭并序》，周绍良主编：《汇编》下，开宝224，第1687页。
⑥ 《大唐故襄阳郡襄阳县令荥阳郑府君墓志铭并序》，周绍良主编：《汇编》下，开宝239，第1697页。
⑦ 据《新唐书·地理志》，仙州置废屡经反复，安史之乱后，因安置流移户口、增加赋税需要，大历四年复以叶、襄城重置仙州，以许州之舞阳、蔡州之西平、唐州之方城县隶属之，大历五年旋废。
⑧ （唐）李吉甫撰，贺次君点校：《元和郡县图志》卷6《汝州》，第167页。但《旧唐书·地理志》载仙州置于开元四年，详见《旧唐书》卷38《汝州》，第1430—1431页。结合唐代史志文献，仙州建置应以开元四年为是，《元和郡县图志》记载略有误差。

年时间。《王汶墓志》言其外祖父为"仙州西平县主簿范阳卢公讳沐"①，《杜孚墓志》言志主以门荫入仕不久，即"仙州西平尉"，虽缺少具体任职时间，但墓志接着说"开元中，幽州节度赵含章特相器重，引摄渔阳县兼知判营田"②，可知杜孚任职西平县尉当在十年以前，唐中央置仙州不久事。大概新置州府需要不少官员充任，故初入仕途者多有在仙州仕宦历练的经历。如《杨岌墓志》说墓主"解褐补仙州叶县尉"，知仙州辖有叶县③；司马诠于开元初在仙州刺史任盖有政绩，授薛王傅④；《王钧墓志》也谓墓主解褐不久即任"仙州方城长"⑤，《杜孚墓志》述及志主以门荫入仕，即"调仙州西平尉"⑥，可知方城县、西平县也曾是仙州辖县。《旧唐书·地理志》载开元四年（716年）置仙州时"领叶、襄城、方城、西平、舞阳五县"⑦，而上述墓志对这五县多有涉及，墓志中出现的仙州县名印证了史籍记载仙州属县的真实性。

此外，《崔杰墓志》也提及崔杰之父崔志廉曾任仙州刺史。⑧崔杰卒于天宝十五载（756年），则其父授仙州刺史肯定在开元十五年前，此时仙州尚未撤并，因此墓志记载可信。不仅如此，更有实证意义的是洛阳新出土《衡守直墓志》明言仙州为"新造之邦"，"特拜仙州刺史。夫仙州者，新造之邦也"⑨。衡守直很有可能为仙州历史上第一或第二任刺史。墓志中还能找到最后一任仙州僚佐的记录，如《张仁方墓志》载志主曾任"仙州别驾"⑩。据此墓志，张仁方卒于开元二十四年，其为仙州别驾后再无任官记录，因仙州撤罢于开元二十六年，则极有可能是在其死后不久仙州罢废，如此则张仁方可能就是仙州最后一任别驾。关于仙州的人口、土地、社会状况，《唐会要》所收崔沔奏疏有如是表述："仙州四面去余州界虽近，若据州而言则元远。土地饶沃，户口稀疏，逃亡所归，颇成渊薮。旧多劫盗，兼有宿寇，所以往年患之，置州镇压。"⑪这与曾任仙州刺史的衡守直墓志的记述十分相类："人希土旷，难安易扰。洪惟启迪，式践茉彝。均井邑以居之，通贸迁以利之，谨行量以平

---

① 吴钢主编：《全唐文补遗》第 4 辑，第 118 页。
② 周绍良主编：《汇编》下，开元 360，第 1405 页。
③ 周绍良主编：《汇编》下，天宝 100，第 1601 页。
④ 周绍良主编：《汇编》下，开元 335，第 1388 页。
⑤ 吴钢主编：《全唐文补遗》第 6 辑，第 460 页。
⑥ 吴钢主编：《全唐文补遗》第 2 辑，第 492 页。
⑦ 《旧唐书·地理志》卷 38《汝州》，1431 页。
⑧ 周绍良主编：《汇编》下，天宝 178，第 1655 页。
⑨ 吴钢主编：《全唐文补遗·千唐志斋新藏专辑》，第 136 页。
⑩ 吴钢主编：《全唐文补遗》第 2 辑，510 页；周绍良主编：《汇编》下，开元 429，第 1453 页。
⑪ （宋）王溥：《唐会要》卷 70《州县改置》，上海：上海古籍出版社，2006 年，第 1482 页。

之，垂礼让以节之。犹是襁负而归者，动以万计。"① 表明衡氏任职期间，农商并举，招抚流亡，颇有政绩。墓志与文献的记载颇可互为印证。

武则天时期设置的鸿州为时更短，不过十年即废罢，但在唐墓志中也留下了记录。《阳俭墓志》有墓主"授使持节鸿州诸军事、鸿州刺史"② 的记载，正是证明。据《臧怀亮墓志》，唐玄宗时期的镇守北疆名将臧怀亮入仕不久即"迁鸿州长道府左果毅长上"③，由此可知唐在鸿州设立有折冲府长道府，也显示了鸿州军事地位的重要。《卫子奇墓志》则言墓主以门荫入仕，"选授鸿州参军事"④。按鸿州设置于武则天天授二年（691 年），治渭南县（今陕西渭南老城北），领渭南、庆山、高陵、栎阳、鸿门五县。大足元年（701 年），废鸿州入雍州。《旧唐书》卷三八《地理志》："天授二年置鸿州，分渭南置鸿门县，凡领渭南、庆山、高陵、栎阳、鸿门五县。寻废鸿门县还入渭南。大足元年，废鸿州入雍州也。"因设置短暂，鸿州仅仅存在十年时间，见于唐书列传任职该州者甚少。⑤《阳俭墓志》和《臧怀亮墓志》的出土，无疑是为唐鸿州行政区的真实存在提供了新证据。

再如鄚州，也是唐代短暂存在过的州一级政区，在开元年间墓志中曾经反复出现，而且"鄚州"和"莫州"互见。"鄚州"和"莫州"是一州还是二州之异？按鄚为古国名，始建于西周，为燕国附庸。查考史籍，《旧唐书》卷三九《地理志》云：莫州"本瀛州之鄚县。景云二年，于县置鄚州，割瀛州之鄚、任丘、文安、清苑，幽州之归义等五县属之。其年，归义复还幽州。开元十三年，以'鄚'字类'鄭（郑）'字，改为莫。天宝元年，改为文安郡。乾元元年，复为莫州。管县六。"鄚州为唐景云二年（711 年）置，治鄚县（遗址在今河北任丘市北鄚州镇），辖境相当于今河北省雄县、容城、安新、任丘、文安、保定、清苑等地。开元十三年（725 年）以"鄚"字类"鄭（郑）"字，故改名莫州，如此墓志中的"鄚州"与"莫州"实为一州。《程思庆墓志》载程氏尝授鄚州文安县尉，开元十一年卒于任上。⑥ 近年在洛阳出土的《李问政

① 吴钢主编：《全唐文补遗·千唐志斋新藏专辑》，第 136 页。
② 吴钢主编：《全唐文补遗·千唐志斋新藏专辑》，第 84 页。
③ 周绍良、赵超主编：《汇编续集》，开元 098，第 521 页。
④ 周绍良、赵超主编：《汇编续集》，开元 100，第 523 页。
⑤ 文献仅有王旭任鸿州参军的记载，见《旧唐书》卷 186 下《王旭传》："旭解褐鸿州参军，转兖州兵曹"，第 4853 页。
⑥ 周绍良主编：《汇编》下，天宝 119，第 1615 页。

墓志》也载李氏在和州刺史任时"以所部县令犯赃，贬授鄚州别驾"①。两方新出土唐人墓志中的记载，与《旧唐书·地理志》的记载可互为印证，且在时间上也与该州的置废相吻合，由此"鄚州"的存在也自成事实无疑。由"鄚州"到"莫州"实际只是一州异名的变动。唐中央为改变南北朝隋以来长期存在的州县重名混乱状况，于开元十三年（725 年）由朝廷下诏"避文相类及声相近者"②，天宝元年（742 年）更易天下 110 处县名，使同名县大大减少③，这在墓志资料中也有多方面的反映，鄚州改为莫州即为其中一例。

第四节　唐人墓志所见南方边远地区都督府及羁縻州问题

唐朝中央在西南边疆和汉夷混杂的政区建置包括羁縻州和正州领县问题，由于传世文献史料记载的阙略和语焉不详，疑点丛生，向为唐代政区地理研究之薄弱领域。出土唐人墓志的相关资料虽然较为零星稀少，但对探讨唐朝边远政区置废的意义不容忽视。

初唐任命边疆地区都督、刺史，往往授予跨州连郡的权力，包括遥制羁縻州军政事务。如元师奖长期在西北、西南边疆地区担任军政要职，其墓志记载他曾兼领河、兰、廓、缘、淳、丽、津、超、罕、永、定、鄯等十二州刺史，后又兼统茂、涂、向、维、姜、冉、笮、恕、卓、葛、蓬鲁十一州刺史④，其中前十二州皆为鄯州领属的羁縻州，淳州、丽州、恕州、卓州、葛州等则为茂州管属的羁縻州。而缘州则系唐贞观六年（632 年）析原州平高县地置，以安置内附的突厥部落，治在他楼城（今宁夏同心县沙嘴城），属原州都督府。初唐淳州则有两个，一治永定县（今广西西北栾城镇），属邕州领辖；二系贞观五年置，在甘肃临洮县西北，属洮州统辖。《元师奖墓志》中的"淳州"，应属于洮州所领属之淳州。丽州系唐高宗调露元年（679 年）为防遏突厥胁迫灵州境内粟特人叛乱而设置的"六胡州"之一，也为羁縻州。《元师奖墓志》表明，初唐边帅统领边疆，往往正州与羁縻州兼领，被赋予很大的军政之权。另据《唐代墓志汇编》收录的《大唐故交州都督上柱国清平县公世

---

① 吴钢主编：《全唐文补遗·千唐志斋新藏专辑》，第 134 页。
② 《旧唐书》卷 8《玄宗纪》，第 187 页。
③ 华林甫：《论唐代的地名学成就》，《自然科学史研究》1997 年第 1 期。
④ 《元师奖墓志》1992 年出土于陕西省宝鸡市岐山县枣林乡郑家村，现收藏岐山县博物馆。释文见庞怀靖：《读元师奖墓志》，《文博》1993 年第 5 期。

子李君墓志铭并序》，墓志追述其父李弘节①仕历时，言李弘节曾任"抗、原、庆三州刺史，大理少卿，桂、交二州都督，使持节二州诸军事，赠桂州都督廿七州诸军事"。墓志铭载李道素"贞观十二年随父任桂州都督"，旋因"八桂炎蒸，五岭郁结"，于贞观十三年（639 年）九月染病逝于父亲桂州都督府官舍，如此则可知贞观十三年时桂州都督府领二十七州。按桂州都督府本由萧梁政权于桂、连、藤三州置桂州总管府，武德四年（621 年）唐兼并之，隶山南道行台，武德七年改为桂州都督府。郭声波《中国行政区划通史·唐代卷》认为，贞观十三年桂州都督府领桂、昭、贺、富、梧、藤、容、前潭、白、廉、钦、瀼、笼、邕、横、绣、象、柳、环、融、古二十一州，贞观十五年，以废龚州都督府龚、贵、宾、澄、蒙、后燕六州来属，恰好为二十七州。②《李道素墓志》的发现，则为郭著提供了一条重要的石刻史料证明。此外，唐在西南汉夷混杂地区设置的州县，往往因时所需，旋置旋废，置罢无常，两唐书《地理志》等地理文献有关的记载错漏较多，出土唐人墓志也能提供一定的新材料。唐天宝初年曾置南宾郡，治在临江县（今重庆忠县），乾元元年（758年）复为忠州。20 世纪在洛阳出土的《和守阳墓志》中有和氏曾任南宾郡太守的记录，且在任上治理该郡政绩不俗："庸蜀之氓，以强凌弱，以众暴寡，下车未几，豪猾戢肩。顷者逋亡褓负而至者不可胜数。"③因设置短暂，唐代文献中南宾郡的记载也十分罕见，仅仅在《旧唐书·杨慎矜传》、《通典》卷六《赋税》和卷一七五《州郡志·忠州》中有寥寥数语记载，且无置废时间记载。唐人墓志中南宾郡也仅此《和守阳墓志》一方，弥足珍贵。再如黔中道庄州都督府（治在今贵州省贵阳市南惠水县），史籍记载也是多有抵牾，《旧唐书·地理志·黔州都督府》载贞观十一年罢黔州都督府，"置庄州都督，景龙四年废，以播州为都督，先天二年废，复以黔州为都督"；《新唐书·地理志·江南道》则说"庄州本南寿州，贞观三年以南谢蛮首领谢强地置，四年更名，十一年为都督府，景龙二年罢"。尽管目前尚难确定孰是孰非，但从墓志看庄州曾为都督府是可以确认的，至少开元年间仍置，出土唐代《李敬墓

---

① 桂州都督李弘节事迹，《旧唐书》卷 89，《贞观政要》等史籍皆有片断记载，以为官清贫显闻，其殁后无钱安葬，家人卖珠筹资，唐太宗闻之不信，疑其贫有诈，欲追坐举荐者，在魏征劝诫下始罢。见《新唐书》卷 89 载："初桂州都督李弘节亦以清慎显，既殁，其家卖珠，太宗疑弘节实贪，欲追坐举者，魏征曰：陛下过矣。"《贞观政要》卷 5《仁义第十三》、《唐会要》卷 53 略同。《大唐故交州都督上柱国清平县公世子李君墓志铭并序》，周绍良主编：《汇编》上，贞观 080，第 59 页。
② 郭声波：《中国行政区划通史·唐代卷》，上海：复旦大学出版社，2012 年，第 714 页。
③ 《唐故中大夫使持节江华郡诸军事江华郡太守上柱国和府君（守阳）墓志铭并序》，周绍良主编：《汇编》下，天宝 071，第 1580 页。

志》^①即为一例证，据此墓志，志主陇西成纪人李敬曾官至庄州都督、陈、茂、白诸州刺史，开元十年（722 年）卒于洛阳。若以唐人地方州官三年转一任推测，李敬任职庄州都督当在开元初年，如此则开元初庄州都督尚未废罢。岭南道封州（治今广东省新会县东南），《旧唐书·地理志·岭南道》载隋置，隋末已废，并入广州，武德四年（621 年）在其地置冈州。同书同卷"封州"条则又载"武德四年平萧铣，置封州，天宝元年改为临封郡，乾元元年，复为封州，旧领县四"。依理推之，当以后者为是。出土唐人《白羡言墓志》中有志主流贬封州的记载，墓志云白羡言在长上折冲府果毅任上因坐亲属犯法，"黜为封州司马，要荒题赞，贞亮不渝。虽之蛮陬，我亦何惧"^②，后迁吉州太和县令及左金吾卫长。先天二年（713 年）卒于京兆里第。白羡言黜贬封州司马当在唐中宗神龙、景云年间，如此则封州不可能武德四年即废罢，至少在武则天、中宗、睿宗时期仍然在置。此外，唐代边州县级建置中的一些偏冷县名在墓志中也有反映，唐广州曾辖有浈安县（治今广东省怀集县西北），因地处边远荒僻，存在时间不长，唐史文献极少记载，仅在《元和郡县图志》卷三四《岭南道·广州》条有所提及："浈水县，本汉封阳县地，在今贺州界，萧齐于此置浈安县，属广州。至德二年，改为浈水县"^③，如此则至德二载（757年）之后浈安县作为县域地名已经消失，由浈水县所取代。《唐代墓志汇编》下编号"天宝 007"的《赵巨源墓志》中提及赵巨源之父赵仁果曾为"韩王府录事参军，出广州浈安县令"^④。据此墓志，志主赵巨源病卒于天宝元年（742年），终年九十四岁，以此推之，赵氏当生于贞观二十二年（648 年），则其父亲任职浈安县令的时间大约在唐高宗前期，此时广州辖有浈安县而非"浈水县"，与《元和郡县图志》记载相合。

结　论

唐代墓志所涉政区资料虽然十分丰富，但所涉政区基本上为志主生前曾经仕宦任职之地，真实性毋庸置疑，但因墓志类史料并非完整意义上的地理

---

① 《唐故庄州都督李府君墓志铭并序》，周绍良主编：《汇编》下，开元 210，第 1303 页。

② 《白羡言墓志》全称为《唐故中大夫行太子内直监白府君墓志铭并序》，出土于河南洛阳，现收藏于洛阳千唐志斋博物馆。

③ （唐）李吉甫撰，贺次君点校：《元和郡县图志》卷 34《岭南道一·广州》，第 889—890 页。

④ 《大唐故朝散大夫登州司马赵府君墓志铭并序》，周绍良主编：《汇编》下，天宝 007，第 1535 页。

文献，因其体例和性质所限，墓志中的州（郡）、府、县记载往往只是反映了一时一地的"亲历"资料，从单一墓志来看，并不能直接反映某一政区前后变迁过程，在州郡置废时间上也只是记述了志主任职"当时"的地名称谓，因此需要结合唐代正史地理志与纪传文献给予参考印证，否则也只能是见木不见林，难窥一个政区演变的全貌。只有将墓志资料与传世史地文献相结合并细加梳理与比勘，才能使墓志这类特殊资料的地理学价值充分凸显出来。但是，正史与典制文献中的唐代政区年代指示往往不明，《旧唐书·地理志》《新唐书·地理志》《通典·州郡典》所载州郡到底以何年为基准年代，目前学界尚有争议。郭声波先生根据多年对唐代政区地理的研究认为，《通典·州郡典》以天宝初年的行政区划为基准，《旧唐书·地理志》以乾元初为基准，《新唐书·地理志》则以唐代末年的政区为基准。[①] 这一论断是否正确，期待通过更多唐人墓志中的州、郡、县资料进一步考证。

---

① 郭声波：《中国行政区划通史·唐代卷·绪言》，第3页。

第四章　出土唐人墓志所涉
唐代交通地理考述

　　唐代交通史及交通地理是海内外学术界研究成果相对丰富的研究领域，从 20 世纪三四十年代起始，国内陶希圣、鞠清远主编《唐代之交通》①、楼祖诒《中国邮驿发达史》②、白寿彝《中国交通史》③、吕思勉《隋唐五代史·交通》④先后问世，海外则有桑原骘藏《唐宋贸易港研究》⑤、木宫泰彦《中日交通史》、青山定雄《唐宋时代的交通与地志地图的研究》⑥等著作的出版，都对唐代交通史地进行了早期开拓性的研究，特别是严耕望先生毕数十年之功于一役的《唐代交通图考》⑦，其文献资料钩沉网罗不可谓不丰富；且体例严密，分区域考证唐交通沿革，以京都关内区、河陇碛西区、秦岭仇池区、山剑滇黔区、河东河北区、河南淮南区、江南岭南区等七大区域详加考察，卷帙浩繁，享誉海内，是唐代交通地理研究里程碑式的皇皇巨著。但现在看来，严著也有其时代与作者所处环境的局限性，除了蓝勇所指出的其使用地图陈旧等缺点外⑧，出土文献特别是唐人墓志的较少利用也是遗珠之憾。当然

---

　　① 陶希圣、鞠清远主编：《唐代之交通》，《中国经济史料丛编·唐代篇之四》，北平：国立北京大学出版组编辑，1937 年；台北：食货出版社，1974 年重印。

　　② 楼祖诒：《中国邮驿发达史》，北京：中华书局，1940 年。

　　③ 白寿彝：《中国交通史》，上海：商务印书馆，1937 年；郑州：河南人民出版社，1987 年再版。

　　④ 吕思勉：《隋唐五代史》第十九章第六节《交通》，上海：上海古籍出版社，1959 年。

　　⑤ ［日］桑原骘藏：《唐宋贸易港研究》，杨炼译，上海：商务印书馆，1935 年；太原：山西人民出版社，2015 年再版。

　　⑥ ［日］青山定雄：《唐宋时代的交通与地志地图的研究》，东京：吉川弘文馆，1963 年。

　　⑦ 严耕望：《唐代交通图考》，上海：上海古籍出版社，2007 年；蓝勇：《严耕望〈唐代交通图考〉第四卷〈山剑滇黔区〉》，荣新江主编：《唐研究》第 2 卷《书评》，北京：北京大学出版社，1996 年，第 548—554 页。

　　⑧ 蓝勇：《严耕望〈唐代交通图考〉第四卷〈山剑滇黔区〉》，荣新江主编：《唐研究》第 2 卷《书评》，第 548—554 页；王子今：《中国交通史研究一百年》，《历史研究》2002 年第 2 期，第 164—179 页；荣新江：《〈唐研究〉的编辑方针及其旨趣》，《唐研究》第 21 卷，北京：北京大学出版社，2015 年。

也不能以之苛责严氏，在其撰著《唐代交通图考》的六七十年代，一是严氏根本无从踏访诸碑石；二是墓志的出土本身就是一个动态过程，诸多包含有交通信息的唐人墓志当时尚未出土。而近年来随着洛阳、西安等地大量唐人墓志的出土与刊布，利用石刻资料对唐代交通地理做进一步实证研究在今天已经有了坚实的可能性。

第一节　唐人墓志所见唐代驿道交通的拓展

唐朝国家强盛，版图辽阔，交通建设和发展进入了一个新里程碑式阶段。唐太宗贞观年间，唐朝版图幅员底定，《旧唐书·地理志》载唐自贞观十四年（640年）平定高昌后，"其地东极海，西至焉耆，南尽林州南境，北接薛延陀界。凡东西九千五百一十里，南北万六千九百一十八里"①。到了唐玄宗天宝末，国力鼎盛，交通发达，司马光《资治通鉴》记述天宝十二载（753年）大唐帝国繁荣强盛时写道："是时中国盛强，自安远门西尽唐境万二千里，闾阎相望，桑麻翳野。"② 如此幅员辽阔的国度，为保证州郡控驭、政令畅通、贡赋顺达、四方辐凑，交通道路的发展自然极为重要。唐朝官驿交通较之前代大有发展，形成了以长安为轴心的全国辐射性交通网络，唐玄宗开元年间成书的《唐六典》云："凡三十里一驿，天下凡一千六百四十有三所。二百六十所水驿，一千二百九十七所陆驿，八十六所水陆相兼。若地势险阻及须依水草，不必三十里。"③ 由于唐朝经济流通与地方流动性较大，封建人身依附关系相对松弛，空间交往、人员流动频繁，陆路交通繁荣昌盛，杜佑在《通典》中称"东至宋汴，西至岐州，夹路列店肆待客，酒馔丰溢，每店皆有驴赁客乘，倏忽数十里，谓之驿驴。南诣荆襄，北至太原、范阳，西至蜀川、凉府，皆有店肆，以供商旅"④。与史籍文献相比，墓志文献对唐人交通的反映虽然较为零散，但也有其长处，即伴随志主生平任职的亲历性与跨时段较长的动态性，特别是中晚唐战乱时期驿站的繁忙和管理，在唐人墓志中多有涉及。

唐代驿道交通的拓展在墓志中有多方面反映，诸多墓志志主生前曾担任驿道开拓与馆驿管理的工作，留下了虽然零散但十分珍贵的唐时交通地理的

① 《旧唐书》卷38《地理志一》，第1384—1385页。
② 《资治通鉴》卷216，天宝十二载秋八月戊戌条，第6919页。
③ （唐）李林甫等撰，陈仲夫点校：《唐六典·尚书兵部卷第五》，北京：中华书局，2014年，第163页。
④ （唐）杜佑：《通典》卷7《食货七·历代盛衰户口》。

历史信息。首先是山地交通在唐代有了较大的发展。长安经蓝田、武关取道商州（今陕西商洛）东南去襄、汉，须经由均（今湖北十堰）、房（今湖北房县）二州，其间绝大部分是绵延不断的榛莽群山，自古交通险阻，仅有艰险难行的"上津古道"相通，环境封闭，生民贫困，因而均、房之地唐朝前期为罪臣贬官流放、禁锢之地。这一交通状况在安史之乱后开始改变。唐德宗贞元初，为方便朝廷用兵平定蔡州李希烈军阀割据，在均州刺史陈皆主持下，关中经由商州至均、房之间开始大力开拓交通，修建栈道，这在贞元十八年（802年）的《陈皆墓志》中留下重要记载："自均部抵商颜，开火炬山以通运路，梁深栈绝者七百里，帝用休之。"①"商颜"在唐宋地名语汇中多指代关中东南、秦岭南麓的商州②，因唐人从长安赴荆襄、往江南多循蓝田武关道经商州东南行，唐宋诗文中涉及商州的诗句颇多，多以"商颜"称商州。如李绅《南梁行》："望秦峰回过商颜，浪叠云堆万簇山"③；吴融《宿青云驿》："苍黄负谴走商颜，保得微躯出武关"④；韩愈贬潮州经商、邓南下，其《次邓州界》诗云："商颜暮雪逢人少，邓鄙春泥见驿赊"⑤；于邵《送从叔南游序》："既而将登商颜，寻绮季翼储之显晦"⑥。这些唐人诗文使用的典故"商颜"显然说的都是商州。北宋初名臣王禹偁宋太宗淳化年间曾贬谪商州通判，在商州谪守经年，其《登郡南楼望山感而有作》："西接蓝田东武关，有唐名郡数商颜。二千石尽非吾道，一百年来负此山"⑦，则说得更为明确。《陈皆墓志》提及的这次均、房间修路，整修"梁深栈绝者七百里"的山地道路，规模不小，在数百里高山、峡谷地带铺架栈阁，以通军旅，恢复并拓展了商州至均、房间的山地交通，应该是唐代交通中的一件大事，而文献未载，该墓志可补史籍之阙失。

　　从墓志记载看，京师长安通往东西大动脉的驿道交通繁忙是常态，墓志涉及驿站情况虽然不多，但因志主亲历所见，因而弥足珍贵。《李举墓志》云："满岁，调授京兆鳖屋尉。县居剑南东西川谷口，中使节制郎吏、西南夷宣诏

①　《唐故中散大夫使持节台州诸军事守台州刺史上柱国赐紫金鱼袋颍川陈公墓志铭并序》，周绍良主编：《汇编》下，贞元130，第1933页。

②　按"商颜"，秦汉时本指左冯翊澄城县至大荔县之间的商颜山，典出《史记·河渠书》："发卒万余人穿渠，自征引洛水至商颜下"，但《陈皆墓志》中的"商颜"，则随唐代的习称，当指商州。

③　李绅：《南梁行》，《全唐诗》卷480，第5459页。

④　吴融：《宿青云驿》，《全唐诗》卷686，第7882页。

⑤　韩愈：《次邓州界》，《全唐诗》卷344，第3860页。

⑥　于邵：《送从叔南游序》，李昉等：《文苑英华》卷725，文渊阁四库全书本。

⑦　王禹偁：《小畜集》卷8，文渊阁四库全书本。

使暨迁客入者于是乎，整驾出者于是乎，税息亭传，马牛之损，毙不绝日。府为病而难其任。以公冯翊官办事理，俾专务邮馆，陟课为上。"①从该墓志可见，位于骆谷口的这个驿站地处自京师长安去巴蜀之地的交通咽喉之地，使臣往来、王命急宣、蛮夷朝贡、商旅运输皆经此地，以致驿马多累毙，交通十分繁忙。唐《开元令》之《厩牧令》规定，"诸当路州县置传马处，皆量事分番，于州县承直，以应急速"②。根据天一阁发现的《开元令·厩牧令》，唐各馆驿配置马匹数量由京畿向外地递减，骆口驿地处畿甸之地，且系通往巴蜀的谷口要冲，配置马匹数量不少。③《李举墓志》所述长安与山南、两川各色人等经过蛮屋时的境况，是很珍贵的驿传见闻记录。根据墓志所载，志主李举时为蛮屋县尉，而蛮屋（今陕西西安周至县）地当骆谷口，即墓志所说"县居剑南东西川谷口"，为唐骆谷道北端，则此驿当为著名的骆口驿，白居易、元稹等皆曾在此驿题诗。④骆谷道与褒斜道、故道（又称陈仓嘉陵道）、子午道同为古代连通秦岭、由秦入蜀的主要孔道之一，中唐以后，盛极一时的褒斜道交通趋衰落，骆谷道成为秦蜀交通的官驿大道，元稹奉使东川察按严砺枉法，高崇文征讨西川刘辟叛乱、裴度自蜀还都皆取道骆谷，蛮屋骆口驿乃必经之地。⑤墓志载李举病逝于元和二年（807 年），则墓志言及骆口驿交通事务繁重状况正是唐宪宗元和年间骆谷道交通繁忙的真实写照。

蛮屋置驿，严耕望据文献考之甚详，《唐代交通图考》篇 18《骆谷驿道》云："由京师取骆谷道者，发自长安近郊秦川驿，西南四十里渡沣水，至秦社镇。又十五或二十里至鄠县（今县），置驿在北门内。又西经田家硑六十五里至蛮屋县（今县），置驿在城内。"⑥骆谷道为京师长安通往山南梁州、剑南益州的国驿主干道，交通兴盛于唐中后期，高崇文出兵讨伐西川刘辟、元稹

---

① 吴钢主编：《全唐文补遗·千唐志斋新藏专辑》，第 321 页。
② 天一阁博物馆、中国社会科学院历史研究所天圣令整理课题组校证：《天一阁藏明钞本天圣令校证：附唐令复原研究》下册《厩牧令卷第二十四》，北京：中华书局，2006 年，第 302 页。
③ 新发现的《天圣令·厩牧令》言："诸驿各置长一人，并量闲要置马。其都亭驿置马七十五匹，自外第一道（等）马六十匹，第二道（等）马四十五匹……其有山坡峻险之处，不堪乘大马者，听兼置蜀马。"天一阁博物馆、中国社会科学院历史研究所天圣令整理课题组校证：《天一阁藏明钞本天圣令校证：附唐令复原研究》下册《厩牧令卷第二十四》，第 303 页。
④ 元稹：《元氏长庆集》卷 17《骆口驿二首》；白居易：《白氏长庆集》卷 9《祗役骆口驿，喜萧侍御书至，兼睹新诗，吟讽通宵，因寄八韵》，见白居易：《白氏长庆集》卷 17《再因公事到骆口驿》，文渊阁四库全书本。
⑤ 《全唐文》卷 736，沈亚之《蛮屋县丞厅壁记》载："蛮屋道巴、汉、三蜀，南极山不尽三十里。"
⑥ 严耕望：《唐代交通图考》篇 18《骆谷驿道》，上海：上海古籍出版社，2007 年，第 689 页。

奉使东川覆按严砺擅赋案、裴度返京述职等皆走此道。《李举墓志》言"中使节制郎吏、西南夷宣诏使暨迁客入者于是乎，整驾出者于是乎，税息亭传，马牛之损，毙不绝日"，可见宪宗元和年间骆谷道交通的繁忙昌盛。鏊屋县为入骆谷要道之口，地处由秦川至西南的交通咽喉，县尉兼管驿馆事务十分繁忙，一般佐吏很难胜任此职。这一墓志的发现，无疑是为唐代骆谷道交通研究提供了新的石刻资料。

临皋驿位于唐都长安开远门外，地处西北郊区通衢大道边，是西出长安去扶风、陇山远至西域的著名驿站，唐史文献多有提及。① 近年出土的《杜玄礼墓志》载墓主生前于开元七年（719 年），"于京城西开远门外七里临罜（皋）驿前，预修砖堂塔一所。北连秦甸，斜接上林。南望周原，旁临通漕。左瞻凤阙，右接鲸池。平陆坦然，寔为信美"②。这段富于文学色彩的文字，将唐长安西郊馆驿、漕渠、陂池、原野等景观记录下来，十分逼真形象，也是为唐长安西部郊区的一条新史料。关于临皋驿，除《杜玄礼墓志》外，另有两方唐人墓志也曾提及。《王守节墓志》称墓主葬于"临皋之平原"③；《史堵颖墓志》也称史氏葬于长安县（今西安市长安区）龙首乡小严村，并说"小严村即开远门外临皋驿西南"④，可见并非孤证。这三方墓志对于复原唐长安西部郊区交通与景观地理有重要意义。按《杜玄礼墓志》中的"临罜驿"显为临皋驿之笔误，该驿在长安开远门外龙首乡。宋敏求《长安志》云："临皋驿在县西北一十里开远门外，今废。"⑤ 从这三方墓志还可以看出，临皋驿近旁在唐属于长安县龙首乡地界小严里，系唐代多个达官贵人的墓葬之地。"旁临通漕"也于史有证，"漕"当指龙首渠，南宋王应麟《玉海》引《长安志》云："龙首渠，在长安县东北五里，自万年县界流入，注于渭。"并自注说："（龙首渠）一名浐水渠，自万年县界龙首乡马头控堰浐水入此渠，西流由府城东过入长安县界。"⑥ 龙首渠在长安县东北五里自万年县界注于渭，恰好从临皋驿不远处流经。临皋驿在唐代曾经盛极一时，是唐朝使臣入京辞阙、饯别的

---

① 《旧唐书》卷 160《韩愈传》："（元和）十四年正月，上令中使杜英奇押宫人三十人，持香花，赴临皋驿迎佛骨。"《册府元龟》卷 12《帝王部·中兴》："宪宗元和元年八月，西川节度使高崇文平成都，擒刘辟。十月戊子，诏左右神策兵领刘辟等自临皋驿至阙下。"

② 《大唐朝议郎行内侍省宫闱局丞上柱国公士杜君（玄礼）墓志并序》，吴钢主编：《全唐文补遗》第 5 辑，第 347 页。

③ 吴钢主编：《全唐文补遗》第 2 辑，第 25 页。

④ 《史堵颖墓志》，吴钢主编：《全唐文补遗》第 7 辑，第 123 页。

⑤ （宋）宋敏求撰，辛德勇、郎洁点校：《长安志》卷 12《长安县》，第 383 页。

⑥ 王应麟：《玉海》卷 21《地理·河渠》，文渊阁四库全书本。

标志性停留节点，至宋代渐渐湮废。

由于唐代交通网络四通八达，驿站繁多，仅陆驿就多达一千六百多处，数量繁多，唐典章、舆地文献对驿站的记载多有遗漏，实际上也难以尽全。严耕望《唐代交通图考》对有唐一代馆驿名称、分布做了大量考证增补工作，尤其从"别史、杂史、诗文、碑刻、佛藏、科技、杂著、类纂诸书"①钩沉索隐，功不可没。但是，研读唐人墓志，发现墓志中出现的一些驿站，严氏仍然有所遗漏，如宋州"雁泽驿"、延州"丰义驿"、漳州"塘田驿"等均为严著《唐代交通图考》所未收录，这里就墓志中出现的"雁泽驿"试加考索，以求其是否存在。

唐之宋州（今河南省商丘市，治今睢阳区）在唐代水陆交通系统中占据十分重要的枢纽作用，唐人墓志谓"殷宋旧墟，天下冲要，星邮驲传，无乖咫尺之期；商旅农夫，有益封疆之盛"②。"雁池驿"作为馆驿名见于《唐代墓志汇编》下，墓志题额泐残，但志文完整，其中云志主孙嗣初"咸通七年四月廿八日，薨于宋州雁池驿，享年五十七，以其年七月卅日卜择于河南府河南县平乐乡杜郭村善圣里"③。然而此驿却不见于唐代任何典籍记载，严耕望《唐代交通图考》中也未提及。揆之文献，并依之考测，此驿当临近宋州汉代名胜雁池附近。关于雁池，高适《别韦参军》诗中有"归来洛阳无负郭，东过梁宋非吾土。兔苑为农岁不登，雁池垂钓心长苦"④；而唐代另一诗人储嗣宗《宋州月夜感怀》有"雁池衰草露沾衣，河水东流万事微"⑤，则更说明宋州确实有"雁池"。宋州在西汉属梁孝王封国，至唐代犹遗留有不少汉代古迹，雁池即西汉梁孝王营建的苑囿，晋葛洪《西京杂记》载："梁孝王好营宫室苑囿之乐，作曜华之宫，筑兔园。园中有百灵山，山有肤寸石，落猿岩，栖龙岫。又有雁池，池间有鹤洲凫渚。其诸宫观相连，延亘数十里，奇果异树，瑰禽怪兽毕备。王日与宫人宾客弋钓其中。"⑥《太平寰宇记》对"雁池"的来历所述较为具体："修竹园在县东南十里。《西京记》：梁孝王好宫室园苑之乐，作曜华宫，筑兔园。中有白灵山、落猿岩、栖龙岫。又有雁鹜池，

---

① 严耕望：《唐代交通图考·序言》，第 2 页。
② 毛阳光、余扶危主编：《洛阳流散唐代墓志汇编》上，北京：国家图书馆出版社，2013 年，第 171 页。
③ 周绍良主编：《汇编》下，咸通 053，第 2418 页。
④ 高适：《别韦参军》，《全唐诗》卷 213，第 2221 页。
⑤ 储嗣宗：《宋州月夜感怀》，《全唐诗》卷 594，第 6887 页。
⑥ （东晋）葛洪撰，周天游校注：《西京杂记》卷 2《梁孝王好营宫室苑囿》，西安：三秦出版社，2006 年，第 114 页。

池中有鹤洲、凫渚。《水经》云：睢水东南过竹圃，又雁鹜池承龙睢沟水。"①
可知"雁池"源自西汉梁孝王水上苑囿，再经由南北朝时期的"雁鹜池"演
变而来，水源地为濉水。唐代雁池驿应该就位于宋州雁池之畔。从唐诗看，
"雁池"作为汉代遗留下来的人工湖泊，至唐代水域面积已经大大缩小，但
根据"雁池衰草""雁池垂钓"等诗句所描述，"雁池"仍然有一定水域，环
境也还不错，在此置驿，冠名"雁池驿"，也属情理之中。唐末五代，由于
地理环境的变迁，特别是黄河的泛滥淤积，华北、河南大量湖泊相继湮没消
失。由"雁池"到"修竹园"，说明该湖泊在唐末宋初已经干涸成陆。尽管
如此，《太平寰宇记》的记载仍然对唐代"雁池驿"的定位有参考价值，因
此《孙嗣初墓志》中的"雁池驿"当非虚构，而是唐代宋州确实曾经存在的
一个馆驿。

　　唐人墓志中提及的一些不见于史籍记载的馆驿地名，虽然具体位置目前
尚难确认，但可大致定位在一定范围。《长孙昢墓志》说延州都督府士曹参军
长孙昢开元十九年（731年）十月八日"暴终于延府丰义驿之馆宇"②。这个
"丰义驿"也不见于文献记载。按唐设置都督府开始于武德七年（624年），至
贞观十三年全国有四十一都督府，延州都督府即其一。但延州都督府何时置
驿，史载不一，严耕望《唐代交通图考》（一）中的《长安东北通胜州振武军
驿道》中对延州诸驿道置驿考证颇详，但未见对"丰义驿"的考述。严氏认
为延州又北微东四百里至胜州，去长安一千八百六十里。开元间曾置驿，唐
末五代仍见驿名。又说由延州东行三十里至丰林县（今丰林镇），有苇子驿③，
因字形相近，颇疑墓志中的"丰义驿"即为延州丰林县的"苇子驿"。这个"苇
子驿"直到北宋时仍然在沿用④，但只是推测，姑且存疑待考。

　　唐人墓志甚至提及了边远南方瓯越之地的驿站，据《唐代墓志汇编》记
载，陇西狄道人董守贞"开元十年闰五月，奉诏岭南安抚。皇华出使，空衔
北命之恩；朱绂方来，遂染南威之疹。其年八月七日，卒于樟州塘田驿舍"⑤。
董守贞五月方至岭南，八月即病逝，墓志没有交代他担任何职，但既然是"奉

　　①　（宋）乐史撰，王文楚等点校：《太平寰宇记》卷12《河南道·宋州》，北京：中华书局，2007
年，第221页。
　　②　《唐故通直郎前行延州都督府士曹参军事长孙府君墓志铭并序》，周绍良主编：《汇编》下，
开元334，1387页。
　　③　严耕望：《唐代交通图考》（一），篇8《长安东北通胜州振武军驿道》，第259—260页。
　　④　《宋史》卷264《宋琪传》："从延州入平夏有三路，一东北自丰林县苇子驿，至延州县接绥州。"
　　⑤　《大唐故董府君墓志铭并序》，周绍良主编：《汇编》下，开元160，第1267页。

诏岭南安抚",应该官职不低。联想到墓志所载董氏出使岭南之前为"左卫宝泉府左果毅都尉",显为武职。如果是以武职巡察岭南,则有可能是安抚使职。唐开元年间,皇帝常派遣大臣巡视经过战争或受灾的地区,称安抚使。唐代无"樟州",此应为"漳州"之笔误。董守贞以显赫武职巡察岭南,死于闽南漳州一驿站,很可能是巡视途中遭疾暴卒。唐宋福建驿站有一定发展,梁克家《淳熙三山志》说:"驿铺,古亭邮也。州南出莆田,北抵永嘉,西达延平,车旌之所宿会,文檄之所往来,求其安便迅驶,而无阻绝沉滞之忧。"① 宋距唐不远,梁克家所说虽系宋代福州馆驿分布状况,但唐之漳州有驿站分置应该毋庸置疑。此墓志中所言之"塘田驿",虽然同样在文献中找不到记载,但应该是唐代漳州一处驿馆,《董守贞墓志》则提供了一个前所未知的唐代漳州驿站地名。

第二节　从唐人墓志看唐代的蜀道交通

传统意义上的蜀道主要是指隋唐时期由国都长安、洛阳通往西蜀首府成都之间的诸条道路总称。由于唐代巴蜀地区之于唐王朝的重要意义,加之唐人仕宦巴蜀者数量颇巨,墓志中因而留下了不少涉及蜀道交通的叙事与信息。蜀地交通险阻,唐人常以"九折""峻险""迂远"等形容之。按"九折"一词出自《汉书》琅邪王阳为益州刺史护送亲人灵柩行至邛郲九折阪叹畏蜀山峻险之典故②,巴蜀地区四周险山环绕,在关中平原与四川盆地之间横亘着高大险峻的秦岭与大巴山两大山系,唐人往返秦蜀间需要连续多日踯躅于崇山峻岭之中,特别是自蜀地到京洛多为艰辛难行的"险道",而且蜀道上不少地段为险江绝壁,仅以临时铺设的栈道相通,因此唐人涉蜀墓志多写蜀地赴任与扶柩出蜀过程中经历的蜀道艰险,如《裴友让墓志》所言"西蜀东周相去万里,中有连山叠嶂,重江峻湍,舟车才通,来往罕达"③,即为唐人履历蜀道共同的心声。

王美畅曾任剑南始州(今四川广元市剑阁县)司法参军,墓志言其赴蜀

---

① 梁克家:《淳熙三山志》卷 5《地理类五·驿铺》。

② 《汉书》卷 76《赵尹韩张两王列传》:"(王尊)迁益州刺史。先是琅邪王阳为益州刺史,行部至邛郲九折阪。叹曰:'奉先人遗体,奈何数乘此险!'后以病去。及尊为刺史,至其阪,问吏曰:'此非王阳所畏道邪?'吏对曰:'是。'"

③ 《唐故朝散大夫成都府犀浦县令河东裴府君墓志铭并序》,赵君平、赵文成编:《河洛墓刻拾零》下,北京:北京图书馆出版社,2007 年,第 431 页。

任职为"叹登九折""勇越三巴"①；曾任蒙阳郡（今四川彭州市）司户参军的李抗，其墓志即谓其赴蜀经历的蜀道艰险为"登剑阁，指彭门之九折，历岷嶓之万仞"②。据元和九年（814 年）的《赵氏夫人墓志》，赵氏于上元元年（760 年）"从子西蜀之任，因家焉"，后病逝于西蜀，因当时蜀中战乱频繁，交通不畅，"分野易象，兵戈屡兴，三蜀衣冠，存殁相失"，故梓棺厝留多年，直到元和九年才在其孙的护送下归葬洛阳，其墓志所言蜀道的艰辛即非常生动具体："白云万重，碧嶂连控。荆榛匝于荒野，剑阁危于栈道。孝孙二人，每追霜露之感，恒望迁移之日。"③如果说《赵氏夫人墓志》中的行程从西蜀（成都）出发归葬洛阳，路途较为遥远，而薛文休自集州（治今四川南江县）死后，其灵柩归葬洛阳，也整整用了五月之久。《薛文休墓志》载，薛文休于开元三年（715 年）十月十三日薨集州，"舆榇首路，言归洛京，扶老携幼，祖送出境，不可胜计。载历险阻，绵隔冬春，以四年三月到洛，四月二十四日窆于邙山之足"④。从集州至洛阳，里程二千六百里⑤，而消耗的时间则是从开元三年十月至开元四年三月，灵柩在路上整整行走了五月之久。同时，蜀道交通的艰险不仅是从自然地理意义而言，蜀道沿线的盗匪劫掠也常常危及行旅的安全，《旧唐书》卷一一七《崔宁传》云："宝应初，蜀中乱，山贼拥绝县道。代宗忧之，严武荐旰为利州刺史，既至，山贼遁散，由是知名。"利州（治今四川广元）乃由秦入蜀必经的咽喉之地，这些"山贼"应是趁着战乱利用蜀道之险劫掠行旅的土匪，这说明蜀道沿线交通的社会环境在战乱期间十分恶劣。这种情况在唐人墓志中也有多方面的反映。《李贞墓志》即言："岷濮之险，实惟巴江；剽劫之患，时闻栈阁。"⑥《张献诚墓志》是反映唐代宗时期巴蜀地区社会动乱的一方重要碑石，其墓志也特地提到"永泰初，特拜梁州刺史、山南西道节度等使。……时羌浑贼帅高玉聚剽掠之党，扼褒邪（斜）之路。公以三军作气，六鼓乃禽，遂加仪同，检校工部尚书。……而山

① 始州即今四川广元市剑阁县，《王美畅墓志》："咸亨三年，秩终，以本阶转始州司法参军事。叹登九折，方标孝子之名；勇越三巴，还绍忠臣之誉。"胡戟、荣新江主编：《大唐西市博物馆藏墓志》六九九，第 308 页。
② 《大唐故蒙阳郡司户参军赵国李君墓志铭并序》，胡戟、荣新江主编：《大唐西市博物馆藏墓志》六九九，第 592 页。按，唐剑南西川道彭州辖有蒙阳、九陇等四县，治九陇县。
③ 《唐故朝散大夫绛州曲沃县令郑府君故夫人天水赵氏墓志铭并序》，周绍良主编：《汇编》下，元和 071，第 1998 页。
④ 《大唐故集州刺史薛府君墓志铭并序》，毛阳光、余扶危主编：《洛阳流散唐代墓志汇编》上，第 170 页。
⑤ 《旧唐书·地理志》："（集州）在京师西南一千四百二十五里，至东都二千六百里。"
⑥ 《大唐故太子少保豫州刺史越王墓志铭》，周绍良主编：《汇编》上，开元 065，第 1199 页。

南狂贼氾元曜等凭凌州邑，俶扰士庶。公招必示信，讨必示威。川有潜鳞，野无暴客"①，可见安史之乱期间蜀道之褒斜道交通的社会治安十分严峻。这些唐人对蜀道交通的描述虽然在语汇修辞上远远没有李白描写《蜀道难》那样瑰丽多彩，只是一些途经蜀道真实的感叹，但很大程度上再现了唐代蜀道交通的客观状况和时人的真实感受，也从墓志文献的角度说明唐代"蜀道难"是共同的时代记忆。

从墓志看，唐人出蜀路线选择有二，一是走秦蜀间的剑阁、金牛道至汉中（梁州、兴元府），再经褒斜道或傥骆道出秦岭至京师长安，如大和四年（830年）四月遂州刺史韦行立死后，其夫人即护送其灵柩北归，即夫人奉丧扶灵自遂州出褒谷，寒苦二千里，归葬长安洪固乡②，则此次送葬路线明确是自遂州（今四川遂宁）取道利州（今四川广元）至兴元（今陕西汉中），再循褒斜道北归。褒斜道是秦汉、唐宋时期翻越秦岭南北最为著名的交通路线，南口在今陕西省汉中市北约15公里处的褒水出秦岭的褒谷口，北端在秦岭北麓的斜谷口（今陕西眉县斜峪口），也是秦岭南北间相对便捷的一条通道，为唐代秦蜀往还主要通道。另一出蜀路线就是从西蜀南下巴渝，经过长江夔峡至荆襄，转道武关道至长安、洛阳，后者因要经过三峡夔门惊涛骇浪之险，往往是在蜀地发生战乱时的无奈选择，以至于晚唐时期蜀地公文奏报长安多取三峡一线。③西安大唐西市博物馆所藏的《唐韦羽及夫人崔成简墓志》载唐宪宗元和初韦羽病逝西川，其妻崔成简"携幼护丧，浮方舟，下巴渝，抵荆门，舆榇而至"④，葬于万年县少陵原高平乡夏侯村。韦羽病故非时，不幸遭逢元和初年西川刘辟叛乱⑤，朝廷派遣官军入蜀镇压，时蜀地正处于战乱之中，北栈蜀道金牛、剑阁沿线战事激烈，庶民行旅阻隔，于是办好扶柩归葬被迫改道夔峡一线，蜀地至河洛间交通的艰险由此可见一斑。

川西南的黎州（治所在今四川雅安市汉源县）交通状况与社会环境同样

① 《唐故开府仪同三司检校户部尚书知省事赠太子太师御史大夫邓国公张公墓志铭并序》，周绍良、赵超主编：《汇编续集》，大历007，第696页。

② 《唐故遂州刺史韦府君墓志铭并序》，西安市长安博物馆编：《长安新出墓志》，北京：文物出版社，2011年，第265页。

③ （宋）孙光宪：《北梦琐言》云："景福、干宁之时，三川兵革，虎豹昼行，任土贡输，梗于前迈。西川奏章，多取巫峡。"

④ 《唐韦羽及夫人崔成简墓志》，胡戟、荣新江主编：《大唐西市博物馆藏墓志》，编号八一九，第800—803页。

⑤ 《唐韦羽及夫人崔成简墓志》对韦羽死于蜀地战乱期间有明确交代："公为西蜀宗相之宾，领军府馈运之重。无何，主公殂落，戎佐负恩，锁剑阁，距天王之命，而公陷于寇逆，力不能支，阖户愤叹，累旬而殁。"参见胡戟、荣新江主编：《大唐西市博物馆藏墓志》，编号八一九，第800—803页。

恶劣，刘焆于宝历元年（825 年）授黎州刺史，后转任雅州刺史，其墓志即对黎、雅一带的交通路线与环境有真实反映："宝历元年，除黎州刺史。逾邛崃，越瘴川，地牦牛，隘灵关，绥御荒徼，来职贡，此其任也。"① 即从成都往黎州要翻越邛崃山，过烟瘴之地的灵关（今四川宝兴县南）方能到达。黎州属剑南道西南边城，交通险阻难行，《元和郡县图志》卷三十二《剑南道·黎州》条说："其州城，东西南三面并临绝涧，唯北面稍平，贞元二年节度使韦皋凿北面，隍堑深阔，又于州北故武侯城逦迤置堡三所，为州城之援。"② 黎州城地形特殊，三面悬绝，"东北至上都二千五百八十里。东北至东都二千四百三十里，东至戎城无路，约七百里。东北至雅州三百四十里"③，《刘焆墓志》所言"逾邛崃，越瘴川，地牦牛，隘灵关，绥御荒徼，来职贡，此其任也"，除了指明交通赴任黎州沿线山川险阻外，还明确揭示黎州也是西南夷族职贡通道的交通控扼之地。

而蜀道的剑阁道以西至绵州（今四川绵阳）一带，则是秦蜀间交通繁忙、商贾辐凑之地。绵州地近西南都会益州府，商贾云集，驿传繁忙，近年在洛阳出土的《袁胜墓志》叙述志主授绵州巴西县令间，言及该县"工商云合，邮传星繁"④。按绵州巴西县即今四川绵阳市涪城区，历史上曾经先后为涪县、巴西县，《元和郡县图志》对其沿革有简要记载："巴西县，望。郭下。本汉涪县地，属广汉郡。先主据蜀，立梓潼郡，以县属焉。晋孝武帝徙梓潼郡于此。后魏改为巴中县，隋开皇元年避庙讳，改为巴西县。"⑤《袁胜墓志》所说该县"工商云合，邮传星繁"则是唐代蜀道绵州段交通繁荣的一个缩影。

第三节　墓志所见中晚唐馆驿制度及其变迁

一般认为，驿站主要职能是传递紧急军政公文和信息，并对军事人员和其他公务出行人员提供食宿和交通工具的服务。⑥ 作为主要服务于军事职能的

---

①《季舅唐故雅州刺史刘府君（焆）墓志铭并序》，毛阳光、余扶危主编：《洛阳流散唐代墓志汇编》下，第 553 页。

②（唐）李吉甫撰，贺次君点校：《元和郡县图志》卷 32《剑南道中·黎州》，第 821 页。

③（唐）李吉甫撰，贺次君点校：《元和郡县图志》卷 32《剑南道中·黎州》，第 821 页。

④《大唐故绵州巴西县袁府君墓志铭并序》，毛阳光、余扶危主编：《洛阳流散唐代墓志汇编》上，第 170 页。

⑤（唐）李吉甫撰，贺次君点校：《元和郡县图志》卷 33《剑南道下·绵州》，第 849 页。

⑥ 况腊生：《试论唐代驿站的军事化管理体制》，《军事历史研究》2010 年第 6 期。

驿站，唐前期的馆驿制度与府兵制度密切相关①，驿站主要由当地驻军折冲府武官担任驿长、驿丞，负责管理驿站的日常运行。杜佑《通典》一七《杂论议中》言："杂色解文：三卫、内外行署、内外番官、亲事帐内、品子，任杂掌伎术。直司书手、兵部品子、兵部勋官、记室及功曹参军、检校官屯副、驿长、校尉、牧长"，属于武职低级军官。但至唐玄宗时，随着府兵制的解体，这一军事管理体制渐渐废罢，起初由官府指定驿站所在地富户负责驿的管理。安史之乱后，军旅事务苛重，富户不堪负担，又由县级官府直接负责管理。《通典》云："三十里置一驿。驿各有将，以州里富强之家主之，以待行李。其非通途大路，则曰馆。自至德之后，民贫不堪命，遂以官司掌焉。"②这一变化，在唐人墓志中有一定反映，《寇赐墓志》言志主寇赐"解褐尉郑之荥阳……改寿安主簿。荥阳控东道之剧参，寿安主西郊之邮驲，送迎馆饩，事无违者"③。寇赐授荥阳县尉当是大历初年事，"主西郊之邮驲，送迎馆饩，事无违者"，是说其主管县内驿务，迎来送往，有条不紊，这是一条较早关于县佐官员兼管县境内驿传事务的墓志记载。新近出土的《韦渢墓志》谓志主释褐后历任州县基层官员，其中有"商州司功参军，改试太府主簿，充商州馆驿判官"④。据此墓志，韦渢任商州司功参军后担任过洛阳县令，后遭受谗言弹劾，即赋闲在乡，卒于元和五年（810 年），如此则其充任商州馆驿判官当在贞元末或元和初。会昌年间的《崔仲蕃墓志》也载：崔仲蕃释褐不久"调京兆武功尉。以吏道得名于广汉府中，主亭饩奉急须职办，周道人歌郑驿累有传马毙，厩夫祈填，新亭构府与不足"⑤。"主亭饩奉，急须办职"，可见身为武功县尉的崔仲蕃主要负责武功驿站的钱粮事务，而且常常是紧急事务，不得有所怠慢。"郑驿"，典出《史记·汲郑列传》，言汉武帝时大臣郑当时"孝景时为太子舍人，每五日洗沐，常置驿马长安诸郊，存诸故人，请谢宾客，夜以继日，至其明旦"，后遂以"郑驿"比喻好客主人迎宾待客之诚恳。"新亭"，出自南朝刘义庆《世说新语·言语》，在今南京市安德门菊花台，为六朝时国都建康南部的军事堡垒。《崔仲蕃墓志》引用的两个典故旨在强调武功驿的重要及其表

---

① 岑仲勉：《府兵制度研究》，上海：上海人民出版社，1957 年，第 15—17 页。

② （唐）杜佑：《通典》卷 33《乡官》。

③ 《有唐朝议郎守尚书工部郎中寇公墓志铭并序》，周绍良主编：《汇编》下，大历 064，第 1805 页。

④ 《唐故朝请大夫守华州司马韦公墓志铭并序》，西安市长安博物馆编：《长安新出墓志》，北京：文物出版社，2011 年，第 229 页。

⑤ 《唐故殿中侍御史内供奉知盐铁凤山监博陵崔府君（仲蕃）墓志铭并序》，吴钢主编：《全唐文补遗》第 6 辑，第 155 页。

彰主持驿务的主人崔氏勤政有方。陕州硖石县（今河南省三门峡市东南）地当两京交通要冲，崤关险要之所在，在中央与泽潞藩镇处于紧张对峙状态的穆、敬、宣时代，朝廷频繁用兵，两京间军旅交通繁忙，地当军旅通衢要冲的硖州馆驿，《裴行著墓志》即明确说硖州馆驿"过军繁迫。骈骑往来，曾不耗负"①。作为陆浑县令的裴行著很可能同时又兼任驿长，劳累辛苦自然不能避免，好在裴氏颇善处理繁忙驿务，"事无巨细，咸得其宜"，政绩斐然，以致当地给他"刊石纪铭"，感恩纪念之。但更需要指出的是，《裴行著墓志》表明，硖石县令对当地驿站有直接的义务责任。此外据《柳知行墓志》，大和五年（831年），柳知行被任命为硖石县令，"县当大路，公以清白守官……虽冠盖幢幢，星使落驿，公处之有术，人忘其劳"。尽管墓志对柳氏主持驿务能力多有溢美之词，但硖石县馆驿在大和年间的繁忙也由此可见一斑。前引《唐故殿中侍御史李公（举）墓志铭》中的志主李举，本为京兆府蓥屋县县尉，却主要奔忙于驿务，"专务邮馆，陟课为上"②，也是元和年间以蓥屋县尉领骆口驿驿务的典型事例。河潼之地也系长安东去河北国驿大道的咽喉之地，在唐朝后期中央与方镇对峙、战争中驿站事务异常繁忙，而且军事财政入不敷出之时，驿长甚至要以私家之家产垫支，以应军旅急需，杜氏夫人丈夫裴瀚，"曾官于河潼知华驿，时属河北有师拒王命者，持诏之臣，往复军师，日之百数辈，阗溢馆舍，公食不足，即夫人罄其私室，以备官须，往往寒衣不纩，箪食绝味。虑瀚之内愧以职公而不补其家，则假以他事而饰词以相怡悦"③。上述几方涉及馆驿的墓志除了《寇赐墓志》成于唐代宗大历年间，年代较早外，其余皆为唐宪宗以后的墓志资料，其中所记录的馆驿事务不仅是地处中原驿站交通繁忙的写照，也是中晚唐驿传制度特别是管理制度变迁的重要实证，值得研治唐代交通史学者重视。

唐人墓志中还出现了"邮驿使"这一为正史文献所失载的使职。新近入藏西安大唐西市博物馆的《元谏墓志》两次提到"邮驿使"一职，墓志载元谏解褐入仕后不久任卫州司马，"兼陈、郑、怀、泽、潞、仪、沁、颖等州邮驿使，赐绯鱼袋，皆节使举能也。再为大理正，监察御史，支度判官，仍邮驿使，知节度留后。又充河西陇右山南□□帅判官，怀、泽、潞邮驿使"。

① 《唐故陆浑县令裴府君墓志铭并序》，周绍良、赵超主编：《汇编续集》，大中025，第987页。
② 《唐故殿中侍御史李公（举）墓志铭》，吴钢主编：《全唐文补遗·千唐志斋新藏专辑》，第321页。
③ 《唐故京兆杜氏夫人墓志铭并序》，周绍良主编：《汇编》下，大和099，第2165页。

墓志感叹："事之难者，莫甚乎□驿。"① 元谏担任邮驿使具体时间，墓志虽未交代，但肯定在代宗时代，因为墓志在叙述元谏任职履历后有"代宗崩，告哀江淮"，说明元氏典怀、泽、潞等邮驿使当在代宗时期，也即大历年间。

"邮驿使"为此墓志所仅见，正史文献一般载为"馆驿使"，或为"馆驿使"的异名，职能应该一样，皆指中央管理驿传的使职。"馆驿使"中唐以后多由宦官担任，《旧唐书·裴潾传》载："元和中，两河用兵。初，宪宗宠任内官，有至专兵柄者，又以内官充馆驿使。"② 在与藩镇战争时期，馆驿使一职尤其重要，皇帝任命宦官担任此职，如唐宪宗时宦官宋惟澄即被授馆驿使，负责陕州河阳东部地区的驿传事务。《旧唐书》载："（元和）四年，王承宗叛，诏以承璀为河中、河南、浙西、宣歙等道赴镇州行营兵马招讨等使，内侍省常侍宋惟澄为河南、陕州、河阳已来馆驿使。"③ 安史叛乱平息后，由于中央征讨河北方镇战争的需要，驿道管理异常重要，设置"馆驿使（邮驿使）"一职当始唐代宗大历末，《新唐书·百官志》谓："初，开元中，（馆驿使）兼巡传驿，至二十五年，以监察御史检校两京馆驿。大历十四年，两京以御史一人知馆驿，号馆驿使。"④ 此后"馆驿使"一词频频出现于史籍之中，《新唐书·薛存诚传》载："薛存诚字资明，河中宝鼎人。中进士第。擢累监察御史。元和初，讨刘辟，邮传事丛，诏以中人为馆驿使，存诚以为害体甚，奏罢之。"⑤ 司马光在《资治通鉴·考异》也对"馆驿使"一职的沿革做过考证："百官、蕃客朝见、辞；唐初，中书通事舍人之职也。玄宗开元中，以监察御史兼巡传驿，至二十五年，以监察御史检校两京馆驿。大历十四年，两京以御史一人知馆驿，号馆驿使。宋白曰：元和初，征刘辟，邮传多事，宪宗命中人为馆驿使；监察御史薛存诚及谏官相继论奏，罢之。"⑥ 结合史籍文献，中唐以后墓志中出现的"邮驿使"实际上应该就是"馆驿使"，由于战时需要，"馆驿使"一职位显权重，它是中央对藩镇战争中对地方驿传控制力加强的表现。由于《开元令·厩牧令》《唐六典》《通典》对馆驿制度记载重在马匹配置、人员安排方面，缺乏对其职能的全面记述，因而墓志中出现的诸如"邮驿使"这类涉及唐邮职官的记载应该给予充分的重视。

---

① 《唐故朝散大夫守泾王府长史元府君墓志铭并序》，胡戟：《珍稀墓志百品·元谏墓志》，西安：陕西师范大学出版社，2016年，第157页。
② 《旧唐书》卷171《裴潾传》，第4446页。
③ 《旧唐书》卷184《宦官传》，第4768页。
④ 《新唐书》卷48《百官志三》，第1240页。
⑤ 《新唐书》卷162《薛存诚传》，第5002页。
⑥ 《资治通鉴》卷250《考异》，第8106页。

第四节　出土唐人墓志所见漕运纪事

唐人墓志中有一些志主生前曾经出任与漕运相关之职，涉及漕运方面信息的墓志虽然不多，但十分珍贵。此外，唐定都长安，都城长安的粮食供给主要依靠关东及东南漕转关中，费用浩大，时间也长，特别是漕船要经过黄河三门峡砥柱之险，人力、物力损耗巨大，且漕运水道经常淤塞，至唐玄宗时已经成为国家面临的一个严峻问题，《新唐书·食货志》谓："唐都长安，而关中号称沃野，然其土地狭，所出不足以给京师，备水旱，故常转漕东南之粟"①，故唐廷常有整修漕运之议，最终促使开元二十二年（734 年）裴耀卿主持漕政改革，改直接长运为间接转运，以沿河就势设仓，逐级转运。水通则舟行，水浅则寓仓以待，成为中国古代漕运史上一次著名改革。除此之外，唐代还曾几度试图开辟新水道缓解长安漕运紧张压力，近年洛阳伊川县出土贺知章撰文的《姚彝墓志》颇受关注，除了此墓志志主系开元名臣姚崇长子及撰文有重要的书法史价值外，其中有一段纪事值得重视："属先朝以大禹疏凿，年代浸远，陵谷潜徙，运漕非便。将引舟穰邓，用廪关畿。朝廷择材授官邓州刺史兼校商州，委以运漕。君以地本气顺，功非力强，屡陈弘说，役竟中废。"②姚氏在邓州刺史任上时，有朝议"将引舟穰邓，用廪关畿"，即朝廷曾准备开凿南阳邓州经商丹至关中接通灞河的水上通道以缓解京城的漕运紧张问题。而姚氏以地非其势、劳命伤财力加谏阻，此事遂罢。这一最终流产的"引丹济灞"事件在唐代史籍中可以找到相应记载，据《新唐书》记载，唐中宗景龙二年（708 年），华州刺史崔湜建言"山南可引丹水通漕至商州，自商镵山出石门，抵北蓝田，可通辇道"。唐中宗于是任命崔湜董督开凿新漕道事，但最终半途而废，"中宗以湜充使，开大昌关，役徒数万，死者十五。禁旧道不得行，而新道为夏潦奔隳，数摧压不通"③。《姚彝墓志》所述姚彝授官邓州刺史兼理商州，应该就在此时。④应该是姚氏在开漕工程实践中发现此役难以行通，就力谏废止。此次"引丹济灞"之所以失败，主要是由

---

① 《新唐书》卷 53《食货志三》，第 1365 页。
② 《唐故光禄卿上柱国虢县开国男姚君墓志铭并序》，毛阳光、余扶危主编：《洛阳流散唐代墓志汇编》上，第 173 页。
③ 《新唐书》卷 99《崔仁师传附崔湜传》，第 3922 页。
④ （清）王昶：《金石萃编》（北京：中国书店，1985 年）卷 71《大唐朝议大夫光禄少卿虢县开国子□□姚府君神道之碑并序》中有"乃拜邓州刺史，兼检校商州连漕武关之外方城"，可与《姚彝墓志》互为印证。

于事先缺乏实地地形勘探与未充分考虑夏季秦岭山区易发生洪水毁路所致，姚彝作为邓州刺史兼理商州，"引丹济灞"工程正好在其管辖的核心地段，应该是亲身经历此工役并发现此间开漕难以行通，才上疏谏阻，墓志说他谏阻的理由是"地本气顺，功非力强"，未免流于虚玄，没有史籍记载的实在。但景龙年间的"引丹济灞"事件毕竟是唐朝中央试图打通秦岭南北汉水（丹水系汉江支流）和渭水流域（灞水系渭河支流）的一次有益尝试，也是力图开辟新漕道缓解经由陕州黄河的粮食运输窘境的努力，反映的是裴耀卿漕运改革前自穰邓、商丹至长安之间漕运出现的问题及其朝臣们曾经的动议。《姚彝墓志》的发现无疑为研究唐代漕运发展史提供了珍贵的新史料。

如果说《姚彝墓志》为唐代景龙年间"引丹济灞"提供了新佐证，那么同样是新近出土的《寇随墓志》《崔逢墓志》则反映了安史之乱以后京师供给困难、漕运紧张的交通状况。安史之乱以后唐朝经济衰退，国运日艰，依靠河陕漕运接济的京城供给频频告急，长安甚至因为缺粮险些酿成禁军兵变[1]，这一状况在墓志中也有侧面反映。2003年在洛阳偃师万安山北出土的《寇随墓志》载："顷以咸京不年，河陕通运，国命泛舟之役，公奉坐棠之举。储供允备，考最推先。"[2]《崔逢墓志》也载德宗贞元年间"关中无岁，督郡县米以苏毂下"，盐铁院从事崔逢"亲统卅万斛，克日而至。千里犹咫，急湍如夷"[3]。这两条资料皆涉及中唐漕运，说明唐德宗时期关中的粮食供应频频告急，漕运交通的紧迫，与史籍文献相印合。

第五节　墓志所见中晚唐馆驿管理的废坏与驿道交通的安全问题

中唐以后随着中央与地方诸多矛盾冲突的逐渐严重，唐朝的馆驿管理也渐趋废弛。曾经号称"天下第一"的褒城驿，至晚唐时破败萧条不堪，大中时著名诗人孙樵入蜀，途中在褒城驿目睹的残败荒芜让他大发感叹，在《书褒城驿壁》写道："褒城驿号天下第一。及得寓目，视其沼，则浅混而污；视其舟，则离败而胶。庭除甚芜，堂庑甚残，乌睹其所谓宏丽者。"在孙樵看来，

---

① 《资治通鉴》卷232，贞元二年四月甲申条载："关中仓廪竭，禁军或自脱巾呼于道曰：'拘吾于军而不给粮，吾罪人也！'上忧之甚。会韩滉运米三万斛至陕，李泌即奏之。上喜，遽至东宫，谓太子曰：'米已至陕，吾父子得生矣！'"（第7469页）
② 《大唐故承奉郎行蒲州解县尉寇府君墓志铭并序》，赵君平、赵文成编：《河洛墓刻拾零》上，第311页。
③ 《唐故昭义支度巡官知湖南盐铁院朝议郎试大理评事飞骑尉崔府君墓志铭并序》，赵君平、赵文成编：《河洛墓刻拾零》下，第515页。

比褒城驿破败萧条更为痛心的还是驿吏的腐败无为，因而最后发出："呜呼！州县真驿耶！矧更代之隙，黠吏因缘恣为奸欺，以卖州县者乎？如此而欲望生民不困，财力不竭，户口不破，垦田不寡，难哉！"①孙樵虽由晚唐褒城的残破荒凉引申到地方吏治的荒怠与腐败，成为古代伤时感世、讽喻时政的名篇，但他揭示的晚唐驿政荒怠、管理混乱却很有代表性。晚唐墓志中出现的驿站记录，往往暴露出驿使吏卒侵扰邮亭现象。中晚唐时期，馆驿管理混乱，驿使吏卒贪黩枉法事件时有发生，且与当地政府经常发生冲突事端。大中八年（854年）的《崔罕墓志》曾述及崔罕隐居华州郑县（今陕西渭南市华州区）时，郑县驿卒假冒军人为非作歹事："时有驿使吏卒侵扰邮亭，本县令长重加笞挞，禁卫上诉，称是军人。君实本推访，知假托□□，宪长咸欲徇从，君移时抗论，坚执不变。县宰既免滥责，公亦旬月受代。奉职不苟，公议多之。"②这段叙事至少能说明三个问题，一是郑县驿吏公然徇私枉法，侵害驿传利益；二是地方县令有权处置驿吏犯法；三是犯法馆驿吏卒冒充军人，试图逃避惩处，说明军人有特权，常可侵害馆驿。中唐以后，唐与河北藩镇关系紧张，用兵频繁，馆驿事务不仅繁忙，而且负担日益加重，如唐宪宗时柳公绰所说："自幽、镇用兵，使命繁并，馆递匮乏，鞍马多阙。又敕使行李人数，都无限约。其衣绯紫乘马者二十、三十匹，衣黄绿者不下十匹、五匹。驿吏不得视券牒，随口即供。驿马既尽，遂夺路人鞍马。衣冠士庶，惊扰怨嗟，远近喧腾，行李将绝。"③这与前引《杜氏夫人墓志》所载"时属河北有师拒王命者，持诏之臣，往复军师，日之百数辈，阗溢馆舍，公食不足"④的情况惊人地相似，墓志所述现象在唐史文献中得到印证。

安史之乱后，国家驿道交通环境也逐渐恶劣，常受乱兵恶民侵扰，这一状况在墓志中也有披露，如子午口、骆谷口等官驿，每当京畿动乱，则有乱军与恶少据谷口劫掠。如广德元年冬，吐蕃进犯京畿，"诸军溃卒及村闾亡命相聚为盗，京城南面子午等五谷群盗颇害居人，朝廷遣薛景仙领兵为五谷使招讨，连月不捷"⑤。朝廷再遣李抱玉镇压，终于平息匪患，斩杀甚众。实际上唐代驿道交通早在开元年间就常常暴露出安全问题，由秦入蜀的栈道沿线

① 孙樵：《孙可之集》卷3《书褒城驿壁》，文渊阁四库全书本。
② 《□□□□□使持节曹州诸军事守曹州刺史赐紫金鱼袋清河崔府君墓志铭并序》，周绍良主编：《汇编》下，大中090，第2319页。
③ 《旧唐书》卷165《柳公绰传》，第4303页。
④ 《唐故京兆杜氏夫人墓志铭并序》，周绍良主编：《汇编》下，大和099，第2166页。
⑤ 《旧唐书》卷132《李抱玉传》，第3646页。

常常发生掳掠商贾与士庶行旅的事，墓志资料对这状况也有相应记述，如《李贞墓志》所说："岷濮之险，实惟巴江；剽劫之患，时闻栈阁。利有攸往，实在西南。"[①] 贞元、元和年间，唐朝各地藩镇割据日趋严重，对驿道交通常有阻滞，东西、南北交通受到时局动荡的制约而影响到普通士庶的行旅。《苗鼎墓志》谓苗鼎贞元末与次兄申同游淮海，遇暴疾终于逆旅，"次兄申以时当多故，道路险艰，不敢公行，惧遭逼畏，遂裹其骸骨，归于成周"[②]。因局势动荡，国驿大道多有阻断，以致客死异乡的苗鼎灵柩不能正常北返，其兄只好"裹其骸骨，归于成周"，于开成四年（839 年）正月葬于邙山北岗，可见当时的南北交通恶劣到什么程度。

第六节　出土墓志所见唐代的海路交通

唐代交通的另外一个新气象是海路的开拓并多次在军事、经济中利用。唐代海运发展较快，盛唐时全国已经形成广州、登州、扬州、泉州四大出海港口。同时，唐朝近海交通也趋于繁荣，在南北物流、用兵运输方面也常常取道海上。特别是东部近海交通繁荣发达，敦煌文献《开元水部式》残卷中，有"沧、瀛、贝、莫、登、莱、海、泗、魏、德等十州，共差水手五千四百人，三千四百人海运，二千人平河。宜二年与替"[③]的记载，这些滨海州郡皆有配备"水手"即船工，其中用于海运的"水手"竟多达 3400 人，可见盛唐时海运的兴盛。如登州，既可东向航行至高丽，也可北上航行至辽东，是唐朝东部沿海最为重要的海运港口，《新唐书·地理志七下》载："登州东北海行，过大谢岛、龟歆岛、末岛、乌湖岛三百里。北渡乌湖海，至马石山东之都里镇二百里。东傍海壖，过青泥浦、桃花浦、杏花浦、石人汪、橐驼湾、乌骨江八百里。"[④] 其中乌湖岛在今山东长岛县庙岛群岛之内，乌湖海指今渤海海峡北部海面，都里镇在今辽宁大连市旅顺口区，皆属渤海近海航线，樊文礼认为唐代登州航线以都里镇为节点分为南北两道，南路为"入高丽道"，北路可至渤海王城，为"入渤海道"。[⑤] 唐人墓志中涉及海运史的资料虽然数

① 《大唐故太子少保豫州刺史越王墓志铭》，周绍良主编：《汇编》下，开元 065，第 1199 页。
② 《唐故润州延陵县尉苗府君墓志铭并序》，周绍良主编：《汇编》下，开成 024，第 2184 页。
③ 刘俊文：《敦煌吐鲁番唐代法制文书考释》，北京：中华书局，1989 年，第 330 页。
④ 《新唐书》卷 43 下《地理志七下》，第 1147 页。
⑤ 樊文礼：《登州与唐代的海上交通》，《海交史研究》1994 年第 2 期。

量寥寥，但殊为珍贵，近年出土的开元二十一年（733 年）《朱淑墓志》中述及志主其父朱玄泰的仕历时提及曾任"幽州大都督府司马、摄侍御史、兼河北道海运使。楼舡鲸飞，辎车隼击"①。稍后天宝六载（747 年）的《卢均芳墓志》也提及志主卢均芳曾受海运使朱玄泰奏请负责海运押运，海路情形更加生动具体："调补洺州平恩县丞。秩满，海运使朱玄泰奏君押运。越海有连橹之漕，安边有如京之防。且溟渤穷乎天垠，通波亘于万□。舳舻电逝，委输云集。君皆饰躬履险，率先启行。昭宣国章，敷惠边土。使我东夏，保大定功。"②从"越海有连橹之漕""舳舻电逝，委输云集"这些记载看，开元时渤海海面常常舳舻相接，千帆竞发，一片繁荣，说明盛唐时期海上漕运规模很大。按唐开元年间曾置河北（道）海运使，文献可证。《唐会要》载："开元十五年，除李尚隐又带河北度支、营田使。二十七年，除李适之加河北海运使。天宝元年，除裴宽为范阳节度使，经略河北度支度营田、河北海运使。已后遂为定额。"③两方墓志所记载的海运使朱玄泰及其海运情形也正好是在开元年间，可与文献互为印证。洺州平恩县地属河北道，朱玄泰作为河北海运使，自然有权调遣所属州县官员充任海运押运官。墓志还载卢均芳因负责海运押送勤恳敬业，后因功"迁北海郡千乘县令"，天宝六载（747 年）卒于千乘县任上。朱玄泰任职河北道海运使及卢均芳押运等史实，《新唐书》《旧唐书》《唐会要》等失载，当可补史籍记载之遗阙。上述两方墓志都记述了开元年间由朱玄泰总负责包括卢均芳参与的从江南通过海路向河北运输粮食物资的实际情形，对于了解唐代海上交通经济史，以及安史之乱爆发前的河北与江南关系等有重要参考意义。

唐与新罗、百济等国的军事、外交活动均由海路进行，史籍文献记载较多，唐人墓志间或有所涉及。至于晚唐时期的海上交通，史料散佚严重，文献记载寥寥，墓志则有重要补充。唐武宗会昌四年（844 年）入土的《王文幹墓志》记载了志主奉诏由海路出使新罗，返回途中遭遇风暴并由此一病不起的憾事："开成五年，诏遣充新罗使。拜辞龙阙，指日首途，巨海洪波，浩浩万里，一苇济涉，不越五旬，如鸟斯飞，届于东国。"但回国时遇到麻烦，墓志言："潮退反风，征帆阻驻，未达本国，恐惧在舟。……呜呼！险阻艰难，

① 《大唐德州安陵县尉陆光庭妻吴郡朱夫人（淑）墓志》，吴钢主编：《全唐文补遗·千唐志斋新藏专辑》，第 169 页。
② 《大唐故北海郡千乘县令卢府君（均芳）墓志并序》，吴钢主编：《全唐文补遗·千唐志斋新藏专辑》，第 209 页。
③ （宋）王溥：《唐会要》卷 78《节度使》，第 1691 页。

备尝之矣。”王氏也因之构疾，回国后于会昌四年夏病逝于京兆万年县广化里。[①] 关于开成五年（840年）新罗国王薨事，《唐会要》有简要记载：“（开成）五年四月，鸿胪寺（奏）：新罗国告哀，质子及年满合归国学生等共一百五人，并放还”[②]，但未载诏遣使新罗吊唁事，似有遗漏。《王文幹墓志》明确记载这次出使由左神策军宴设使、同官镇监军宦官王文幹担任。“巨海洪波，浩浩万里，一苇济涉，不越五旬”，说明这次奉使新罗，往途就花费近两个月时间，回国时又遇到“潮退反风”，漂流海上多日，历尽艰辛终于回国。按唐代出使新罗多取海道，遭受波涛风暴乃常有之事，如大历时归崇敬出使新罗就在海上遇到风暴，几遭不测。[③] 由此可见，整个唐代由海上出使朝鲜半岛，皆充满艰险，并非易事。

结　论

唐代墓志中的交通地理资料虽然杂芜零散，但因唐代士人任职调遣地理空间大且频繁，且为时人记述志主生平仕宦经历时的客观记述，多有涉及唐代交通的内容而为唐代传世典籍所失载，其中既有陆路交通史料，也有珍贵的海上及内河交通运输路线的资料，对于了解唐代经济交通地理及其特殊历史时期，交通道路的开辟和变迁有一定参考意义。此外，唐人墓志资料于唐代交通史研究的意义而言，还在于墓志所载往往可以从个体或地方具体叙事角度提供若干个案资料，有助于我们加深对唐代交通面貌“当时性”的具体认识。同时，唐人墓志提及的某些边远地区的驿站为史籍文献所失载，可以补充文献之遗阙，如前引《唐故京兆杜氏夫人墓志铭并序》提及的樟（漳）州塘田驿、《孙眄墓志》提及的丰义驿、《孙嗣初墓志》所载的雁泽驿，虽然史籍没有明确记载，但借之以文献考证，仍然一定程度上可以确认其存在。

---

① 《大唐故中大夫行内侍省内给事员外置同正员上柱国赠绯鱼袋王公墓志铭并序》，周绍良主编：《汇编》下，会昌037，第2238页。

② （宋）王溥：《唐会要》卷95《新罗》，第2031页。

③ 《旧唐书》卷149《归崇敬传》：“大历初，以新罗王卒，授崇敬仓部郎中、兼御史中丞，赐紫金鱼袋，充吊祭、册立新罗使。至海中流，波涛迅急，舟船坏漏，众咸惊骇。舟人请以小艇载崇敬避祸，崇敬曰：‘舟中凡数十百人，我何独济？’逡巡，波涛稍息，竟免为害。”（第4016页）

第五章　出土唐人墓志与唐代乡村
地理研究的深化

　　乡村是王朝国家时代最基层的地域，相对于城市而言，乡村也是主流史学记载的边缘化地带，因而对历史上乡村的研究往往因史料缺乏而显得困难。然而，乡村作为中国历史上人口数量最多、社会结构最为稳定、传统民间文化最具积淀性与延续性的地方①，同样具有重要的历史研究价值。唐代传世文献中，除了唐人诗歌中有一定的乡村描写、题咏外，乡村地理资料实际上十分匮乏。而出土唐人墓志中却保存着大量乡村地理信息。由于唐人墓志多有乡村葬地与时间的记载，有不少唐人墓志还提及了墓葬所在地的乡村风水、乡村景观、城乡距离、村界等信息，这就留下了大量过去不曾见到的唐代乡村新资料，为研究唐代乡村地理提供了较大的探讨空间与进一步拓展的可能。

　　乡村是相对于城市而言的人口聚落与耕种生产空间，古代乡村也是近年来学者开始重视并探讨的一个古代社会史及历史地理领域。马新《两汉乡村社会史》②从乡村农业、土地制度、乡村宗族、民间信仰等进行了全面的钩沉复原；侯旭东等于魏晋六朝乡村社会用力颇深，连续发表《北魏村落考》《北朝乡里制与村民的生活世界——以石刻为中心的考察》等，都是关于中国古代乡村社会研究的扛鼎之作。③唐代乡村地理一直是唐代历史地理研究的一个薄弱环节，其中史料记载的相对稀少、阙略是一个重要原因。尽管如此，数十

---

① 张国刚：《唐代乡村基层组织及其演变》，《北京大学学报（哲学社会科学版）》2009 年第 5 期。

② 马新：《两汉乡村社会史》，济南：齐鲁书社，1997 年。

③ 秦冬梅：《十年来国内魏晋南北朝乡村社会史研究回顾》，《南京农业大学学报（社会科学版）》2003 年第 3 期；《何兹全教授九十华诞祝寿论文集》，北京：北京师范大学出版社，2001 年；侯旭东：《北朝乡里制与村民的生活世界——以石刻为中心的考察》，《历史研究》2001 年第 6 期。

· 69 ·

年来关注与探讨唐代乡村地理者仍然不乏其人。早在 1962 年，武伯纶就曾发表《唐长安郊区的研究》[①]，后又发表《唐万年、长安县乡里考》[②]，开了唐代乡村地理研究的先河。河南洛阳是唐朝之陪都，又是唐人归葬的集中之地，发现的唐人墓葬及其墓志铭最为集中，数量也最大，其中不少墓志提及墓葬所在的乡村方位及其景观，因而学者对唐代洛阳郊区乡村的研究成果也较为丰富。20 世纪 90 年代以来，已经有赵振华、张剑、李浩、陈呈等学者相继进行了专题研究[③]，对唐代洛阳周边乡村里的地理分布进行了一定的探索，澄清了一些基本情况。孙继民、宋坤《光业寺碑题记与唐代村落史研究》[④]，则对河北隆尧县光业寺碑阴的唐代村名和唐人姓名的题记文字做了探讨，并揭示其对唐代村落史和社会史具有的独特价值。北京为唐代幽州之地，20 世纪以来也出土了不少唐人墓志。关于北京地区的唐代乡村研究，赵其昌先生先后发表《唐幽州村乡初探》[⑤]《唐幽州村乡再探》[⑥]，利用唐人墓志对唐代幽州城乡交界线及其乡村里的方位做了有益探索。但也毋庸讳言，上述研究都属于唐代几个重要城市郊区乡村的个案研究，目前尚缺乏从唐人墓志史料角度研究唐代乡村地理的宏观论著。

第一节　唐人墓志与唐代乡村地理研究概说

　　中国古代墓志作为纪念、铭记死者生平与功德的私家文献，包含着诸多的历史文化信息，其史学、文学、社会学及历史地理学诸方面的价值近年来受到愈来愈多的重视。自汉代以后，古代墓葬在城乡郊区的分布根据地形地貌及阴阳风水学原理就有一定约定俗成的集中地域，虽然不同时代、不同地区的墓葬形制、葬俗及其集中地也有不少差异，但葬于乡村田野是最为普遍的葬俗现象。从南北朝时期开始，作为记录志主生前行状及其功德的墓志铭

① 武伯纶：《唐长安郊区的研究》，新建设编辑部编：《文史》第 3 辑，北京：中华书局，1963 年。
② 武伯纶：《唐万年、长安县乡里考》，《考古学报》1963 年第 2 期。
③ 赵振华、何汉儒：《唐代洛阳乡里方位初探》，赵振华主编：《洛阳出土墓志研究文集》，北京：朝华出版社，2002 年；李浩：《唐代乡村组织研究》，山东大学博士学位论文，2003 年；陈呈、马强：《唐代东都之洛阳县乡村里地名补考——以出土唐人墓志为主的考察》，《中国历史地理论丛》2016 年第 1 辑。
④ 孙继民、宋坤：《光业寺碑题记与唐代村落史研究》，《光明日报》2015 年 2 月 25 日，《理论·史学》版。
⑤ 赵其昌：《唐幽州村乡初探》，《中国考古学会第一次年会论文集（1979）》，北京：文物出版社，1980 年。
⑥ 赵其昌：《唐幽州村乡再探》，《首都博物馆丛刊》1994 年第 1 期。

文献，一般都要记录逝者安葬的风水、地点及其与州县的距离，有的墓志还有墓地周围的山川、乡村景观等记述，这一墓志书写模式到了唐代更为普遍，这就为传世文献少有涉及的古代乡村留下了一些重要的地理信息。因此，研究中国古代乡村社会及其历史乡村地理，墓志就成为一种特殊的重要资料。

20 世纪以来大量唐人墓志的不断发现与刊布，对研究唐代社会历史提供了数量可观的石刻资料，也为研究以往很难突破的唐代乡村地理提供进一步的可能。从总体上说，唐人墓志对唐代乡村地理的研究意义体现在以下三个方面：一是墓志保留了大量唐代乡村地名，而这些地名绝大部分为史籍文献所失载也不可能记载。同时，从这些乡村地名可以探讨唐代乡村地名的命名特征、规律及其文化、政治意蕴，乡村分布形态、区域人口聚落等。二是相当一部分墓志留有村落位置，乡村与州、县城的距离，乡界、村界及其与某些名胜古迹之间的距离、方位等信息记录，可以利用唐人墓志资料一定程度上分析唐代城乡关系，州、府、县城的现代空间定位等；三是墓志反映出一定的人口迁徙、宗族聚落、民间信仰、乡村儒学教化等，这些都是史籍文献记载的盲区，而墓志资料则可展现其特有长处。

如果说隋唐两京城坊多少还有历史文献作为基本记载的话，那么若要复原唐两京所辖乡里分布及其地名，唐人墓志就更是不可或缺的一手资料。据宋敏求《长安志》，唐朝长安城郊有 104 乡，其中万年县有 45 乡、长安县有 59 乡，但至北宋时人们对此已经知之甚少，《长安志》仅记 13 乡 8 里；虽然北宋张礼《游城南记》、元代骆天骧《类编长安志》、清人徐松《唐两京城坊考》有所补充，但距实际乡里数字仍然相差较大。幸运的是 20 世纪以来随着西安、洛阳城市建设的发展，出土了大量唐人墓志，并且大多被有关考古、文博单位收藏和整理出版，为钩沉考索已经湮没在岁月中的唐代两京郊区乡村里提供了有力的新资料，使得一定程度上复原和研究唐东、西两京所辖乡里成为可能。

第二节　从唐人墓志看唐代乡村基层政区体系

唐代县以下的基层政区体系一般为乡—村—里三级，虽然个别地区如洛阳郊区乡村基层政区情况较为特殊而外，乡—村—里体制具有全国的普遍性。京畿地区为全国首善之地，乡村制度当有示范意义。长庆二年（822 年）的

《大唐故陇西郡君夫人墓志铭》载墓主卒后"安厝于万年县浐川乡上傅村观台里"①，高力士后裔高克从卒后葬于"万年县浐川乡郑村"②，大中年间宦官孟秀荣死后葬"京兆府万年县浐川乡北姚村□□里"③，可见关中地区实行的是比较稳定的县—乡—村—里层层相属制度。但县—乡—村—里相属关系在各地情况也略有差异，并不尽相同，张剑通过对出土于洛阳地区的大量墓志分析后认为，唐代洛阳地区基层乡里关系比较复杂，因地而异。作为地名来说，村与里没有区别，都是方位词，但作为行政级别来说，两者则有级别高低之分，而且也不固定。唐代洛阳墓志中反映村属里辖的有9例，里属村辖的6例。村里间不仅大小有别，而且同一村里在不同时期地位还会有不同的变化。对于形成这种变化状况的原因，张剑推测可能与村、里人口的增多或减少相关。④张剑的观点当然值得重视，但我们通过对大量洛阳唐人墓志考察后发现，虽然洛阳郊区的乡村基层制度有一定复杂性，但乡—村—里三级仍然是基本隶属体制，并非出现了一个全国乡村基层管理制度的"特区"，洛阳地区唐人墓志中也不乏这方面的记载。如洛州河南县有千金乡安善里，《崔长先墓志》载志主武德八年（625年）终于洛州官舍，武德九年二月葬于"洛州河南县东都故城北十里千金乡安善里"⑤。王世充开明二年（620年）的《虞匡伯墓志》载志主虞匡伯病故后"权殡于洛阳县凤台乡谷阳里"⑥。《杨士达墓志》载志主贞观二十年（646年）亡故后"葬于河南县平乐乡安川里邙山之阳翟村之西三伯（百）步，礼也"⑦。调露元年（679年）《元君墓志》也谓志主葬地在"洛州河南县金谷乡石城里"⑧。唐文宗大和年间的《王延墓志》中志主的葬地也在"平乐乡瀍左里河东村"⑨。这些墓志所载葬地都是洛阳存在县—乡—里（村）的实例。从出土的唐人墓志看，除两京地区外，全国范围县—乡—里（村）相属的基层行政区组织结构仍然具有普遍性。《杜琼墓志》载李氏卒后"安厝于襄阳县习池乡之西挹里"⑩，其中的襄阳县习池乡西挹里

---

① 周绍良主编：《汇编》下，长庆 020，第 2073 页。
② 周绍良、赵超主编：《汇编续集》，大中 006，第 973 页。
③ 周绍良、赵超主编：《汇编续集》，大中 035，第 994 页。
④ 张剑：《洛阳出土墓志与洛阳古代行政区划之关系》，赵振华主编：《洛阳出土墓志研究文集》，第 148—149 页。
⑤ 《崔长先墓志》（原题额缺失），周绍良主编：《汇编》上，武德 005，第 4 页。
⑥ 《郑故大将军舒懿公之墓志铭》，周绍良主编：《汇编》上，开明 003，第 7 页。
⑦ 《大唐右宗卫大都督杨君墓志并序》，周绍良主编：《汇编》上，贞观 124，第 87 页。
⑧ 《□唐故郎州都督元府君墓志铭并序》，周绍良主编：《汇编》上，调露 006，第 656 页。
⑨ 《大唐故处士王君墓志铭并序》，周绍良主编：《汇编》上，乾封 002，第 443 页。
⑩ 《唐朝请大夫试绛州长史上柱国赵郡李君故夫人京兆杜氏墓志铭并序》，周绍良主编：《汇编》下，大和 051，第 2132 页。

就是山南东道襄阳郡下襄阳县的一个实例。贞元二年（786年）《爨守忠墓志》载志主遭疾病故于嘉州公廨，"以其年三月十七日葬于成都府广都县政道乡相如里之源（原）"①，说明剑南西川道益州府成都平原基层也施行县、乡、里政区制度。《大唐西市博物馆藏墓志》也有数方墓志反映了唐代县—乡—里（村）基层建制，如《唐古英及夫人高氏墓志》有志主葬"孟州河阳北原太平里那罗村"②，《唐祁振墓志》中有"中和三年十月归葬于巩县孝义乡义堂村"③的记录，唐代孟州与巩县均属河南府，乡村建制与洛阳相同。

扬州是唐淮南道的政治经济中心，也是南方地区发现唐人墓志较为集中之地，多方墓志显示，扬州的县及县以下基层同样存在县—乡—里（村）基层组织建制。出土于扬州江阳县的墓志多次出现"嘉宁乡五乍村"这一村名，如长庆元年（821年）《韦署墓志》载志主长庆元年八月二十七日"奉宁神于扬州江阳县嘉宁乡五乍村"④，大和四年（830年）《吴氏夫人墓志》也有吴氏"其年十一月□□，窆于嘉宁乡五乍村之原"⑤的记载。县—乡—村（里）的基层隶属建制在扬州各县应该是普遍现象，直到晚唐仍然如此，《骆潜墓志》载志主中和五年（885年）八月八日"殡于扬子县江滨乡风亭里"⑥；《卢公弼墓志》提及志主咸通七年（866年）终于常州无锡县太平乡临旗里，因"家贫路远，犹阻归祔"，于次年"权厝于扬州江阳县江津乡金檀里"⑦。《唐彦随墓志》也有"扬州扬子县江滨乡颜村□□里"⑧的记载。除了扬州之外，常州、润州的乡—村—里基层模式在墓志中也有反映，前揭《卢公弼墓志》即提及卢氏卒于"常州无锡县太平乡临旗里"，唐昭宗天祐元年（904年）《孙彦思墓志》载志主葬地为"润州丹徒县信义乡石门村"⑨。上述墓志所载葬地表明，

① 《大唐故节度副使开府仪同三司兼太常卿南宁一十四州都督袭南宁郡王河东爨公墓志铭并序》，此墓志铭现存四川省文物考古研究院。
② 《唐古英及夫人高氏墓志》，胡戟、荣新江主编：《大唐西市博物馆藏墓志》，编号八五三，第914页。
③ 《唐祁振墓志》，胡戟、荣新江主编：《大唐西市博物馆藏墓志》，编号八八三，第1024页。
④ 《唐故朝议郎行扬州大都督府法曹参军京兆韦府君（署）墓志文》，吴钢主编：《全唐文补遗》第4辑，第100页。
⑤ 《唐故吴夫人墓志铭序》，吴钢主编：《全唐文补遗》第4辑，第128页。
⑥ 陈彝秋：《唐代扬州城坊乡里考略》，《扬州大学学报（人文社会科学版）》2000年第2期。
⑦ 《唐故范阳卢府君（公弼）墓志铭并序》，吴钢主编：《全唐文补遗》第4辑，第238页。
⑧ 《唐故银青光禄大夫……鲁国唐公（彦随）墓志铭并序》，吴钢主编：《全唐文补遗》第4辑，第272页。
⑨ 《唐金紫光禄大（夫）检校司空使持节黄州诸军事黄州刺史……孙彦思墓志并序》，周绍良、赵超主编：《汇编续集》，天祐002，第1170页。

唐代江淮地区乡村同样普遍存在县—乡—村（里）这种基层行政层属关系。

第三节　唐人墓志所见唐代乡村中的"坊"与"庄"

唐人苏鹗在《苏氏演义》中指出："坊者，方也。言人所在里为方，方者，正也。"[①]《旧唐书·职官志》载唐制："百户为里，五里为乡。两京及州县之郭内，分为坊，郊外为村。里及坊村皆有正。……里正掌按比户口，课植农桑，检察非违，催驱赋役。坊正掌坊门管钥督察奸非。"[②] 这都说明唐代里、坊有明确的城乡区域划分。日本学者仁井田升《唐令拾遗》引武德《户令》也说："百户为里，五里为乡，四家为邻，五家为保，在邑者为坊，在田野者为村。"[③] 按照唐代史籍文献的记载，"坊"与"村"分别为城郭与乡野人口居住区单位。杜佑《通典》卷三《食货·乡党》引唐令说："在邑居者为坊，别置正一人……在田野者为村，别置村正一人。其村满百家，增置一人，掌同坊正。其村居如（不）满十家者，隶入大村，不须别置村正。"李林甫《唐六典》卷三《户部郎中》也谓："两京及州县之郭内分为坊，郊外为村。里及村、坊皆有正，以司督察。"[④] 但制度的规定往往只是固化的条文，实际运行情况常有出入，而且随着社会经济的发展与时间的推移，制度的规定往往会被打破，从而出现与王朝国家律令规定不同甚至相冲突的现象。唐中后期人墓志出现不少乡以下有"坊"的记录，就与上述史学典籍记载相冲突，中晚唐墓志曾经多次出现乡以下有"坊"的记录。大和七年（833年）《车府君墓志》明载志主当年七月二十四日"终于汧源县太平乡崇义坊之私第"[⑤]，汧源县即今陕西省宝鸡市陇县。《张儁夫妇墓志》中有张儁夫人李氏元和七年九月病逝于"绛州翼城县天柱乡孝义坊"[⑥]的记录，也属于一条珍贵的山西唐代乡村地名资料。近年出版的胡戟、荣新江主编《大唐西市博物馆藏墓志》中也有数方墓志提及唐代乡村有"坊"存在的现象。如《唐故琅邪颜夫人墓志铭》载颜氏夫人"以开成四年五月十四日，终于兴平县汤台乡口阳坊，享年卅一；

---

①　苏鹗：《苏氏演义》卷上，文渊阁四库全书本。
②　《旧唐书》卷43《职官志二》，第1825—1828页。
③　[日] 仁井田升：《唐令拾遗》，栗劲等编译，长春：长春出版社，1989年。
④　（唐）李林甫等撰，陈仲夫点校：《唐六典》卷3《户部郎中》，第73页。
⑤　周绍良主编：《汇编》下，大和060，第2139页。
⑥　《大唐清河张府君（儁）陇西李氏夫人合祔（墓）志铭并序》，吴钢主编：《全唐文补遗》第1辑，第316页。

即以明年正月二十五日葬于长安县万春乡神禾原"[1]；《唐阎彪及夫人李氏墓志》载志主大和二年十二月病逝长安，"护归美原县频阴乡黄崖里之私第，以大和三年八月二十五日与先夫人李氏合祔于永寿乡太平坊北一里"[2]。潞州上党县乡村也有"坊"，《大唐西市博物馆藏墓志》所收唐宣宗大中十年（856年）《杨简端墓志》言志主家在"潞州大都府上党县祥鹿乡太平坊，家代居之"[3]。

　　墓志资料还显示南方地区乡村也有"坊"的存在，唐文宗大和九年（835年）的《杨孝直墓志》载邓州长史杨孝直于当年三月二十五日"构疾终于襄州襄阳县凤林乡南津坊"[4]，这个"南津坊"是襄阳县凤林乡下的"坊"，显然与城郭坊无关。扬州20世纪60年代出土的开成元年（836年）《李彦崇墓志》载志主开成元年五月病逝扬州江阳县布政坊，六月三十日"迁葬于江阳县仁善乡弦歌坊千秋里蜀岗之侧修茔"[5]，这个"弦歌坊"也属江阳县仁善乡下的村坊无疑。2013年在扬州新出土的《会稽郡钟离府君墓志铭》其中透露其住地是"扬州江阳县通肆坊私第"，其葬地则是"江都县善膺坊新茔"[6]，这个"善膺坊"显然是在乡村。这方墓志铭的意义还在于证明了唐人扬州城、乡皆有"坊"。这七方唐人墓志所载的村"坊"，三个在关中，一个在河东绛州翼城县，两个在淮南道扬州江阳县，一个在山南东道襄州襄阳县，可见乡村"坊"的存在并非关中地区乡村的个别现象，而在南北方乡村都曾出现。

　　这些"坊"到底是乡以下与村、里平级的行政单元抑或只是村、里中的一个人口居住片区，目前尚难说清楚，但出土唐人墓志所反映的这种唐代乡村组织的新现象无疑为研究中国中古乡村政权结构和社会组织提出了新课题。对墓志文献中乡下有坊这一现象，武伯纶先生认为唐虽规定在城曰坊，在乡曰里，但每有混称[7]，未免把问题简单化。张国刚则提出唐代存在村坊制度，他说"唐代乡里制度较之于北魏三长制的第二个变化，是村坊制度的设立与完善。所谓在'在邑居者为坊''在田野者为村'，是指那些被编入乡里

---

[1]　胡戟、荣新江主编：《大唐西市博物馆藏墓志》，编号八四〇，第880页。
[2]　胡戟、荣新江主编：《大唐西市博物馆藏墓志》，编号八二九，第836页。
[3]　胡戟、荣新江主编：《大唐西市博物馆藏墓志》，编号八五六，第930页。
[4]　《唐故山南东道节度押衙光禄大夫检校太子宾客前行邓州长史兼侍御史弘农县开国男杨公（孝直）墓志铭并序》，吴钢主编：《全唐文补遗》第4辑，第140页。
[5]　《唐故京兆府押衙云麾将军试光禄卿上柱国李府君墓志铭并序》，周绍良主编：《汇编》下，开成003，第2170页。
[6]　《晚唐墓志铭重见天日，见证唐代扬州地名沿革》，中国网，2013年1月5日。
[7]　武伯纶：《唐万年、长安县乡里考》，《考古学报》1963年第2期。

的民户，按照其居住地域的不同，又有坊村的小区组织相约束。里是按照民户之数量来划分的，大体以百户为限。村（坊）是以居民生活聚落来划分的，聚落大小多数在十至一百户之间"①。张国刚的这一观点颇有创见性，依据可能是《旧唐书·地理志》中"两京及州县之郭，内分为坊，郊外为村里及坊、村，皆有正，以司督察"的记载。但《旧唐书》这段记载本身的表述有语义不明的缺憾，前面既言"州县之郭，内分为坊，郊外为村里"，则"坊"只能在"州县之郭"中才有，而后面又说"及坊、村，皆有正"，似乎在乡野又有坊、村，本身自相矛盾。因而张国刚的观点值得重视，但遗憾的是没有引用足够的史料特别是墓志资料论证之，特别所言村坊制度的史料依据严重缺乏，笔者尚难以苟同。从唐人墓志看，这五个乡村"坊"的记载时间都出现在唐代晚期，应该不是偶然现象，当与唐代后期某些地区乡村人口增加、乡村结构变化、中古庄园形态萌芽生成有关。与此相关的是，一些墓志还出现了乡村"村门"的记载，在洛阳出土的元和年间《李涗墓志》载，李涗元和十二年（817 年）五月病逝洛阳县履顺坊，同年十二月五日"卜葬于洛阳县平阴乡王赵村安喜门外□十里岗原"②。这是一条反映唐代村落形态的重要资料，这个洛阳县平阴乡叫王赵村的村落有被称为"安喜门"的村门，即进出村子的"村门"，村有"门"则表明村庄必有围墙，可知这是一个带有围墙的村庄。而按照唐代规制，城郭中的坊才有围墙。王赵村既然有村门，则很可能与"坊"的乡村化及其晚唐大动荡年代乡村防御自卫有一定关系。张国刚认为唐代在乡村基层社会设置有两类组织，一个是乡、里，一个是村、坊。前者是准基层政权，后者属于居民社区自治组织③，无疑是一重要的理论阐发。但从唐人墓志看，要说唐代乡野之"坊"具有"居民社区自治组织"性质，证据尚嫌不足。从以上资料判断，墓志所反映的"坊"只是晚唐时期乡村出现具有封闭与自卫特征的人口聚落，或者说是一种带围墙的"村"，是晚唐社会动荡不安形势下村落向类似于魏晋南北朝北方乡村"坞壁"逆转的乡村组织形式。与此相类似的是，中晚唐一些墓志中还出现了与村并列的"庄"这一地名。如大和二年（828 年）的《卫嘉进墓志》，也有载志主宝历二年（826 年）病

---

① 张国刚：《唐代乡村基层组织及其演变》，《北京大学学报（哲学社会科学版）》2009 年第 5 期。
② 《大唐故银青光禄大夫检校太子宾客李府君墓志铭并序》，周绍良、赵超主编：《汇编续集》，元和 072，第 852 页。
③ 张国刚：《唐代乡村基层组织及其演变》，《北京大学学报（哲学社会科学版）》2009 年第 5 期。

逝，"以其年十一月廿七日权殡药金庄东二里近先茔"①的记述。开成五年（840年）《孙曜墓志》明确记述孙氏墓在蒲州永济县太平乡孟相村寄庄。大中三年（849年）的《潘府君墓志》载志主大中元年病故，大中三年二月"窆茔于永济县西北界八里太平乡孟相村寄庄西南三百余步先代茔内"②，这个"寄庄"同样是在晚唐蒲州永济县太平乡下出现的与村并行的"庄"。沧州景城县北宣化里，"东自庄南旧州约一百步，西南去刘家庄约一里"③；大中九年《大唐故刘府君之墓记》有"以其年十月廿三日，窆公于潘原县北三里小卢谷古龙涡庄东，先丘之南，侍茔侧也"的记述④；大中六年的《同国政墓志》特地署记为同氏买墓地的地点与开支，其中提到"买孙家庄下东北上地一段"⑤；中和二年（882年）的《王府君墓志》谓志主王氏"性自疏野，为人荡荡不止。祖父丘园乐土即住，遂于汤阴县东北界薛家庄疃养身自在"⑥；这五方晚唐墓志中分别出现了"刘家庄""古龙涡庄""孙家庄""薛家庄""药金庄"等庄名，"庄"前署县而无乡名，显然是县级以下新的基层隶属单位，是唐代乡村发展史上一个值得注意的新迹象。

值得注意的是，除了"庄""坊"外，晚唐华北地区乡村还出现了"疃"这一村民聚落单元地名。大中七年（853年）《郑恭楚墓志》记载志主大中七年七月终于郓州须昌县昌福坊，同年十二月四日，"迁祔庐泉乡黉山里戴阳疃双山南大茔"⑦；乾符四年（877年）的《左用墓志》记载志主卒后于乾符四年八月十六日"归窆于馆陶县北一十五里归德乡马固村薄村疃"⑧；《程谊成夫人合祔墓志》也载志主乾符六年（879年）十月十四日葬于"金□□徐村胡奇疃"⑨，虽此墓志有残泐，但联系墓志介绍程公谊地望为广平郡，这个"徐村胡奇疃"当在华北洺州某乡村无疑；中和二年（882年）的《王府君墓志》

① 《唐故河东郡卫府君墓志铭并序》，周绍良、赵超主编：《汇编续集》，大和014，第889页。
② 《唐故荥阳潘府君墓志并序》，吴钢主编：《全唐文补遗》第4辑，第496页。
③ 《大唐故乐安郡孙府君墓志铭》，周绍良、赵超主编：《汇编续集》，开成028，第942页。
④ 周绍良主编：《汇编》下，大中058，第2294页。
⑤ 《唐故朝议郎行内侍省宫闱局丞员外置同正员上柱国同府君墓志》，周绍良主编：《汇编》下，大中062，第2297页。
⑥ 《唐故王府君墓志铭并序》，周绍良主编：《汇编》下，中和002，第2507页。
⑦ 《唐故天平军左厢营田兵马使银青光禄大夫检校太子宾客上柱国郑公（恭楚）墓志》，吴钢主编：《全唐文补遗》第4辑，第193页。
⑧ 《唐故清河郡左武卫大夫监察云麾将军左府君（用）墓志铭并序》，吴钢主编：《全唐文补遗》第4辑，第512页。
⑨ 《大唐故广平郡程公（谊）成夫人合祔墓志铭并序》，吴钢主编：《全唐文补遗》第4辑，第514页。

也提及志主生前曾"于汤阴县东北界薛家庄疃养身自在"①。此外，唐昭宗大顺二年（891年）的《许和墓志》中也曾提及其墓地"东瞻马固之疃，西邻漤水"②，这个"马固之疃"当与前揭《左用墓志》所提葬地"马固村薄村疃"为为同一地方。"疃"在汉语本意中也可指代村庄，这种与村并列的"疃"在晚唐墓志中相继出现，虽然目前尚无法明了其确切含义，但作为与华北地区紧密联系的新地名，对探讨唐代乡村聚落变迁史而言，无疑是一个值得关注的新现象。

孙继民、宋坤先生在讨论唐代后期乡村出现实体"庄"现象时认为，"到了唐代后期，虽然'村'仍然是村落和行政村的主要构成形式，但'庄'经过二百年左右的累积和发展，已经跨越了由私人田庄的经济实体到居民社区的聚落实体的门槛，出现了不少与'村'一样具有独立地位的聚落实体"，'庄'已经与'村'趋同，开始成为并行并立的村落实体，唐代的村落结构已经从前期的'村'主'庄'、从村多庄少开始走向后期的'村''庄'并立、村稳庄增的发展趋势"③，这无疑是一个颇有学术意义的重要发现。但这一论断是否正确，尚需进一步研究，因为迄今为止发现的近万方唐人墓志中，作为乡村聚落单位的"庄"毕竟寥若晨星，不仅大都出现在唐文宗开成及其以后，而且主要是在华北地区乡村零星出现，尚未形成普遍现象。正如孙、宋二位学者所说，唐代后期依附于"村"的"庄"和经济色彩浓厚的"庄"还大量存在，"村""庄"的真正完全融合和地位同等是到宋代以后才实现。④尽管如此，唐人墓志中"坊""庄"的出现是非常值得重视的石刻文献记载，它弥补了史籍文献记载的阙如，是反映唐代后晚期乡村形态变迁重要而珍贵的史料。

第四节　墓志所见唐代乡村地名资料及其地理价值

地名不仅代表着人们空间交往的地理坐标，也往往隐含着丰富的历史文化意蕴。中国古代的乡村地名因典籍记载的稀少而很少有学者问津，但也并非无从研究。以唐代为例，唐人墓志因一般都要记载志主的具体入葬时间与地点，客观上保存了大量的乡村地名，这些乡村地名从多个方面折射了诸如

---

① 《唐故王府君墓志铭并序》，周绍良主编：《汇编》下，中和002，第2507页。
② 《大唐故颍川郡许府君（和）墓志铭并序》，吴钢主编：《全唐文补遗》第4辑，第515页。
③ 孙继民、宋坤：《光业寺碑题记与唐代村落史研究》，《光明日报》2015年2月25日，《理论·史学》版。
④ 孙继民、宋坤：《光业寺碑题记与唐代村落史研究》，《光明日报》2015年2月25日，《理论·史学》版。

移民、宗教、教化、地理、经济、军事等历史信息。若就记载唐代乡村地名的数量而言，墓志无疑承载着最大的信息量，为其他文献所无可比拟。笔者在整理唐代墓志历史地理资料时，接触到大量的唐代乡村地名，并形成了对唐代乡村地名的一些初步认识。

　　唐人墓志对于历史地名学的意义，首先在于保留了正史文献中绝少记载乃至失载的唐代大量乡村地名资料。这些乡村地名由于墓志中记述墓主葬地具体方位而得以保存，殊为珍贵。关于唐代地名的研究，当今学者凭借的史料仍然以传世文献为主，如华林甫《论唐代的地名学成就》就主要依据《元和郡县图志》和《括地志》残本为史料依据①，而且研究范围以州（郡、府）、县级地名为主，很少探讨到县级以下乡村地名。关于唐代乡村地名，除了前揭武伯纶、程义、张剑等人对长安、洛阳近郊乡里及其地名做过考证外，学界对唐代其他地区的州县郊区乡村地名问津者甚少，造成这一现状的主要原因无疑是文献中唐代乡村资料的极度缺乏，近乎无米之炊。幸运的是，现在大量出土的唐人墓志中因大多记载墓主葬地而使得一大批未见诸史籍文献的乡村地名得以保存和再现，也使我们今天对唐代乡村地理的研究有了进一步拓展的新空间。笔者近年来在进行出土唐人墓志历史资料整理过程中，已经搜集、整理了近1000个唐代乡村里坊地名。如果我们对迄今全部出土唐人墓志细加搜集，摘录整理，完全有可能编纂出一部内容丰富、数量可观的《唐代乡村地名汇录》。

　　出土唐人墓志以唐代两京郊区乡村地名最为繁多与富于特色，但散见于国内其他地区的唐人墓志也有不少发现，其中记录的唐朝各州、郡、府、县郊区地名也有一定数量。关于唐两京地区的乡村，20世纪60年代初武伯纶先生曾经发表《唐万年、长安县乡里考》②，是我国学者研究唐代乡村地理的开山之作，重在考察唐京师长安郊区乡、村、里数量及地名与分布，主要论据就是当时的出土唐人墓志。笔者指导的研究生陈呈女士则对唐两京长安、洛阳乡村地名做了专门梳理与考证，完成了以《唐两京乡村地名考论——以出土唐代墓志为主的考察》为题的硕士学位论文③，对见于唐人墓志中的长安、洛阳郊区乡、村、里地名做了详尽的钩沉、梳理与空间定位，也讨论了唐两京

---

① 华林甫：《论唐代的地名学成就》，《自然科学史研究》1997年第1期。
② 武伯纶：《唐万年、长安县乡里考》，《考古学报》1963年第2期。
③ 陈呈：《唐两京乡村地名考论——以出土唐代墓志为主的考察》，西南大学硕士学位论文，2016年。

郊区的基层政区层属关系，这些都是学界研究唐代乡村地名的重要成果。现在看来，利用出土唐人墓志研究唐代乡村地名，还可以延伸至更为广阔的空间，随着更多唐人墓志的出土，不仅对唐两京地区的郊区乡村可以做进一步深化研究，也可以拓展到两京之外一些地域的唐代乡村地理及其环境，研究的层面也可以扩大到唐人乡村地名文化的内涵、乡村基层政区关系等。

首先是唐代长安郊区及其关中地区一些过去文献上罕见的乡村地名被发现，这方面的资料在墓志中包含较多，限于篇幅，兹举几例：收录在《唐代墓志汇编》中的《解进墓志》载墓主为"京兆府鄠县八步乡解村人"①，这一村名未见《元和郡县图志》《长安志》等文献记载，为墓志中所仅见。唐高宗显庆四年（659 年）的《苏氏夫人墓志》谓志主夫妇合葬于"昭陵东南十三里安乐乡普济里"②，有了这条资料，我们知道了唐代京兆府远郊醴泉县曾经存在一个叫安乐乡普济里的乡村。而唐代鄠县（今陕西西安鄠邑区）有"平奈乡侯王里"③，也同样是来自墓志记载的信息。其他还有京兆府鄠县宜善乡庞保村舍庄④、万年县崇义乡怀信里南姚村⑤，均为文献所失载的唐代关中村名。

古代关中村落名称至今变化较大，唐代村名大多已湮没无存，不复见于今日，但也有个别的村名一起延续至今日仍在使用，或者一些地名仍然保留着唐代原有的要素，有的只是读音的讹变。唐代宦官杜英琦的墓志⑥中出现过一个叫"马头空"的村落，因这一墓志出土于西安市长安区永寿乡马腾空村，则"马头空村"即今日之"马腾空村"无疑，一千多年村名变化很小，只是"马头"演变成了"马腾"。按"马头空"这一地名，唐释道世《法苑珠林》就有提及："雍州义善寺，释法顺，俗姓杜氏，雍州万年县人。禀性柔和，志存俭约，京室东阜地，号马头空。岸圻重邃，堪为灵窟。"⑦ 清人顾炎武在《金石文字记·比丘尼法澄塔铭》也载此塔铭"今在西安府城外东南马头空"⑧，可见"马头空"这一村名自唐至清初一直沿用，少有变异。现在《杜英琦墓志》的发现，将这一村名的存在年代推溯至唐代。

① 周绍良主编：《汇编》下，元和 042，第 1979 页。
② 周绍良主编：《汇编》上，显庆 096，第 289 页。
③ 《陇西李夫人墓志铭并序》："夫人春秋五十四，十二月十三日反真于鄠县平奈乡侯王里之私第"，参见胡戟编：《珍稀墓志百品》，第 215 页。
④ 周绍良主编：《汇编》下，大中 039，第 2278 页。
⑤ 周绍良主编：《汇编》下，大中 047，第 2284 页。
⑥ 《杜英琦墓志》出土于 2014 年 7 月，藏西安碑林博物馆，见《唐代宦官杜英琦墓志现身：经七朝皇帝，曾平定大乱》，《西安日报》2014 年 7 月 3 日。
⑦ （唐）释道世：《法苑珠林》卷 37《杂异部》，北京：中华书局，1991 年，第 436 页。
⑧ （清）顾炎武：《金石文字记》卷 3《比丘尼法澄塔铭》。

如果说唐两京地区的乡村地名在唐史文献中还偶有所见的话，唐代其他地区的村里地名在正史文献中则更为罕见，而墓志中却保存着相当数量的乡村地名。据周绍良主编的《唐代墓志汇编》中元和四年（809 年）的《王大剑墓志》载述墓主当年八月三十日病卒于襄阳郡襄阳县春台乡村汉阴里①，可知唐襄阳县有春台乡村汉阴里；同书收录的《崔夫人墓志》载崔氏元和九年病逝于襄阳郡，安葬于"郡东八里汉阴之原"②，这个"汉阴原"应该与前揭《王大剑墓志》中的"汉阴里"为同一地方，可知汉阴里的具体地理位置就在襄阳城东郊，可能是唐代襄阳县士庶的集中公墓区。但从墓志看，襄阳县清平乡招贤里盖因风水优越，更受重视，为襄阳士大夫家族墓地选择较集中之地。《卜府君墓志》中墓主卜氏就在生前选定此处为墓地，后十年卒，亲属遵照遗嘱安葬于此。③

唐代华北地区的乡村地名在墓志中也有一定涉及。《石氏夫人墓志》记载石氏夫人有别业在恒州"郭下县六上乡北房头村"，同墓志还记载夫人平时寄居"平山县西北卅里望仙乡北白雁村"④。唐河东乡里地名除了唐诗偶有涉及外，正史及舆地文献绝少记载，《张俦夫妇墓志》中有张俦夫人李氏元和七年九月病逝于"绛州翼城县天柱乡孝义坊"⑤的记录，也属于一条珍贵的山西历史地名资料。以上所举都是为文献中罕见而出现于墓志的唐代乡村地名，并且有的还指出了距离州、县城的里程和具体方位，虽然这些唐代村落地名早已在后世湮没无闻，但能在墓志中保存至今，对于我们今天从事唐代区域乡村地理的复原研究显得殊为珍贵。

第五节　墓志所见唐代乡村的地名学特征

从墓志所保留的资料看，唐代乡村地名有如下特征，一是乡（里）名大多具有儒家礼教意蕴，或者与孝、悌、义、善等儒家教义相关，多寓意福祉、吉祥、睦善的乡（里）名也为数不少，而村名则大多以宗姓、自然山水、历史传说命名，其中以宗族姓氏命名的村名占据较大比例，如学者所说"唐代村落家族构成呈现出以村落为单位的家族聚居特点"⑥。归纳起来看，唐代乡

---

① 周绍良主编：《汇编》下，元和 034，第 1974 页。
② 周绍良主编：《汇编》下，元和 074，第 2000 页。
③ 周绍良主编：《汇编》下，长庆 015，第 2069 页。
④ 周绍良主编：《汇编》下，元和 108，第 2026 页。
⑤ 吴钢主编：《全唐文补遗》第 1 辑，第 316 页。
⑥ 李浩：《论唐代乡族势力与乡村社会控制》，《中国农史》2010 年第 1 期。

里冠名的文化含义大致呈现三个特点：一是儒家礼教地名；二是美好寓意地名；三是自然山水地名。

一是宣扬儒家忠、孝、礼、义意义的乡名居多。唐代乡、村地名有鲜明的时代特色，其特点是乡名大多具有儒家教化色彩，彰显德善孝友、邻里和睦寓意，而村名则大多以宗族姓氏命名，类似于"乡曰崇义，村号南姚"[①]这样的乡村地名是很有代表性的乡（里）、村地名特点。京兆府户县有"宜善乡庞保村"[②]，万年县有崇义乡怀信里[③]、崇道乡夏侯村[④]、义善乡大仵村[⑤]、宁安乡三赵村[⑥]、郇州有顺义乡彭村[⑦]、怀州修武县孝有廉乡范客村[⑧]、沧州清池县城南七里孝友乡仁德里[⑨]等，这些都是儒家礼教与宗族姓氏相结合命名的乡（里）村。

二是寄寓和睦福祉、平安吉祥的乡（里）名也为数不少。扬州江阳县有仁善乡弦歌坊[⑩]、洛阳河南县有平乐乡安善里[⑪]，魏州绾陶县西北一十四里遵隐乡尹才村[⑫]，博州武水县有易俗乡涡村[⑬]，仁明乡孔村[⑭]。在陕北统万城遗址附近出土的开元二十五年（737 年）《拓拔寂墓志铭并盖》中也有护葬银州儒林县兴乡招贤里欢乐平之原记载。[⑮]以上列举，只是随机抽样，类似这样的

① 《唐故正议大夫行内侍省内府局丞员外置同正员上柱国太原县开国男食邑三百户赐绯鱼袋王公墓志铭并序》，周绍良主编：《汇编》下，大中 032，第 2275 页。

② 《唐故朝请郎行太子舍人汝南郡翟府君故夫人（墓志铭并序）》，周绍良主编：《汇编》下，大中 039，第 2278 页。

③ 《大唐故银青光禄大夫使持节都督茂州诸军事行茂州刺史充剑南西川西山中北路兵马使上柱国庐江郡开国公食邑二千何公墓志铭并序》，周绍良主编：《汇编》下，大中 047，第 2284 页。

④ 据《大唐故赠平原长公主墓志铭》，唐宣宗第十一女平原长公主以大中四年（850 年）四月"葬于万年县崇道乡夏侯村"。周绍良、赵超主编：《汇编续集》，咸通 015，第 1044 页。

⑤ 《唐故朝散大夫汉州刺史赐紫金鱼袋李公（推贤）墓志铭并序》，周绍良主编：《汇编》下，乾符 013，第 2481 页。

⑥ 《唐故前河南府录事天水赵公墓志铭》，周绍良主编：《汇编》下，乾符 012，第 2480 页。

⑦ 《唐故郇坊节度都营田使……王府君墓志铭并序》，周绍良主编：《汇编》下，贞元 050，第 1872 页。

⑧ 《唐故陇西郡李府君墓志铭并序》，周绍良主编：《汇编》下，大中 159，第 2375 页。

⑨ 《唐沧州节度押衙弓高镇兵马使银青光禄大夫检校太子詹事广平宋府君墓志铭并序》，周绍良主编：《汇编》下，会昌 054，第 2250 页。

⑩ 《唐故京兆府押衙云麾将军试光禄卿上柱国李府君墓志铭并序》，周绍良主编：《汇编》下，开成 003，第 2170 页。

⑪ 《大唐故沧州景城县令萧公及夫人杜氏墓志》以仪凤元年十一月"葬于河南县平乐乡安善里杜郭村西南一里北邙之原"。周绍良主编：《汇编》上，永隆 007，第 675 页。

⑫ 《唐故钜鹿郡魏府君曹氏夫人墓志铭并序》，周绍良、赵超主编：《汇编续集》，大中 028，第 989 页。

⑬ 《唐故陇西郡李府君夫人清河张氏合附墓志铭并序》，周绍良、赵超主编：《汇编续集》，咸通 010，第 1040 页。

⑭ 《唐故太原王氏夫人墓志铭并序》，周绍良主编：《汇编》下，会昌 050，第 2247 页。

⑮ 《拓拔寂墓志铭并盖》，康兰英主编：《榆林碑石》，西安：三秦出版社，2003 年，第 224 页。

地名儒家礼教地名在唐人墓志中可谓俯拾皆是，这些乡里名谓要么突出仁礼道义，要么彰扬积德行善，要么推崇邻里和睦，要么寄托太平安定，要么体现移风易俗，实际上都包含儒家礼教风化的政治文化寓意。

从更大范围看，儒学礼教地名已经普遍深入到唐朝各乡村，包括沿用前朝地名、县官更改、命名的乡村地名等，除了最基层的"村"大多以宗族姓氏命名外，绝大多数乡里地名带有儒家礼义文化色彩。唐代华北地区的幽州乡村地名，在唐人墓志中也多有保存。《太平寰宇记》记载，幽州所属蓟县有22乡，幽都县有12乡，近几十年北京地区出土的唐人墓志证明，幽都县计有礼贤、房仙、归义、太平、丰乐、幽都、正统、美锦等乡①，已经接近《太平寰宇记》记载的乡村数量，这些乡名大部分也同样具有鲜明的儒家教化意蕴。

三是唐代乡村有一部分地名直接沿袭了隋代甚至时间更早年代的乡村地名，唐敬宗宝历元年（825年）的《王友玉墓志》中记录的郝村即是一个唐代以前就已存在的古老村庄，墓志云志主"今住邯郸永福坊界古郝村曲"②，于唐敬宗宝历元年二月病逝，次月入葬。"郝村"在唐代即被称为"古郝村"，可见至少唐以前已经存在。这一村名至今仍然存在，就是邯郸市复兴区郝村，村名依然未变。再如，西安市长安区出土的唐人墓志中频频出现的"浐川乡""洪固乡""宁安乡""安道乡""义阳乡""高平乡""义成乡"等实际上在隋代已有的乡村名，只是隋代属于大兴县，唐代属于万年县。"浐川乡"在开皇十六年（596年）的《罗达墓志》、大业十六年《刘世恭墓志》中都有记载；唐人墓志中的"洪固乡"在开皇十年（590年）《元仁宗墓志》、开皇十八年（598年）《刘安墓志》、开皇二十年（600年）《杨文愿墓志》中都有提及③，这说明唐代万年县的乡名有相当部分沿用了隋代地名，这些沿用的前隋乡名，从文化含义上既有以山川地理为缘由的命名，也有以礼教文化寓意的命名。

四是部分乡里之名系根据山川地理及历史城池、美好传说之所在命名。我们说唐代乡、里地名具有浓厚的儒家文化礼教教化色彩，但并不能涵盖唐代全部乡、里的冠名，由于历史的原因，根据山川地理为原则的乡、里命名有更为悠久的历史渊源，这样的地名在唐人墓志中也有一定反映。唐人墓志中出现频率很高的"浐川乡"，就是因地近浐河而名，武伯纶认为，唐代浐川

---

① 鲁晓帆：《北京出土唐代崔载墓志考释》，《中国国家博物馆馆刊》2013年第8期。
② 《隋唐五代墓志汇编·河北卷》，第97页。
③ 王灵：《隋代两京城坊及其四郊地名考补——以隋墓志铭为基本素材》，陕西师范大学硕士学位论文，2007年，第3—7页。

乡地跨浐河东西两岸，占地面积不小，隋唐墓地分布较为集中。[①] "龙首乡"在唐人墓志中也出现多次，即因该乡地处长安县北龙首原而得名。《大唐西市博物馆藏墓志》所收《仇立本墓志》载鼎州云阳县（今陕西泾阳县）有"嵯峨乡"[②]，当与泾阳县北有嵯峨山有关。其他如万年县灞城乡、明堂县洪原乡、孟州济源县临济乡、襄州襄阳县习池乡、河南府寿安县甘泉乡村、偃师县凤停乡、万年县龟川乡、金城县三陂乡、敦煌县漠高乡漠高里、扬州江阳县江津乡、苏州华亭县白砂乡、义兴县洞庭乡震泽里、幽州幽都县保大乡、襄州襄阳县东津乡、上党郡屯留县积石乡等乡、里名，都属于地理类乡名。不过在近万方唐人墓志中，上述地理类乡里地名与俯拾皆是的儒家文化意蕴的乡里地名相比，所占比例较小，只是很少的一部分。

　　唐代佛教盛行，佛教香火弥漫大江南北大小乡村，但真正具有佛教色彩的乡村地名却寥寥无几，在近年洛阳出土的唐人墓志中，《杨元朝墓志》是一方较特殊的墓志，墓志文记述志主杨元朝于唐文宗大和八年（834年）八月二十三日"终于灵宝县支提里之私第"，同年十一月与先前亡故的妻子合祔于"灵宝县奉稠乡易俗坊"[③]。"支提"是梵文 Caitya 的音译，在古代印度指为在圣者逝世或火葬之地建造的庙宇或祭坛，也即礼拜场所。佛教传入后，洛阳是首先接受这一外来宗教的地方，受到佛教浸染最深，个别乡里地名带有佛教色彩不足为奇。但遍观唐人墓志，以佛教外来语命名的乡村地名寥寥无几[④]，原因何在，值得思考。唐人墓志中的乡村（里）地名很少受到外来文化的影响，至少说明古代的乡村地名具有顽强的本土化延续与礼教普遍认同化特点。

---

　　① 武伯纶：《唐万年、长安县乡里考》，《考古学报》1963 年第 2 期。
　　② 《仇立本墓志》，胡戟、荣新江主编：《大唐西市博物馆藏墓志》，编号七〇〇，第 145 页。
　　③ 《唐故弘农杨府君墓志铭并序》，毛阳光、余扶危主编：《洛阳流散唐代墓志汇编》下册，第561 页。
　　④ 敦煌有北凉时期的"支提窟"，但只是石窟，并非乡名。

第六章　出土唐人墓志与唐代东京乡村地理研究

第一节　唐人墓志于唐两京乡里地理研究的意义

　　唐代长安与洛阳为两京之地，不仅是唐朝两大政治中心，也是唐人墓葬最多、最为集中的地方。据笔者初步统计，长安与洛阳郊区出土的唐人墓志占全国出土唐人墓志的75%左右，为包括唐代历史地理在内的唐史研究提供了丰富的第一手石刻资料。唐代的长安与洛阳两京历史地理研究，前人多有探讨并且已经发表大量研究成果，但主要集中在对两京城内的坊、里、宅地等数量和范围进行的探讨。从大部分前人研究所运用的史料来看均是利用传统文献，诸如《长安志》《河南志》《全唐文》《唐两京城坊考》等对长安与洛阳地区城内坊里进行不同程度的增补与考证，而充分运用唐人墓志对其进行佐证的研究相对较少。相对而言，鉴于传世文献的匮乏，两京城外郊区乡村的历史地理研究显得相对薄弱，尤其是对两京四郊的乡、村、里等地名的考察更是少之又少。因此就两京地区历史地理综合研究而言，两京城内历史地理的研究明显较两京城外乡村历史地理研究成熟而丰富，呈现出重内轻外的局面。一方面是由于传统文献资料如新旧唐书的《地理志》《元和郡县图志》等一般只记述县以上的行政单位及其建制沿革情况，对县以下的基层行政建制和名称记载较少，两京地区乡、村、里等情况更是很少问津。宋代地理总志《太平寰宇记》和王敏求的《长安志》虽有对唐代长安和洛阳地区乡里数量的记载，但只简单提及，并未详细解释，因其是宋人所著舆地志书，鉴于成书时代等各种因素，毕竟已非唐代一手资料，其真实性有待进一步论证。

鉴于此，利用出土石刻资料再结合传统文献史料对上述问题进行综合研究显得十分重要和迫切。同时就唐代传世文献而言，相关乡里资料的有限性和零散性也极大地限制了这一研究。

第一，唐朝是中国历史上村落发展史承上启下的重要时期，既有继承又有超越，一方面继承了南北朝、隋代村落的部分特征，一方面又超越了前代，无论是乡村基层组织方面，还是乡村地名的命名方面较之前代更加丰富，特别是数以万计的唐人墓志极大地丰富了乡村地名资料，补充了正史中的不足。唐人墓志详细记述了唐人的姓名、家世、卒葬地等，内容十分丰富，包括了不同时期、不同阶层、不同社会地位人士的生平传记，涉及唐代社会生活的各个方面，是研究唐代政治、经济、文化，特别是历史地理等方面的一手资料。①出土唐人墓志中有不少关于乡、村、里的资料，因它是当时唐人根据实际情况所写，不像传世文献那样历经传抄、翻刻的错误，无疑具有一定的客观性和真实性。唐人墓志中对村、里地名的记载，主要有几种方式。从墓志内容上看，一是在志首开篇明义表示墓主的籍贯，二是用乡村之名记载墓主的卒地，三是用乡里之名标注墓主的葬地。关于墓主的卒地，一般是当时城内的里，从性质上来看是属于其居住地的里，而墓主的葬地则是属于城外依山傍水、人烟稀少的乡、村、里。唐代两京地区因是唐代政治、经济、文化中心，经济发达，人口众多，而爬梳唐人墓志，关于两京地区乡村地名较其他地区更为丰硕，这对于唐代两京乡村地理的进一步研究有重要的补证意义。鉴于此，利用唐人墓志中对乡、村、里地名的记载，再结合传统文献、地方志资料、考古发掘资料以及今人的相关著作，尤其是墓志的出土地资料，可以一定程度上复原唐代西京长安城和东都洛阳城四郊地名，这样既可以了解唐代两郊的乡、村、里数和大致方位，还可以从中透视出这些乡村地名与现代地名之间的某种联系，从而充实地名学的研究，且具有一定的学术价值和现实意义。

第二，地名研究是历史地理研究的基本内容之一，其重要性不容忽视。随着历史地理学"视野向下"研究角度的转变，关于县以下的乡村历史地理研究越来越受到重视。而唐代县以下的乡村地名研究又是唐史研究中极为薄弱的环节，尚待学界进一步探讨与考察。两京地区的墓志记载了大量的唐代乡名、里名和村名，通过仔细对比、分析，可以看出其在命名标准和原则上

---

① 详参马强：《新出土唐人墓志与唐代历史地理研究的新拓展》，《中国历史地理论丛》2013年第4辑。

具有很大的不同，且不同的乡村地名蕴含着不同的地域文化和特点。某些乡村地名受自然因素影响大，其地名往往包含水、川等地名；有些受政治与文化因素影响大，其名很多蕴藏"嘉意"，诸如"太平""永平"等字样，有不少地名受传统儒家文化影响，往往强调儒家"仁""义""信"等思想，有极强的政治伦理文化色彩和寓意。同时，由于受宗族文化观念影响，两京地区乡村地名还有以宗族姓氏为原则命名的特点，等等。鉴于此，本章将通过对两京四郊地名进行考补，从中发现这些地名的显著特点。因此本章从微观的视角，通过墓志中的乡村地名来探讨唐代乡村地名的命名规则和方法，进而全面认识唐朝的社会、政治、文化之间的关系。

第三，乡村基层政区地理研究的现实要求。众所周知，农业、农民、农村这一"三农"问题是现代人们关注的焦点问题，实际上也是乡村史研究的三大主要问题，因为其关系到国家的稳定、社会经济的发展，也构成了历代乡村历史的主要组成部分。一般而言，基层政区组织，既包括官方制度之下的行政组织，亦包括民众自然的聚落组织。而传世文献、官方正史一般会对前者有专门记载，后者记载则相对较少。因此，在中国古代对于县以下基层政区地理的研究相对薄弱。唐代乡村有"五里为乡"空间布局的说法，但唐人墓志中两京城郊乡里隶属关系比较复杂，令人难解。因此通过对两京四郊地名进行剖析，可以明显发现某些墓志记述墓主葬于某乡某村某里（乡辖村），而另外一些墓志却记载某村某乡某里（村辖乡），甚至出现某里某村（里辖村）等的情况，出现不少互为矛盾的记述，令人困惑，这便为本书的探讨提供了一个契机。唐人墓志所反映的唐代东都洛阳城郊地名这种错综复杂的基层行政关系，说明对唐代乡村基层政区地理的研究任重道远。鉴于此，本书将深入探讨这一乡村基层行政管理组织，一方面可以了解唐代乡村基层政区地理的设置情况和基层组织的运行机制，另一方面又可以丰富唐代乡村史研究，有较强的现实价值，所以研究这一问题很有必要。

第二节 关于唐代东京乡村地名研究

自 20 世纪 50 年代以来，有关洛阳的文物考古发现甚丰，考古工作者已经基本厘清了洛阳城的轮廓与里、坊布局和具体数量。从考古实测看，洛阳城的东北角在今天唐寺门、东南角在今城角村、西南角在今古城村、西北角在今苗沟村西南。^①但相对于唐代洛阳城坊布局和结构等，有关唐代洛阳郊区河南县和洛阳县的乡村地名研究多年来却一直停滞不前，原因主要在于传统文献资料多以记载州、县级行政区划为主，而对洛阳城外所辖郊区各县乡里数量和方位记载稀少，加之宋人宋敏求《河南志》全本早已佚亡，目前只有后人辑佚的残本^②，乡村记载寥寥无几，从而导致对唐代东都郊外河南县和洛阳县的乡村地名研究困难重重。幸运的是近几十年来出土的唐人墓志中，提供了一定数量的东都乡村地名资料，为唐洛阳城外河南县和洛阳县的乡村地名研究突破带来了新希望，开始受到相关学者的关注与重视，并取得了一定的研究成果。^③但鉴于唐人墓志的发现是一个动态过程，前贤的研究难免有所遗漏。因此本章将主要利用墓志汇编资料对洛阳城外两县的乡村数量和方位进行梳理与考补，以期做进一步的深入研究。

另外，墓志中有不少乡村地名或是以都城作为地理坐标，或是用一、二级行政区划名称开头，因此有必要对他们进行一个了解。首先，墓志中对洛阳都城有多种名称记载，如称"汉魏故城"的洛阳为"洛阳城""洛城""雒阳城"；称"隋唐城"的洛阳为"东京""都城""郡城"等。其次，因有唐一代政区调整演变较为频繁，故关于东都洛阳的称呼亦屡有不同，如"洛都""神都""河南府"等习惯称谓，因此也有必要了解其大致情况。

《旧唐书·地理志》云："贞观元年，悉令并省。始于山河形便，分为十道……开元二十一年，分天下为十五道。"^④贞观和开元年间均设置河南道，"东都"为"河南府"所属。东都乃汉魏古都，而唐代东都是隋大业元年（605年）从隋故洛城西移十八里新置都城。关于"东都""洛都""神都""东京"之间的易名在唐朝也是不断变更。《旧唐书·地理志》载，显庆二年，置东都。光宅元年，改东都为神都。神龙元年，改神都复为东都。开元元年，改洛州为河南府。天宝元年，改东都为东京也。^⑤关于"河南府"与"洛州"的关系，《旧唐书·地理志》如下记载：河南府"武德四年，讨平王世充，置洛州总管府……其年十一月，罢总管府，置陕东道大行台。九年，罢行台，置洛州都

---

① 中国科学考古研究所洛阳发掘队：《隋唐东都城址的勘查和发掘》，《考古》1961 年第 3 期；阎文儒：《洛阳汉魏隋唐城址勘查记》，《考古学报》1955 年第 1 期。

② （清）徐松辑，高敏点校：《河南志》，北京：中华书局，1994 年。

③ 赵振华、何汉儒：《唐代洛阳乡里方位初探》，赵振华主编：《洛阳出土墓志研究文集》，第 45—119 页。张剑：《洛阳出土墓志与洛阳古代行政区划之关系》，赵振华主编：《洛阳出土墓志研究文集》，第 133—162 页。

④ 《旧唐书》卷 38《地理志一》，第 1384—1385 页。

⑤ 《旧唐书》卷 38《地理志一》，第 1421—1422 页。

督府……十八年，废都督府……开元元年，改洛州为河南府。"① 即武德四年
（621 年）到开元元年（713 年）称洛州，其后称河南府。

河南府所辖众多州县，历经多次政区变迁，名称和范围亦发生改变，本
章节即将探讨东都最重要的河南县和洛阳县的乡村地名。有唐一代由于这两
县特殊的地理位置和作用，其名称及辖属的乡村地名的数量和范围都会随之
改变和更替，令人难解，若要细化和综合考虑每一个时期这两县行政建制的
变化，限于目前资料的缺乏，笔者难以找到适当的论证材料。因此为了对这
两县所辖乡村地名有一系统而全面的考察，本章将在前人已做工作的基础上，
对东都洛阳城外河南县和洛阳县的乡村地名进行较为细致的综合考证，意在
探究有唐一代河南县和洛阳县各自所辖乡、村、里的总数及大致范围。

第三节　河　南　县

在探讨河南县所辖乡村地名时，需要首先了解唐代文献对河南县的记载。

河南县属河南府，从武则天垂拱四年（688 年）至中宗景龙元年（707 年）
的 20 年间，河南县名称经历几次变迁。《旧唐书·地理志》载垂拱四年，分
河南、洛阳置永昌县，治于都内之道德坊。永昌元年，改河南为合宫县。神
龙元年，复为河南县，废永昌县。三年，复为合宫县。景龙元年，复为河南
县。② 从中看来永昌县设于垂拱四年（688 年），废于神龙元年（705 年），共
18 年。合宫县即河南县，最早见于永昌元年（689 年），废于景龙元年（707
年），共存在 19 年。《新唐书·地理志》记载略有不同："垂拱四年析河南、
洛阳置永昌县。永昌元年更河南曰合宫。长安二年省永昌。神龙元年复曰河
南，二年又曰合宫，唐隆元年复故名。"③ 由于武则天至唐中宗时期在东都城
中分置永昌、合宫、来庭三县，而永昌县由河南、洛阳县分出，来庭县由洛
阳、永昌县分出。上述复杂的分置，使我们无法依据永昌、来庭二县的情况
来研究这一问题。但是值得一提的是，仅仅只有合宫县系河南县更名而来，
因此笔者认为这里的合宫县即是河南县，可以同河南县相提并论。

邙山又称为"芒山"，属于秦岭崤山余脉中的一部分，位于河南省洛阳市
北 3 公里处，海拔 300 米左右，西高东低，连绵起伏。北侧沟谷南北向，与

① 《旧唐书》卷 38《地理志一》，第 1421—1422 页。
② 《旧唐书》卷 38《地理志一》，第 1422 页。
③ 《新唐书》卷 38《地理志二》，第 982 页。

黄河谷地连通；南侧沟谷为西北—东南向，通向洛河谷地，沟底地势平坦，大多数村庄分布于此。① 邙山为洛阳北面屏障，为兵家必争之地，也是古代帝王将相的墓志，古有"生在苏杭，葬于北邙"的说法，隋唐时期邙山更是作为洛阳城外的风水宝地，被视为理想中的阴宅宝地，全唐诗中亦有对洛阳邙山的评价："北邙山头少闲土，尽是洛阳人旧墓。"② 张籍亦写有："洛阳北门北邙道，丧车辚辚入秋草。车前齐唱薤露歌，高坟新起白峨峨。朝朝暮暮人送葬，洛阳城中人更多。"③ 而唐人墓志中也不乏对邙山的评价，《霍恭墓志》位于邙山，评价邙山："此茔域也，居二仪之折中，均万国以会同，左控成皋之岩危，右连嵴函之险涩，傍眺轩辕以通路，前瞻伊阙以横衢，面清洛之萦纤，背黄河之曲直"④；《王才墓志》位于北邙之山，也载邙山："北俯黄河，南瞻嵩岳，西负函谷，东带故城"⑤；《阴夫人墓志》更是将邙山作为风水宝地："葬于洛北邙山也……东瞰下都……南瞻洛水……西眺金谷……北距黄河……斯地也：七相五候之窀穸，万人百姓之冥居，宅兆安神，莫过于此"⑥。由此可见，邙山优越的地理位置和环境，王侯将相和普通百姓皆选此处为宅地，成为众多唐人的理想安眠之所。

唐人墓志中对邙山亦有多种称呼，"北邙山""邙山之阳""邙山南阜"等，从墓志出土地来看，在今天孟津县百乐村、朝阳村、南石山村、后李村、南陈庄、小李村、洛阳市安驾沟村、权岭村、游王庄村、郑凹村、张羊村、北陈庄、杨凹村以及西山岭头村、营庄村等地⑦，基本上是东都城之北和东北方位。从等高线来看，称"邙山"或者"邙山之阳"的地方大概海拔在 200 米以上；在 100—200 米之间则称"邙阜"，可见在唐代已有较为明显的地域划分观念。

据笔者大致统计，洛阳出土历代墓志 8000 余方，其中唐人墓志达 4000 余方，占近一半的比例，在全国居第一位。就东都河南县和洛阳县出土的墓志来看，河南县出土墓志达 1500 余方，其中河南县平乐乡的墓志大概 450 余方，占河南县出土墓志的近 1/3，可见"平乐乡"作为河南北邙山附近一处葬

① 洛阳市地方志编纂委员会编：《洛阳市地理志》，北京：红旗出版社，1992 年，第 102 页。
② 王建：《北邙行（山）》，《全唐诗》卷 298，第 3375 页。
③ 张籍：《北邙行》，《全唐诗》卷 382，第 4283 页。
④ 吴钢主编：《全唐文补遗》第 4 辑，第 306 页。
⑤ 吴钢主编：《全唐文补遗》第 4 辑，第 337 页。
⑥ 周绍良主编：《汇编》上，龙朔 003，第 338 页。
⑦ 详细的墓志和其出土地参见余扶危、张剑主编：《洛阳出土墓志卒葬地资料汇编》，第 258—260、372—375 页，以及后文的具体论证中。

地的重要性。下文将充分利用墓志，对河南县所辖乡、村、里地名进行分类探讨。

一、乡名

唐代墓志所见辖于河南县之乡名共 37 乡，其中平乐乡大致情况如表 6-1 所示。

1）平乐乡

因"洛"与"乐"音近，故平乐乡有的墓志亦曰平洛乡。检索唐人墓志，笔者统计共有约 500 方记载墓主葬于平乐乡，其中 450 余方记载平乐乡之名，40 余方记载平洛乡，其中有明确出土地的墓志大约有 151 方，占出土平乐乡墓志的 1/3 以上比例，为进一步明确其范围和所辖乡村地名提供了依据。

唐代平乐乡沿袭了隋代平乐乡之名，时至今日河南县、孟津县仍有平乐乡之名，但是今天的平乐乡范围与唐代平乐乡范围有所不同。据陈长安探讨隋代平乐乡大致位于今天汉魏故城西部、白马寺一带。关于唐代平乐乡的范围，赵振华已做了一些探讨认为其主要分布在瀍河两侧的 25 个村落之中，张剑认为唐代平乐乡大致在今天平乐乡西 3—4 公里范围内。而据笔者依据的墓志来看，此乡在前人探讨的基础上还有进一步研究的空间，因此下文将列出前人探讨较少甚至未见的墓志。

墓志中也有不少平乐乡大致地域范围的描述，《张育墓志》载："葬于北邙山平乐乡之原。其地后眺黄河，南瞻龙阙，东西逦迤，良堪游畅。"[1] 可见平乐乡大致在黄河以南，洛阳以北的地域。而《皇甫德相墓志》载："窆于北邙之山平乐乡……地临秦陇，川接秦经。"[2]《阎夫人墓志》载："平乐乡礼也。北跨邙阜……南睇洛川"[3]，可见平乐乡北接邙山，南临洛水，依山傍水，地理位置甚佳。

通过笔者认真比对和分析前人的成果，发现尚有值得商榷之处。首先，赵振华认为平乐乡共计涉及 25 个村，笔者认为还应该包括营庄村、卦沟、小李、叶沟、北窑、朝阳、瀍沟、刘坡等地，涉及 30 多个村落。同时其认为的自北向南的第 5 和第 7 个村庄的地理方位有待探讨，即南陈庄和张羊村，仔细对比 1955 年、1991 年和 2007 年的《孟津县志》及孟津县行政区划图皆发

---

① 周绍良主编：《汇编》上，贞观 145，第 100 页。
② 周绍良主编：《汇编》上，永徽 047，第 161 页。
③ 周绍良主编：《汇编》上，总章 002，第 483 页。

现张羊（阳）村应位于南陈庄之北，因此笔者认为赵振华先生的第 5 和第 7 个村庄位置应颠倒放置，同理前后海资 2 村与南石山、杨凹的南北方位也值得商榷。学者张剑认为唐代平乐乡范围北达游王庄，西到老苍凹、前李，南到北窑、马坡，东至瓦店、叶沟，主要分布于瀍河东岸①，笔者认为范围还应有所扩大。通过研究部分唐人墓志的出土时地资料，可见唐代平乐乡范围自北向南为：游王庄、伯乐凹、北陈庄、卦沟、瓦店、张阳、小梁、南陈庄、安驾沟、朝阳、南石山、杨凹、前海资（今向阳村）、后海资、郑凹、井沟；东南方向的村落为：刘坡、西吕庙、叶沟、马沟、拦驾沟、盘龙冢、马坡、小李、北窑；西南方向的村落为：李家凹、后李、前李、徐村、后洞、营庄、吕祖庙、上窑。进一步看，唐代平乐乡北达游王庄，西到李家凹、瀍沟，南到洛阳市北窑和小李村，东至卦沟和刘坡，大体位于今瀍河东部，在今洛阳市北郊瀍河区的几个村落以及孟津县朝阳镇境内。

再从乡村地名的流变情况来看，隋代的灵渊乡相当于唐代平乐乡的中部一带，隋代千金乡在唐代平乐乡的西南部几个村庄，由此可见唐代平乐乡是在隋灵渊乡和千金乡的基础上演变而来。五代时期，河南县平乐乡的墓志主要出土于吕祖庙、后李、朝阳、北陈庄、安驾沟一带，可见此时河南县平乐乡的范围较唐平乐乡的基础上有所缩减，大致相当于唐平乐乡的西部地区；北宋初年河南县亦有平乐乡之名，但自宋太宗兴国元年（976 年）后原辖属于河南县的平乐乡被划为洛阳县所管，此时平乐乡大致范围与唐代平乐乡相当②，到了现代，孟津县亦有平乐（乡）镇之名，但其大致范围在唐宋平乐乡之东南几里，可见地名的延续和继承性。

表 6-1　五代时期河南县平乐乡大致情况

墓主	卒葬年	卒葬地	出土时地	资料来源
王禹	长兴四年（933 年）	葬于河南县平乐乡杜翟里	洛阳市北徐家沟村	《隋唐汇编》第 15 册，第 143 页
王璠	同光二年（924 年）	葬于河南县平乐乡朱阳里	洛阳市北吕祖庙	《隋唐汇编》第 15 册，第 132 页

---

① 张剑：《洛阳出土墓志与洛阳古代行政区划之关系》，赵振华主编：《洛阳出土墓志研究文集》，第 144 页。
② 详见杨向飞：《北宋洛阳所辖乡之名称方位考》，《洛阳理工学院学报（社会科学版）》2012 年第 3 期，第 9—12 页。

续表

墓主	卒葬年	卒葬地	出土时地	资料来源
西方邺	天成四年 （929年）	迁葬于河南县平洛乡朱阳里	洛阳市徐沟村	《隋唐汇编》第15册， 第139页
刑德昭	乾祐三年 （950年）	葬于洛都北原朱阳里	洛阳市朝阳村	《隋唐汇编》第15册， 第169页
安万金	天福二年 （937年）	葬于河南县北邙山张杨 里伯乐原	洛阳市北陈庄	《隋唐汇编》第15册， 第148页
梁环	天福五年 （940年）	葬于河南县平洛乡杜翟村	洛阳市安驾沟	《隋唐汇编》第15册， 第152页
何氏	天福四年 （939年）	葬于洛京西北北邙山上 去京二十里河南县平洛 乡张杨村	孟津县北陈庄南	《隋唐汇编》第15册， 第149页
安重遇	显德元年 （954年）	葬于河南县平乐乡朱阳村	洛阳市后李村	《隋唐汇编》第15册， 第173页

注：表中《隋唐五代墓志汇编》简称为《隋唐汇编》，下同。

值得说明的几点：

（1）《宫自劝墓志》载："窆于河南县平乐乡永宁里西原。"[1] 志石出土于孟津县平乐村北，是否唐代平乐乡永宁里一带即是今天平乐村一带？通过检索其他墓志，第2方平乐乡的墓志出土于今平乐村一带。两方葬于唐代洛阳县平阴乡的《李君夫人张君墓志》[2]、《陈造墓志》[3]，1方葬于洛阳县清风乡的《程承寂墓志》[4]均出土于孟津县平乐村，因此可见今平乐村一带属于唐代洛阳县所辖范围，而《宫自劝墓志》出土于今平乐村，有两种可能。其一可能是该墓志出土地有误，其二可能因唐中后期县级行政区划的调整，使河南县的范围发生改变，原属于洛阳县所辖的部分乡村并为河南县所辖，反之。那么这种错综复杂、令人难解的两县行政关系，亦可以用来解释几方墓志记载的"平乐乡"属于洛阳县所辖的情况。如《扈小冲墓志》《刘之墓志》《李怀墓志》《郑公墓志》都记载墓主葬于洛阳县平乐乡。[5] 上述两种情况仅是笔者的推测，由于墓志资料和相关文献的限制，尚待进一步考证。

（2）《张海墓志》载："乾封二年……殡于河南县平乐乡邙山之原。"[6] 墓志出土于洛阳市孟津县卢村，而今卢村一带据前人所考，辖属于唐代金谷乡

---

① 吴钢主编：《全唐文补遗·千唐志斋新藏专辑》，第306页。
② 吴钢主编：《全唐文补遗·千唐志斋新藏专辑》，第46页。
③ 吴钢主编：《全唐文补遗·千唐志斋新藏专辑》，第283页。
④ 吴钢主编：《全唐文补遗·千唐志斋新藏专辑》，第204页。
⑤ 周绍良主编：《汇编》，天授023，第809页；长安006，第994页；天宝064，第1575页；大中025，第2270页。
⑥ 吴钢主编：《全唐文补遗》第2辑，第215页。

之域，且卢村附近亦无出土有其他唐代平乐乡的墓志，因此笔者推测此方墓志出土地有误。

（3）关于前海资村和后海资村。据笔者目前统计，唐代平乐乡的墓志中，出土于前海资村的墓志有 6 方、后海资村的有 5 方，加上赵振华考证的前海资村 3 方、后海资村 2 方，共计 16 方墓志出土于前、后海资村附近。可以确定实有这一地名，再根据《洛阳县志》（1936 年）以及 1955 年孟津县行政区划图看，也存在此名。但由于后期政区调整等原因，在 1991 以及 2007 年的《孟津县志》中无此两地名，但根据笔者实地考察，通过走访、了解今孟津县朝阳镇的向阳村前身即为前海资村。

2）千金乡

就笔者目前所掌握的墓志资料来看，记载千金乡的墓志共计 40 余方，有明确出土地的有 12 方，赵已考 9 方，故列 3 方。

关于千金乡的地理位置和大致范围。有关千金乡的墓志中便有所记载，《杨夫人墓志》载："窆于河南县千金乡北邙山之原，礼。其地南瞻伊阙，北带长河，右顾王城，左逮平乐。"[1] 关于"伊阙"，有 3 种解释，其一是山名：伊阙山又名阙塞山、龙门山，因两山相对如阙门，伊水流经其间而名。其二、其三分别指古代关口和县名[2]，从墓志的文体来看，此处的伊阙应当是山名之义，即千金乡在龙门山以北。"长河"即是黄河，即千金乡在黄河以南。"平乐"即是平乐乡，前面考察了平乐乡的大致范围，再结合此方墓志的描述，可以推测千金乡可能位于平乐乡之右。而《姚畅墓志》进一步细化了千金乡的范围，其载："窆于河南县千金之乡邙山之阳，礼也。其地前瞻清洛，萦带郭壖，后控浊河，灌注沟渎，形胜之所。"[3] "浊河"又称黄河[4]，"清洛"即是洛河，可知千金乡在洛水以北、黄河以南。由这两方载有千金乡的墓志推知，千金乡大致在平乐乡左、洛河北、黄河以南区域。具体涉及哪些村落，下文将予以进一步考证。

首先，从《李智墓志》《崔长先墓志》等知，洛阳城北七里、十里、十五里范围大致均辖属于唐代千金乡。据洛阳市行政区划图和《隋唐东都城址的勘查与发掘》可知，洛阳城北门的龙光门、安喜门等 4 门大致位于今天岳家

---

① 吴钢主编：《全唐文补遗》第 4 辑，第 304 页。
② 《辞海》编辑委员会编：《辞海·地理分册·历史地理》，上海：辞书出版社，1991 年，第 93 页。
③ 周绍良主编：《汇编》上，贞观 101，第 73 页。
④ 贾文疏，秦作栋编著：《中国地名雅称手册》，西安：陕西旅游出版社，1992 年，第 203 页。

村、驾鸡沟、唐寺门的连线上，上述 3 村以北 15 里左右大致在今天南石山一带，可知此处附近为唐代千金乡最北界，而上述村以北 7 里左右大致在今盘龙冢北郑家凹南一带，村以北 10 里大致在今郑家凹村。进一步看，若《千金乡墓志》出土地无误，则唐代千金乡应在南石山、郑凹、北窑、井沟、杨凹、盘龙冢一带，从地图上看，大致位于平乐乡的右下方，这恰好与上述提到的以里数记载千金乡位置的 3 方墓志相符。隋代便有千金乡之名，位于前海资、前李、后洞村一带，而唐代千金乡仅沿用隋代旧名，位置在隋代千金乡东边几公里处。赵振华认为在唐代千金乡地域未改变的前提下，以上村落的左边辖属于平乐乡，其右属于千金乡，笔者认为结论过于草率，有待商榷。从目前掌握的关于有载平乐乡的葬地墓志来看，唐代最早有载平乐乡的是大郑开明元年（619 年）的《元氏墓志》[①]，后来一直延续到垂拱三年（687 年）的《高夔墓志》[②]，而后笔者并未发现有千金乡的记载。由此笔者推测唐初千金乡之名是沿袭隋旧名，在初唐的近 70 年间存在千金乡之名，唐中后期可能因政区调整千金乡并为平乐乡所管。若这种推测成立，则千金里的归属问题也迎刃而解。葬于贞观十二年（638 年）的《柳氏墓志》和贞观二十二年（648 年）的《宋荣墓志》[③]均明确记载墓主窆于邙山千金乡千金里，到了唐后期永贞元年（805 年）的《李氏墓志》载："合祔于河南府河南县平乐乡千金里。"[④]上述 3 方墓志关于千金里的记载也从另外一个方面印证了笔者推测，唐初原辖属于千金乡的千金里，在唐中后期因某种因素被平乐乡所省并，使千金乡之乡名在唐中期后消失。上述仅是笔者的部分推测，还有待更多资料予以考证。

3）金谷乡

涉及金谷乡的墓志 120 余方，有明确出土地的 60 余方，因赵振华已考 37 方有具体葬地的金谷乡墓志，因篇幅限制，本章仅列其中重要几方以供参考。

"金谷"之名由来已久，《晋书》卷三十三《石崇传》载："崇有别馆在河阳之金谷，一名梓泽"[⑤]，可见金谷当为晋时石崇的别墅，遗址位于今洛阳老城东北七里处金谷洞内，如今亦作为洛阳著名的"洛阳八景"之一的景点。唐人墓志中亦有墓主将"金谷园"作为别墅的记载，《王氏墓志》载："大历

---

① 周绍良主编：《汇编》上，开明 001，第 5 页载"窆于城北千金乡安川里"。
② 周绍良主编：《汇编》上，垂拱 039，第 756 页载"合祔千金乡金谷里之平原"。
③ 周绍良主编：《汇编》上，贞观 061、贞观 160，第 49、110 页。
④ 周绍良主编：《汇编》下，永贞 002，第 1942 页。
⑤ 《晋书》卷 33《石崇传》，北京：中华书局，1974 年，第 1006 页。

十四年七月八日慈恩崩于故里河南县金谷园林私第也……兴元元年……启举迁奉于河南府河南县金谷乡泥沟村故园林之前旧茔。"① 由墓文中的"故园林"可以推测，此园林应该就是金谷园，可见王氏的私家宅地亦在金谷园。再从墓志出土地看，涧西工业区大致在隋唐洛阳城附近，亦在唐代金谷乡的范围内。因此笔者认为，唐代金谷乡之名亦是因石崇别墅"金谷"而名。

再看墓志本身对金谷乡地理环境和方位的记载，葬于河南县金谷乡石城里的《元府君墓志》载："邙山后据，阙塞前临，见河洛之交流，望嵩高之峻极。"② 此处的"阙塞"又称伊阙，是今洛阳市南龙门山③，"河洛之交流"应当是涧河和洛河相交，由此可见金谷乡背靠邙山，在涧水与洛河相交地带，南对龙门山，这仅是大致范围。

赵振华认为唐代金谷乡大致有"四至"方位，但笔者通过仔细分析，发现至少有两处值得思考。从所列出土的唐代金谷乡墓志来看，应在赵探讨的基础上有所扩大。因半坡一带既出土有金谷乡墓志，亦有梓泽乡墓志，见《郑宇墓志》④，故半坡一带为金谷乡西北界。因前文考察了后李、营庄一带为唐代平乐乡所辖范围，这两村附近亦出土了金谷乡墓志，可知两乡在李家凹、后李、营庄一带相交，由《皇甫政墓志》知金谷乡的东北界在老苍凹一带。综上看，唐代金谷乡北至沟上村，西北在半坡附近与梓泽乡相交，且位于梓泽乡以南，东达瀍河西岸，在李家凹、后李、营庄附近与平乐乡交界，南边到谷水村。从地名流变情况看，唐代金谷乡之名应该为唐代新设乡，五代时被沿用，而从五代时期记载金谷乡的几方墓志来看，五代金谷乡的地域范围可能大致与唐代金谷乡相当，均在今宋岭、东徒沟、崔沟村东南一带⑤，北宋墓志中亦有金谷乡之名，但其大致范围包括唐代金谷乡和梓泽乡的部分区域⑥，

① 周绍良、赵超主编：《汇编续集》，兴元 002，第 733 页。
② 周绍良主编：《汇编》下，开元 056，第 1193 页。
③ 韩路：《四书五经全注全译珍藏卷》第 4 卷，沈阳：沈阳出版社，1996 年，第 804 页。
④ 周绍良主编：《汇编》下，天宝 236，1695 页。
⑤ 《隋唐五代墓志汇编·洛阳卷》，第 15 册，第 177 页，《张季澄墓志》载"清泰三年（936 年）……葬于河南县金谷乡徐娄里"，志石于 1991 出土于孟津县朝阳乡崔沟村东南 100 米；同书第 126 页《萧符墓志》载"龙德三年（923 年）……葬于河南县金谷乡焦古村"，志石出土于洛阳市西东徒沟村；同书第 153 页的《崔夫人墓志》载"天福六年（941 年）……葬于河南县金谷乡焦谷村"，志石出于洛阳宋岭村。
⑥ 关于北宋时期"金谷乡"的墓志较多，据笔者初步统计大概近 50 方，如《千唐志斋藏志》，北京：文物出版社，1984 年，第 1294 页《刘乙墓志》载："元佑（祐）元年（1086 年）……葬于河南府洛阳县金谷乡南北陈村。"（第 1276 页）《王珣墓志》载："熙宁二年（1069 年）……葬于河南府洛阳县宣武村。"而更多关于北宋金谷乡的墓志可参见详见杨向飞：《北宋洛阳所辖乡之名称方位考》，《洛阳理工学院学报（社会科学版）》2012 年第 3 期，第 9—12 页。

明朝墓志中亦有"金谷乡"如隆庆元年（1567 年）的《朱一峰墓志》载："葬于邙山金谷乡"[①]，志石在洛阳市出土，但具体方位尚不明确，但从该方墓志至少可知明朝亦保留有金谷乡之名。不仅如此明朝墓志中还保留有前面提及的曾为"石崇别墅"的"金谷园"，隆庆元年（1567 年）的《苟文墓志》载"葬于金谷园"[②]，此园前面已经有所考证，值得说明的是此名亦是古今地名延续的例子之一。

此处需要说明的二点：其一，两方记载均葬于金谷乡，《张氏墓志》[③]和《高安期墓志》[④]分别记载墓志出土地为张羊村和杨凹村[⑤]，但是上文考察了此两村属于平乐乡之域，不知是墓志出土地有误，还是其他原因，尚有待探讨。其二，因墓志出土地与现今地名不符，甚至在各种县志中也无法确定其大致地理方位，如黄花沟、陆家、小泉、徐家嘴村等，因此本章在探讨金谷乡的地域范围时，未将其纳入考察范围。

4）梓泽乡

记载梓泽乡墓志有 80 余方，目前有明确出土地的 30 方。"梓泽"之名由来已久，其为金谷之别称，《晋书》卷三十三《石崇传》对此有记载（见上对"金谷乡"考证），因此唐代梓泽乡之名可能因此而得。

那么梓泽乡大致范围在何处？因半坡、水泉、冢头一带亦出土有金谷乡墓志，故梓泽乡西南方向与金谷乡相交，因周寨以东靠近唐代平乐乡地域，因此周寨位于梓泽乡东南一带与平乐乡西部毗邻。结合前人已考和所列墓志，唐梓泽乡略成西北—东南走向，西北在马屯村附近，西南在半坡、水泉、冢头一带与金谷乡分界，东在周寨附近与平乐乡分界，且主要在瀍河以西、以南大部分区域，在今天孟津县常袋乡东、朝阳镇瀍水西大片区域。

从地名流变情况来看，隋无此乡，唐梓泽乡为新乡，五代时期梓泽乡在唐地域基础上略有减小，大致在冢头村附近[⑥]，北宋初期的墓志中亦有此乡

---

① 洛阳文物工作队编：《洛阳出土历代墓志辑绳》，北京：中国社会科学出版社，1991 年，第 799 页。
② 洛阳文物工作队编：《洛阳出土历代墓志辑绳》，第 800 页。
③ 周绍良、赵超主编：《汇编续集》，咸通 028，第 1055 页。
④ 吴钢主编：《全唐文补遗》第 3 辑，第 460 页。
⑤ 洛阳市文物管理局，洛阳市文物工作队编：《洛阳出土墓志目录》，北京：朝华出版社，2001 年，第 392 页。
⑥ 详见《隋唐五代墓志汇编·洛阳卷》，第 15 册，第 175 页《赵凤墓志》载："显德二年（955 年）……葬于洛京河南县梓泽乡宣武村。"志石出土于洛阳市西北冢头村。第 150 页《张继升墓志》载："天福四年（939 年）……葬于河南县梓泽乡宋村。"志石出土于洛阳市。

名①，乾德四年（966 年）的《杨光赞墓志》载："移葬于梓泽乡宣武村"，建隆元年（960 年）的《王守恩墓志》载："葬于河南县紫宅乡宣武管宋村"②，北宋中后期未见此乡名。据杨向飞考证"梓泽乡"可能仅存在于北宋初年，后来因政区调整等因素被撤销，归并入金谷乡和平乐乡所管。

值得注意的是，笔者认为几方墓志可能出土地有误。其一《崔氏墓志》载："归葬于河南县梓泽乡绩村"③，墓志出土在洛阳南陈庄④，南陈庄上文已经考察，其属平乐乡所辖，且从地图上看，与金谷乡距离实属太远。其二是1999 年出土于孟津县平乐村的《郑魂郎墓志》⑤载："葬于河南县梓泽乡"⑥，今平乐村一带属于洛阳市所管（下节将具体考证）。因此笔者认为或是此两方墓志出土地有误，或是当时撰志者主观因素记载失误，不得而知，待考。

5）谷阳乡

涉及谷阳乡墓志达 7 方，明确出土地的 3 方，赵考 2 方，因此文中仅列 1方。而"谷水"指的是河南渑池南的渑水及其下游涧水，东流注洛河，一般意义上理解为涧水⑦，而中国古代地理事物的命名中，经常把山川河流作为地理标志来命名，一般遵循"山南水北为阳"的方法⑧，因此若从此说法来推测"谷阳乡"的由来，可知该乡可能位于涧水以北。再从墓志中提到的谷阳乡来考察其具体范围。

结合前人和文中所列可知唐代谷阳乡位于冢头、卢村、前楼一带，这 3村均位于涧水以北，符合上述对"谷阳乡"由来的说法。上文探讨了唐代金谷乡的大致范围，也包括了这 3 村的部分区域。由此笔者产生了两种思考。其一，若有唐近 300 年间，二乡乡界未做调整，则金谷乡和谷阳乡在这 3 村附近交界，各自辖管部分乡域。其二，便是通过仔细爬梳这 2 乡中出土墓志中墓主葬年的先后和频率来推测。笔者发现，从掌握的这 7 方记有谷阳乡的墓志葬年看，最早是葬于永徽二年（651）的《杨仁方墓志》⑨，最晚则是大

---

① 详见《千唐志斋藏志》，第 1241 页《杨光赞墓志》载：乾德四年（966 年）葬于梓泽乡宣武村。
② 详见《千唐志斋藏志》，第 1241、1238 页。
③ 周绍良主编：《汇编》下，咸通 005，第 2382 页。
④ 洛阳市文物工作队：《洛阳出土墓志目录》，第 15 册，第 389 页。
⑤ 周绍良、赵超主编：《汇编续集》，第 210 页。
⑥ 吴钢主编：《全唐文补遗·千唐志斋新藏专辑》，第 379 页。
⑦ 李健人：《洛阳古今谈》第二编《洛阳山川今古记》，北京：史学研究社，1936 年，第 30—36 页。
⑧ 见《谷梁传·僖公二十八年》："山南为阳。"
⑨ 周绍良主编：《汇编》上，永徽 032，第 152 页载："窆于邙山穀阳乡金谷里。"

历四年（769 年）的《张佶墓志》①，从上下限看谷阳乡存在时间约 120 年，唐后期未见此乡的墓志，且本身有关谷阳乡的墓志就仅 7 方，甚为稀少。用同样的方式，来考察记有金谷乡的墓志，最早见于显庆元年（656 年）的《张羊墓志》②，最晚见咸通十五年（874 年）的《卢府君墓志》③，且在不同的年年份有关金谷乡的记载较多，甚至在数百方以上，由此可见唐代金谷乡在有唐 300 年间至少存在达 200 余年。据此，笔者推断可能因政区调整或者其他因素，唐代谷阳乡的部分区域在唐后期逐渐被其他乡域所省。上述仅是推测，尚有待进一步考证，但对于我们考察有唐一代的乡名和其范围无较大影响。

谷阳乡是唐代新设，五代有此乡，显德二年（955 年）的《王柔墓志》载："合葬于西京河南县谷阳乡"④，暂时无法得知此乡具体方位，北宋初的墓志中亦提及，乾德四年（966 年）的《牛筠墓志》载："葬于河南县谷阳乡司徒村"⑤，志石出土于洛阳邙山乡，据杨向飞考察，北宋谷阳乡仅是沿袭唐代之名而已，其范围与唐代金谷乡完全不同，且在唐代金谷乡东边毗邻隋唐洛阳城北墙一带。

6）河阴乡

记载河阴乡的墓志有近 100 方，明确出土地的 12 方，赵考 8 方，文中列 4 方。

关于"阴""阳"的概念，上文亦有所涉及，因此"河阴乡"之名，可能是因位于黄河以南而名。通过有明确出土时地的河阴乡的墓志可以进一步得到印证。从前人和笔者收集资料看，河阴乡在上店、姚凹、伯乐凹、游王庄、阎凹、北陈庄一带，西与梓泽乡相交，南与平乐乡接，东面在白鹿庄一带与洛阳县平阴乡交界。

7）瀍涧乡

记载此乡墓志 6 方，明确出土地 1 方，赵考 1 方，文中列 1 方，由此见唐瀍涧乡在今天后李村、北窑附近，根据洛阳县地图以及《孟津县志》，后李村东临瀍水，自北向南流入洛水，可见瀍涧乡之名可能源于毗邻的瀍水和涧水。从这 6 方墓志来看，最早记载瀍涧乡的是贞观十一年（637 年）的《长孙

① 周绍良主编：《全唐文补遗·千唐志斋新藏专辑》，第 248 页载："归葬于河南县榖阳乡邙山。"
② 周绍良主编：《汇编》上，显庆 001，第 229 页载："权殡于金谷乡北邙。"
③ 周绍良主编：《汇编》下，咸通 113，第 2466 页载："河南府金谷乡焦古村。"
④ 《隋唐五代墓志汇编·洛阳卷》，第 15 册，第 177 页。
⑤ 洛阳市第二文物工作队编：《洛阳新获墓志》，北京：文物出版社，1996 年，第 136 页。

仁及陆氏墓志》^①，最晚记载瀍涧乡的墓志是天宝十载（751 年）的《侯光庭墓志》，其后墓志中提及此乡的甚少，因此笔者怀疑瀍涧乡仅存在在唐初，在唐后期可能因政区调整，被其他乡所兼并等，尚待进一步考证，尽管如此并不影响本章的探讨，毕竟本章意在考察有唐 300 年间河南县所辖乡名的整体情况。后李村、北窑一带是金谷乡和平乐乡的交界处，上文亦有所考察，因此可知唐代瀍涧乡在后李村附近与平乐乡、金谷乡相交，在北窑附近与平乐乡、千金乡相交。

8）永泰乡

记载此乡墓志仅 3 方，1 方有出土地。但仅有 1 方目前还无法得知永泰乡的大致范围，仅从这则出土墓志知井沟一带属于唐代永泰乡，尚待资料进一步考证。

9）安乐乡

记载此乡墓志仅 2 方，赵已考，位于井沟一带，且他认为安乐乡位于平乐乡南、千金乡西。若上述永泰乡也位于井沟一带，则笔者推测若唐前期上述几个乡的行政区划未做大的调整，则永泰乡、安乐乡、平乐乡、千金乡均在井沟一带交界，但因此乡墓志过少，上述仅是依据资料进行的部分推测，还需要进一步完善与考证。

10）洛邑乡

记载洛邑乡墓志有 5 方，其中 3 方以卒葬地形式记录，赵已考，而另外 2 方以记载洛邑乡为墓主的籍贯。"洛邑乡"之名可能因西周初期营建的"洛邑"而得名，"洛邑"在今天瀍水、涧水之间以及瀍水以东地区。^②而再结合墓志看唐代洛邑乡应位于前海资、安驾沟附近，并与平乐乡、河阴乡交界。

值得注意的是，在仅有的记载此乡的 5 方墓志中，提及洛邑乡的墓志均在初唐及盛唐，从时间跨度看，最早的是永徽二年（651 年）的《潘卿墓志》，最晚的是安禄山圣武二年（757 年）的《任金墓志》，存在时间 100 年左右，因此笔者怀疑此乡可能是在唐中期为其他乡所并。同时从《徐氏妻刘夫人墓志》记载看，"贞观廿一年……葬在邙山之阳洛邑东北郊洛阳县界清风之原故仓东王村西南一百余步"^③。墓志出土于孟津县马坡村^④，可知位于河南县洛

① 周绍良主编：《汇编》上，贞观 059，第 47 页载："同窆河南县瀍涧乡之玄室。"
② 李民：《说洛邑、成周与王城》，《中国考古集成·华北卷·河南省山东省·商周 2》，郑州：中州古籍出版社，1999 年，第 1192 页。
③ 周绍良主编：《汇编》上，贞观 141，第 97—98 页。
④ 余扶危、张剑主编：《洛阳出土墓志卒葬地资料汇编》，第 390 页。

邑乡东北处的王村，即今天的马坡一带是河南县与洛阳县的分界处。

11）郏鄏乡

记载郏鄏乡的墓志有 3 方均无出土地。郏鄏乡之名的由来可能有两种可能性：其一因郏鄏山为名。洛阳北部的邙山，在轩辕黄帝时称郏鄏山，因此笔者推测"郏鄏乡"因郏鄏山而得名。其二可能与周成王定鼎于郏鄏有关，即因周王城而名，遗址在今洛阳市旧城西至王城一带。《史记》卷四《周本纪》正义："《括地志》云：故王城一名河南城，本郏鄏，周公新筑，在洛州河南县北九里苑内东北隅。自平王以下十二王皆都此城，至敬王乃迁都成周，至赧王又居王城也。"① 又《史记》卷四十《楚世家》记载：昔成王定鼎于郏鄏，集解杜预曰："郏鄏今河南也，河南县西有郏鄏陌。武王迁之，成王定之。"索隐按《周书》："郏，雒北山名，音甲。鄏谓田厚鄏，故以名焉。"② 上述两种"郏鄏乡"之名的由来，亦均是笔者的推测，尚待学界进一步细化考证。而赵振华依据这 3 方墓志推测郏鄏乡地名的由来及其大致方位，其位于平乐乡之南，因资料有限尚待考证。

12）王城乡

记载此乡墓志仅有 4 方，其中 1 方有出土地，仅知其出土于洛阳杨坟村附近。另有葬于永淳元年（682 年）的《赵义墓志》载："葬于王城北邙之原。"③ 该志出土地不明。王城乡之名可能因"王城"而名，"王城"实际上指周成王时修筑的西周都城，城址在今河南省洛阳市洛河以北、小屯村和霍家屯村王城公园一带。④ 若墓志出土地无误，则河南县王城乡应当位于今杨坟一带，又上文考察了马坡、栏驾沟附近属于唐代河南县和洛阳县交界处，且与杨坟毗邻，因此笔者推测杨坟附近为河南县平乐乡与王城乡以及洛阳县的交界处，因资料缺乏，尚待进一步考证。

13）长乐乡

记载河南县长乐乡墓志有 3 方，明确出土地的 1 方。一般而言古今地名存在异地同名的现象，如下文即将探讨的西京长安县亦有长乐乡即是如此，而唐人墓志中有大量这样的记载，如《薛府君墓志》载："迁厝于万年县长乐乡之原"⑤，因此不能轻易混淆，如在利用墓志分辨《李难墓志》的葬地时就

---

① 《史记》卷 4《周本纪》，北京：中华书局，1959 年，第 131 页。
② 《史记》卷 40《楚世家》，第 1700—1701 页。
③ 洛阳市文物工作队编：《洛阳出土历代墓志辑绳》，第 372 页。
④ 洛阳市地方史志编纂委员会编：《洛阳六十年》，郑州：中州古籍出版社，2009 年，第 17 页。
⑤ 周绍良、赵超主编：《汇编续集》，上元 003，第 683 页。

应该综合思考，因墓志只提及葬于县东北长宁乡，为此可能属于万年县长宁乡，亦可能属河南县长宁乡，但再根据其出土地就进一步明确其实际属河南县所辖。从此方墓志出土地看，长乐乡所辖长乐里一带位于洛阳唐寺门附近，唐寺门以北即是马坡和杨坟村，因此若此方墓志出土地无误的话，长乐乡可能也在上述村庄附近。

14）朱阳乡

仅有 1 方墓志记载朱阳乡，在朱家湾附近出土，赵文已考。因后魏时期"朱阳郡"、隋代"朱阳县"而名。朱家湾地理位置大致在井沟、盘龙冢的中间，由上述考证知这一区域附近也出土有千金乡和平乐乡的墓志，因此笔者怀疑朱阳乡亦与上述 2 乡有所交接。

15）崇政乡

记载崇政乡的墓志有 2 方，1 方以葬地形式存在，1 方以记载墓主的籍贯为形式。因崇与从同音，故崇政乡又名从政乡。若此方墓志出土地无误，则崇政乡位于北陈庄一带，因北陈庄附近有唐代平乐乡墓志，因此可能两乡在此相交，但仅有 1 方墓志的出土地暂时还不能确定此乡范围，尚待资料考证。

16）平澄乡

记载平澄乡的墓志有 1 方，且墓志出土于小梁村一带，仅能推测此乡在小梁附近并与平乐乡相交。

17）伯乐乡

记载此乡墓志有 2 方，明确出土地 1 方。赵振华未考，属于新补乡名。因伯与百同音，故伯乐乡亦称百乐乡。伯乐曾在此隐居，并有"伯乐相马于朝阳"的历史传说，故"伯乐乡"之名因与"伯乐"有关。从墓志出土地看，此乡位于瓦店附近。前面考证出唐代平乐乡有伯乐村和伯乐里，皆位于伯乐凹一带，而瓦店在伯乐凹南，因此可推测伯乐乡可能与平乐乡相接。从这 2 方墓志记载伯乐乡时间来看，1 方是天宝十三载（754 年）的《韦夫人墓志》，1 方是咸通四年（863 年）的《郑氏夫人墓志》①，均出现在唐初后，因此笔者推测伯乐乡可能只存在于唐代的一段时间。

18）毕圭乡

记载毕圭乡墓志达 7 方，均有出土地，赵已考 3 方，故文中列 4 方。因"圭"与"圭"形似而同音，故毕圭乡又称毕圭乡。唐人墓志中亦有对毕圭乡

---

① 周绍良主编：《汇编》下，咸通 033，第 2404 页。

大致地理范围的描述,《张府君墓志》载:"改葬于河南县毕圭乡之原。其地
也,南临天竺,北望鼎门,西接龙岗,东瞻伊□。"①此处的"天竺"即是"天
竺寺",唐人墓志中亦也对此的记载,2001 年出土于龙门镇广化寺②的《李氏
墓志》载:"宁神于河南县天竺寺之南原"③;《李弘墓志》载:"卜葬于定鼎
南龙门甫天竺寺东南"④,均说明唐代天竺寺相当于今天的广化寺一带。定鼎
门属于隋唐东都洛阳城正南门,位于宫城南北中轴线上,遗址在今洛阳市洛
龙区关林镇曹屯村和安乐镇赵村之间。⑤因此从《张府君墓志》看,毕圭乡南
临广化寺,北望曹屯村、赵村一带。通过墓志进一步确定其范围,毕圭乡西
达今古城乡,东南经西杨屯村、毕沟村、魏湾村附近,南至龙门西山,东北
延伸至广化寺北,关林镇西一带。

19)伊水乡

记载伊水乡墓志 3 方,1 方有出土地,赵已考。但是值得提出异议的是,
其所列出的《郑德曜墓志》值得思考,查阅此伊水乡出处,实际是"伊川乡"
之名⑥,理论意义上讲此方墓志的乡名应当修订为"伊川乡","川"即是河流
之意,因此古人一般意义上将"川"与"水"二字混用。因下文即将探讨的
洛阳县东亦有伊川乡之名,因此赵先生将"伊川乡"记作"伊水乡"也是无
可厚非了。从唯一 1 方伊川乡出土地墓志看,其位于龙门镇魏湾村北部一带,
上述对毕圭乡的范围也涉及魏湾村一带,因此笔者推测伊水乡和毕圭乡可能
在魏湾村附近有所相交。

20)龙门乡

记载此乡墓志 80 余方,明确出土地的 30 方,赵考 9 方,鉴于墓志出土
地甚多,篇幅有限,因此若有龙门乡重复出土地的墓志文中便仅列 1 方。此
乡因"龙门山"而名,龙门山又称伊阙山,隋称钟山,东周称阙塞,在洛阳
市南 15 公里处,海拔 263 米,属于嵩山山脉西延部分。⑦唐人墓志中不少墓

---

① 吴钢主编:《全唐文补遗·千唐志斋新藏专辑》,第 220 页。
② 洛阳市文物考古研究院编,周立主编:《洛阳出土墓志目录续编》,北京:国家图书出版社,
2012 年,第 149 页。
③ 吴钢主编:《全唐文补遗·千唐志斋新藏专辑》,第 259 页。
④ 吴钢主编:《全唐文补遗·千唐志斋新藏专辑》,第 325 页。
⑤ 洛阳市文物钻探管理办公室编:《洛阳文物钻探报告》第 2 辑,北京:文物出版社,2008 年,
第 119 页。
⑥ 朱亮、朱振华:《唐郑德曜墓志与湛然书法》,《中原文物》1991 年第 4 期,第 57—60 页《郑
氏墓志》载:"开元二十八年……权殡于河南县伊川乡龙门山西灵塔之右。"
⑦ 洛阳市史志编纂委员会编:《洛阳市地理志》,北京:红旗出版社,1992 年,第 102 页。

志也会大致提及"龙门乡"的地理位置,《吉琯墓志》载:"权措城南龙门"①,知龙门乡位于洛阳城南。又《郑阐墓志》载:"开元廿九年……权窆于定鼎门西南八里龙门乡。"②定鼎门属于隋唐东都洛阳城正南门,位于宫城南北中轴线上,遗址在今洛阳市洛龙区关林镇曹屯村和安乐镇赵村之间③,按照唐代度量衡的换算来看,唐代一里长531米,相当于今天1.06华里④,而今1华里又是500米,即是说依据该墓志所载定鼎门外西南八里大致在今曹屯村和赵村外大约8.5里左右,根据《洛阳市志》和现今洛阳市城区行政区划图可知,定鼎门西南8.5里大致在今关林镇西南,徐屯村、商屯村、杜村一带。再结合前人考证综合得知,唐代龙门乡大致在关林至龙门一带,由北向南大致经过的村庄依次为豆腐店村、潘村、练庄村、徐屯村、李屯村、杜村、花园村、龙门村、寺沟村、张沟村、魏湾村、龙门石窟南部郭家寨等,西与毕圭乡相交。

从地名流变情况来看,隋代有龙门乡,但辖属于西都雍州长安县,唐代西京和东京均有"龙门乡",但唐代龙门乡虽同名但异地,五代未见此乡名,北宋"龙门乡"是继承唐代河南县龙门乡之名⑤,据杨向飞考察其范围包括唐代洛阳城南大部分区域,相当于唐龙门、毕圭、伊洛乡大片区域,北宋中期后,龙门乡升为镇,《元丰九域志》记载河南县五镇中就有龙门镇⑥,至此龙门镇之名一直延续至今,只是今天的龙门镇在北宋龙门镇以南几里左右。

21)伊洛乡

记载伊洛乡墓志共5方,明确出土地的1方,此乡可能是因毗邻"伊水"和"洛河"而名,从《吕氏墓志》看,墓志出土于龙门乡裴村,裴村位于伊水东岸,因此综合前人观点,伊洛乡应当位于万安山北麓,横跨伊水,北至洛水一带,西与龙门乡相交,大体在都城东南方位。

22)洛汭乡

记载此乡墓志3方,1方有出土地,在洛阳城北井沟一带出土,靠近邙山。汭为"河流会合处"⑦可见此乡得名应与洛水有关。值得注意的是《邵昃墓志》

---

① 吴钢主编:《全唐文补遗·千唐志斋新藏专辑》,第90页。
② 吴钢主编:《全唐文补遗·千唐志斋新藏专辑》,第183页。
③ 洛阳市文物钻探管理办公室编:《洛阳文物钻探报告》第2辑,第119页。
④ 胡戟:《唐代度量衡与亩里制度》,河南省计量局主编:《中国古代度量衡论文集》,河南:中州古籍出版社,1990年,第304—321页。
⑤ 河南省文物研究所、河南省洛阳地区文管处编:《千唐志斋藏志》,第1248页《苟彦琳墓志》载:"开宝八年……葬于河南府河南县龙门乡南王村。"志石具体出土地不详。
⑥ (宋)王存:《元丰九域志》卷1《西京》,北京:中华书局,1984年,第4页。
⑦ 《古代汉语词典》编写组:《古代汉语词典》,北京:商务印书馆,2010年,第1336页。

载墓主归厝于河南洛汭乡万安山之阳，万安山位于洛阳城东南约 40 公里处，且该志并未直接记载河南县洛汭乡万安山，因此笔者怀疑此洛汭乡并非河南县洛汭乡，可能是重名。加之《薛桑墓志》载薛桑的籍贯系河南府巩县洛汭乡，后志文又载："大中五年……葬于巩邑东原……其地瞻洪涧，西枕县隅，南望太山，北眺伊洛之水"①，从志文推测此洛汭乡应在万安山北麓，洛水、伊水南面，这进一步印证《邵炅墓志》中的洛汭乡应该辖属于河南府，并非河南县。又从记载河南县洛汭乡的墓志来看，最早在墓志中提及的是显庆四年（659 年）的《张弘墓志》，其次是乾封元年（666 年）的《张氏墓志》②，再次是总章二年（669 年）的《曹德墓志》③，而后提及河南县洛汭乡甚少，因此笔者怀疑此乡可能仅存在于初唐时期，后来因政区调整等原因其名被其他县所沿用。但河南县洛汭乡究竟位于何处，目前仅依据 1 方墓志的出土地暂时还不能判定此乡的大致方位，况且还不能断定此方墓志出土地无误，因此此乡范围尚待新资料进一步考证，仅能得出的结论是此乡靠近洛水，大致位于都城北面或者西面。

23）伊汭乡

记载伊汭乡的墓志共 100 余方，有明确出土地的 42 方，赵考其中 6 方，由于篇幅有限，所以对出土于同一地的墓志仅列 1 方。由此乡名看，"汭"字是指河流汇合或弯曲的地方④，那么伊汭乡之名可能与"伊水"有关，位于伊水附近。从墓志的出土地来看，主要在伊川县彭婆乡境内，伊河两侧，涉及的村庄主要有伊河西侧的郭家寨、马营，伊河东岸的牛庄、柏树沟、袁庄、张沟村。从地名流变情况看，隋代无此乡名，北宋继承此乡名，但范围较唐代伊汭乡有所缩减，并从中析出忠教乡。⑤

值得注意的是由《裴虬墓志》知，该志出土于洛阳老城区后河村，上文已经考察后河村一带出土有千金乡的墓志，且位于洛阳城北，根据伊汭乡的大致范围看，笔者怀疑此方墓志出土地有误。以上各乡地名情况具体参见表

---

① 吴钢主编：《全唐文补遗》第 7 辑，第 127—128 页。
② 周绍良主编：《汇编》上，乾封 005，第 444 页载："今寄贯河南县洛汭乡招贤里。"
③ 周绍良主编：《汇编》上，总章 035，第 504 页载："今贯河南县洛汭乡兴化里。"
④ 中国社会科学院语言研究所词典编辑室编：《现代汉语词典》，北京：商务印书馆，2010 年，第 1165 页。
⑤ 李献奇、黄明兰：《画像砖、石刻、墓志研究》，郑州：中州古籍出版社，1994 年，第 346—357 页《范仲淹神道碑》载："至和二年……葬于河南尹樊里之万安山下"，碑石出土于伊川县彭婆乡徐营村北万安山，关于伊汭乡具体地理范围参见杨向飞：《北宋洛阳所辖乡之名称方位考》，《洛阳理工学院学报（社会科学版）》2012 年第 3 期，第 9—12 页。

6-2 至表 6-3。

表 6-2　河南考证铭

乡名	编号	墓主	卒葬年	卒葬地	出土时地	出处和页码
平乐乡	永徽 067	张洺	永徽三年（652 年）	迁窆于河南县平乐乡邙山之平原	郑凹村北	《汇编》，175 页
	永徽 143	张义	永徽六年（655 年）	窆于邙山之阳平乐乡瞿村西北之平原	小梁村	《汇编》，225 页
	显庆 106	张义	显庆四年（659 年）	平乐乡	后海资村	《汇编》，296 页
	咸亨 064	陈恭	咸亨三年（672 年）	合葬于邙山之南平乐乡之界	刘坡	《汇编》，555 页
	咸亨 085	康元敬	咸亨四年（673 年）	河南北邙平乐乡东望首阳，南瞻伊洛	南石山村北	《汇编》，572 页
	咸亨 099	侯彪	咸亨五年（674 年）	附葬于平洛乡邙山之阜	杨凹村东	《汇编》，581 页
	咸亨 100	王则	咸亨五年（674 年）	合葬于河南县平乐乡邙山之平原	梁凹村	《汇编》，582 页
	垂拱 028	管思礼	垂拱二年（686 年）	葬于洛城北平乐乡之界长岗之郊	前李村	《汇编》，747 页
	垂拱 038	张成	垂拱五年（689 年）	殡于河南县平乐乡北邙山	前海资村	《汇编》，755 页
	载初 005	徐恭	载初元年（689 年）	迁殡合宫县平乐乡邙山之原	南石山	《汇编》，790 页
	天授 023	扈小冲	天授二年（691 年）	迁葬于洛阳县平乐乡界邙山	马坡村	《汇编》，809 页
	长寿 009	梁玄敏	长寿二年（693 年）	葬于洛州合宫县平乐乡之原	营庄	《汇编》，838 页
	长寿 016	尚明	长寿二年（693 年）	迁窆于合宫县平乐乡北邙山	南陈庄	《汇编》，843 页
	长寿 019	安怀夫人史氏合葬	长寿二年（693 年）	北邙山合宫县平乐乡王晏村西	朝阳村	《汇编》，846 页
	长寿 020	王义	长寿二年（693 年）	殡于合宫县平乐乡	徐沟村	《汇编》，846 页
	长寿 031	康智	长寿二年（693 年）	合葬于洛州城北一十三里平乐乡北邙山	后海资村	《汇编》，855 页
	开元 257	孟俊	开元十五年（727 年）	迁窆于平乐乡	北陈庄	《汇编》，1333 页
	开元 280	毛凤敬	开元十六年（728 年）	迁奉河南县平乐乡	后洞村	《汇编》，1349 页

续表

乡名	编号	墓主	卒葬年	卒葬地	出土时地	出处和页码
平乐乡	开元 350	王怡	开元二十年（732 年）	迁殡于河南府河南县平乐乡张阳里	平乐乡	《汇编》，1398 页
	开元 401	安孝臣	开元二十二年（734 年）	殡于河南县平洛乡邙山之原	小李村南	《汇编》，1433 页
	开元 418	王羊仁	开元二十三年（735 年）	河南县平乐原	井沟村	《汇编》，1445 页
	开元 420	萧谦	开元二十二年（734 年）	河南县平乐乡	刘坡村	《汇编》，1447 页
	开元 443	独孤炫	开元二十四年（736 年）	河南府河南县平乐乡	拦驾沟	《汇编》，1462 页
	天宝 002	王冷然	天宝元年（公元 742 年）	邙山平乐原	营庄	《汇编》，1532 页
	天宝 071	和守阳	天宝四载（745 年）	北邙山平乐原	前海资村	《汇编》，1581 页
	天宝 179	王承裕夫人高氏	天宝十载（751 年）	北邙山平乐原	南陈庄	《汇编》，1656 页
	大和 041	王公亮第六女	大和五年（831 年）	迁窆于河南府河南县平乐乡杜郭里	朝阳乡	《汇编》，2125 页
	大和 052	杭季棱夫人陈氏	大和六年（公元 832 年）	河南县平乐乡杜瞿村	南石山村	《汇编》，2132 页
	大和 080	田少直	大和八年（834 年）	葬于河南县平乐乡王寇村	马坡	《汇编》，2154 页
	开成 044	崔揆母林氏	开成五年（840 年）	河南县平乐乡杜瞿村	后海资村	《汇编》，2201 页
	大中 109	支光	大中十年（856 年）	河南邙山平乐	南石山北	《汇编》，2336 页
	开元 174	朱归浦（查）	开元二十七年（739 年）	合葬于河南县平乐乡先茔	安驾沟	《汇编续集》，571 页
		阎干	显庆三年（658 年）	邙山平乐乡	小李村	《补遗》专辑，16 页
		元道	乾封元年（666 年）	河南平乐乡	平乐镇	《补遗》专辑，26 页
		赵雄	乾封二年（667 年）	北邙山平乐之原	平乐镇	《补遗》专辑，28 页
		崔氏	总章元年（668 年）	殡于洛州河南县邙山之阳平乐乡	平乐镇	《补遗》专辑，31 页
		赵慈劼	开元三年（715 年）	洛阳平乐原	吕庙村	《补遗》专辑，124 页

续表

乡名	编号	墓主	卒葬年	卒葬地	出土时地	出处和页码
平乐乡		崔回	开元七年（719年）	权殡于河南县平乐乡	朝阳村	《补遗》专辑，132页
		宫自劝	元和一年（806年）	窆于河南县平乐乡永宁里西原北邙山	平乐村北	《补遗》专辑，306页
		魏氏	会昌元年（841年）	权归于河南县平乐乡杜翟村	朝阳村	《补遗》专辑，368页
		薛迅	贞元十七年（643年）	权窆于河南县平乐乡北邙山之原	北窑村	《补遗》1，238页
		赵爽	永徽三年（652年）	归葬于河南县平乐乡之北原	昌家凹村	《补遗》2，123页
		高达	显庆三年（658年）	合窆于平乐乡之邙山	叶沟村	《补遗》2，150页
		成朗	显庆四年（659年）	葬于河南县平乐乡	北陈沟村	《补遗》2，154页
		韩文潘夫人	龙朔二年（662年）	合葬于邙山之原平乐乡	徐沟村，	《补遗》2，179页
		张达	永淳元年（682年）	葬于北邙山平乐乡界	瀍沟口村	《补遗》2，284页
		路循范	开元十七年（729年）	迁厝于河南府北邙山平乐乡	朝阳	《补遗》2，487页
		张愃	神功元年（697年）	迁葬于合宫县平乐乡马村东北二里邙山	平驳马村	《补遗》5，238页
		杨忠梗	天宝三载（744年）	乃窆于河南平乐乡之原	陈庄北	《补遗》8，43页
		李兴	天宝十三载（754年）	永窆于河南平乐原	张羊村	《补遗》8，69页
		崔霸	贞元十年（794年）	迁附于河南县平乐乡杜郭里	徐家沟	《补遗》8，102页
		卢府君夫人郑氏	会昌六年（846年）	归葬于河南府河南县平乐乡北邙山杜郭村	卦沟	《补遗》8，176页
		张懿	天授二年（691年）	合葬于北邙山平乐乡	平乐乡	《补遗》8，296页
		裴府君夫人侯氏	景龙三年（709年）	葬于合宫县平乐乡之原	朝阳乡村	《补遗》8，339页
		康固	开元八年（720年）	合葬于河南县平乐乡	吕庙	《补遗》8，359页

续表

乡名	编号	墓主	卒葬年	卒葬地	出土时地	出处和页码
平乐乡		潘承嗣	开元十五年（727 年）	葬于河南府河南县平乐乡翟村	西吕庙	《补遗》8，364 页
		王承鼎	天宝三载（744 年）	权殡于河南县平乐乡	东马沟村	《补遗》8，389 页
	显庆 138	王力士及夫人	显庆五年（660 年）	合葬于平乐乡北邙山李村东北一里	朱凹村	《汇编》，317 页
		段万顷	开元十五年（727 年）	合葬于洛阳城西北李村南之原	李家凹	《补遗》2，469 页
千金乡	贞观 053	王夫人	贞观十年（636 年）	窆于千金乡邙山之南故仓东北一里	石山村东	《汇编》，43 页
	贞观 067	张骚	贞观十三年（639 年）	窆于芒山千金乡櫸村西三里	郑凹村	《汇编》，52 页
	显庆 029	张才	显庆二年（657 年）	葬邙山之阳千金乡	后河村	《汇编》，247 页
	武德 005	崔长先	武德九年（626 年）	葬于洛州河南县东都故城北十里千金乡安善里		《汇编》，4 页
	贞观 148	张行满	贞观二十二年（648 年）	殡于洛城之北邙岭之阴十五里千金乡之地		《汇编》，102 页
	永徽 077	李智	永徽四年（653 年）	瘗于邙山之阳，去州城七里千金乡		《汇编》，181 页
金谷乡	开元 029	杜忠良	开元三年（715 年）	大葬于河南府金谷乡北邙山	西徒沟村	《汇编》，1173 页
	开元 456	姚处璩	开元二十五年（737 年）	河南县金谷乡	北望朝岭	《汇编》，1471 页
	天宝 044	皇甫政	天宝三载（744 年）	终于金谷乡	老仓凹村	《汇编》，1560 页
	元和 105	杨宁	元和十二年（817 年）	卜宅河南府河南县金谷乡尹村之北原	前楼村	《汇编》，2023 页
	大和 058	李蟾	大和七年（833 年）	归葬于河南府河南县金谷乡张村	东沟村	《汇编》，2137 页
	大和 069	窦季余	大和八年（834 年）	归葬于东都城北金谷乡	前楼村	《汇编》，2146 页
	大中 031	寇章	大中四年（850 年）	河南县金谷乡	乡王村	《汇编》，2274 页
	咸通 002	李氏长女	咸通二年（861 年）	葬于河南县金谷乡北邙原	徐家嘴村	《汇编》，2381 页
	乾元 003	陈曦	乾元二年（759 年）	权厝于河南县金谷乡瀍水之阴（涧水）	谷水镇东	《汇编续集》，676 页

乡名	编号	墓主	卒葬年	卒葬地	出土时地	出处和页码
金谷乡		李岐	贞元六年（790年）	葬于河南县金谷乡	徒沟村西北	《补遗》4，71页
梓泽乡	圣历048	王建	圣历三年（700年）	改葬于洛州合宫县梓泽乡	北毛岭头	《汇编》，963页
	开元046	张方	开元五年（717年）	葬于河南府河南县梓泽乡之原	沟上村	《汇编》，1186页
	天宝236	郑宇	天宝十二载（753年）	河南县梓泽乡	半坡村	《汇编》，1695页
	元和073	崔氏	元和九年（公元814年）	北邙山之西原梓泽乡	沟上村	《汇编》，1999页
谷阳乡	永泰003	李璀	永泰元年（765年）	归葬于河南府河南县谷阳乡先茔之东偏	前楼村	《汇编》，1759页
河阴乡	调露022	颜万石	调露元年（679年）	永窆于河南县河阴乡北邙山	北陈庄	《汇编》，666页
	天授008	杜季方	天授二年（691年）	窆于北邙山之河阴乡	白鹿庄	《汇编》，798页
		张义琛	圣武二年（757年）	合葬河南县河阴之北原	北陈庄东	《补遗》8，72页
	圣历043	阎基	圣历三年（700年）	合葬于河阴渔阳	阎凹村	《汇编》，958页
永泰乡	麟德036	房仁逊	麟德二年（665年）	终洛州河南县永泰乡行修里	井沟村	《汇编》，420页
洛邑乡	贞观141	徐氏妻刘夫人	贞观二十一年（647年）	洛州河南县洛邑乡人		《汇编》，97页
	显庆149	关预仁妻茹氏	显庆五年（660年）	洛州河南县洛邑乡人，殡于北邙		《汇编》，323页
王城乡	元和047	任氏夫人	元和五年（810年）	沉没于河南县王城乡立德旧里	杨圪村	《汇编》，1982页
长乐乡	证圣013	李难	证圣元年（695年）	迁窆于县东北长乐乡长宁里禅众寺别园	唐寺门	《汇编》，875页
		郑绚	天宝某年	归葬于河南县长乐乡邙山北原		《补遗》专辑，326页

续表

乡名	编号	墓主	卒葬年	卒葬地	出土时地	出处和页码
朱阳乡	乾元010	崔夐	乾封二年（667年）	窆于河南县朱阳乡之朱阳村原	朱家湾	《汇编》，1741页
从政乡	贞观047	慕容氏	贞观九年（635年）	洛州河南县从政乡君夫人	陈庄	《汇编》，39页
平澄乡	开元495	杜公夫人崔氏	开元二十七年（739年）	权窆于河南县平澄乡之原	小梁村	《汇编》，1497页
百乐乡	天宝250	韦夫人	天宝十三载（754年）	河南县百乐乡	瓦店村	《汇编》，1706页
毕圭乡	贞元061	宋顺	贞元十七年（801年）	奉窆于河南郡河南县毕圭乡西原	龙门西山	《汇编续集》，779页
		卢府君夫人李氏	元和十五年（820年）	同窆于龙门西山河南府河南县毕圭乡望春村	魏湾村	《补遗》专辑，332页
		张大振	天宝十载（751年）	改葬于河南县毕圭乡	广化寺北	《补遗》专辑，220页
		秦氏	大历八年（773年）	葬于龙门毕圭乡	毕沟村	《补遗》8，83页
伊水乡	开元179	郑氏	开元二十八年（740年）	权殡于河南县伊（水）川乡龙门山西灵合之右	魏海湾村北	《汇编续集》，576页
龙门乡		李君夫人王媛	载初元年（689年）	合葬于龙门乡下费里	龙门西山	《补遗》专辑，60页
		孙仁贵	长寿二年（693年）	合附于洛州合宫县龙门乡之平原	柿沟村	《补遗》专辑，83页
		柳惇	长安二年（702年）	迁窆于河南龙门乡清河原	张沟村	《补遗》专辑，89页
		吉琯	长安二年（702年）	权厝于城南龙门	龙门村砖厂	《补遗》专辑，90页
		岑嗣宗	神龙二年（706年）	安厝于洛州河南界龙门乡	徐屯村	《补遗》专辑，100页

续表

乡名	编号	墓主	卒葬年	卒葬地	出土时地	出处和页码
龙门乡		封皎	开元十八年（730年）	葬于河南府河南县龙门乡芳苑里	魏湾村	《补遗》专辑，157页
		武氏	开元二十五年（737年）	迁窆于河南之龙门北原	李屯村北	《补遗》专辑，174页
		杨柔妻李夫人	天宝十载（751年）	迁窆于龙门乡	北麓杜村	《补遗》专辑，224页
		袁公和	元和九年（814年）	附葬于龙门西梁村	花园村	《补遗》8，120页
		宇文氏	天宝元年（742年）	葬于河南县龙门乡	练庄村西砖厂	《补遗》8，402页
伊洛乡	宝历005	吕氏	元和十一年（816年）	葬于河南县伊洛乡万安之北原	裴村东万安山	《汇编续集》，873页
洛汭乡	显庆101	张弘	显庆四年（659年）	痊于洛汭乡邙山之阳	井沟村	《汇编》，293页
		邵炅	开元十五年（727年）	归窆于河南洛汭乡万安山之阳		《补遗》专辑，146页
伊汭乡		李义璋	景龙二年（708年）	合葬于洛州合宫县伊汭乡万安山	徐营村北	《补遗》专辑，103页
		宋裕	天宝二年（743年）	葬于河南县伊汭乡尹村	彭婆乡牛庄	《补遗》专辑，191页
		裴虬	贞元三年（787年）	河南府河南县伊汭乡尹段村万安山	后河村	《补遗》专辑，268页
		王氏	贞元十二年（796年）	归葬于河南县伊汭乡万安原	袁庄村	《补遗》专辑，287页
		元氏	元和三年（808年）	权窆于河南县伊汭乡万安山	东牛庄村	《补遗》专辑，310页
		崔府君	开成五年（840年）	河南县伊汭乡中梁村	张沟村	《补遗》专辑，366页
		崔遂	元和	河南县伊汭乡中梁村告都里	郭寨西南马营村	《补遗》8，113页
		姚潜	咸通六年（865年）	归葬于河南府河南县伊汭乡万安山	柏树沟	《补遗》8，205页

注：表中，《全唐文补遗》简称为《补遗》，下同。

表6-3　河南尚待考证乡名

乡名	墓主	卒葬年	卒葬地	出处、编码和页码
洛城乡	周绍业夫人赵氏	长安二年（702年）	卒于河南府河南县洛城乡灵台里第	《汇编》开元 252，1330 页
元望乡	孙何师	景云三年（712年）	洛州河南县元望乡怀惠里人	《汇编续集》景云 007，447 页
来远乡	王师	开元三年（715年）	合葬河南县来远乡	《汇编》开元 033，1176 页
交风乡	秦府君	长安二年（702年）	籍贯洛州合宫县交风乡均霜里葬于城北乐村	《汇编》长安 003，992 页
瀍水乡	萧综妻蔡氏	贞观十三年（639年）	葬于河南县瀍水乡邙山之阳	《隋唐汇编》第 2 册，54 页
瞿泉乡	左敬节	神龙三年（707年）	居洛州合宫县瞿泉乡章善里	《汇编续集》神龙 020，422 页
二乐乡（补）	王宣	麟德二年（665年）	河南县二乐乡邙山	《汇编》麟德 064，437 页
仁风乡（补）	杨氏马夫人	永徽二年（651年）	诏授河南县仁风乡君	《汇编》永徽 037，155 页
归德乡（补）	?业	贞观十九年（645年）	葬于邙山归德乡	《隋唐汇编》第 2 册，91 页
望仙乡（补）	刘性忠（刘大德）	元和十年（815年）	葬于龙门望仙乡护保村先师姑塔右	《隋唐汇编》第 13 册，20 页
都会乡（重）	萧贞亮	延和元年（712年）	权殡于河南县都会乡王赵村原	《汇编》延和 001，1142
感德乡（重）	高淑嫚	开元二十四年（736年）	河南府河南县感德乡人李仙琦奉教镌	《汇编续集》开元 146，554 页
	史乔如	开成二年（837年）	权葬于河南县感德乡孙村原	《汇编续集》开成 009，929 页
平阴乡（重）	崔程	贞元十四年（640年）	河南县平阴乡陶村	《汇编》贞元 096，1906 页
	李胡	上元二年（675年）	合葬于河南县平阴乡邙山之阳	《补遗》8，281 页
委粟乡（重）	李司徒亡女	开成四年（839年）	葬东洛河南县委粟乡	《汇编》开成 028，2188 页
	田诫	开元二十六年（738年）	终于河南县委粟乡安昌里	《补遗》8，35 页

需要说明的几点。

1）关于洛城乡

记载洛城乡的墓志仅 1 方，无法得知其范围。但从这一乡名来看，洛城乡之名可能是因"洛阳城"而得名，李白大约在开元二十三年（735 年）客居洛阳时所作的《春夜洛城闻笛》中说也提及了此城："谁家玉笛暗飞声，散入春风满洛城"[①]，诗中的"洛城"就是"洛阳城"，可见"洛阳城"在唐代文人的笔下又称"洛城"，由此笔者认为洛城乡之名亦来源于东都"洛阳城"。从《周绍业夫人赵氏墓志》可知洛城乡有灵台里之名，但由于该墓志出土地不祥，故无法得知其具体方位。但需要说明的是，北宋时期亦有"灵台里"之名，但辖属于"三州乡"，《旧五代史》卷一二六《周书》记载："洛南庄贯河南府洛阳县三州乡灵台里，奉晋天福五年敕，三州乡改为上相乡，灵台里改为中台里，时守司徒、兼侍中"[②]，周去唐不远，因此笔者推测可能唐代洛城乡到五代时演变为洛阳县三州乡，而唐代洛城乡的灵台里又更名为中台里，上述仅是笔者推测，尚待资料进一步考证。

　　2）关于元望乡

　　因记载此乡的墓志仅 1 方，故无法得知其范围，但赵振华载此乡名为"允望乡"，从《唐代墓志汇编续集》景云 007 记载看，此方墓志记为"元望乡"，笔者通过仔细查阅原墓志拓片，亦无法判定是"元"还是"允"字（图 6-1），但值得肯定的是，此乡在有唐一代的确存在。

图 6-1　《孙何师墓志》拓片

拓片来源于：《隋唐五代墓志汇编·洛阳卷》，第 15 册，第 164 页。

---

① 《全唐诗》卷 184《春夜洛城闻笛》，第 1877 页。
② 《旧五代史》卷 126《周书》，北京：中华书局，1976 年，第 1663 页。

3）关于瀍水乡

记载此乡墓志也仅 1 方，很显然此乡因"瀍水"而名，但其方位有待进一步考证。

4）翟泉乡

记载此乡墓志也仅 1 方，此乡之名有 2 种解释，其一因"翟泉"池而名，其二因周景王、周烈王葬于此处而名。"翟泉"一名狄泉，在今河南洛阳市东北汉魏故城西北，《水经注·谷水经》注："池水又东流，入洛阳县之南池，池即故狄泉也"[①]，这种记载主要是以翟泉池而名。第二种解释便是以周景王、周烈王葬地而名，《水经注》卷十五《洛水》："……子朝作难，西周政弱人荒，悼、敬二王与景王俱葬于此，故世以三王名陵。《帝王世纪》曰：景王葬于翟泉，今洛阳太仓中大冢是也。"[②] 无论此乡的得名来源于哪种，均可见翟泉乡的命名有其独特的特点。

5）关于感德乡

记载此乡墓志仅 2 方，1 方记载籍贯，1 方记载葬地，隋代亦有感德乡，但具体位置未知。同时记载洛阳县感德乡墓志达 9 方，还有 1 方洛阳县感德乡的经幢，最早记载洛阳县感德乡的是龙朔元年（661 年）的《张昌墓志》[③]，最迟可见是长庆元年（821 年）的《花献妻安氏墓志》[④]，但由表 6-3 中可见河南县感德乡存在的时间至少在开成二年（837 年），因此笔者推测可能河南县感德乡是由初唐时期的洛阳县感德乡发展而来。同时张乃翥学者也认为唐代感德乡的某些村落，如孙村、齐村等是由初唐时期"龙门乡"部分析出后合为盛唐以后的"感德乡"，而感德乡之名，也是当时唐朝政府为了安抚、招徕外族而专门设置的具有某种政治意义尤其是教化寓意的乡村地名。[⑤] 因此结合前人探讨的成果来看，推测河南县感德乡是由初唐时期的龙门乡和洛阳县感德乡发展演变而来，鉴于记载河南县感德乡的 2 方墓志均无出土地，因此其位置尚待进一步考证。

6）关于表中新补乡

表中的二乐乡、仁风乡、归德乡、望仙乡属于本章新补乡。表中都会乡、

---

① （后魏）郦道元注，（清末）杨守敬、熊会贞疏：《水经注疏》，南京：江苏古籍出版社，1989年，第 1393 页。

② （后魏）郦道元注，（清末）杨守敬、熊会贞疏：《水经注疏》，第 1308 页。

③ 《张昌墓志》："合葬于感德乡平原"，见周绍良主编：《汇编》上，龙朔 015，第 346 页。

④ 毛阳光：《洛阳新出土唐代景教徒花献及其妻安氏墓志初探》，《西域研究》2012 年第 2 期，第 85—91 页。

⑤ 张乃翥：《洛阳景教经幢与唐东都"感德乡"的胡人聚落》，《中原文物》2009 年第 2 期。

感德乡、平阴乡、委粟乡4乡要特别说明，通过笔者仔细爬梳唐人墓志，发现上述4乡在洛阳县亦有记载，并且在墓志中提及次数较多。

尤其是平阴乡当属洛阳县是毫无疑问的，且《崔程墓志》和《李胡及王氏墓志》分别出土于洛阳小梁村和孟津董村。我们知道墓志是后人为墓主撰写的志文，撰志者可能存在某种主观因素而将两县交界处的乡村地名记载混淆，也可能由于唐代政区调整等因素，出现同一乡被河南和洛阳两县所辖的情况，而上述2方墓志的出土地刚好是河南县与洛阳县的交界地带。这就造成了本书梳理过程中某些乡存在2次重复统计的情况。

需要说明的是委粟乡的大致情况。委粟乡因"委粟山"而名。《资治通鉴》卷七十三《魏纪五》载："冬，十月，帝用高堂隆之议，营洛阳南委粟山为圜丘，《魏氏春秋》曰：洛阳有委粟山，在阴乡，魏时营为圜丘。孔颖达曰：委粟山在洛阳南二十里"[①]，从文献记载看委粟乡之名当与委粟山有关。同时汉魏故城在今洛阳市东15公里左右的邙山和洛河间[②]，北魏洛阳城的北郊和西郊以马坡和安驾沟一带的连线作为当时洛阳县和河阴县的分界[③]，从《魏氏春秋》的记载来看，委粟山在洛阳南二十里，则可以推测"委粟乡"可能亦位于邙山与洛河之间。赵振华对此乡亦有探讨，但其所记李司徒亡女葬于开成四年的公元纪年值得商榷，开成元年即公元836年，则开成四年当为公元839年。而由考证的乡名知，最早见于此乡墓志的是开元二十六年（738年）的《田诚墓志》，较晚的是开成四年（839年）的《李司徒亡女墓志》，从这两方墓志的葬年看属于晚唐，而另1方记载委粟乡辖于洛阳县的墓志是垂拱四年（688年）的《刘德墓志》，该墓志属于初唐，而垂拱年间后无洛阳县委粟乡的墓志记载，因此笔者推测委粟乡可能仅存在于初唐时期，后来因唐代政区调整等因素，将洛阳县委粟乡或直接更名为河南县委粟乡，或将洛阳县委粟乡划为其他乡所辖，晚唐仅沿用委粟乡之名而已。

二、村名

河南县共辖71村。其中平乐乡26村，千金乡1村，金谷乡8村，梓泽乡4村，谷阳乡1村，朱阳乡1村，伯乐乡1村，望仙乡1村，毕闺乡1村，

---

① 《资治通鉴》卷73，第2320页。
② 中国社会考古研究所洛阳工作队：《汉魏洛阳城初步勘察》1973年第4期，第198页。
③ 张剑：《洛阳出土墓志与洛阳古代行政区划之关系》，赵振华主编：《洛阳出土墓志研究文集》，第140—142页。

龙门乡 8 村，伊汭乡 8 村，伊洛乡 1 村，感德乡 1 村，无隶属乡的 7 村，都
会乡 1 村，平阴乡 1 村。

1. 平乐乡所辖村

共 26 村，杜翟村、杜郭村、翟（泽）村、王晏村、李村、王村、郝村、
陶村、晏村、马村、杨宝村、王赵村、崔村、景叶（业）村、徐娄村、张阳
（杨）村、王寇村、朱阳村、伯乐村（百洛村）、河东村、尚店村、郭穆村、
河内村、乐村、朱村、官庄村。已考证 17 村，未考 9 村。

1）杜翟村

涉及此村墓志 50 余方，有出土地的 14 方，因赵振华考证了 11 方，故仅
列 3 方。此村范围大致在今杨凹、郑凹、南陈庄、南石山村、盘龙冢附近。

2）杜郭村

涉及此村墓志 30 余方，7 方有明确出土地，赵振华已考其位于今郑凹、
南石山一带。

3）翟（泽）村

共有 9 方墓志涉及翟村，3 方有确切出土地。因翟与泽同音，故翟村也视
为泽村。隋代灵源乡亦有翟村，且位于郑凹村北附近，唐代翟村综合前人和
所考应在西吕庙、郑凹、小梁村一带，可见唐代翟村亦是在隋代翟村的基础
上发展而来。因郑凹一带亦出土有杜翟村、杜郭村墓志，可见 3 村在郑凹附
近相交，且翟村位于 2 村之东。

4）王晏村

记载此村墓志有 20 余方，仅有 4 方有出土地。由《王强墓志》看，其葬
于北芒山西北王晏村东五十步，去城门七里，志石出土于南陈庄。而唐代以
五尺为步，三百六十步为一里，一里长 531 米，相当于今 1.06 华里[①]。再根据
《隋唐洛阳含嘉仓城德猷门遗址的发掘》知，德猷门在驾鸡沟村、岳村附近，
通过测量以上 2 村以北 7 里左右便是南陈庄一带，可见《王强墓志》所记载
较为准确。由上综合得知唐代王晏村北在南陈庄，朝阳村、前李和徐家村一
带，且在南陈庄附近与杜翟村相交，大致在平乐乡的西南方位。

5）李村

记载李村的墓志有 3 方，有 2 方有出土地。知李村位于瀍河西岸，今洛

---

① 胡戟：《唐代度量衡与亩里制度》，河南省计量局主编：《中国古代度量衡论文集》，第 304—
321 页。

阳市郊李家凹附近。

6）王村

仅 1 方墓志记载此村，位于孟津县井沟、马坡附近。隋代亦有王村之名，但仅只在孟津县送庄乡，由于具体范围无法得知，故无法断定唐代王村是否是由隋代之名演化而来。由出土于马坡的《徐氏妻刘夫人墓志》可以得知王村为河南县平乐乡与洛阳县的交界处，符合赵振华先生所考。

7）赫村

有 1 方墓志记载此村，位于洛阳南石山村附近。

8）马村

仅有 1 方墓志记载此村，且有出土地即今孟津县平驿马村，查阅相关资料，并未发现其确切方位，还有待资料的进一步完善与考证。

9）景叶（业）村

有 3 方墓志记载这一村名，仅有 1 方有出土地，在盘龙冢附近。

10）徐娄村

仅有 1 方墓志记载其名和出土地，该志出土于洛阳白草坪村。通过对比地图，目前这一村名见于洛阳嵩县和汝阳县，均位于洛阳西南，与平乐乡位于洛阳以北不符，故怀疑出土地有误，尚待资料进一步论证。

11）张阳（杨）村

记载张阳村墓志 19 方，有明确出土地的 7 方，前人已考 5 方，故列 2 方。阳与杨同音，故张阳村亦作张杨村，综合所考，唐代张阳村位于今伯乐凹、张阳村一带。从古今地名的演变来看，唐代张阳村历经千年至今未变。

12）王寇村

记载王寇村墓志 17 余方，有明确出土地的 3 方，前人已考 2 方，综合得知王寇村位于今马沟、马坡、井沟一带，略呈三角形地带分布。因盘龙冢位于马沟和马坡中线上，盘龙冢附近属于唐代景业村范围，因此王寇村与景业村在盘龙冢一带相交。由上知井沟、马坡附近为王村所辖，因此王村与王寇村在井沟、马坡一带相交。因隋代洛阳县常平乡有寇村之名，且位于马坡南小李一带，而唐代河南县亦有寇村，因其大致范围不可得知，但有理由相信隋代寇村定与唐代王寇村有一定关系。因唐代乡村地名命名方法中，以姓氏为名尤其是联合姓氏为名十分普遍，从上面唐代王村、王寇村和隋代寇村的大致地域范围来看，笔者推测可能体现了这种原则，但是由于资料有限尚待学界进一步探讨。

13）朱阳村

记载朱阳村之名墓志有 6 方，明确葬地的 1 方，位于今洛阳市北窑附近，根据方位知朱阳村是唐代平乐乡最南村。

14）伯乐村

伯因与"百"音近，"乐"与"洛"同音，故伯乐村又名百乐村、百洛村，检索墓志，记载伯（百）乐村的有 20 余方，5 方有明确出土地。据赵所考，位于今游王庄、北陈庄、伯乐凹附近，根据《孟津县志》结合前文所考，唐代伯乐村应位于平乐乡北面村落。而唐代伯乐村这一地名一直沿用至今，演变成今伯乐凹，是乡村地名沿用千年的又一实例。

15）河东村

记载河东村墓志仅 3 方，均有出土地。因赵考 2 方，故列 1 方。河东村之名的由来当于瀍河有关。而古代地理事物一般以山川为命名原则，瀍河由邙山自北向南汇入洛河。赵振华由 2 方墓志记载的方里来推测《张德墓志》的出土地尚有值得商榷之处，其认为应当在后李村附近，而据笔者掌握的资料看，该墓志出土于今郑凹村一带，刚好位于瀍河东岸。因此笔者认为唐代河东村的范围大部分位于今瀍河东岸的后李、徐村，并向东延伸至郑家凹附近。而今天在后李北一带亦有河东村之名，疑为唐代河东村之名的沿袭。

16）尚店村

因"尚"与"上"同音，故尚店村又名上店村。记载这一村名的墓志有 4 方，明确出土地有 2 方，赵已考 2 方，相关地名墓志 1 方。从前人所考知，唐代尚店村相当于今姚凹、上店一带，但今姚凹、上店附近均出土较多河南县河阴乡的墓志（详见后文的考证），因此不能断然认为今姚凹、上店一带为平乐乡之尚店村所辖区域，且根据 1935 年出土于洛阳百乐凹村①的《朱守臣夫人高氏墓志》载："葬于河南县河阴乡界邙山百乐坞之北原"②，知唐代尚店村为唐代河阴乡和平乐乡分界处。从地图上知，上店、姚凹、伯乐属于临近村落，因此笔者认为唐代尚店村在伯乐凹附近，向西与姚凹、上店部分区

---

① 洛阳市文物管理局、洛阳市文物工作队编：《洛阳出土墓志目录》，第 254 页。
② 周绍良主编：《汇编》上，开元 181，第 1283 页。

域相交。而由上文对"伯乐村"的探讨中知，其村也大致位于伯乐四一带，因此尚店村与伯乐村相接，且位于伯乐村之东。

17）河内村

记载此村墓志 3 方，仅 1 方有明确出土地。由出土于上店村的《王元琰夫人樊氏墓志》知河内村北面为今上店村，而今上店村一带属于唐代河阴乡所辖，因此可以推测河内村为唐代平乐乡与河阴乡南面交界处，同时与尚店村毗邻。

2. 千金乡所辖村

检索千金乡所辖村名墓志，仅有 1 方，泽村，位于郑凹附近。

3. 金谷乡所辖村

金谷乡共辖 8 村，即尹村、张村、焦古村、李村、伏和村、无上村、泥沟村、景业村，前 5 村可考，后 3 村待考。

1）尹村

记载尹村墓志达 10 方，有明确出土地的有 5 方，据赵振华考证有明确出土的 2 方，故仅列 3 方。因"营里"据赵考属于"里营"的误写，根据孟津县地图也得知仅有李营之名，由此可见尹村在今前楼、水泉、李营村附近。通过笔者爬梳尹村墓志，发现尹村在唐墓志中提及的时间较短，最早见于笔者统计的元和十二年（817 年）的《杨宁墓志》[①]，最晚是中和三年（883 年）的《韦媛墓志》[②]，可见尹村在墓志中存在约 70 余年，在唐初和唐中期为何不见此村，在唐元和年间以后频繁出现，令人难解，尚待学界进一步论证。

2）张村

记载此村墓志有 9 方，明确出土地的 5 方，赵考 2 方。可见张村位于李营、东徒沟、张岭村附近，赵据《苏恩夫人卢氏墓志》推测张岭村为张村北界有疑，仅能依据此方墓志推测张岭村为唐代张村的村（乡）界，而非北界。[③] 同上面考察尹村的思维一样，笔者仔细考察墓志中记有张村之名的墓主下葬年份，发现最早有张村的墓志是大和七年（833 年）的《李蟾墓志》[④]，中途还有长庆、会昌、大中年间张村墓志，最晚的见于咸通八年（867 年）的《王

① 周绍良主编：《汇编》下，元和 105，第 2023 页。
② 《隋唐五代墓志汇编·洛阳卷》，第 14 册，第 191 页。
③ 《苏恩夫人卢氏墓志》："改葬河南县金谷乡张村界北茫之原。"见周绍良主编：《汇编》下，会昌 006，第 2215 页。
④ 周绍良主编：《汇编》下，大和 058，第 2137 页。

氏墓志》①，若上述墓志记载客观真实，则有唐一代张村存在的时间大约 40 余年，不知是何因。

3）焦古村

因"古"与"固""故"音近，故焦古村又名焦固（故）村。墓志中有 10 余方记载焦固村之名，5 方有明确出土地，赵考 2 方。根据考察和前人所考，焦古村位于今水泉、李营，一直向南延伸至苗沟一带，因今水泉、李营村一带也有尹村墓志，知焦古村与尹村在水泉和营里一带相交，同理李营村附近也有张村墓志，故焦古村亦与张村相交。

4）李村

仅有 1 方墓志记载此村，且有出土地。赵未考，由《段万顷墓志》笔者推测李村位于李家凹附近。

5）泥沟村

记载此村墓志共 2 方，均有出土地。赵考《吕夫人李氏墓志》出土于民国十三年（1924 年）卢家沟，翻阅县志，暂时无此沟，而卒葬地资料记载 1924 年出土于卢村，因此笔者怀疑卢家沟当为卢村的别称。因此唐代泥沟村位于卢村、涧西区谷水东一带，诚如赵所考，此村为唐代金谷乡西南界。

4. 梓泽乡所辖村

梓泽乡有 4 村，张封村、续村、杜村、耿村，前 3 村可考。

1）张封村

记载此村墓志有 2 方，均为赵所考，在半坡附近。

2）续村

有 4 方墓志记载续村，明确出土地的 3 方，赵考 1 方。综合知，续村位于半坡附近。

3）杜村

2 方墓志记载杜村，1 方有出土地。位于今周寨村附近。

5. 谷阳乡

谷阳乡所辖 1 村，王幼村，因出土地不明，尚待考证。

6. 朱阳乡

朱阳乡辖 1 村，朱阳村，在朱家湾附近，因只有 1 方墓志，所以只能推测此乡在朱家湾一带，且部分区域与千金乡相连。

---

① 《隋唐五代墓志汇编·洛阳卷》，第 14 册，第 131 页。

7. 毕闺乡

毕闺乡辖 1 村即望春村，2 方墓志均有出土地，位于今龙门镇魏湾村、关林西一带，东与龙门乡相交。

8. 龙门乡

龙门乡所辖 8 村，午桥村、张村、西梁村、南王村、孙村、宋村、刘村、王村，其中前 3 村可考、后 5 村待考。

1）午桥村

记载午桥村墓志有 8 方，其中午桥村经幢一柱，大唐西市博物馆藏 4 方，7 方墓志中有明确出土地的 2 方。因午与五同音，故五桥村亦称午桥村。午桥并不是桥，是唐代宰相裴度退隐后在洛阳的别墅（绿野堂），《旧唐书》卷一百七十《裴度传》载："……又于午桥创别墅，花木万株，中起凉台暑馆，名曰绿野堂。"[1]其位于洛阳城东南洛水之南，定鼎门外，称为"午桥庄""南庄""城南庄"[2]，午桥别墅建成后，不断有文人来此作诗，赞美此地，使此地素由有"午桥碧草"之称，且在今洛阳南郊潘村、豆腐店一带。[3]可见唐代"午桥村"之名可能因"午桥碧草"的文人别墅而名，且在今关林潘村和豆腐店村附近。

2）张村

记载张村墓志仅 1 方，有出土地，位于李屯村附近。前文金谷乡所辖村中，亦有张村之名，可见"张村"属于同名异域。因仅有 1 方墓志记有张村，故还需资料的充实。

3）西梁村

记载西梁村墓志 1 方，有出土地，位于花园村一带。

9. 伊汭乡

伊汭乡共有 8 村，即中梁村、尹村、尹樊村、尹段村、段堡村、樊村、段村、梁村，前 5 村可考，后 3 村待考。

1）中梁村

记载中梁村的墓志 8 方，明确出土地的 3 方，由此可见此村位于马营、许营北、张沟一带。

---

① 《旧唐书》卷 170《裴度传》，1975 年，第 4432 页。
② 赵建梅：《晚年白居易与洛下诗人群研究》，北京：京华出版社，2010 年，第 50 页。
③ 吴少珉主编：《辉煌的洛阳》，开封：河南大学出版社，1995 年，第 269—270 页。

2）尹村

记载尹村墓志 1 方,在牛庄附近出土,因此尹村可能位于牛庄一带。

3）尹樊村

记载尹樊村的墓志 21 方,明确出土地的 2 方,均位于徐营村北、万安山南。

4）尹段村

记载尹段村墓志 3 方,均有出土地,但其中 1 方《裴虬墓志》与伊汭乡的大体方位不符,因此未纳入考察范围。由此可见此村应位于东牛庄、徐营村北一带。

5）段堡村

记载此村墓志仅 1 方,在许营村一带。

以上乡各辖村的具体情况如表 6-4 和表 6-5 所示。

表 6-4　河南县各乡所辖村

乡	村	编码	墓主	卒葬年	卒葬地	出土时地	备注
平乐乡	杜翟村	大和093	崔公夫人郑氏	大和九年（835年）	河南县平乐乡杜翟村	南石山村	《汇编》,2162 页
		大中054	孙公义	大中五年（851年）	河南县平乐乡杜翟村	南石山	《汇编》,2291 页
		咸通084	孙府君	咸通十一年（870年）	窆于河南县平乐乡杜翟原	郑凹村北	《汇编》,2444 页
	翟村		潘承嗣	开元十五年（727年）	葬于河南府河南县平乐乡翟村	西吕庙	《补遗》8,364 页
		永徽143	张义	永徽六年（655年）	窆于邙山之阳平乐乡翟村西北之平原	小梁村	《汇编》,225 页
			王宝	仪凤二年（677年）	葬于翟村西北一里	郑凹村	《隋唐汇编》第6册,9 页
	王晏村		王强	仪凤三年（678年）	葬于北芒山西北王晏村东五十步,去城门七里	南陈庄	《补遗》2,271 页
		长寿019	安怀夫人史氏合葬	长寿二年（693年）	北邙山合宫县平乐乡王晏村西	朝阳村	《汇编》,846 页
			张大脯及夫人段氏	久视元年（700年）	合葬于北邙山王晏村北原	洛前李村	《隋唐汇编》第7册,185 页

乡	村	编码	墓主	卒葬年	卒葬地	出土时地	备注
平乐乡	王晏村		杨景崇	开元二十年（732年）	葬于邙山王晏村之原	徐家村	《新获》，58页
	李村	显庆138	王力士	显庆五年（660年）	合葬于平乐乡北邙山李村东北一里	朱凹村	《汇编》，317页
			段万顷	开元十五年（727年）	合葬于洛阳城西北李村南之原	李家凹	《补遗》2，469页
	王村	龙朔018	房宝子	龙朔元年（661年）	合葬于河南县平乐乡王村东北一里半	井沟村	《汇编》，348页
		贞观141	徐氏妻刘夫人	贞观二十一年（647年）	邙山之阳洛邑东北郊洛阳县界清风之原故仓王村西南一百余步	马坡村	《汇编》，98页
	郝村	龙朔086	付交益	龙朔三年（663年）	移殡于河南县平乐乡郝村西北200步	南石山村	《汇编》，393页
	马村		张恒	神功元年（697年）	迁葬于合宫县平乐乡马村东北二里邙山	平骀马村	《补遗》5，238页
	景叶村	天宝077	杜师廓	天宝四载（745年）	迁窆于河南府河南县平乐乡景叶村东北一里	盘龙冢北凹	《汇编》，1586页
	徐娄村	贞元030	程俊	贞元六年（790年）	迁祔于河南县平乐乡徐娄村西南二里	白草坪村	《汇编》，1859页
	张阳村	咸通096	李克楷夫人纥干氏	咸通十二年（871年）	归葬河南府河南县张阳村平乐乡	伯乐凹村	《汇编》，2453页
			王谭	咸通五年（864年）	归葬于河南府平乐乡张阳村	张羊村	《补遗》4，231页
	王寇村		刘夫人	会昌四年（844年）	河南县平乐乡王寇村	井沟村	《补遗》1，332页
	朱阳村	咸通082	徐氏	咸通十一年（870年）	窆于河南府河南县平乐乡朱阳村	北窑村	《汇编》，2442页
	伯乐村	大和036	任修	太和四年（830年）	葬于洛阳县平乐乡百洛村		《汇编》，2121页
	河东村	延载002	张君	延载元年（694年）	葬于北邙山河东村北一里内	郑凹村	《汇编》，861页
		乾封002	王延	乾封元年（666年）	合葬于邙山平乐乡瀍左里河东村北八十步		《汇编》，443页

续表

乡	村	编码	墓主	卒葬年	卒葬地	出土时地	备注
平乐乡	尚店村		崔特夫人于氏	大中十二年（858 年）	归葬于河南县平乐乡上店村		《补遗》9，420 页
	河内村		王元琰夫人樊氏	开元二十九年（741 年）	合葬于先茔河南府河南县河内村北原	上店村	《补遗》1，148 页
千金乡	檞村	贞观 067	张骚	贞观十三年（639 年）	窆于芒山千金乡檞村西三里	郑凹村	《汇编》，52 页
金谷乡	尹村	元和 105	杨宁	元和十二年（817 年）	卜宅河南府河南县金谷乡尹村之北原	前楼村	《汇编》，2023 页
		大和 031	刘茂贞	大和四年（830 年）	窆于河南府河南县金谷乡尹村	营里村	《汇编》，2118 页
		大中 136	刘府君张氏	大中十一年（857 年）	窆于河南府河南县金谷乡尹村	营里村	《汇编》，2357 页
	张村	会昌 032	胡宗约夫人杨氏	会昌四年（844 年）	归祔于河南县金谷乡张村之原	营里村	《汇编》，2233 页
			李烨	咸通三年（862 年）	葬于河南县金谷乡张村	张岭村	《隋唐汇编》第 14 册，103 页
			李同	咸通八年（867 年）	葬于河南县金谷乡张村	张岭村	《隋唐汇编》第 14 册，128 页
	焦古村	大和 022	卢初	大和三年（829 年）	归祔于河南县金谷乡焦古村	水泉村西北	《汇编》，2112 页
			源氏	贞元十三年（797 年）	葬于河南县金谷乡焦古村	苗沟村	《隋唐汇编》第 12 册，143 页
				宝历二年（826 年）	葬于河南县金谷乡焦古村	营里村	《隋唐汇编》第 13 册，82 页
	李村		段万顷		葬于洛阳城西北李村	西李家凹村	《隋唐汇编》第 9 册，161 页
金谷乡	泥沟村	兴元 002	陈府君夫人王氏	兴元元年（784 年）	启举迁奉于河南府河南县金谷乡泥沟村故园林之前旧茔	谷水（镇）东	《汇编续集》，733 页
		开元 342	吕夫人李氏	开元十九年（731 年）	权殡于河南县金谷乡界之西南泥沟之东北别业之东坎	卢村	《汇编》，1392 页

续表

乡	村	编码	墓主	卒葬年	卒葬地	出土时地	备注
梓泽乡	续村	咸通005	郑君夫人崔琪	咸通二年（861年）	归葬于河南县梓泽乡续村	半坡村	《汇编》，2382页
		咸通006	郑纪夫人卢氏	咸通二年（861年）	归葬于河南县梓泽乡续村	半坡村	《汇编》，2383页
	杜村	大中068	郑夫人	大中六年（852年）	归祔于河南县梓泽乡杜村	周寨村	《汇编》，2302页
朱阳乡	朱阳村	乾元010	崔夐	乾封二年（667年）	窆于河南县朱阳乡之朱阳村原	朱家湾	《汇编》，1741页
毕圭乡	望春村		卢府君夫人陇西李氏	元和十五年（820年）	同窆于龙门西山河南府河南县毕圭乡望春村	魏湾村	《补遗》专辑，332页
			卢厚德	会昌四年（844年）	河南府河南县毕圭乡望春村	关林镇西	《补遗》8，168页
龙门乡	午桥村		仇仙妻及夫人玄氏	会昌三年（843）年	合祔于河南县龙门乡午桥村	关林一带	《补遗》专辑，370
			韦佩母段氏	元和四年（809年）	葬河南县龙门乡之午桥	关林镇一带	《元氏长庆集》卷58
			高元	长寿二年（693年）	合葬于定鼎门外五桥之南平原		《唐西市志》，277页
			梁府君夫人崔氏	开元十一年（723年）	安于河南府河南县龙门乡午桥西南二里原		《唐西市志》，423页
			崔上尊	开元十一年（723年）	归厝于河南县龙门乡午桥之西南		《唐西市志》，419页
	张村		高氏	会昌癸亥年	归窆于河南县龙门乡张村	李屯村	《补遗》专辑，371页
	西梁村		袁公和	元和九年（814年）	祔葬于龙门西梁村	花园村	《补遗》8，120
伊汭乡	中梁村		崔府君	开成五年（840年）	河南县伊汭乡中梁村	张沟村	《补遗》专辑，366
			令狐梅	大中十年（856年）	归葬于河南府河南县伊汭乡中梁村之南原	许营村北1.5公里	《新获》，288页
			崔遂	元和	河南县伊汭乡中梁村告都里	马营村	《补遗》8，113页
			张婧	咸通八年（867年）	葬于河南县伊润中梁村		《唐西市志》，867页

续表

乡	村	编码	墓主	卒葬年	卒葬地	出土时地	备注
伊汭乡	尹村		宋裕	天宝二年（743年）	葬于河南县伊汭乡尹村	牛庄	《补遗》专辑，191页
	尹樊村		李澄	贞元十五年（799年）	祔葬于河南县伊汭乡尹樊村万安山	许营村北万安山	《补遗》8，105页
			李综及夫人卢氏	长庆元年（821年）	合祔于河南府河南县伊汭乡尹樊村万安山之南原		《唐西市志》，821页
	尹段村		王德进并京兆杜夫人	太和六年（832年）	归祔于河南府河南县伊汭乡尹段村	东牛庄村	《汇编续集》，195页
			卢载	大中二年（848年）	河南府河南县伊汭乡尹段村万安山南原	许营村村北	《补遗》专辑，377页
	段堡村		房府君李静容	景云三年（712年）	安厝于河南县伊汭乡万安山南段堡村	彭婆乡许营村	《补遗》8，345页

注：表中《洛阳新获墓志》简称为《新获》，《大唐西市博物馆藏墓志》简称为《唐西市志》，下同。

表6-5　河南县各乡尚待考证村名

序号	乡名	墓主	卒葬年	卒葬地	出处、编号和页码
	平乐乡	黄素	咸亨五年（674年）	河南县平乐乡邙山之阴陶村北狼谷之原	《汇编》咸亨105，586页
陶村		贾感	开元九年（721年）	北邙山河南县平乐乡陶村原	《汇编》开元116，1234页
		豆卢夫人	天宝四载（745年）	葬于河南县平乐陶村之原也	《汇编续集》天宝022，597页
	晏村	康续	调露元年（679年）	归葬于洛阳城北七里晏村西平乐乡界	《汇编》调露008，658页
		翟公妻康氏	证圣元年（695年）	合□平乐乡北邙晏村之原	《汇编续集》证圣003，340页
	杨宝村	赵氏	景云二年（711年）	合葬于河南县平乐乡界杨宝村东一百步内北茫山平原	《补遗》7，351页
	王赵村	严郎及其夫人燕氏	贞观十五年（641年）	合葬于邙山王赵村	《隋唐汇编》第5册，143页
		宋季	咸亨三年（672年）	葬于邙山王赵村东五里	《隋唐汇编》第5册，145页
		宁思真	神龙元年（705年）	葬于邙山王赵村十里高原	《辑绳》，429页

续表

序号	乡名	墓主	卒葬年	卒葬地	出处、编号和页码
平乐乡	王赵村	朱氏	开元十九年（731 年）	殡于城东王赵村平乐乡	《汇编》开元 328，1383 页
		严真如海	开元二十九年（741 年）	葬于北邙山王赵村	《隋唐汇编》第 10 册，203 页
	崔村	魏夫人	开元二十一年（733 年）	泉殡于河南县平乐乡崔村之原	《汇编》开元 374，1415
	郭穆村	朱玄哲妻	开元二年（714 年）	迁措河南府西北十五里平乐乡郭穆村西八十步之平原	《汇编续集》开元 002，455
	乐村	薛夫人	开元四年（716 年）	殡于河南府城东北一里半乐村北二百步	《补遗》5，320 页
	朱村	李夫人	开元十五年（727 年）	葬于洛阳县平乐乡朱村瀍涧里	《补遗》8，23 页
	官庄村	张继达	长庆四年（824 年）	归窆于河南府河南县平乐乡徐楼里官庄村	《补遗》9，425 页
金谷乡	无上村	李夫人	开元三年（715 年）	葬于河南府河南县金谷乡金谷里无上村之原	《汇编》开元 027，1170 页
	伏和村	李氏	太和三年（829 年）	归葬于河南府河南县金谷乡伏和村之原	《汇编续集》大和 021，896 页
	景业村	杨令晖	天宝三载（744 年）	迁措于金谷乡景业村	《汇编》天宝 056，1569 页
梓泽乡	耿村	李府君		河南县镇梓泽乡之玉甸耿村	《汇编》残志 011，2545 页
谷阳乡	王幼村	樊文	长安二年（702 年）	合葬于合宫县谷阳乡王幼村西岗之礼也	《汇编续集》长安 002，388 页
伯乐乡	上店村	郑氏夫人	咸通四年（863 年）	迁葬于河南府河南县伯乐乡上店村	《汇编》咸通 033，2404 页
望仙乡	护保村	刘性忠	元和十年（815 年）	葬于龙门望仙乡护保村先师姑塔右	《隋唐汇编》第 13 册，20 页
龙门乡	南王村	卢氏	长庆元年（821 年）	合祔于河南县龙门乡南王村龙门之原	《汇编》会昌 006，2215 页

续表

序号	乡名	墓主	卒葬年	卒葬地	出处、编号和页码
		李氏	大中十三年（859年）	权葬于河南府河南县龙门乡南王村温泉里	《汇编续集》大中066，1018页
	南王村	仇通	贞元十四年（798年）	权殡于龙门乡南王村	《补遗》专辑，291页
		宋斌	贞元十三年（797年）	窆于河南县龙门乡南王村之平原	《唐西市志》，701页
龙门乡		李氏故第二女	大中三年（849年）	殡于河南县龙门乡孙村	《汇编续集》大中016，980页
	孙村	陇西李氏女	大中十一年（857年）	葬于河南县龙门乡孙村亲妹之茔	《汇编续集》大中061，1014页
		李氏妻王姜媛	长安四年（704年）	葬于长夏门西南合宫县界孙村西北一里	《补遗》专辑，93页
	宋村	裴淑	开元四年（716年）	葬于河南长夏门西龙门乡宋村	《隋唐汇编》第8册，211页
	刘村	刘挺	仪凤三年（678年）	合葬于城南龙门乡刘村东北一里	《唐西市志》，219页
	王村	第五悰	开成二年（837年）	权窆于河南县龙门乡王村	《唐西市志》，867页
伊洛乡	解贾村	卢约及夫人崔氏	大中十年（856年）	窆终于河南府河南县伊洛乡解贾村	《汇编》咸通057，2422页
感德乡	孙村	史乔如	开成二年（837年）	权葬于河南县感德乡孙村原	《汇编续集》开成009，929页
	樊村	李仲昌	元和八年（813年）	归祔于河南府河南县伊汭乡樊村万安山	《补遗》专辑，317页
伊汭乡	段村	卢占	咸通七年（866年）	归葬河南县伊汭乡段村	《补遗》8，205页
	梁村	何迫述	大历六年（771年）	河南县伊汭乡梁村	《补遗》专辑，254页
都会乡	王赵村	萧贞亮	延和元年（712年）	权殡于河南县都会乡王赵村原	《汇编》延和001，1142页
平阴乡	陶村	崔程	贞元十四年（798年）	河南县平阴乡陶村	《汇编》贞元096，1906页
无隶属乡	侯村	卢寂	贞元九年（793年）	葬于河南县侯村南原	《补遗》5，107页
	陈村	杨夫人	元和四年（809年）	安厝于河南县内陈村	《汇编》元和030，1970页

序号	乡名	墓主	卒葬年	卒葬地	出处、编号和页码
	大王村	王师感	显庆元年（656年）	葬于城北河南县界大王村之西北	《补遗》2，143页
	大魏村	刘妙姜	永徽六年（655年）	葬于北邙山大魏村东北三十步	《隋唐汇编》第3册，140页
无隶属乡	荣村	赵元智	万岁通天二年（697年）	葬于北邙山之荣村	《辑绳》，394页
	韦村	何盛	永徽四年（653年）	葬于邙山韦村北一里半	《辑绳》，169页
	寺村（桑村）	孙何师	景云三年（712年）	葬于洛阳城北去城十五里桑村北三里	《汇编续集》景云007，447页
		孙何师	景云三年（712年）	葬于洛阳城北去城十五里寺村北三里	《隋唐汇编》第8册，164页

注：表中《洛阳出土历代墓志辑绳》简称为《辑绳》，下同。

需要说明的有以下几点。

1. 关于平乐乡王赵村

王赵村在唐人墓志中提及的次数较多，高达5次，可见至少在贞观十五年（641年）到开元二十九年（741年）的百年时间内的确存在过。隋代亦有王赵村之名，位于隋唐城东北五里，西吕庙村一带，又从《朱氏墓志》看，墓主葬于城东王赵村，可知唐代王赵村在都城东面。因唐代乡村地名命名中，有单姓氏和联合姓氏命名的原则，一般而言会出现将附近几个单一姓氏的村庄重新组合成一个具有两种姓氏的情况。若根据这一方法，可推知王赵村可能是由"王村"和"赵村"两个村庄重新划分而出。上文探讨了"王村"的范围，在井沟和马坡附近，而隋代王赵村所在的西吕庙村与马坡毗邻，均在都城东北方向，据此笔者推断唐代王赵村之名可能是沿袭隋代旧名，在今洛阳城东北西吕庙、马坡附近。该村仅是笔者的推断，尚待其他墓志和文献资料进一步考证。

2. 关于同一墓主的不同葬地

《唐代墓志汇编》中《魏夫人墓志》载墓主葬于崔村，而《全唐文补遗》第4辑中又著录雀村，《洛阳出土墓志卒葬地资料汇编》中记"雀村"。崔村与雀村孰是孰非，有待原拓本的解释。

3. 关于晏村

因晏与宴同音，形近，故晏村亦作宴村。

4. 关于伯乐乡的上店村

此上店村亦属于伯乐乡所辖,前文在考察平乐乡所辖村时,便知平乐乡亦有尚店村之名,位置在今姚凹村、上店村、伯乐凹一带。从出土的葬于平乐乡伯乐村墓志时间看,有大中十二年(858年)的《崔特夫人于氏墓志》,有咸通二年(861年)的《裴夫人彭氏墓志》,有咸通九年(868年)的《裴玩墓志》,均证明平乐乡有尚店村。《郑氏夫人墓志》的葬年在咸通四年(863年),由此知咸通四年伯乐乡亦有上店村。因此可以得知两乡的上店村可能仅是名称相异,乡中存在同名村的情况,即重名现象。

5. 关于龙门乡

1)南王村

关于南王村的墓志有4方,并且还有1方经幢,此方经幢是《雷氏经幢》,曰:"河南府河南县龙门乡南王村买茔地一所。"[1]据张乃翥证实该经幢出土于伊阙东北原洛阳故城永通门一带。根据考古实测,唐代永通门位于今洛阳李楼乡贺村南200米。[2]因贺村南与潘村、豆腐店村毗邻,故笔者怀疑南王村与午桥村属于临近村庄。值得注意的是,今贺村南2公里左右、潘村东2公里与之同纬度地区亦有"南王村"这一村名,因此笔者怀疑今"南王村"之名是沿袭唐代"南王村"的又一实例。但是上述仅是笔者的推测,关于南王村的具体位置还需要资料的进一步考证。

2)孙村

涉及孙村墓志有4方,有明确出土地的1方,还有经幢1方,即《安思泰石刻浮图补刊康法藏祖坟记》:"长安三年九月二十日建立。补刊记事:上元二年八月葬于洛州河南县龙门乡孙村西一里。"[3]张乃翥考察出孙村在今龙门东山北麓伊水南原。从《李氏妻王姜嫄墓志》来看:"长安四年……殡于长夏门西南合宫县界孙村西北一里。"[4]该墓志出土于孟津县送庄乡[5],送庄乡位于洛阳市东北安喜门外,因此推测该墓志出土地有误。再从墓志记载具体情况来看,长夏门属于城南墙东边门,在今洛阳市洛龙区郑村南古洛渠,意味着今郑村西南一带属于合宫县界线,而唐代孙村便是合宫县界的标志。关于孙村的大致位置,仅能知其位于龙门东山北、伊水南,详细的地域范围还有

---

① 张乃翥:《跋龙门石窟近藏长安三年、大中六年之幢塔刻石》,《敦煌研究》1998年第1期。
② 陈良伟:《隋唐洛阳城永通门遗址发掘简报》,《考古》1997年第12期。
③ 张乃翥:《洛阳景教经幢与唐东都"感德乡"的胡人聚落》,《中原文物》2009年第2期。
④ 吴钢主编:《全唐文补遗·千唐志斋新藏专辑》,第93页。
⑤ 洛阳市文物考古研究院编,周立主编:《洛阳出土墓志目录续编》,第57页。

待资料进一步证实。

3）王村

因仅有 1 方墓志记载王村，而龙门乡亦有南王村，因此不知王村与南王村同是一村，还是南王村因位于王村南而故名，还有待更多的墓志予以证明。

4）刘村

墓志中记载刘村仅 1 方，从《大唐西市博物馆藏墓志》的墓志出土时地来看，刘村在今天的洛阳南郊龙门镇一带，范围过于宽泛，因此列为尚待考证范围的村落。

5）伊汭乡

（1）樊村和段村。仅有 1 方记载樊村，而伊汭乡亦有尹村和尹樊村，因此不知此墓志的"樊村"是否是"尹樊村"的简写，还是固有此村名。笔者推测，樊村之名应是遵从唐代"单一姓氏"的乡村命名原则，尹村亦是如此，而"尹樊村"则是尹村和樊村组成的具有联合姓氏特征的村名。

段村亦和"樊村"同样，因上文考察了伊汭乡有尹段村，此村应该是属于"尹村"与"段村"的联合姓氏村名。

（2）梁村。记载梁村的墓志亦 1 方，无出土地。值得注意的是，由上文的探讨中，知龙门乡有西梁村且位于花园村附近，伊汭乡有中梁村，且位于张沟、许营村北、马营村一带，辖属于同乡的"梁村"因无墓志出土地，故无法判定其大致方位，但依据伊川县行政区划图可以肯定的是，伊汭乡的梁村应当位于许营村以南方位，可能是伊汭乡靠南的村落。

6. 关于都会乡和平阴乡

从墓志记载看都会乡有王赵村，平阴乡有陶村，均只有 1 方墓志对此记载。故无法判定其大致范围。

7. 关于无隶属关系的村

1）陈村

记载陈村的墓志 1 方，即《尊夫人墓志》，其出土于洛阳市老城北张阳村东[①]，上文已经考察张阳村一带为唐代平乐乡所辖村落。但由于此墓志未提所属乡，故仅能做此探讨。

2）关于寺村

《孙何师墓志》在《唐代墓志汇编续集》中记为"桑村"，笔者通过翻阅

---

① 余扶危、张剑主编：《洛阳出土墓志卒葬地资料汇编》，第257页。

原始拓片，亦不能清楚辨别此字（图 6-2），但值得肯定的是此村存在的事实，尚待学界对此字进行解析。

图 6-2　《孙何师墓志》

拓片来源：《隋唐五代墓志汇编·洛阳卷》，第 8 册，第 164 页。

三、里名

河南县共辖 72 里。其中平乐乡 19 里，千金乡 7 里，金谷乡 7 里，梓泽乡 3 里，谷阳乡 2 里，河阴乡 2 里，瀍涧乡有 2 里，永泰乡 2 里，洛邑乡 1 里，王城乡 2 里，长乐乡 2 里，洛城乡 1 里，元望乡 1 里，交风乡 1 里，伊水乡 1 里，翟泉乡 1 里，龙门乡 10 里，伊洛乡 1 里，洛汭乡 2 里，伊汭乡 4 里，委粟乡 1 里。

1. 平乐乡所辖里

平乐乡共辖 19 里，已考 11 里，尚待考证 8 里，在张剑研究基础上新补出永宁里、其卢里二里。

（1）安善里：共有 14 方墓志记载此里，有明确出土地墓志 5 方。由《王通及夫人赵氏墓志》知该志出土于冢头村，而其他 4 方安善里的墓志均出土于南石山附近，由于冢头离南石山附近过远，因此怀疑此方墓志出土地有误，从而知安善里位于今南陈庄、杨凹、南石山附近。

（2）瀍左里：有 5 方墓志记载此里，3 方出土地明确。一般而言古代地理事物的命名以山川为名较多，其中山南水北为阳，东左西右，如江东又称江右。若依据这一原则，瀍左里之名当与瀍水有关。因瀍水发源于邙山横水乡，自北向南流经洛阳老城东注入洛河，由出土的瀍左里的墓志看，主要在今徐村、后李一带，恰位于瀍水东岸。

（3）老神里：有 3 方墓志记载此里，2 方有出土地，因笔者查阅资料与赵振华同，故不作其他论述，即老神里因老子李耳及唐代的"老君庙"而名，在今徐村、后洞附近。

（4）张阳里：4 方墓志有记载，仅 1 方有出土地，在洛阳市安驾沟出土。可见张扬里在安驾沟附近。

（5）千金里：6 方墓志记载千金里之名，有 1 方有明确出土地。由此可见千金里位于后洞村附近。

（6）瀍涧里：涉及此里的墓志有 8 方，仅有 2 方有出土地。仅从字面含义看，此里之名应与瀍河有关，《王元墓志》出土于杨凹，从地图上看，杨凹离瀍河距离较远，而赵所考《彭氏墓志》出土于姚凹，因"杨"与"姚"近因，故笔者认为《王元墓志》的"杨凹"为"姚凹"之讹。因此瀍涧里当位于瀍河东岸姚凹村附近。

（7）杜郭里：记载杜郭里墓志 10 余方，有明确出土地的 3 方，赵已考 1 方。可见杜郭里位于今北陈庄、南石山村附近。南石山村据前面所考，也属于安善里部分，因此安善里与杜郭里在南石山村相交，且位于杜郭里之南。

（8）朱阳里：记载朱阳里墓志 10 余方，4 方明确出土地，赵考 2 方。结合赵所考，朱阳里当位于今北窑、井沟、徐村北一带，徐村一带亦出土有老神里和瀍左里墓志，可知三村在此相交。

（9）杜翟里：8 方墓志记载此里，1 方有出土地，可知杜翟里位于今杨凹村附近。前面知杨凹亦出土了安善里的墓志，故杨凹一带为两里的交界处。墓志中亦有对平乐乡杜翟里大致地理范围的描述，宋开宝三年（970 年）的《牛存节墓志》载："遂卜其地，瀍水之阳，邙山之面，里曰杜翟，乡曰平乐，盖西都河南县形胜之地也……以大宋开宝三年十月五日，襄事于此"[①]，说明墓主葬于河南县平乐乡杜翟里，该地位于河南洛阳北十五里南石山村一带，虽此志属于五代之墓志，但此时去唐不远，且前文已有所探讨五代至北宋时期的"平乐乡"与唐代平乐乡范围相当，因此从此方墓志来看，进一步印证了平乐乡杜翟里位于瀍水北，靠近邙山的优越地理位置。

（10）安川里：2 方载有安川里的墓志均有出土地。隋代亦有安川里之名，

---

① 胡戟、荣新江主编：《大唐西市博物馆藏墓志》，第 1063 页。

且位于郑凹村北一带。但唐代安川里位于今南陈庄附近，与安善里相接。

（11）平乐里：记载平乐里墓志较多，达 20 余方，明确出土地的 8 方。由出土地看，平乐里范围较广，在南陈庄、南石山、井沟、向阳、杨凹附近。由前面所述，平乐里应与安善里在南石山、南陈庄一带相交、与朱阳里在井沟一带相交，与杜翟里在杨凹一带相交，与安川里在南陈庄相交。

2. 千金乡所辖里

前文已经考察了千金乡存在的时间短暂，因此下文在探讨千金乡所辖里名和范围时，笔者将它视为政区调整之前的大致情况，因此某些地名会与平乐乡之里名重合，尚属正常。本文已考 2 里，尚待考证 5 里。

（1）玄门里：因"门"与"明"因近，故同里名。有 2 方墓志记载此里且均有出土地，可见玄门里位于郑凹村西南一带。

（2）千金里：2 方墓志有此里名，明确出土地的 1 方，赵考 1 方，位于盘龙冢附近。

3. 金谷乡所辖里

金谷乡共辖 7 里，分别为全原里、石城里、金谷里、焦古里、北邙里、张村里、清义里。大部分均可考。

（1）泉源里：因"泉"与"源""全"同音，故通名。记载此里的墓志有 6 方，其中明确出土地的 4 方，赵考 2 方。由此，知泉源里位于东徒沟、李家凹、望朝岭附近。

（2）石城里：赵已考，故不赘，位于庄王山、冢头一带。

（3）焦古里：因古与故同音，故焦古里又名焦故里。记载此里的墓志共 6 方，明确出土地的 3 方，前人考 2 方。知该里位于李营、苗沟村、冢头村，在冢头村一带与石城里交。

（4）金谷里：记载千金乡金谷里墓志 3 方，2 方有出土地，赵考 1 方。由此，知金谷里位于洛阳西北庄王山村、西至西徒沟附近。

（5）北邙里：中国古代地理事物命名一般以"山水河流"为名，因此北邙里可能因其北的"北邙山"而名，赵已考位于李家凹附近。

4. 梓泽乡

梓泽乡有 3 里，其中 1 里可考。

宣武里：记载宣武里的墓志并不多，仅 1 方，出土于周翟，赵已考。查阅其他与宣武相关的墓志，有"宣武原""宣武陵"之记载，宣武陵后文将详解，可知宣武里之名可能与宣武陵有关。

5. 谷阳乡

谷阳乡有 2 里，金谷里和谷阳里，且谷阳乡金谷里的墓志有 2 方，其中均有出土地，位于冢头与卢村之间，而谷阳里暂时无法判定其位置。

6. 河阴乡

河阴乡辖 2 里，伯乐里和瀍阳里，伯乐里赵已考其大致范围，在伯乐凹北一带，瀍阳里尚待考证。

7. 永泰乡

永泰乡辖 2 里，行修里和宣风里，行修里可考，位于井沟附近，但是仅这 1 方墓志还无法判定，尚待考证。

8. 洛邑乡

洛邑乡辖 1 里，临瀍里，2 方墓志对此记载，1 方载卒于此里，1 方载葬于此里，因此可推知此里为洛阳城外的里，位于前海资一带。

9. 王城乡

王城乡所辖 2 里，仅有 2 方墓志记载，敦信里和立德里，且立德里位于杨坟村附近。

10. 长乐乡

长乐乡辖 2 里，即长宁里和平原里，前者有出土地，后者无，位于今唐寺门附近，与马坡、杨坟毗邻，若出土地无误，平原里与上述王城乡的立德里、平乐乡的安善里较近。

11. 龙门乡

龙门乡辖 10 里，下费里、芳苑里、温泉里、王城里、游仙里、义济里、安泉里、伊汭里、洛汭里、龙门里，前 2 里可考，后 7 里待考。

（1）下费里：2 方墓志记载此里，1 里有出土地，位于龙门西山一带，仅知其大致位置，涉及具体村落目前尚不明确。

（2）芳苑里：1 方墓志记载此里，位于龙门镇魏湾村附近。

12. 伊汭乡

伊汭乡辖 4 里，即尹樊里、告都里、万安里、中梁里，前 2 里可考，后 2 里待考。

（1）尹樊里：记载尹樊里的墓志有 4 方，1 方有出土地，位于徐营村北。

（2）告都里：记载告都里的墓志有 1 方，位于马营村附近。

以上部分乡里的具体情况，详见表 6-6 和表 6-7。

表 6-6　河南县所辖里

乡名	里名	编码	墓主	卒葬年	卒葬地	出土地	出处和页码
平乐乡	安善里		王通及夫人赵氏	贞观十八年（644年）	合葬于洛州河南县北邙山平乐乡安善里北邙山	冢头村	《隋唐汇编》第2册，82页
		上元042	柳夫人	上元三年（676年）	河南县平乐乡安善里	杨凹村	《汇编》，623页
		天宝119	程思庆	天宝七载（748年）	合葬于河南府河南县平乐乡安善里杜郭村北二里平原	南陈庄	《汇编》，1616页
		大中059	杨宇	大中五年（851年）	葬于河南县平乐乡之安善里	南石山村西	《汇编》，2294页
			能政	长庆三年（823年）	窆于河南县平乐乡安善里北邙之原	马坡村	《丝绸之路辞典》，566页
	瀍左里	总章004	高五子	总章元年（668年）	河南北山平乐乡瀍左里	徐村	《汇编》，484页
	张阳里		高志远	长安三年（703年）	葬于张杨里	安（驾）沟	《隋唐汇编》第8册，20页
	千金里		张弘秀	显庆五年（660年）	葬于洛北邙千金里	后洞村	《隋唐汇编》第3册，148页
	瀍涧里		王元	开元七年（719页）	葬于北邙山瀍涧里之高原	杨凹村	《隋唐汇编》第9册，38页
	杜郭里	长庆029	崔君	长庆四年（824年）	归于东周河南县平乐乡杜郭里	北陈庄	《汇编》，2079页
		咸通094	裴氏	咸通十四年（873年）	归附于河南府河南县平乐乡杜郭里	陈庄村	《汇编续集》，1107页
	朱阳里		卫景弘	大中十年（856年）	葬于河南府河南县平乐乡朱阳里	井沟村	《补遗》8，191页
			杨择文夫人陈氏	元和元年（806年）	合葬于河南县朱阳里	北窑村	《隋唐汇编》第12册，199页
	杜翟里	会昌008	韦埙	会昌元年（841年）	河南县平乐乡之杜翟里	杨凹村	《汇编》，2216页
			韦鍊	大中十二年（858年）	安于洛州北安喜门河南县平乐乡杜翟里		《补遗》专辑，394页
	安川里	贞观124	杨士达	贞观二十年（646年）	葬于河南县平乐乡安川里邙山之阳翟村之西三伯步	小岭村	《汇编》，87页

乡名	里名	编码	墓主	卒葬年	卒葬地	出土地	出处和页码
平乐乡	安川里	贞观140	乐善文	贞观二十一年（647年）	葬于河南县平乐乡安川里	南陈庄	《汇编》，97页
	平乐里		马忠	贞观二十年（646年）	葬于邙山之平乐里	杨凹村	《千唐志斋藏志》，37页
			和姬	永徽二年（651年）	殡于邙山平乐里	南陈庄	《千唐志斋藏志》，67页
			许行师	显庆五年（660年）	葬于平乐里	南石山村	《千唐志斋藏志》，161页
			许续	显庆五年（660年）	迁奉与邙山平乐里	郑凹村	《千唐志斋藏志》，162页
			董葵	乾封二年（667年）	合葬于平乐里	井沟村	《千唐志斋藏志》，234页
			张廉	显庆三年（658年）	葬于北山平乐里	朝阳村	《隋唐汇编》第3册，217页
			张毅	贞观十九年（645年）	权窆于邙山平乐里	向阳村	《补遗》专辑，5页
	瀍阳里	天授013	衡义整	天授二年（691年）	殡于洛州合宫县平乐乡瀍阳里	孟津县南陈庄	《汇编》，802页
千金乡	玄门里	贞观007	屈突通	贞观二年（628年）	葬于洛州河南县千金乡玄门里之北邙山	郑凹村西南	《汇编》，14页
		贞观012	蒋国夫人	贞观三年（629年）	殡于洛州河南县千金乡玄明里邙山之阳	郑凹村西南	《汇编》，18页
	千金里	贞观061	柳婆归	贞观十二年（638年）	洛州河南县千金乡千金里北邙山		《汇编》，49页
金谷乡	泉源里	元和072	李翘	元和九年（814年）	归于河南府河南县金谷乡泉原里	小泉村南徒沟村北	《汇编》，1998页
		上元044	刘义弘	上元三年（676年）	改葬于洛州河南县金谷乡泉源里北邙山	望朝岭村	《汇编》，624页
	焦古里	贞元139	元睿	贞元二十一年（805年）	窆于河南县金谷乡焦故里	营里村	《汇编》，1939页
	金谷里	开元027	李夫人	开元三年（715年）	葬于河南府河南县金谷乡金谷里无上村之原	西徒沟村	《汇编》，1170页
永泰乡	行修里	麟德036	房仁恭	麟德二年（665年）	终:洛州河南县永泰乡行修里	井沟村	《汇编》，420页

续表

乡名	里名	编码	墓主	卒葬年	卒葬地	出土地	出处和页码
洛邑乡	临瀍里		任金	圣武二年（757年）	葬于邙山临瀍里		《补遗》5，88页
王城乡	立德里	元和047	任氏夫人	元和五年（810年）	沉没于河南县王城乡立德旧里	杨坟村	《汇编》，1982页
长乐乡	长宁里	证圣014	李难	证圣元年（695年）	迁窆于县东北长乐乡长宁里禅众寺别园	唐寺门	《汇编》，875页
龙门乡	下费里		李仁廓夫人王媛	载初元年（689年）	合葬于龙门乡下费里	龙门西山	《补遗》专辑，60页
	芳苑里		封皎	开元十八年（730年）	葬于河南府河南县龙门乡芳苑里	镇魏湾村	《补遗》专辑，157页
伊汭乡	尹樊里		卢绍	咸通十二年（871年）	于河南杜河南县万安山南伊汭乡尹樊里	许营村北1公里	《补遗》5，190页
	告都里		崔遂	元和	河南县伊汭乡中梁村告都里	马营村	《补遗》8，113页

表6-7 河南县尚待考证里名

乡名	里名	墓主	卒葬年	卒葬地	出处、编码和页码
平乐乡	华邑里	崔泰	永徽六年（655年）	洛州河南县平乐乡华邑里邙山之原	《汇编》永徽139，222页
	河东里	王府君夫人李氏	开元十一年（723年）	葬于城北安门外河南县平乐乡河东里西南三里	《汇编》开元166，1271页
	平原里	柳默然	开成五年（840年）	葬于河南县平乐乡之平原里	《汇编》开成045，2202页
	永宁里	宫自劝	元和一年（806年）	窆于河南县平乐乡永宁里西原北邙山	《补遗》专辑，306页
	其卢里	苏藏玉	大中七年（853年）	窆于河南县平乐乡其卢里	《补遗》专辑，386页
	兴艺里	崔永	天宝七载（748年）	权厝于河南府河南县平乐乡终兴艺里	《汇编》天宝123，1618页
	善圣里	孙嗣初	咸通七年（866年）	葬于河南县平乐乡杜郭村善圣里	《隋唐汇编》第14册，123

乡名	里名	墓主	卒葬年	卒葬地	出处、编码和页码
千金乡	安善里	崔长先	武德九年（626年）	葬于洛州河南县东都故城北十里千金乡安善里	《汇编》武德005，4页
	安川里	元氏	开明元年（619年）	葬于城北千金乡安川里	《汇编》开明001，5页
	金谷里	高夔	垂拱三年（687年）	合袝千金乡金谷里之平原	《汇编》垂拱039，756页
	安平里	耿士隆	贞观七年（633年）	改窆于洛州洛阳县北邙山千金乡安平里	《汇编续集》贞观008，13页
	老子里	卢道助	武德六年（623年）	葬于洛州河南县千金乡老子里	《辑绳》，69页
金谷乡	清义里	陈毅	永徽三年（652年）	迁厝于洛州河南县金谷乡清义里北邙之原	《补遗》专辑，8页
	张村里	赵郡李氏女	咸通十二年（871年）	归葬于北邙山西金谷乡张村里	《补遗》4，250页
梓泽乡	纳义里	崔逸甫	开元四年（716年）	宅兆于河南府河南县梓泽乡纳义里原	《汇编续集》开元015，462页
	梓泽里	崔镐	天宝三载（744年）	葬于北邙山梓泽之里	《千唐志斋藏志》下，816页
谷阳乡	谷阳里	张献诚	大历四年（769年）	合于河南县谷阳乡谷阳里邙山原，从南阳公之茔也	《汇编续集》大历007，696页
河阴乡	瀍阳里	司马府君	垂拱三年（687年）	窆于邙山之河阴乡瀍阳里	《汇编》垂拱036，754页
		程昌胤	建中三年（782年）	北邙河南府河南县河阴乡缠阳里	《补遗》专辑，266页
瀍涧乡	重光里	赵君夫人姚氏	永徽二年（651年）	洛阳瀍涧乡重光里	《汇编》永徽035，153页
	思域里	梁方	总章元年（668年）	今贯河南县瀍涧乡思域里焉	《汇编》总章016，491页
永泰乡	宣风里	张夫人	龙朔三年（663年）	卒于洛州河南县永泰乡宣风里	《汇编》龙朔078，387页
王城乡	敦信里	刘宝夫人郭氏	万岁登封元年（696年）	薨于合宫县王城乡敦信里之私第	《汇编》万岁登封005，887页
长乐乡	平原里	王逊	太和四年（830年）	葬于河南府长乐乡平原里	《隋唐汇编》第13册，103页
洛城乡	灵台里	周绍叶夫人赵氏	长安二年（702年）	卒于河南府河南县洛城乡灵台里第	《汇编》开元252，1330页
元望乡	怀惠里	孙何师	景云三年（712年）	洛州河南县元望乡怀惠里人	《汇编续集》景云007，447页
交风乡	均霜里	秦府君	长安二年（702年）	籍贯洛州合宫县交风乡均霜里葬于城北乐村	《汇编》长安003，992页

续表

乡名	里名	墓主	卒葬年	卒葬地	出处、编码和页码
伊水乡	仵华里	岑君夫人徐氏	咸亨三年（672 年）	于伊水乡仵华里殡，西去官道二百步内	《补遗》专辑，34 页
翟泉乡	章善里	左敬节	神龙三年（707 年）	居洛州合宫县翟泉乡章善里	《汇编续集》神龙 020，422 页
龙门乡	温泉里	李氏	大中十三年（859 年）	权葬于河南府河南县龙门乡南王村温泉里	《汇编续集》大中 066，1018 页
	王城里	陈玄运	神龙二年（706 年）	权殡于河南县龙门乡王城里	《补遗》专辑，159 页
	游仙里	陈玄运	久视元年（700 年）	夫人河南县龙门乡游仙里	《补遗》专辑，159 页
	义济里	陈玄运	开元十八年（730 年）	迁神枢葬于河南郡河南县龙门乡义济里	《补遗》专辑，159 页
	安泉里	郑氏	开成二年（837 年）	归葬于东都南龙门乡安泉里	《补遗》专辑，362 页
		崔逊	开元十年（722 年）	迁窆于河南县龙门乡安泉里之原	《唐西市志》，577 页
	伊汭里	皇甫燠	咸通三年（862 年）	归祔于河南府河南县龙门乡伊汭里	《补遗》专辑，409 页
	洛汭里	皇甫燠夫人刘舒光	咸通十二年（871 年）	合祔于河南府河南县龙门乡洛汭里	《补遗》专辑，416 页
	龙门里	赵玉子	天宝十四载（755 年）	葬于河南龙门里	《唐西市志》，591 页
伊洛乡	司马里	胡泰	宝历元年（825 年）	权窆于河南县伊洛乡司马里	《汇编》会昌 029，2231 页
洛汭乡	招贤里	杨君夫人张氏	乾封元年（666 年）	今贯河南县洛汭乡招贤里葬邙山	《汇编》乾封 005，444 页
	兴化里	曹德	总章二年（669 年）	今贯河南县洛汭乡兴化里	《汇编》总章 035，504 页
伊汭乡	万安里	李氏夫人		卜宅于河南府河南县伊汭乡万安里	《补遗》专辑，408 页
	中梁里	宋延浩		安神于河南府河南县伊汭乡中梁里	《补遗》9，427 页
委粟乡	安昌里	田诚	开元二十六年（738 年）	终于河南县委粟乡安昌里	《补遗》8，35 页

值得说明的有以下几点。

1. 关于平乐乡永宁里和华邑里

记载此里的墓志有 1 方，且有出土地，在孟津县平乐村北。而《陈造墓志》载："窆于洛阳县平阴乡。"① 该志于 2001 年出土于孟津县平乐村（限于平乐村出土大量平阴乡墓志，就不一一赘举），可见平乐村一带属于唐代洛阳县，因此笔者认为《宫自劝墓志》记载的出土地有误。

华邑里在隋代就有，属于河南县千金乡，位于今郑凹村南一带。唐代华邑里是否与之有某种关系，尚待进一步探讨。

2. 关于千金乡的里

（1）安善里。由《崔长先墓志》知墓主葬于城北 10 里千金乡安善里。可见洛阳城北 10 里尚属于安善里的范围。而据赵振华考证，洛阳城北 15 里均属于千金乡，且大致位于今张阳南、南石山北附近，再由《孟津县志》和隋唐东都洛阳复原图，笔者推测城北 10 里大约在今郑凹、南石山南一带。

关于推测安善里的演变情况：记载安善里辖于千金乡所管的墓志仅 1 方，其他均见于平乐乡所管。而崔长先于武德九年（626 年）葬于千金乡安善里，其后再无千金乡安善里的记载，同时检索葬于平乐乡安善里的墓主葬年来看，最早葬于此里的是贞观十八年（644 年）的《王通及夫人赵氏墓志》，还有显庆二年（657 年）、景云二年（711 年）、开元十四年（726 年）、长庆三年（823 年）等唐人葬于此地，最晚的是大中五年（851 年）《杨宇墓志》，可见有唐一代平乐乡安善里存在的时间达 200 余年。众所周知，唐初的行政区划具有过渡性质，到了贞观年间唐太宗开始实行大规模的行政区划改革，设置十道："贞观元年，悉令并省。始于山川形便，分为十道"② 以及省并州县等，从此奠定了唐代地方行政区划基本格局，传统文献一般对县以上政区演变记载多。但是我们有理由相信，乡村基层政区作为整个有唐一代的重要组成部分，关于县界的调整，乡村、里名称及其范围也定会发生某种变化，只是囿于资料原因无法确切知晓。根据这一史实，笔者推断千金乡安善里之名可能是在贞观元年或者后来的区划调整中被平乐乡所省并，才会出现自唐初贞观年间到唐末大中年间安善里一直属平乐乡所管的情况。

（2）安川里。记载此里墓志仅 1 方，出土地尚不明，待考，仅知唐初开明元年（619 年）千金乡有安川里之一里名，不知是否沿用隋代安川里之名。又前文所考 2 方葬于平乐乡安川里的贞观二十年（646 年）《杨士达墓志》和贞观二十二年（648 年）的《乐善文墓志》知，至少在贞观年间平乐乡就有安

---

① 吴钢主编：《全唐文补遗·千唐志斋新藏专辑》，第 283 页。
② 《旧唐书》卷 38《地理志》，第 1384 页。

川里之名。依据上文中笔者对安善里考察方法，笔者怀疑千金乡安川里这一里名在贞观初年政区改革中被归为平乐乡所管。

（3）金谷里。金谷里之名较为复杂，既有辖于千金乡所管，又有金谷乡，甚至还有谷阳乡所辖，其中错综复杂的隶属关系尚待资料充实后，学界进一步探讨。

3. 谷阳乡的里

唐代河南县谷阳乡有谷阳里，但是隋代亦有谷阳里之名，但辖属于洛阳县凤台乡，且位于马沟东南一带，根据上文对谷阳乡乡域的考察，其位于卢村、冢头一带，因此唐代谷阳里可能仅是沿袭隋代之名而已。

4. 河阴乡的里

此里墓志未有出土地，故无法判断其大致范围。由前文在对平乐乡的考察知，平乐乡亦有瀍阳里，并在南陈庄附近。而河阴乡亦有瀍阳里，因暂不明确其出土地，故无法得知瀍阳里最终的归属问题，暂且依据墓志记述，分属于两个不同乡管辖。

5. 长乐乡的里

长乐乡有平原里，而上述对平乐乡的考察中，亦存在"平原里"之名。为何同一里名会出现两种不同的归属，有重名的可能，亦有撰志者主观因素使 2 乡交界的里混淆，还有误记等可能，不管哪种情况，都需要资料予以进一步考证。而长乐乡的另 1 里"长宁里"位于今唐寺门、马坡一带，马坡一带既属两县交界，又属于平乐乡与王城乡、乐邑乡等几乡乡界，因此笔者推测上述第 2 种可能性比较大，但也尚待考证。

6. 龙门乡的里

（1）温泉里。记载此里的墓志仅 1 方，其载"龙门乡南王村温泉里"。因南王村范围暂时无法确定，但可根据此里之名推测此里的地名由来。该志葬于龙门乡，而龙门乡的范围上文已经考察，位于龙门山北麓，而龙门山体主要由寒武系灰岩等构成，因此龙门一带，因熔岩发育，溶洞甚多，地下水随岩溶通道涌出成泉，古时温泉甚多，据此笔者推测"温泉里"之名因由附近的某一温泉而名。[①]

（2）龙门里。记载龙门里的墓志仅 1 方，由《赵玉子墓志》看其葬于河南龙门里，并未隶属乡，但据《大唐西市博物馆藏墓志》看，龙门里在今河

---

① 洛阳市地方志编纂委员会编：《洛阳市地理志》，第 102 页。

南南郊龙门镇一带，这一带属唐代龙门乡所辖，由此推测龙门里当为龙门乡所辖里。一般而言，乡村地名有多重命名方法，或是附近的地理事物为名，如山川、河流等，或以姓氏而名，或以嘉意为名，甚至以这一乡村内主要村里之名命名，也有不少直接用乡政权所在的村、里命名的现象。如上文探讨的平乐乡有平乐里、千金乡有千金里、梓泽乡有梓泽里，下文即将探讨的长安县和万年县的某些乡、里命名同样遵循这种原则，如据《孟裕墓志》①知，长安里为万年县长安乡所辖村里，据《朱庭玘墓志》知龙首里为龙首乡所辖村里，而据《李绍墓志》②知长乐里为长乐乡所辖村里，如是例子还有万年县的上好里与上好乡、浐川里与浐川乡等，而这种乡村地名命名方式在现在的地名命名中也十分普遍。因此，由以上情况笔者推断龙门里当为龙门乡范围内的村落。

7. 关于清善里的考证

唐人墓志中记载清善里的墓志仅 1 方，据笔者多方分析与考证，认为该方墓志记载无误，具体考证过程见下。

葬于永淳元年（682 年）的《扶余隆墓志》曰："春秋六十有八，薨于私第……永淳元年……葬于北邙清善里。"③该墓并未说明清善里辖属于何县何乡，仅知在北邙，这便引起了笔者的注意，再次检索收集的数以千计的唐人墓志，并没有发现第二方记载有此里的唐人墓志，因此笔者推测这则墓志可能是由撰志者的主观失误造成，于是仔细查找与梳理墓志中有"清"和"善"二字的里名。从上考察情况看与"善"有关的里名是"安善里"，在查阅有关此里的记载，有 14 方明确记载此里名，进一步看墓志中记载安善里的时间。较早出现此里的是初唐时期贞观十八年（644 年）的《王通墓志》④，还有上元三年（676 年）出土于洛阳杨凹村⑤的《柳夫人墓志》⑥、长庆三年（823 年）出土于洛阳马坡村的《能政墓志》，以及晚唐时期出土于洛阳城北南石山村西

① 河南省文物研究所、河南省洛阳地区文管所编：《千唐志斋藏志》，第 578 页。
② 《唐故邛州别驾陇西公李（绍）君墓志铭并序》："贞观十六年……葬于长乐乡长乐里。"此墓志现藏西安碑林博物馆第二展室。志文收录见周绍良、赵超主编：《汇编续集》，贞观 033，第 27 页。
③ 周绍良主编：《汇编》上，永淳 024，第 702 页。
④ 《大唐处士王君（通）墓志铭》载志主"贞观十八年……合葬于洛州河南县北邙山平乐乡安善里"（吴钢主编：《全唐文补遗》第 2 辑，第 86 页）。该志于洛阳城西北冢头村出土，见洛阳市文物管理局、洛阳文物工作队编：《洛阳出土墓志目录》，编号 0596，第 76 页。
⑤ 洛阳市文物管理局、洛阳文物工作队编：《洛阳出土墓志目录》，编号 1213，第 155 页。
⑥ 《大唐袁氏故柳夫人墓志》载："葬河南县平乐乡安善里。"周绍良主编：《汇编》上，上元 042，第 623 页载："葬河南县平乐乡安善里。"

的大中五年（851 年）《杨宇墓志》①，等等。从时间跨度上看，至少在贞观十八年（644 年）至大中五年（851 年）的 200 多年间唐代河南县平乐乡有安善里；再从空间跨度上看，上面考察了安善里的大致范围，即是在今杨凹、南石山一带。而据陈长安考察知，洛阳县有清风乡清风里，并且在今营庄一带，且首次提出了其父扶余义慈王的葬地在离营庄、杨凹不远的凤凰台。② 由于笔者从《狄林墓志》知洛阳县平阴乡亦有清风里③，但由于无法考证其位置，故赞同陈先生的观点，清风里在营庄一带，据张剑考察杨凹一带为河南县与洛阳县的交界地带。综合前人的观点，杨凹、营庄一带应该为清风里与安善里交界处或者毗邻处，《扶余隆墓志》中记载的"清善里"可能便是清风里和安善里误写。

四、其他地名

唐人墓志中除了对洛阳乡、村、里这一明显的乡村地名有记述之外，往往还涉及其他人文地理事物。而在记录唐人葬地时，一般将某一固定不变的地理事物作为描述某一葬地的参照点，因此在葬地资料中往往包含诸如店、陵、门等志文。以下将对墓志中河南县的这些地名加以考论。

1. 店

1）金谷乡—泉原店

《裴琨墓志》载："葬于河南府河南县都城北金谷乡泉原店北百步。"④ 其出土地不明。但据上文考察，金谷乡有泉原里，该里名和该店名应有某种关系。

2. 门

1）安喜门

关于此门的记载和位置众多前人已经有所探讨，唐人墓志中以安喜门作为地理坐标来记载墓主的葬地大概有 4 方。赵亦结合墓志出土地考察出安喜门应该位于瀍水东、唐代平乐乡上窑村以南、今陇海铁路北。据笔者进一步考察，安喜门外大致位于唐代平乐乡所辖区域。

---

　　① 《唐故文林郎国子助教杨君墓志铭》载："葬于河南县平乐乡之安善里。"参见周绍良主编：《汇编》下，大中 059，第 2294 页。

　　② 陈长安：《唐代洛阳的百济人》，赵振华主编：《洛阳出土墓志研究文集》，第 337 页。

　　③ 《（上阙）县尉狄府君（林）墓志铭并序》言："卜兆于邙山平阴乡清风里。"参见吴钢主编：《全唐文补遗》第 9 辑，第 378 页。

　　④ 周绍良主编：《汇编》下，天宝 080，第 1588 页。

2）建春门

建春门的大致范围考古学界已经探讨，本章不再一一赘述，这里意在考察建春门外唐代乡村情况。探讨过程中有 2 方墓志明确将建春门作为记载唐人葬地的地理坐标来记述，一方是《大唐西市博物馆藏墓志》中的《郭秀及夫人王氏墓志》："贞元十一年……合葬于建春门外感德乡柏仁里"①，另外一方是出土于齐村的《杜钺墓志》，其载：大历四年，葬东都"建春门柏仁里"②。上文对洛阳县所辖乡考察中，已考感德乡的大致方位，因此笔者认为建春门外东南几里范围属于唐代洛阳县感德乡。

3）定鼎门

有 4 方墓志明确将定鼎门作为记载唐人葬地的地理坐标来记述的，鉴于上述考察中对这 4 方已有所涉及，故不在此赘列。通过考察这 4 方含有定鼎门的墓志，可知唐代定鼎门外即是河南县龙门乡。

4）长夏门

有 2 方墓志将长夏门作为记载唐人葬地的地理坐标来记述，从这 2 方墓志来看，长夏门西南即是龙门乡所辖范围。

3. 陵

1）齐陵

涉及齐陵的墓志有 3 方，《杨秀墓志》载："迁窆于河南县平乐乡邙山之阳齐陵后"③；《王玄墓志》言"葬于河南县平乐乡北邙之山。其地北背平原，南面洛水，西臻翠岭，东至齐陵"④，据此齐陵应在平乐乡东。《赵师墓志》载："迁窆于洛州河南县永泰乡齐陵西一里"⑤，据此齐陵也在永泰乡以东。从目前考古资料和文献记载来看，齐陵有两种说法，其一是南朝齐景帝萧道生的陵墓，在今江苏省丹阳县境内⑥；其二是唐玄宗李隆基长子李琮墓志⑦，在今陕西省西安市临潼区境内，并无河南省境内的说法。为何唐人墓志中较频繁提及唐河南县"齐陵"，尚待资料的进一步证实。

2）宣武陵

墓志中有 3 方墓志明确提到此陵之名，与此相关的地名还有"宣武里"

---

① 胡戟、荣新江主编：《大唐西市博物馆藏墓志》，第 691 页。
② 张乃翥：《洛阳景教经幢与唐东都"感德乡"的胡人聚落》，《中原文物》2009 年第 2 期。
③ 吴钢主编：《全唐文补遗·千唐志斋新藏专辑》，第 37 页。
④ 周绍良主编：《汇编》上，咸亨 056，第 549 页。
⑤ 周绍良主编：《汇编》上，总章 013，第 489 页。
⑥ 潘伟斌：《魏晋南北朝隋陵》，北京：中国青年出版社，2004 年，第 372 页。
⑦ 西安市地方志办公室编：《西安年鉴·2004》，西安：西安出版社，2004 年，第 305 页。

"宣武原"，均与此陵有关。墓志中有宣武帝陵大致方位的描述，《洛阳出土石刻时地记》中有出土于后李村的开元十年（722 年）《李璡墓志》载："权厝于北邙旧茔南原礼也"；其言："洛阳城北，宣武陵东"[①]，可见后李村的确在宣武陵（今冢头村）以东地带。

3）北陵

记载北陵墓志仅 1 方，即《韩杰墓志》："天授二年……葬于洛阳北陵"[②]，在洛阳市出土，而其具体方位有待进一步考证。

4. 山

1）万安山

墓志中涉及万安山的仅 100 余方，因万安山是继邙山之后洛阳第二大墓葬群，因此有必要对此山做大致的了解与介绍。万安山又称玉泉山，位于洛阳市东南约 40 公里处，为东西走向的山脉，属于嵩山西延部分，山上有白龙寺，寺内有泉水。[③]目前为偃师、登封、伊川县的分界线，唐代万安山也属于唐人一处理想的风水宝地，而唐代伊汭乡包括了万安山南麓今伊川县北、伊河两岸的部分台地上。自唐代开始便有不少人选此作为茔域，尤其是如今万安山之阳还留有唐姚崇墓志和宋范仲淹墓志。

5. 水

1）瀍水

瀍河发源于孟津县古县乡会瀍沟，流经衡水、马屯、城关、朝阳四个乡镇，并在前李村入洛阳市，经洛阳市瀍河区下园入洛河。[④]而以瀍水为地理坐标记载唐人葬地的墓志大致有 5 方，《律大师墓志》和《崔长先墓志》[⑤]，《格处仁墓志》和《张岳妻郑夫人墓志》[⑥]，以及出土于洛阳市后李村的《路恽墓志》[⑦]，再结合前文考察的情况综合得知，瀍河西岸主要分布唐代河南县梓泽乡、东岸主要是河阴乡、平乐乡以及横跨瀍河的瀍涧乡等，而与瀍河有关的

① 周绍良主编：《汇编》上，开元 148，第 1259 页。
② 《隋唐五代墓志汇编·洛阳卷》，第 6 册，第 210 页。
③ 洛阳市地方志编纂委员会编：《洛阳市地理志》，第 102 页。
④ 河南省孟津县地方史志编纂委员会编：《孟津县志》，郑州：河南人民出版社，1991 年，第 94 页。
⑤ 吴钢主编：《全唐文补遗》第 5 辑《律大师墓志》载："贞元十八年……葬于邙山瀍水西原。"（第 120 页）；同书《崔长先墓志》载："武德九年……葬于洛州河南县东都故城北十里千金乡安善里邙山之阳瀍水之曲。"（第 236 页）
⑥ 吴钢主编：《全唐文补遗》第 7 辑，《格处仁墓志》载："垂拱元年……合葬于邙山瀍水之西。"（第 306 页）同书《张岳妻郑夫人墓志》载："长安三年……权殡于洛州城安喜门西北三里合宫县界平乐乡瀍水东。"（第 336 页）
⑦ 《隋唐五代墓志汇编·洛阳卷》第 10 册《路恽墓志》载："开元二十年……葬于河南县瀍水西原。"（第 53 页）

乡村地名主要有"瀍涧乡""瀍左里""瀍涧里"等。

2）谷水

谷水是古代对今涧河的别称。其发源于陕西观音堂，在谷水入洛阳市，通过瞿家屯入洛河。^①以谷水为地理坐标记载唐人葬地的墓志大致有 2 方：出土于洛阳涧西谷水镇东的《陈曦墓志》^②和出土于枣庄村的《鲁氏墓志》^③。结合前文考察的情况综合得知，今涧河北岸主要是唐代金谷乡区域，而与涧河相关的地名大概有"金谷乡""金谷里""谷阳乡""瀍涧乡"等。

6. 洛阳内外古城

1）王城

关于王城的墓志，仅 1 方，《赵义墓志》载："葬于王城北邙之原"^④，出土地不明。墓志中提及的"王城"实际上是指周成王时修筑的西周都城，城址在今河南省洛阳市洛河以北、小屯村和霍家屯村王城公园一带。^⑤通过上文对河南县所辖乡之"王城乡"和"龙门乡王城里"的分析，可知上述墓志中所谓"王城"可能是唐代河南县王城乡或者是龙门乡王城里。

2）磨米城

关于磨米城的墓志，仅 1 方。此方墓志即《高慈墓志》，墓志载公元 697 年高文、高慈父子与契丹作战，并战死于辽东的磨米城："终于磨米城南……圣历三年……窆于洛州合宫县平乐乡。"^⑥磨米城并不是洛阳内古城，而是位于今辽宁省本溪县边庄村的山城，因其最终葬于邙山平乐乡，故亦纳入本章中探讨。

此城仅见于两唐书《地理志》中，《新唐书·地理志》："高丽降户州十四，府九……高宗灭高丽，置都督府九，州四十二，后所存州止十四。初，显庆五年平百济，以其地置熊津、马韩、东明、金连、德安五都督府，并置带方州，麟德后废。南苏州、盖牟州、代那州、仓岩州、磨米州……。"^⑦后《资治通鉴》卷198，唐贞观十九年征辽东，唐太宗下辽东等十城中记有此城。

① 洛阳市地方志编纂委员会编：《洛阳市地理志》，第 187 页。

② 《陈曦墓志》："乾元二年……权厝于河南县金谷乡瀍水之阴。"见周绍良、赵超主编：《汇编续集》，乾元 003，第 676 页。

③ 《隋唐五代墓志汇编·洛阳卷》第 11 册《鲁氏墓志》载："天宝十一载……葬于谷水之岗。"（第 183 页）

④ 洛阳市文物工作队编：《洛阳出土历代墓志辑绳》，第 372 页。

⑤ 洛阳市地方史志编纂委员会编：《洛阳六十年》，第 17 页。

⑥ 周绍良主编：《汇编》上，圣历 044，第 960 页。

⑦ 《新唐书》卷 43《地理志》，第 1128 页。

3）谷城

谷城为夏商时期谷国的都城，因谷水而名。唐人墓志中记载"谷城"之名的仅1方，《范相墓志》载："贞观廿年……葬于谷城之前。金墉表其左，皇宫峙其右，洛水流其南，邙山镇其北"①，且该志石出土于洛阳市，仅从志石的记载中亦无法得知谷城的大致范围，只能推测其位于东都洛阳城东部。

4）成周

唐人墓志中有1方墓志以"成周"为地理坐标，即《陈皆墓志》，其载："贞元二十年……葬于成周北原。"②仅知该墓志出土于洛阳市，具体地点尚不知。但查阅相关文献，知"成周"之名是由西周时期周公营建的"洛邑"发展而来。③整个西周时期，"洛邑"与"成周"二者并名，均可称为西周都城，因此唐人墓志中亦有将"洛邑"作为地理坐标来记载唐人葬地的。张剑亦利用汉魏南北朝的墓志对此城进行了探讨，并考察了其大致范围，认为"成周"可能在瀍河两岸，洛阳老城附近。④

7. 故仓

以故仓为地理坐标记载唐人葬地的墓志共计3方，并且均有出土地。即出土于洛阳城北南村东⑤贞观十年（636年）的《王夫人墓志》："窆于千金乡邙山之南故仓东北一里。"⑥出土于孟津县马坡村⑦的贞观二十一年（647年）《徐氏妻刘夫人墓志》："邙山之阳洛邑东北郊洛阳县界清风之原故仓东王村西南一百余步。"⑧出土于上窑村西⑨永徽三年（652年）的《颜瑰墓志》载："葬于河南县平乐乡故仓西百步。"⑩从上述3方墓志记载的墓主葬年来看，故仓之名均出现在初唐时期。"故"是旧、原来的意思，那么检索相关文献资料知唐代的故仓可能是对隋代回洛仓的另一种别称，寓意原来旧有的粮仓之意。而隋代的回洛仓，是为了供应东都城内的粮食需求所设，可以看作东都的储

---

①　吴钢主编：《全唐文补遗》第5辑，第90页。
②　《隋唐五代墓志汇编·洛阳卷》，第11册，第122页。
③　《中国考古集成·华北卷·河南省·山东省·商周2》，第1191—1195页。
④　张剑：《洛阳出土墓志与洛阳古代行政区划之关系》，赵振华主编：《洛阳出土墓志研究文集》，第138—139页。
⑤　洛阳市文物管理局、洛阳市文物工作队编：《洛阳出土墓志目录》，编号0553，第71页。
⑥　周绍良主编：《汇编》上，贞观053，第43页。
⑦　余扶危、张剑主编：《洛阳出土墓志卒葬地资料汇编》，第390页。
⑧　周绍良主编：《汇编》上，贞观141，第98页。
⑨　赵振华、何汉儒：《唐代洛阳乡里方位初探》，赵振华主编：《洛阳出土墓志研究文集》，第60页。
⑩　周绍良主编：《汇编》上，永徽056，第167页。

粮仓库。回洛仓在《隋书》卷二十四《食货志》中有所记载:"炀帝即位,是时户口益多,府库盈溢,乃除妇人及奴婢部曲之课。男子以二十二成丁。始建东都,以尚书令杨素为营作大监,每月役丁二百万人。徙洛州郭内人及天下诸州富商大贾数万家,以实之。新置兴洛及回洛仓。"①唐代正史文献中两唐书亦有对此仓的记载,北宋时期《资治通鉴》卷一百八十《隋纪四》中进一步记:"置回洛仓于洛阳北七里,仓城周回十里,穿三百窖。"②其进一步描述了"回洛仓"的大致方位,但是关于这一粮仓的具体位置至 2004 年才为洛阳考古者所发现,即是位于洛阳市东北郊瀍河乡小李村以西一带。③值得注意的是《颜瑰墓志》据《洛阳出土石刻时地记》载其出土于:"洛阳城北门外……这里说的故仓,即隋唐时期的含嘉仓。"④从其记录看平乐乡之故仓就应当理解为含嘉仓,但笔者提出一定的质疑。首先据考古资料看,含嘉仓位于隋唐东都城内。⑤而从《徐氏妻刘夫人墓志》的志文和出土地来看,都说明"故仓"在洛阳城外唐代清风乡,今天洛阳城外邙山南麓马坡村附近。其次,再从《颜瑰墓志》和《徐氏妻刘夫人墓志》两方墓志都可看出唐代"故仓"在今天马坡村、上窑村西一带,而这一区域刚好在今天小李村以西附近,这也符合考古发掘的隋代"回洛仓"范围。由此可以推断唐代墓志中的故仓,应该是城外北郊区一带的隋代回洛仓,而不是洛阳城内的含嘉仓。

根据唐代墓志所见唐代东都洛阳城外之河南县所辖乡里,可获知河南县辖属 37 乡、71 村、73 里,还有泉原店、齐陵、宣武陵、洛阳城内外谷城、故仓等地名,本章对唐代东都洛阳畿之河南县地名研究的结论和局限性可以归纳为以下几点。

(1)对乡名的考补。乐史撰的《太平寰宇记》卷三《河南道·河南府》载:"河南县,旧管四十乡,今四乡五十坊。"⑥这里的旧指唐代所管乡数,由上述所列唐人墓志可检索出河南县有 37 乡,与文献记载尚差 2 乡未补,庶几印证《太平寰宇记》记载之真实性。

特别需要提出的是,本书旨在探讨考证有唐近 300 年河南县所辖乡村地

---

① 《隋书》卷 24《食货志》,北京:中华书局,1975 年,第 686 页。

② 《资治通鉴》,第 5626 页。

③ 关于回洛仓的考古情况和具体位置详见谢虎军、张敏、赵振华:《隋东都洛阳回洛仓的考古勘察》,《中原文物》2005 年第 4 期;洛阳市文物工作队:《河南洛阳市东北郊隋代仓窖遗址的发掘》,《考古》2007 年第 12 期,第 8—24 页。

④ 郭培育、郭培智主编:《洛阳出土石刻时地记》,郑州:大象出版社,2005 年,第 95 页。

⑤ 余扶危、贺官保编:《隋唐东都含嘉仓》,北京:文物出版社,1982 年,第 13 页。

⑥ (宋)乐史:《太平寰宇记》,上海:上海古籍出版社,1987 年,第 469 册,第 25 页。

名数量及其方位，因此本章在考证河南县所辖乡名和乡数时，采用的是"整体统计法"，在利用墓志时，凡墓志中出现的乡村地名均纳入本书的探究范围，这样就出现了同一乡村地名被两个不同的行政组织管辖，特别是文中统计的感德乡、清风乡、都会乡、平阴乡、委粟乡这 5 乡在唐朝的某个时期又分别辖属于洛阳县所管，但并不影响本书的整体统计，故特此说明。

（2）对村、里的考补。本书在综合考证众多前人的基础上，充分利用新近出土唐人墓志，对河南县所辖村和里进行了较大程度的考补工作，并取得了一定的成果，即本文认为有唐一代，河南县有 71 村，在赵振华认定河南县 27 村的基础上，新补 44 村；河南县有 73 里，在赵振华考证的河南县 32 里、李浩认为 30 里的基础上，通过笔者综合考证前人 34 里，又新补 39 里。尽管笔者在统计过程中会出现同一村里地名的情况，但笔者亦遵从唐人墓志中的客观记载并如实反映于书中，若有欠妥之处，还望方家提出批评指导意见。

（3）在古今地名延续方面。从上文的考察中，我们看到了不少了唐代地名，尽管经过一千多年历史的洗礼，至今或多或少的保留在现代的乡村地名中，如唐代平乐乡有伯乐村、现在孟津县朝阳镇内亦有伯乐凹、唐代平乐乡有河东村、今孟津县内有河东村等，从这些例子均可见历史地名的延续性特点。

第四节　洛　阳　县

根据《旧唐书·地理志》，河南府洛州所统县有河南、洛阳、偃师、巩、阳城、缑氏、嵩阳、陆浑、伊阙等九县[①]；又据《元和郡县志》卷五《河南道》，知河南道所统县有洛阳、河南、偃师、缑氏、巩、伊阙等 26 个。[②]其中河南县和洛阳县是东都洛阳最重要的两个畿县，唐人墓葬多分布于此二县，上节探讨了河南县，本节将重点讨论洛阳县。

洛阳县属于河南府，在武则天时期其名称和范围有所变化。《旧唐书·地理志》载河南府洛阳县："贞观元年，徙治金墉城……垂拱四年，分置永昌县。天授三年，又分置来廷县。……龙朔元年，废来廷县。神龙二年十一月，改

---

① 《旧唐书》卷38《地理志》，第 1421 页。
② （唐）李吉甫撰，贺次君点校：《元和郡县图志》卷5，第 130 页。

洛阳为永昌县。唐隆元年七月，复为洛阳。"①《新唐书·地理志》载："天授三年析洛阳、永昌置来庭县，长安二年省。神龙二年更洛阳曰永昌，唐隆元年复故名。"②本章利用唐人墓志中的相关资料，对洛阳县所辖乡、村、里等地名归类梳理如下，以补文献之阙。

关于唐代洛阳县所辖乡里的数量和方位，赵振华、赵超、何汉儒等学者已经有所涉及和研究。赵振华、何汉儒的《唐代洛阳乡里方位初探》③认为洛阳县所辖共有 18 乡。张剑《洛阳出土墓志与洛阳古代行政区划之关系》④和李浩《唐代乡村组织研究》⑤则均认为洛阳县共计 15 乡。笔者通过仔细爬梳新近出土的唐人墓志，发现在张剑认定的基础上可增补伊川乡、子译乡、洛阳乡、北阴乡、崇义乡、感德乡等乡，在赵振华、何汉儒认定的的基础上可增补平陆乡、洛阳乡、崇义乡、感德乡等乡，在李浩考证 15 乡基础上增加伊川、北阴、平陆、惟新、崇义等乡。特别需要指出的是，因唐代乡村地名的数量与出土的唐人墓志一样是一个动态探究与发掘的过程，而囿于传统文献资料对县以下乡村记载较少，故无法得知有唐一代某个固定时期的乡村基层行政区划概况，以及由行政区划调整引起的各种基层行政组织的变化等，这就使我们无法解决同一乡村地名在某一段时期辖属于两个县、乡的情况，因此本节中笔者将对唐人墓志中所有记载洛阳县的地名进行综合考证。由于时代等各种因素，前人在探讨这一问题时，运用的墓志资料有限，对某些乡、村、里等的具体方位和数量的探讨有待进一步加强，有鉴于此，笔者将运用大量唐人墓志资料，一方面佐证前人已做工作，另一方面增补前人未探讨之处，从而最大程度的复原唐代东都洛阳县所辖乡、村、里之方位。

一、乡名

唐代墓志所见辖于洛阳县之乡名共计 28 处，部分如表 6-8 所示。

① 《旧唐书》卷 38《地理志》，第 1422—1423 页。
② 《新唐书》卷 38《地理志》，第 982 页。
③ 赵振华、何汉儒：《唐代洛阳乡里方位初探》，赵振华主编：《洛阳出土墓志研究文集》，第 98 页。
④ 张剑：《洛阳出土墓志与洛阳古代行政区划之关系》，赵振华主编：《洛阳出土墓志研究文集》，北京：朝华出版社，2002 年，第 133—162 页。
⑤ 李浩：《唐代乡村组织研究》，山东大学博士学位论文，2003 年，第 30—31 页。

表6-8　洛阳县所辖乡名

乡名	编码	墓主	卒葬年	卒葬地	出土时地	出处和页码
	咸通079	刘思友	咸通十年（869年）	窆于河南府洛阳县平阴乡北邙	南石山村	《汇编》，2440页
		陆绍	垂拱四年（688年）	窆于洛州洛阳县平阴乡之平原	石驾沟村	《补遗》2，303页
	开元194	郑承光	开元十二年（724年）	葬洛阳城东北平阴乡吕乐村界平原	吕家湾	《汇编》，1292页
	调露007	韦行懿	调露二年（680年）	迁窆于河南府洛阳县平阴乡张相村	小马村	《汇编续集》，244页
	大中164	韦府君夫人齐氏	大中十四年（860年）	合葬于平阴乡积润村	杨湾村	《汇编》，2379页
平阴乡		李君夫人张君	永隆二年（681年）	权殡于邙山之阳平阴乡	平乐村北邙山	《补遗》专辑，46页
		郭神符	万岁通天元年（696年）	迁窆于洛州洛阳县平阴乡去城七里	平乐镇	《补遗》专辑，79页
		周三	开元三年（715年）	合葬于河南府洛阳县平阴乡	后沟村	《补遗》8，348页
		离英倩	开元二十年（732年）	迁窆于洛阳县平阴乡之原	董村	《补遗》8，374页
		安思温	天宝十载（751年）	合祔于洛阳县平阴乡成村之界	刘坡村	《补遗》专辑，221页
		张媛	贞元元年（785年）	卜宅于河南府洛阳县平阴乡之长原	北陈庄	《补遗》8，93页
		陈造	贞元十一年（795年）	窆于洛阳县平阴乡	平乐村	《补遗》专辑，283页
		窦劝	元和八年（813年）	窆于洛阳县平阴乡王赵村	栏沟村北	《补遗》专辑，318页
		范阳卢氏	元和十三年（818年）	迁厝于洛阳县平阴乡王才里北邙	上古	《补遗》专辑，330页
		孟璲	大中十四年（860年）	河南府平阴乡成村	帽郭村北	《补遗》8，198页
		韦甕	太和三年（829年）	窆于洛阳清风里	太仓	《补遗》8，143页

续表

乡名	编码	墓主	卒葬年	卒葬地	出土时地	出处和页码
平阴乡		狄林		卜兆于邙山平阴乡清风里		《补遗》9，378页
清风乡	贞观042	李继叔	贞观八年（634年）	卜窆于邙山之原清风乡千金里	拦驾沟村	《汇编》，35页
	显庆036	吴素	显庆二年（657年）	葬于河南洛阳县清风乡崇德里邙山之阳	城东二十里铺村	《汇编》，252页
	圣历045	田志承	圣历三年（700年）	葬于洛阳县清风乡邙山之阳	张羊村	《汇编》，961页
		宋丰	显庆五年（660年）	葬于北芒之南原洛阳县清风乡之礼	左坡村	《补遗》2，164页
		吴孝恭	大中五年（851年）	殡于东都城北清风乡郭村	权岭村	《补遗》2，581页
		萧汾	贞观二十年（646年）	合葬于洛州洛阳县清风乡崇德里	耀店村北	《补遗》8，259页
		孟恭	贞观二十三年（649年）	归葬于清风乡崇德里	苹果园	《补遗》8，260页
		刘君夫人沐道生	咸亨四年（673年）	窆于清风乡之界	刘坡村	《补遗》专辑，34页
		李帝臣	万岁通天元年（696年）	迁葬于河南洛阳县清风乡邙山	七里村南	《补遗》专辑，76页
		刘常名	开元四年（716年）	归葬于洛阳县清风乡	大理王村	《补遗》8，350页
		刘肱妻裴氏	开元二十四年（736年）	迁厝于洛阳县清风乡北邙之原	七里村南邙山	《补遗》专辑，174页
		高远望	天宝四载（745年）	会葬于洛阳县清风乡北邙	营庄	《补遗》8，47页
		陈居	天宝四载（745年）	葬于洛阳县清风乡	后营	《补遗》8，49页
		程承寂	天宝五载（746年）	措于洛阳县清风乡平乐里	平乐村北	《补遗》专辑，204页
		陈府君夫人韩氏	乾元元年（758年）	归葬于清风乡原大理正	大理正村	《补遗》专辑，244页

续表

乡名	编码	墓主	卒葬年	卒葬地	出土时地	出处和页码
清风乡		李举	元和二年（807年）	归葬于洛阳县北原青风乡	送庄乡	《补遗》专辑，321页
		崔氏夫人	大和元年（827年）	权窆于洛阳县清风乡之东原	黑王村	《补遗》专辑，344页
		王恭	大和六年（832年）	葬于洛阳县清风乡郭村	平乐原	《补遗》专辑，353页
		杨公夫人王氏	咸通九年（868年）	迁祔于河南府洛阳县清风乡—房里北邙	东山头村	《补遗》专辑，410页
		李仲舒	咸通十年（869年）	窆于洛阳县清风乡郭村	刘坡村北	《补遗》8，213页
金墉乡		张谤	贞元十七年（801年）	葬于河南府洛阳县金庸乡邙山	山岭头村东南	《隋唐汇编》第12册，163页
		崔安乐	开元二十四年（736年）	归厝于洛阳金墉原	霍泉村北	《补遗》8，32页
		窦诠	开元二十二年（734年）	合葬于洛阳县金墉乡	上凹村	《补遗》专辑，215页
		严淙	宝历元年（825年）	归葬于洛阳县金墉乡双洛村	金村	《补遗》专辑，341页
北部乡	开元219	郑元遂	开元十三年（725年）	洛阳县北部乡	史家湾	《汇编》，1307页
		程冬笋	开元二十五年（737年）	葬洛阳北部乡	史家凹	《补遗》1，138页
	天宝135	李秀	天宝七载（748年）	钱葬于东京河南府洛阳县上东门之道北北部乡		《汇编》，1626页
		程玄封	天宝七载（748年）	合葬于洛阳城东北部乡	史家湾东200米	《补遗》8，53页
		成公崇	开元二十五年（737年）	权葬於河南府洛阳县北部乡邙山膏腴之原	白马寺镇一带	《唐西市志》，485页
		盖凝	咸通八年（867年）	祔于河南府洛阳县北部乡北袁村	马寺镇一带	《唐西市志》，985页
上东乡	开元072	任明	开元六年（718年）	葬于洛阳县上东乡	洛阳东十里铺	《汇编》，1204页

乡名	编码	墓主	卒葬年	卒葬地	出土时地	出处和页码
上东乡		郑进	天宝十二载（753年）	葬于上东乡	十里史凹村	《隋唐汇编》第11册，192页
纯俗乡	龙朔021	徐综	龙朔元年（661年）	迁葬于洛州洛阳县淳俗乡北邙之原	伯乐凹南獐獀村北	《汇编》，350页
		效夫人	永徽六年（655年）	诏授洛阳县淳俗乡君		《补遗》2，130页
洛川乡		张字	显庆三年（658年）	卒于洛州洛阳县洛川乡明阳里	朝阳村	《隋唐汇编》第3册，217页
三川乡	贞元066	卢甫	贞元十七年（801年）	合祔于洛阳县三川乡郭村之原夫人旧茔	南郭村	《汇编续集》，782页
		王弘敏	贞观二十三年（649年）	葬于洛阳县三川乡孝妇里	龙门镇南部一带	《唐西市志》，85页
		梁阿樗	景龙二年（708年）	葬于三川乡	龙门镇南部	《唐西市志》，349页
		谢玄同	贞元十六年（800年）	葬于洛阳县三川乡之原	龙门镇南部一带	《唐西市志》，709页
		赵盈	大和二年（828年）	合葬于三川乡杨魏村之墅	龙门镇南部一带	《唐西市志》，825页
		李郇	大中十一年（857年）	葬于洛阳县三川乡杨魏村	龙门镇南部一带	《唐西市志》，941页
		邓夫人	咸通六年（865年）	葬于洛阳县三川乡杨魏村	龙门镇南部一带	《唐西市志》，967页
伊川乡	天宝035	蒋遂	开元二十一年（733年）	卒于洛城东伊川乡		《新获》，65页
		李鐩	开元二十一年（733年）	殡于洛城东伊川乡		《汇编续集》，606页
		公孙孝孙	开元二十三年（735年）	权殡于城东伊川乡		《洛阳文集》，108页
感德乡		令狐小改	开元八年（720年）	宜葬洛阳感德乡之原	城角村和石人村一带	《唐西市志》，397页
		袁德	总章二年（669年）	合祔于洛阳感德乡界芒（邙）山之阳成村东南一里	洛龙区东南	《唐西市志》，167页

续表

乡名	编码	墓主	卒葬年	卒葬地	出土时地	出处和页码
感德乡		陈晃	天宝八载（749 年）	迁窆于洛阳县感德乡齐村	建春门遗址东南 1 公里齐村	《中原文物》2009 年第 2 期
		郭秀及夫人王氏	贞元十一年（795 年）	合葬于建春门外感德乡柏仁里	伊河北	《唐西市志》，691 页
		《大秦景教宣元至本经》	元和九年（814 年）	景教僧人清素与从兄少诚、舅安少连及义叔等人，于洛阳县感德乡柏仁里买地一所，为其死去的母亲修墓，并在墓前树此经幢	城角村东北	洛阳博物馆藏石
		花献妻安氏	长庆元年（821 年）	葬于洛阳县感德乡柏仁村 南瞻万安，北背洛汭	洛阳东郊	《西域研究》2012 年第 2 期，85—91 页

表中值得说明的有以下几点。

1. 平阴乡

关于平阴乡的地域范围，《秦郎墓志》载："殡于洛阳县平阴乡北邙山"，并对其墓地环境有这样的描述："其地南瞻鹤岫，北眺龙门，东接成皋，西连函谷。"[1]《王协妻萧氏墓志》也载："显庆二年……权瘗于洛阳之北芒原……垂拱元年……改迁窆于此原之平阴乡……桂岭北瞻，芒山南望。"[2] 由此可见，洛阳县平阴乡因其独特的地理位置，是邙山之下唐人心目中的风水宝地之一，而关于洛阳县平阴乡的墓志也是较多的。

在已经公布的唐人墓志中，记载平阴乡的墓志多达 250 余方。由于 60 余方只简单记述平阴乡之名，并无所属州县和所辖乡里记载，因此本章只列出前人未曾考证的几方有价值的墓志，以供参考。从墓志看，常常有"平荫乡""平音乡"的书写，"荫""音"二字与阴字同音，故平荫乡、平音乡亦是平阴乡，应是同一地名。

关于平阴乡的大致范围，赵振华已有所考证，即今天杨凹、小梁、权岭、洞王、十里头、白鹿庄、营庄、刘坡、拦驾沟、解坡、十里铺一带。[3] 从笔者

---

[1]　吴钢主编：《全唐文补遗》第 6 辑，345 页。
[2]　吴钢主编：《全唐文补遗》第 6 辑，324 页。
[3]　赵振华、何汉儒：《唐代洛阳乡里方位初探》，赵振华主编：《洛阳出土墓志研究文集》，第 102 页。

所掌握的墓志来看，平阴乡的范围还应有所扩大，如《刘思友墓志》①、《卢当墓志》②、《成俭墓志》③、《李文疑墓志》④四方墓志均出土于洛阳市南石山村。《陆绍墓志》⑤出土于洛阳石驾沟村。《郑承光墓志》⑥出土于洛阳吕家湾。《韦行懿墓志》⑦于出土于洛阳小马村。《韦府君齐氏墓志》⑧出土于洛阳东杨湾村。《李君夫人张君墓志》⑨、《陈造墓志》⑩出土于孟津县平乐村。《周三墓志》⑪出土于后沟村。《离英倩墓志》⑫出土于洛阳董村。《张媛墓志》⑬出土于孟津县朝阳乡北陈庄。《范阳卢氏墓志》⑭出土于孟津县平乐镇上古村。《孟璲墓志》⑮出土于白马寺镇帽郭村北。如若墓志葬地与出土地一致，则唐代平阴乡的范围在赵振华考证的基础之上还应有所扩大，应该包括今北陈庄、上古村、后沟村、石驾（家）沟村、吕家湾、太仓村、平乐村、小马村、董村、帽郭村、杨湾村一带。据《鲜于氏墓志》记载，墓主人于："开元七年……于上东门外平阴乡庄卒。"⑯上东门在京城洛阳城东："京城……东面三门：北曰上东门。"⑰上东门因在东面最北处曰上东门，可以大致判断出唐代平阴乡在洛阳城东北面。又《郭承亨墓志》载："开元十年……权殡于洛阳县东北十里平阴乡之原。"⑱《李君妻卫夫人墓志》载："景云元年……于洛阳县城东北五里平阴乡。"⑲上述两则墓志，大致可以推测出洛阳城东北十里范围之内亦属于平阴乡所辖。而据张剑考证唐代平阴乡即位于东都都城东北北邙山，西与河南县平乐乡、河阴乡相连，东与洛阳县清风乡相连。⑳进一步细化考证，由

---

① 周绍良主编：《汇编》下，咸通 079，第 2440 页。
② 吴钢主编：《全唐文补遗》第 1 辑，第 361 页。
③ 吴钢主编：《全唐文补遗》第 2 辑，第 286 页。
④ 吴钢主编：《全唐文补遗》第 3 辑，第 495 页。
⑤ 吴钢主编：《全唐文补遗》第 2 辑，第 303 页。
⑥ 周绍良主编：《汇编》下，开元 194，第 1292 页。
⑦ 周绍良、赵超主编：《汇编续集》，调露 007，第 244 页。
⑧ 周绍良主编：《汇编》下，大中 164，2379 页。
⑨ 吴钢主编：《全唐文补遗·千唐志斋新藏专辑》，第 46 页。
⑩ 吴钢主编：《全唐文补遗·千唐志斋新藏专辑》，第 283 页。
⑪ 吴钢主编：《全唐文补遗》第 8 辑，348 页。
⑫ 吴钢主编：《全唐文补遗》第 8 辑，374 页。
⑬ 吴钢主编：《全唐文补遗》第 8 辑，93 页。
⑭ 吴钢主编：《全唐文补遗·千唐志斋新藏专辑》，第 330 页。
⑮ 吴钢主编：《全唐文补遗》第 8 辑，198 页。
⑯ 周绍良主编：《汇编》下，开元 094，第 1219 页。
⑰ （清）徐松辑，高敏点校：《河南志·京城门坊街隅古迹》，北京：中华书局，1994 年，第 2 页。
⑱ 周绍良主编：《汇编》下，开元 153，第 1262 页。
⑲ 吴钢主编：《全唐文补遗》第 9 辑，第 441 页。
⑳ 张剑：《洛阳出土墓志与洛阳古代行政区划之关系》，赵振华主编：《洛阳出土墓志研究文集》，第 145 页。

上《陈造墓志》知，今平乐村出土有唐代平阴乡墓志，且《程承寂墓志》："天宝五载……礼措于洛阳县清风乡平乐里"①，也出土于平乐村，因此平乐村为唐代清风乡和平阴乡交界处。同样由《张夫人墓志》知唐代平阴乡亦在今北陈庄附近，北陈庄亦出土有唐代河南县平乐乡、河阴乡墓志②，因此北陈庄一带为唐代平阴乡和平乐乡交界处。综上所述，唐代平阴乡的范围北至十里头一带，南达杨湾村附近，西北在北陈庄附近与唐代河南县河阴乡、平乐乡相交，东在平乐村一带与唐代清风乡相接。因隋代的常平乡在马沟、栏架沟、马坡、西吕庙一带，这一区域在唐代洛阳县平阴乡的南部几个村落，故疑唐代洛阳县平阴乡是在隋代常平乡的基础上演化而来。隋代凤台乡在西吕庙北至凤凰台、莫家沟、马沟一带，而上述几个村庄大致在唐代平阴乡的中下部地区，综上所述笔者认为唐代洛阳县平阴乡是在隋代常平乡和凤台乡的基础上发展演变而来的，并将原有 2 旧乡的范围向北、向东扩大，形成了唐代的平阴乡。

2. 清风乡

唐代清风乡是沿袭隋代清风乡之名。③记载此乡的唐人墓志达 168 余方，有明确卒葬时地的有 80 余方，本章只列出前人未考的部分墓志。

前文考察了平阴乡的方位，赵振华考证了清风乡与平阴乡方位的关系，即平阴乡之东，并且在某些村有所交界。清风乡的大致范围在哪里呢？唐人墓志中有对此乡大致地理范围的描述，《郭处士墓志》载："窆于洛阳县清风乡也，尔其川原壤垲，池塘萦映，却□层邙，前临迥壑，左邻邃谷，右侠修衢。"④ 宋云桃、李献奇在《卢承福、卢暠、卢元衡墓志考略》中对洛阳县清风乡的具体位置进行了考证。⑤据赵振华和张剑等考证，唐代清风乡大致范围自北、向南为今日之送庄、山岭头、左寨沟、刘坡，延伸到十里铺、杨湾一带，西与平阴乡相连，在今天孟津县平乐乡西部几个村庄。⑥据目前笔者所掌握的墓志来看，清风乡范围还应包括如下数村，即拦驾沟、二十里铺、左坡、权

---

① 吴钢主编：《全唐文补遗·千唐志斋新藏专辑》，第 205 页。
② 《张义琛墓志》："合葬河南县河阴之原"，见吴钢主编：《全唐文补遗》第 8 辑，第 72 页；另《孟俊墓志》也有"开元十五年……迁窆于平乐乡"的记载，见周绍良主编：《汇编》下，开元 257，第 1333 页。
③ 王灵：《隋代两京城坊及其四郊地名考补》，陕西师范大学硕士学位论文，2007 年，第 39 页。
④ 周绍良主编：《汇编》上，龙朔 019，第 349 页。
⑤ 宋云桃、李献奇：《卢承福、卢暠、卢元衡墓志考略》，《中原文物》1998 年第 3 期。
⑥ 赵振华、何汉儒：《唐代洛阳乡里方位初探》，赵振华主编：《洛阳出土墓志研究文集》，第 105 页。

岭、七里、杨坟（文）、平乐村等。由出土于洛阳市张羊村①的《田志承墓志》载："圣历三年……葬于洛阳县清风乡邙山之阳。"②似乎可以认为张阳（羊）村一带亦属于清风乡范围，由前文对河南县的考察知，张羊一带属于河南县平乐乡所辖区域，因此可能是墓志出土地记载有误，可能还有其他因素，因此笔者不对此方墓志进行探讨。《安思温墓志》载："合祔于洛阳县平阴乡城村之界。"③该志石出土于平乐镇刘坡村，由此知唐代平阴乡城村即今天刘坡一带或为村界，或为乡界而存在。《刘君夫人沐道生墓志》载："窆于清风乡之界"④，该志石出土于平乐镇刘坡，可知今刘坡一带亦为清风乡之界，综合述2方墓志知今刘坡一带为唐代平阴乡和清风乡的交界处。而由前文知杨湾、帽郭一带出土有平阴乡的墓志⑤，十里铺村一带出土有洛阳上东乡墓志⑥，平乐村一带有金墉乡的墓志。由此可知，若有唐一代唐代基层行政区划未曾发生重大演变，根据《洛阳县志》地图，再结合前人所考唐代清风乡范围应该西在栏驾沟一带与平阴乡相交，南在十里铺、杨湾、帽郭一带与洛阳上东乡、平阴乡相交，北达七里村南，向东延伸至平乐村一带与金墉乡相交，大体位于洛阳县平阴乡之东。

从地名流变情况来看，隋代有此乡，唐亦沿袭隋代旧名，范围和隋清风乡位置相当，五代时保留了清风乡之名，长兴三年（932年）的《李德林墓志》载："葬于河南府洛阳县清风乡积润里"⑦，可知五代清风乡有积润里，但该墓志出土地不明，因此不得知清风乡方位，至北宋初清风乡之名亦不复存在，反之被贤相乡之名所取代，后周广顺二年（952年）《册府元龟》记载了这一地名流变概况，其载："河南府洛阳县清风乡高阳里改为贤相乡勋德里。"⑧北宋碑刻中亦提及了此情况，如天禧元年（1017年）的《同中书门下平章事魏威信神道碑》载："洛阳县贤相乡勋德里"，出土于白马寺西1.5公里处⑨，与唐代清风乡的大致位置相当，说明贤相乡有勋德里，更加印证了传统文献《册

① 余扶危、张剑主编：《洛阳出土墓志卒葬地资料汇编》，第393页。
② 周绍良主编：《汇》上，圣历045，第961页。
③ 吴钢主编：《全唐文补编·千唐志斋新藏专辑》，第221页。
④ 吴钢主编：《全唐文补编·千唐志斋新藏专辑》，第34页。
⑤ 《韦府君齐氏墓志》载："大中十四年……合葬于平阴乡积润村。"见周绍良主编：《汇编》下，大中164，第2379页。
⑥ 《任明墓志》："开元六年……葬于洛阳县上东乡。"见周绍良主编：《汇编》下，开元072，第1204页。
⑦ 《隋唐五代墓志汇编·洛阳卷》，第15册，第141页。
⑧ 王钦若：《册府元龟》，北京：中华书局，1960年，第3780页。
⑨ 黄明兰、朱亮编著：《洛阳名碑集释》，北京：朝华出版社，2003年，第259—260页。

《府元龟》的真实和客观性。学者杨向飞从北宋墓志中梳理出众多此乡墓志资料，亦大致考定了北宋贤相乡的大致范围，总之唐代清风乡在北宋时期是作为贤相乡的一部分而存在，其地名是在北宋前期渐渐随之消失的。

3. 金墉（雍）乡

因"雍"与"墉"同音，故"金墉乡"亦作"金雍乡"。唐代金墉乡之名是沿袭汉魏故城西北角的"金墉城"，赵振华已考。检索唐人墓志，记载金墉乡的墓志共计 12 方，有明确出土地的共计 8 方。因这 8 方有明确出土地的墓志中有 4 方墓志与赵振华所考一样，故仅列出其未曾考证的。赵振华认为金墉乡之域东起金村，西至后沟一带。[①] 从《张谤墓志》看，墓志出土于山岭头村东南，而张剑亦认为唐代金墉乡应包括山岭头村一带。今山岭头村一带亦出土有清风乡的墓志[②]，亦可知唐代金墉乡东至金村，向西经霍泉村、东赵村、平乐村并一直延伸至后沟一带，最北在山岭头村（今天东、西山头村）附近与清风乡相交，金墉乡在清风乡东面。从地名流变情况来看，金墉乡是唐借汉魏旧城"金墉城"而名，北宋时期金墉乡不复存在，金墉乡一带的部分范围为北宋"贤相乡"所管。

4. 北部乡

记载北部乡的墓志有 19 方，有明确出土的共计 9 方，因与赵振华所考墓志有 4 方相同，故仅列未曾考证的墓志以及 1 方已考较为重要的墓志。根据《李秀墓志》记载："天宝七载……葬于东京河南府洛阳县上东门之道北北部乡。"[③] 可知北部乡位于上东门之北、洛阳城之西北，据陈久恒勘察，上东门是洛阳城东面最北端的门。[④] 据文献记载应位于东北角以南约 1310 米位置，即今天塔湾村南附近。[⑤] 今天的史家凹（湾）、孔家寨、半个店村均在唐代上东门外东方。赵振华和张剑的研究也表明，该乡位于东都城唐寺门东南、洛河以北一带，北与清风乡、金墉乡相连，这一区域到了北宋时期被"贤相乡"所辖。

5. 上东乡

记载上东乡的墓志有 7 方，有明确出土地的 2 方。由《郑进墓志》知该

---

① 赵振华、何汉儒：《唐代洛阳乡里方位初探》，赵振华主编：《洛阳出土墓志研究文集》，第 106 页。
② 《周诚墓志》："开元廿五年……权窆于洛阳清风乡之原。"见吴钢主编：《全唐文补遗》第 2 辑，第 518 页。
③ 周绍良主编：《汇编》下，天宝 135，第 1626 页。
④ 陈久恒：《隋唐东都城至德勘察和发掘》，《考古》1978 年 6 期，第 128 页。
⑤ 阎文儒：《洛阳汉魏隋唐城址勘查记》，《考古学报》1955 年第 1 期，第 134 页。

墓志出土于洛阳城东十里史凹村，即可认为是洛阳城上东门之东，而该乡名为上东乡，疑与"上东门"有所联系，有可能因"上东门"而得名。《任明墓志》中，墓主葬于上东乡，出土于洛阳东十里铺。据《张汶墓志》载："大中四年……葬于洛阳县平阴乡成村。"[①] 墓志出土于洛阳城东十里铺村北。[②] 知唐代平阴乡在十里铺一带。又《吴素墓志》载："显庆二年……葬于河南洛阳县清风乡崇德里邙山之阳。"[③] 该墓志出土于洛阳市城东十里铺村。[④] 可见唐代清风乡亦在十里铺一带。由上述两方墓志，可以看出十里铺村是唐代清风、平阴、上东3乡交界处，清风乡在平阴乡右，上东乡在清风乡、平阴乡之南。即唐代上东乡在洛阳城东上东门外，十里铺村延伸到史（家）凹村一带。

6. 淳俗乡

记载淳俗乡的墓志3方，有明确出土地的2方。因纯与淳同音，故而淳俗乡亦作纯俗乡。《高氏墓志》："总章元年……河南北山平乐乡瀍左里"[⑤]，该墓志出土于洛阳城北徐村[⑥]。又《丁佑及夫人于氏墓志》载："大中十三年……迁祔于河南府河南县平乐乡伯乐村"[⑦]，该墓志于洛阳百乐凹村出土[⑧]。由此得知唐代平乐乡所辖区域在今天百（伯）乐凹、徐村一带，而据墓志出土时地来看，唐代洛阳淳俗乡与河南平乐乡在某些村里相连。据赵振华考，纯俗乡在平阴乡以西，西面、南面与平乐乡相连。[⑨] 检索唐人墓志，仅有两方墓志将纯俗乡作为葬地进行记载，即《徐综墓志》[⑩]和《彭义墓志》[⑪]，从这两方墓志来看，墓主分别葬于龙朔元年（661年）、总章元年（668年），从葬地时间看均属于初唐时期。因此可以推测，唐代纯俗乡之名仅在初唐时期出现，唐中后期可能因政区调整等因素，被其他乡所兼并。通过对河南县所辖乡村地名的探讨，知伯乐凹、张阳一带属于唐代河南县平乐乡所管，因此笔者推测唐初洛阳县纯俗乡部分村庄在唐中后期因政区调整等因素，逐渐划为河南

---

① 周绍良主编：《汇编》下，大中040，第2279页。
② 洛阳市文物管理局、洛阳市文物工作队编：《洛阳出土墓志目录》，第380页。
③ 周绍良主编：《汇编》上，显庆036，第251—252页。
④ 余扶危、张剑主编：《洛阳出土墓志卒葬地资料汇编》，第386页。
⑤ 周绍良主编：《汇编》上，总章004，第484页。
⑥ 洛阳市文物管理局，洛阳市文物工作队编：《洛阳出土墓志目录》，第140页。
⑦ 周绍良主编：《汇编》下，大中156，第2373页。
⑧ 洛阳市文物管理局、洛阳市文物工作队编：《洛阳出土墓志目录》，第388页。
⑨ 赵振华、何汉儒：《唐代洛阳乡里方位初探》，赵振华主编：《洛阳出土墓志研究文集》，第109页。
⑩ 《徐综墓志》："龙朔元年……迁葬于洛州洛阳县淳俗乡北邙之原。"见周绍良主编：《汇编》上，龙朔021，350页。
⑪ 《彭义墓志》："总章元年……窆于邙山之阳纯俗乡尚春里。"见周绍良主编：《汇编》上，总章009，487页。

县平乐乡所管，其名可能亦随之消失。

7. 洛川乡

此乡为沿袭隋代之名，其名可能与“洛水”有关。记载此乡墓志 3 方，其中有明确出土地的 1 方。从《张字墓志》来看，民国时期朝阳村出土有唐代洛川乡墓志。《程思义墓志》载：“长安三年……葬于合宫县平乐乡。”① 该墓志出土于孟津县朝阳村。②《新唐书·地理志》载：“垂拱四年析河南、洛阳置永昌县。永昌元年更河南曰合宫。长安二年省永昌。神龙元年复曰河南，二年又曰合宫，唐隆元年复故名。”③ 因此本章将合宫县等同于河南县。由此可以看出洛阳县洛川乡和河南县平乐乡在今朝阳村一带交界，前文探讨出纯俗乡大致方位，因此洛川乡当位于洛阳城北、纯俗乡之南、平阴乡之西，且与平乐乡相交。但仅仅根据上述一方墓志的出土地，亦不能充分说明问题所在，但根据上述三方墓志可以看出唐代洛川乡这一乡名，仅在唐初显庆年间出现，可能是唐初设置洛川乡，后来因政区调整等因素，消失在历史长河中。

8. 三川乡

记载此乡墓志共 8 方，其中有明确出土地的 1 方，共计 7 方墓志有出土地。由上表知，三川乡在今龙门镇南部一带，具体在南部何方，目前尚不得而知，有待进一步考证。赵振华依据 1 方《卢甫墓志》推测唐代后期设置的三川乡，而据贞观二十三年（649 年）的《王弘敏墓志》和景龙二年（708 年）的《梁阿耨墓志》明显可以看出初唐洛阳县亦有三川乡之名，因此前人观点似乎值得商榷。

从地名流变来看，隋无此乡，为唐代新设，五代北宋时有三州（川）乡之名，但需特别说明。《旧五代史·周书》载：“河南府洛阳县三州乡灵台里，奉晋天福五年敕，三州乡改为上相乡……又奉八年敕，上相乡改为太尉乡”④，此处的八年应为天福八年（943 年）。而《册府元龟》卷七百七十《总录》对上述建制沿革情况的概述，仅一字之差将“州”记为“川”，视为“三川乡”，而非《旧五代史》中所记“三州乡”⑤。从地名延续和继承上看，“州”与“川”字形相近，唐代洛阳县有三川乡无疑，因此笔者推测《旧五代史》中的三州

① 周绍良主编：《汇编》上，长安 030，第 1012 页。
② 洛阳市文物管理局、洛阳市文物工作队编：《洛阳出土墓志目录》，第 211 页。
③ 《新唐书》卷 38《地理志》，第 982 页。
④ 《旧五代史》卷 126《周书》，第 1663 页。
⑤ （宋）王钦若等编纂：《册府元龟》，“河南府洛阳县三川乡灵台里，奉晋天福五年敕三川乡改为上相乡，又奉八年敕上相乡改为太尉乡。”（北京：中华书局，1960 年影印版、2012 重印本），第 9157 页）

乡似为三川乡才更为妥当。同时本章认为唐代洛阳县三川乡在周时可能亦沿用，晋天福五年（940 年）将之更名为上相乡，公元 943 年又改为太尉乡，此后一直沿袭至北宋。北宋墓志中亦有对"太尉乡"的记载，景祐五年（1038 年）的《尹节墓志》载："葬于河南县太尉乡万安山之原"[①]，熙宁十年的（1077 年）《孙侑墓志》载："葬于河南县太尉乡上官里"[②]，元丰年间（1078—1085 年）的《苏澄墓志》载："葬河南县太尉乡尹樊村"[③]，从上述 3 方墓志可见太尉乡在万安山附近，并辖有尹樊村。通过前文的考察知尹樊村辖属于唐代河南县伊汭乡，在徐营村北万安山南一带，而唐代洛阳县三川乡在龙门镇南部一带，亦与万安山毗邻，据此笔者推测北宋太尉乡是在唐代三川乡基础上发展演变而来，并非杨向飞学者认为的"三州乡"，而其地域范围亦比唐代三川乡略大，在万安山一带，包括唐代龙门乡、伊汭乡的部分区域。

9. 伊川乡

记载此乡的墓志有 4 方，其中 1 方有出土地，但是这方有出土地的"伊川乡"是"河南县伊水乡"的别称，因此本节不将此方墓志做探讨。"伊川乡"之名，因伊水而名。伊水自西南向东流，东都城位于其北，赵振华已考定，此从之。

10. 感德乡

记载洛阳县感德乡的墓志有 9 方，外加 1 方经幢，共 10 方石刻，7 方亦有出土地。而上节在对河南县所辖乡名探讨时，已考察了河南县感德乡，由于该县的感德乡墓志无明确出土地，故无法得知其大致范围。据目前掌握的洛阳县感德乡墓志来看，有明确出土地，因此本节将重点阐释洛阳县感德乡。同时就感德乡的归属问题而言，目前因资料有限，无法确切的界定辖属于河南县还是洛阳县，仅能说明的是有唐代感德乡的归属问题时常变化，而在一段时期内，的确河南县和洛阳县存在"感德乡"这一乡村地名，而本章主要探究唐代两县所辖的乡村总数和大致地理范围，因此对"感德乡"的考察便分门别类做了 2 次不同的探讨，以区别异同。

《花献妻安氏墓志》载："葬于洛阳县感德乡柏仁村……南顾万安，北背

---

① 《河南先生文集》卷 15《尹节墓志》，四川大学古籍所编：《宋集珍本丛刊》，北京：线装书局，2004 年，第 422 页。
② （宋）韩琦：《安阳集》卷 47《孙侑墓志》，文渊阁四库全书本，第 515 页。
③ 《范忠宣公文集》卷 14《苏澄墓志》，四川大学古籍所编：《宋集珍本丛刊》，北京：线装书局，2004 年，第 479 页。

洛涘"①，该志出土于洛阳东郊，可见感德乡在龙门北、洛汭乡南。再结合感德乡的墓志出土地可见，感德乡位于洛阳东郊建春门外，大约在齐村、太尉庙村、城角村一带的洛河以南、伊河以北。又上文在对河南县龙门乡大致范围进行考察时，知唐代龙门乡包含了今潘村、豆腐店村一带，潘村东北、豆腐店村东 3 公里左右即是城角村附近，因此笔者推测河南县龙门乡与洛阳县感德乡在上述几村附近交界，作为乡界，亦作为县界之所在。

以上是洛阳县 9 乡大致的地理范围，尚有记载洛阳县都会、馀庆、凤台（凰）、子译、信义、子来、洛阳、北阴、平陆、惟新等乡，但因资料有限，无法准确判断其范围，具体见表6-9所示。

表6-9　洛阳县尚待考证乡名

乡名	墓主	卒葬年	卒葬地	出处、编号和页码
都会乡	崔府君	垂拱二年（686 年）	卒于神都洛阳县都会乡	《汇编》垂拱 033，751 页
	吕府君	调露二年（680 年）	终于洛阳县都会乡喜善里之私第	《汇编续集》光宅 004，273 页
委粟乡	刘德	垂拱四年（688 年）	葬于洛阳委粟乡里平原	《新获》，31 页
馀庆乡	陈公夫人刘氏	贞观十一年（637 年）	终于洛阳县余庆乡里	《汇编》贞观 057，46 页
	赵令则	显庆二年（657 年）	终于洛州洛阳县余庆乡通远里	《汇编》显庆 060，268 页
凤台乡	懿匡伯	开明二年（620 年）	权殡于洛阳县凤台乡榖阳里	《汇编》开明 003，17 页
子译乡	许氏	开元十年（722 年）	葬于洛阳县子译乡	《汇编》开元 163，1269 页
信义乡	赵大行	天授二年（691 年）	合葬于北邙山信义乡	《补遗》专辑，71 页
	孟氏	贞观十九年（645 年）	终于信义乡	《隋唐汇编》第 2 册，86 页
	明雅	贞观十九年（645 年）	终于洛阳信义乡	《补遗》4，307 页
子来乡	吕府君	乾封二年（667 年）	终于洛阳县子来乡延福里之私第	《汇编续集》光宅 004，273 页
洛阳乡		大历十三年（778 年）	权殡于上□□洛阳县洛阳乡平原之礼也	《汇编续集》大历 038，718 页
北阴乡	刘穆	先天元年（712 年）	葬于洛阳县北阴乡安善里之桃园	《汇编》先天 007，1147 页

———————————

① 毛阳光：《洛阳新出土唐代景教徒花献及其妻安氏墓志初探》，《西域研究》2012 年第 2 期，第 85—91 页。

续表

乡名	墓主	卒葬年	卒葬地	出处、编号和页码
惟新乡	姬恭仁	仪凤四年（679 年）	洛州洛阳县惟新乡旗亭里霍王府亲事姬恭仁殡于河南平乐乡原	《隋唐汇编·洛阳卷》第 6 册，29 页
崇义乡	刘谈经	贞元二十年（804 年）	归葬于洛阳县崇义乡石桥之故里	《补遗》8，110 页
	卢君妻李氏	乾符六年（879 年）	迁祔于河南府洛阳县石桥村	《补遗》9，421 页
河阴乡（重）	高宪	开元十五年（727 年）	安葬于河南府洛阳县河阴乡邙山	《汇编》开元 264，1341 页
	敬觉	开元十五年（727 年）	安葬于河南府洛阳县河阴乡	《汇编》开元 267，1341 页
	崔氏	天宝十二载（753 年）	葬于洛阳县河阴乡伯乐原	《汇编》天宝 234，1694 页
千金乡（重）	耿士隆	贞观七年（633 年）	改窆乎洛州洛阳县北邙山千金乡安平里	《汇编续集》贞观 008，13 页
郏鄏乡（重）	袁志合	乾封元年（666 年）	迁窆于洛阳县郏鄏乡芒山之麓阳	《补遗》专辑，23 页
平乐乡（重）	吴邵	乾符二年（875 年）	归葬于河南府洛阳县平乐乡陈村	《千唐志斋藏志》，417 页
	扈小冲	天授二年（691 年）	迁葬于洛阳县平乐乡界邙山	《汇编》天授 023，809 页
	郑公	大中三年（849 年）	卜洛阳县平乐乡北洧村	《汇编》大中 025，2270 页
谷阳乡（重）	郭瑶	大历十三年（778 年）	权殡于上件府洛阳县谷阳乡平原	《补遗》4，61 页
子泽乡（重）	许英	开元十一年（723 年）	合葬于洛阳县子泽乡原	《辑绳》，468 页

根据表 6-9，需要说明的有以下几点。

1. 关于隋唐地名的流变关系（凤台乡、惟新乡）

上述乡为尚待考证的唐代洛阳县乡名，其中不少属于隋代乡，陈长安认为凤台乡、惟新乡、崇义乡为隋代 3 乡[①]，王灵认为惟新乡和凤台乡为隋代 2 乡[②]。可见有唐一代，至少惟新乡和凤台乡 2 乡为唐代所沿用。陈长安考证凤台乡位于西昌庙以北至凤凰台附近，而前文笔者考察了唐代平阴乡的地域范围，亦包括了隋代凤台乡的部分区域。检索唐人墓志，只有葬于开明二年

[①] 陈长安：《隋代洛阳政区改革与墓志中洛阳乡里初探》，冯吾观主编：《隋墓志人物传》，郑州：中州古籍出版社，1994 年，202—259 页

[②] 王灵：《隋代两京城坊及其四郊地名考补——以隋代墓志铭为基本素材》，陕西师范大学硕士学位论文，2007 年，第 39 页。

（620 年）的《懿匡伯墓志》这 1 方墓志对"凤台乡"有所记载，从其葬年看，开明二年属于初唐政局还未稳定、政区调整仍沿袭部分隋代区划的时期，故笔者推测唐代凤台乡是沿袭继承了隋代的凤台乡，其名可能因后来的区划调整，或被合并，或被析置，从而消失在唐代乡村地名之中。

2. 委粟乡

由于记载此乡的墓志仅 1 方，位置待考，此乡可能因"委粟山"而名。委粟山在洛阳故城南，今城东 30 里伊洛之间，《水经注》曰："洛水东入于中提山间，东流会于伊。"[①] 三国魏景初元年（237 年）营圜丘（祭天场所）于此，《晋书》载："景初元年，营洛阳南委粟山以为圆丘。"[②] 由此可以推测委粟乡因"委粟山"而名，位置可能在洛阳城东伊水和洛水之间，但仍需资料进一步补充与考证。

上述表中后 6 乡所列均为笔者统计所见唐人墓志中记载的洛阳县所辖乡名，但由前一节笔者考证河南县所辖乡名知，此 6 乡在唐代某个时期亦属于河南县，这种错综复杂的乡村隶属，实在令人难解，但考虑到本章意在探究有唐近 300 年河南县和洛阳县所辖乡村地名的数量和范围，因此列出此 6 乡很有必要。

值得注意的是表中所列"平乐乡"，根据上节对河南县的考察，河南县平乐乡出土仅 500 余方墓志，毫无疑问此乡当属河南县，但墓志中为何仍要提及洛阳县平乐乡，笔者亦不得解，仅能推测可能是撰志者主观因素造成 2 县交界地带的乡名混淆，如天授二年（691 年）的《扈小冲墓志》载："迁葬于洛阳县平乐乡界邙山"[③]，志石出土于孟津县马坡村[④]。仅从墓志看，平乐乡当为洛阳县和河南县的县界，而志石亦出土于马坡村一带，若该志石出土地无误，则可将马坡一带看作两县交界处。

二、村名

唐代墓志中辖于洛阳县的共 31 村，8 村属平阴乡，11 村属清风乡，1 村属北部乡，1 村属金墉乡，1 村属崇义乡，1 村属三川乡，3 村属感德乡，3 村无隶属乡，2 村属平乐乡。

---

① （后魏）郦道元注，（清末）杨守敬、熊会贞疏：《水经注疏》，第 1317 页。
② 《晋书》卷 19《礼志上》，第 580 页。
③ 周绍良主编：《汇编》上，天授 023，第 809 页。
④ 余扶危、张剑编主编：《洛阳出土墓志卒葬地资料汇编》，第 433 页。

1. 平阴乡所辖村

（1）成村。涉及成村的墓志共 16 方，有明确出土地的 10 方，与赵考证重合的 5 方，因此只列 5 方。《吕丘氏夫人》："会昌六年……窆于洛阳城东平阴乡成村、去城十里"[①]，知成村距洛阳城 10 里。根据《田少直墓志》载："大和八年……葬于河南县平乐乡王寇村"[②]，该墓志于洛阳马坡村出土[③]；又出土于洛阳马坡村[④]的《王端墓志》载："宝历元年……厝于河南平乐之原。"[⑤]从上述 2 方墓志见马坡一带，既出土有平乐乡的墓志，亦有平阴乡墓志，且马坡与解坡毗邻，由此可知成村为河南平乐乡与洛阳平阴乡乡交界的一个村落。赵振华认为成村在十里铺、解坡、拦驾沟一带。[⑥]因此本章认为成村范围还应扩大，西至马坡，东北延伸至刘坡，东南达帽郭村一带。

（2）陶村。涉及陶村的墓志达 19 方，有明确出土地的达 5 方。由表 6-10 可知，唐代陶村在今小梁、马坡、营庄村一带。从墓志葬地推测，陶村和北陶村的关系，可能是同一乡在不同时期的称呼或者是同一乡的不同称呼，与地名"陶村"有密切的关系。

（3）王赵村。该村因沿袭隋代王赵村而名。[⑦]涉及王赵村的墓志共计 5 方，方，有明确出土地的 4 方。由《王永公墓志》看，该志出土于解坡一带，与成村的范围相当，由此可以推测平阴乡之成村与王赵村相邻。因此平阴乡王赵村在今刘坡村西南、解坡一带。

（4）吕乐村。涉及此村墓志 3 方，有明确出土地的 1 方。由表 6-10 葬地推测，平阴乡之吕乐村、吕村、乐村，可能是同一乡的不同称谓，都与"吕乐村"有关系。

（5）张相村。平阴乡之张相村即在今天营庄、小马村一带，并且在营庄村附近与陶村相交。又据《韦麟墓志》载："迁祔于河南府洛阳县平阴乡张相村。"[⑧]该墓志出土于洛阳营庄。[⑨]可以看出营庄一带既出土有清风乡的墓墓志，亦有平阴乡之墓志，因此可以推测出营庄应该是唐代平阴乡与清风乡

---

① 吴钢主编：《全唐文补遗》第 2 辑，第 580 页。
② 周绍良主编：《汇编》下，大和 080，第 2154 页。
③ 洛阳市文物管理局、洛阳市文物工作队编：《洛阳出土墓志目录》，第 178 页。
④ 洛阳市文物管理局、洛阳市文物工作队编：《洛阳出土墓志目录》，第 357 页。
⑤ 周绍良主编：《汇编》下，宝历 002，第 2083 页。
⑥ 赵振华、何汉儒：《唐代洛阳乡里方位初探》，赵振华主编：《洛阳出土墓志研究文集》，第 101 页。
⑦ 王灵：《隋代两京城坊及其四郊地名考补——以隋代墓志铭为基本素材》，陕西师范大学硕士学位论文，2007 年，第 41 页。
⑧ 周绍良主编：《汇编》下，开元 315，第 1375 页。
⑨ 洛阳市文物管理局、洛阳市文物工作队编：《洛阳出土墓志目录》，第 270 页。

的交界处。

（6）积润村。平阴乡积润村在今天的杨湾、董村一带。

2. 清风乡所辖村

清风乡所辖 11 乡，即诸葛村、大杨村、郭村、王村、梁惠村、王郎村、张方村、南陶村、东袁村、樊村、高村，其中前 4 村可考，后 7 村待考。

（1）诸葛村。清风乡诸葛村位于今营庄、左寨沟一带。记录诸葛村的墓志共计 16 方，有明确出土地的 5 方。

（2）郭村。清风乡之郭村在刘家坡（刘坡）村、权岭村一带，据《孙氏墓志》："元和四年……安厝于洛阳县东北十里清风乡郭村"[①]，可见郭村在洛阳城东北 10 里。据《洛阳县志》《孟津县志》可以推测，郭村与诸葛村毗邻，并且在诸葛村之南。

（3）大阳村。在今天杨湾附近。

（4）王村。唐代平阴乡之王村在今马坡村一带，而据出土于洛阳马坡村[②] 的《卢就墓志》[③] 可以推测唐代平阴乡和清风乡在马坡村一带有所交集，且王村位于诸葛村、郭村之下。

此外，平阴乡所辖的高村、梁惠村、王郎村、张方村、南陶村等 7 村，因资料有限，尚不明其大致范围。

3. 北部乡所辖村

只有 1 村，即是北袁村，因"袁"与"原"同音，即认为北原村与北袁村同义。因此北袁村在今洛龙区白马寺镇、半个店村一带。

4. 感德乡所辖村

感德乡所辖 3 村，即齐村、柏仁村、伊川村，均属可考范围。

（1）齐村

1 方墓志记载感德乡齐村，通过分析知唐代齐村位于今洛阳故城建春门遗址东南 1 公里齐村，唐代和今洛阳城外地名中均有"齐村"之名，可见这又是古今地名延续几千年的例子。

（2）柏仁村

2 方墓志记载柏仁村，其中 1 方有明确出土地，大致在洛阳东郊。

（3）伊川村

记载伊川村墓志仅 4 方，其中 1 方有出土地，伊川村之名应与"伊水"

---

① 吴钢主编：《全唐文补遗·千唐志斋新藏专辑》，第 308 页。

② 洛阳市文物管理局、洛阳市文物工作队编：《洛阳出土墓志目录》，第 381 页。

③ 周绍良主编：《汇编》下，大中 064，第 2299 页。

有关，再从出土地看伊川村可能在龙门东北靠近伊水之处。

以上乡所辖村详见表 6-10 到 6-11。

表 6-10　洛阳县所辖村名

乡	村	编号	墓主	卒葬年	卒葬地	出土时地	出处和页码
平阴乡	成村	大中 064	卢就	大中六年（852 年）	洛阳县平阴乡成村	马坡村	《汇编》，2299 页
			孟璲	大中十四年（860 年）	河南府平阴乡成村	帽郭村北	《补遗》8，198 页
			安思温	天宝十载（751 年）	合祔于洛阳县平阴乡成村之界	刘坡村	《补遗》专辑，221 页
			程钢	元和十年（815 年）	归葬于洛阳平阴乡成村	十里坡一带	《唐西市志》，785 页
			夏侯济		平阴乡成村	十里坡一带	《唐西市志》，815 页
	陶村	大和 046	卢府君崔夫人	大和五年（831 年）	于洛阳县平阴乡陶村	马坡村	《汇编》，2127 页
		咸通 100	苗景符	咸通十二年（871 年）	葬于洛阳县平阴乡陶村	小梁村	《汇编》，456 页
			刘府君夫人李氏	元和八年（813 年）	归北邙原陶村	营庄	《补遗》8，117 页
	王赵村	贞元 100	王永公	贞元十七年（801 年）	权窆于洛阳县平阴乡王赵村	解坡村	《汇编》，1909 页
			窦劝	元和八年（813 年）	窆于洛阳县平阴乡王赵村	栏沟村北	《补遗》专辑，318 页
			赵崔		平阴乡王赵村	解坡村一带	《唐西市志》，1041 页
	吕乐村	开元 194	郑承光	开元十二年（724 年）	葬洛阳城东北平阴乡吕乐村界平原	吕家湾	《汇编》，1292 页
	张相村	开元 315	韦麟	开元十八年（730 年）	迁祔于河南府洛阳县平阴乡张相村	营庄	《汇编》，1375 页
			韦行懿	调露二年（680 年）	迁窆于河南府洛阳县平阴乡张相村	小马村	《汇编续集》调露007，244 页
	积润村	大中 164	韦府君夫人齐氏	大中十四年（860 年）	合葬于平阴乡积润村	杨湾村	《汇编》，2379 页
			卢玄明	开元二十一年（733 年）	窆于洛阳积润北原	董村	《补遗》8，28 页

续表

乡	村	编号	墓主	卒葬年	卒葬地	出土时地	出处和页码
清风乡	诸葛村	长庆008	李府君	长庆二年（822年）	安厝于河南府洛阳县清风乡诸葛村芒山	营庄村	《汇编》，2064页
		大中016	崔君夫人刘氏	大中元年（847年）	葬于洛阳县清风乡诸葛村	（左）寨沟村	《汇编》，2263页
	郭村	大和005	李鼎	大和元年（827年）	祔葬于洛阳县清风乡郭村	刘家坡村西沟	《汇编》，2098页
			吴孝恭	大中五年（851年）	殡于东都城北清风乡郭村	权岭村	《补遗》2，581页
			李仲舒	咸通十年（869年）	窆于洛阳县清风郭村	刘坡村北	《补遗》8，213页
	大阳村	大中082	张夫人	大中七年（853年）	窆于河南府洛阳县清风乡大阳村	杨湾	《汇编》，2311页
	王村	贞观141	徐氏妻刘夫人	贞观二十一年（647年）	邙山之阳洛邑东北郊洛阳县界清风之原故仓王村西南一百余步	马坡村	《汇编》，98页
北部乡	北袁村	乾符002	范氏夫人	乾符二年（875年）	葬于洛阳县北部乡北袁村，水陆三千里，费用数百千	半个店村	《汇编续集》，1119页
		大和007	韦府君	大和元年（827年）	权葬于洛阳县北部乡北原村		《汇编》，2099页
			盖凝	咸通八年（867年）	祔于河南府洛阳县北部乡北袁村	白马寺镇一带	《唐西市志》，985页
感德乡	齐村		陈晃	天宝八载（749年）	迁窆于洛阳县感德乡齐村	齐村	《中原文物》2009年第2期
	伊川村		赵弘庆	天宝五载（746年）	葬于洛阳伊川村东原	在洛阳东，伊水北岸，洛水南一带	《唐西市志》，557页
			王琮及夫人河（何）氏	贞元二十年（804年）	合祔于感德乡伊川村侧	洛龙区	《唐西市志》，747页
			卫叔良	元和十二年（817年）	改葬于洛阳县感德乡伊川村	龙门东山北麓出土	《中原文物》2009年第2期
	柏仁村		花献妻安氏	长庆元年（821年）	葬于洛阳县感德乡柏仁村南瞻万安，北背洛汭	洛阳东郊	《西域研究》2012年第2期

表 6-11 洛阳县待考村名

序号	乡名	墓主	卒葬年	卒葬地	出处、编号和页码
	平阴乡	张勍	咸通二年（861年）	归葬于河南府洛阳县平阴乡王和村里	《汇编》咸通007，2384页
		王才村 韦执中故第三女	元和十一年（816年）	安厝于河南府洛阳县平阴乡王才村北邙原	《补遗》专辑，323页
		高村 郑氏夫人	大中七年（853年）	权厝于洛城东北十八里清风乡高村营之兆	《汇编续集》大中037，995页
		梁惠村 袁业	显庆二年（657年）	合葬于清风乡梁惠村东北一里余	《补遗》专辑，14页
		王郎村 卫通	显庆六年（661年）	茔在洛阳界清风乡北邙山王郎村东北一里半	《补遗》专辑，17页
	清风乡	张方村 崔氏	开元廿一年（733年）	殡于洛阳城东清风乡张方村界	《补遗》专辑，168页
		南陶村 李夫人	长庆元年（821年）	葬于洛阳县清风乡南陶村	《补遗》专辑，335页
		东袁村 陈府君夫人李氏	大历二年（767年）	权厝于洛阳县清风乡东袁村之原	《唐西市志》，609页
		樊村 俞仁玩	天宝四载（745年）	合祔于河南府洛阳县清风乡樊村之原	《唐西市志》，547页
	金墉乡	双洛村 岩淙	宝历元年（825年）	归葬于洛阳县金墉乡双洛村	《补遗》专辑，341页
	崇义乡	石桥村 卢君妻李氏	乾符六年（879年）	迁祔于河南府洛阳县石桥村	《补遗》9，421页
			赵盈 大和二年（828年）	合葬于三川乡杨魏村之堼	《唐西市志》，825页
	三川乡	杨魏村	李郇 大中十一年（857年）	葬于洛阳县三川乡杨魏村	《唐西市志》，941页
			邓夫人 咸通六年（865年）	葬于洛阳县三川乡杨魏村	《唐西市志》，967页
		故刘村 刘府君韩夫人	贞元十二年（796年）	合祔于洛阳县故刘村	《汇编》元和081，2005页
	无隶属村	王羽村 刘政及夫人董氏	贞观十六年（642年）	合葬于洛阳县北邙山王羽村之北一里	《洛阳出土墓志卒葬地资料汇编》，459页
		尹村 杨使君第四女	咸通十二年（871年）	归葬于河南洛阳县尹村之南原	《洛阳出土墓志卒葬地资料汇编》，514页
	平乐乡	陈村 吴邵	乾符二年（875年）	归葬于河南府洛阳县平洛乡陈村	《补遗》专辑，417页
		北洄村 郑公	大中三年（849年）	卜洛阳县平乐乡北洄村	《汇编》大中025，2270页

1. 关于清风乡所辖村

由《陈府君夫人李氏墓志》知"东袁村"为清风乡所辖村名，由于该墓志出土地不详，故暂时无法判定其具体地理方位。但通过《范氏夫人墓志》载："葬于洛阳县北部乡北袁村。"该志出土于半个店村附近，引起了笔者的思考。综合笔者和前人赵振华、张剑考证，北部乡的地理位置向北与清风乡、金墉乡相连，故笔者怀疑清风乡所辖"东袁村"与北部乡所辖的"北袁村"是否存在某种地理位置上的关系，尚待学界进一步考证。

2. 关于三川乡所辖村

三川乡所辖仅 1 村，即是杨魏村，《大唐西市博物馆藏墓志》有 3 方，均出土于洛阳龙门镇南部一带，因龙门镇南部一带范围太广，故无法推知其具体范围。

3. 故刘村

《刘府君韩夫人墓志》载："贞元十二年……于河南府洛阳县故刘村。"[①] 从该墓志中无法得知故刘村的隶属关系，只知其是洛阳县所辖 1 村，而其方位尚待进一步考证。

4. 王羽村

墓志中提及这一村地名仅 1 方，《刘政及夫人董氏墓志》载："贞观十六年……合葬于洛阳县北邙山王羽村之北一里。"[②] 由于墓志出土时地不明，而其方位尚待进一步考证。

5. 尹村

涉及此村墓志仅 1 方，《杨使君第四女墓志》载："归葬于河南洛阳县尹村之南原。"[③] 该墓志出土于洛阳市姚凹村[④]，若按照张剑所说马坡到杨凹再到小梁的连线就是唐代洛阳县和河南县的分界线来看，今姚凹村应位于唐代河南县所辖，可见洛阳县尹村的记载应该值得质疑。同时检索其他涉及"尹村"村名的墓志有 7 方，均属于河南县金谷乡所辖，7 方墓志的葬年从元和元年（806 年）到咸通十一年（870 年），其中葬于咸通十一年（870 年）的《杨汉公墓志》载："归葬于河南县金谷乡尹村北邙山之南"[⑤]，值得讨论，从墓志看出在咸通十一年尹村辖属于河南县金谷乡，而《杨使君第四女墓志》载咸通十二年尹村属于洛阳县所管，2 方墓志所记年代相当，因此笔者认为并不存在所谓的洛阳县、河南县行政区划变化之说。笔者进一步推测墓志中"洛阳

---

① 周绍良主编：《汇编》下，元和 081，第 2005 页。
② 余扶危、张剑主编：《洛阳出土墓志卒葬地资料汇编》，第 459 页。
③ 余扶危、张剑主编：《洛阳出土墓志卒葬地资料汇编》，第 514 页。
④ 余扶危、张剑主编：《洛阳出土墓志卒葬地资料汇编》，第 371 页。
⑤ 周绍良、赵超主编：《汇编续集》，咸通 008，第 1039 页。

县尹村"当为"河南县尹村"之误。

6. 平乐乡所辖村

《郑公墓志》载墓主葬于北淘村，而上述考察中，洛阳县平阴乡亦有"北陶村"，不知墓志中记载这2村是否是仅是同名，还是有所相关，尚待进一步考证。

三、里名

洛阳县所辖里名共计36里，平阴乡9里，清风乡11里，洛川乡1里，感德乡3里，上东乡3里，纯俗乡、都会乡、余庆乡、凤台乡、子来乡、北阴乡、惟新乡、三川乡、千金乡均有1里。

1. 平阴乡所辖里

平阴乡所辖9里，即从新（心）、迁（千）善、河阴、吕乐、凤凰（凤台里）、平原、月城、王才、平阴9里。平原里和月城里因资料限制目前无法得知其大致范围。因"新"与"心"同音，故从新里亦从心里。因"迁"与"千"同音，故迁善里亦同于千善里。凤凰里是沿袭隋代地名，赵振华已考。从《崔府君杜氏墓志》来看，该墓志出土于洛阳杨凹村东，而《陈察墓志》[1]亦出土于杨凹村，由此可以判定洛阳县之从新里、迁善里二里相交。《韦公夫人温氏墓志》载墓主葬于河南县平乐乡杜翟村[2]，出土于洛阳杨凹村[3]。从墓志知凤凰里、从新里、迁善里三里皆大致位于今天杨凹村一带，可见杨凹村是唐代平阴乡与平乐乡交界处。由《阎士熊墓志》，知平阴乡之吕乐里位于今洛阳市北20里营庄村一带；由《李怀让墓志》，知河阴里位于洛阳市东北8里拦沟村，由此可推知河阴里位于吕乐里之南。

需要说明的是河阴里和王才里。首先是河阴里，因墓志载河阴里吕村，不知是何因出现里名在前、村名在后的情况，或者此时里辖村，抑或是村辖里[4]，抑或是撰志者的主观失误等因素，错综复杂令人难解，因此即使此里（村）有墓志出土地，但尚不明确原因，故暂不讨论。其次是王才里，《范阳卢氏墓志》载，墓主葬于洛阳县平阴乡王才里，该志石出土于上古村，而关于此里

---

① 周绍良主编：《汇编》上，长寿018，第844页。

② 周绍良主编：《汇编》下，会昌048，第2245页。

③ 洛阳市文物管理局、洛阳市文物工作队：《洛阳出土墓志目录》，第376页。

④ 这一现象在唐代洛阳乡里并不罕见，根据唐人墓志，唐代洛阳县级以下行政辖区既有里辖村的记载，又有村辖里的记载，详见张剑：《洛阳出土墓志与洛阳古代行政区划之关系》，赵振华主编：《洛阳出土墓志研究文集》，第133—162页。

的墓志也仅有唯一 1 方，通过仔细查阅地图资料和墓志资料，笔者认为今上
古村一带可能并非唐代平阴乡范围，或是金墉乡或是清风乡之域，因此此方
墓志的具体出土地资料也暂时不做考察。上述 2 里的里名真实而客观的记载
于唐人墓志中，因此在统计平阴乡所辖里名时，笔者亦将上述 2 里纳入统计
范围。

2. 清风乡所辖里

清风乡辖 11 里，即张方、千金、崇德、月城、安乐、曜店、高村、和仁、
升平、平乐、诸葛 11 里。张方里、崇德里、千金里、安乐里、升平里目前不
明确范围，其余参见表 6-12。需要说明的是，清风乡所辖诸葛里，因只有《皇
甫弘墓志》记载该里名，且该志石出土于白马寺镇黑王村，该村据笔者考察
不属于清风乡之域，而是辖于北部乡，因此该里的大致范围不做探讨，只统
计其里名而已。

3. 洛川乡所辖里

洛川乡所辖 1 里，即明阳里，该里位于朝阳村附近。参见前文洛阳县所
辖乡之"洛川乡"条。

4. 感德乡所辖里

感德乡所辖 3 里，即伯仁里、周南里和殷众里，其中前 1 里可考，后 2
里待考。记载柏仁里的墓志有 3 方，均有出土地，由墓志和经幢知，柏仁里
可能位于今齐村、城角村东北一带。

关于洛阳县所辖里的情况参见表 6-12 和表 6-13 所示。

表 6-12　洛阳县所辖里名

乡名	里名	编码	墓主	卒葬年	卒葬地	出土时地	出处和页码
平阴乡	从新里	长寿 018	陈察	长寿二年（693 年）	窆于神都洛阳县平阴乡从新里邙山	杨凹村	《汇编》，844 页
	迁善里	开元 159	崔府君夫人杜氏	开元七年（719 年）	葬于河南府洛阳县平阴乡迁善里北邙山	杨凹村东	《汇编》，1266 页
		大历 028	贾夫人	大历六年（771 年）	权殡于河南府洛阳县平阴乡千善里	马坡	《汇编》，1778 页
	河阴里		李怀让	开元十二年（724 年）	于河南府洛阳县平阴乡河阴里吕村西北一里固府城南权殡	拦沟村	《补遗》2，459 页
	吕乐里	贞元 032	阎士熊	贞元六年（790 年）	安厝于洛阳县平阴乡吕乐里都城之隅	营庄村	《汇编》，1860 页

乡名	里名	编码	墓主	卒葬年	卒葬地	出土时间	出处和页码
平阴乡	凤台里	乾符030	刘府君夫人王氏	乾符六年（879年）	乃迁神河南府洛阳县平阴乡凤台里铭曰：清洛之阳，惟山曰邙，陶村之下，尤得其良		《汇编》，2494页
		会昌027	唐氏	会昌四年（844年）	权窆于洛阳县平阴乡凤凰里北陶村	杨凹	《汇编》，2230页
	清风里		韦璺	大和三年（829年）	窆于洛阳清风里	太仓	《补遗》8，143页
			狄林		卜兆于邙山平阴乡清风里		《补遗》9，378页
	王才里		范阳卢氏	元和十三年（818年）	迁厝于洛阳县平阴乡王才里北邙	上古村	《补遗》专辑，330页
清风乡	月城里	显庆120	孟普	显庆四年（659年）	窆于洛州洛阳县清风乡月城里邙山	营庄	《汇编》，305页
	曜店里	至德002	明希晋	至德二年（757年）	权殡于洛阳清风乡曜店里北邙	耀店	《汇编》，1732页
	高村里	咸通051	姜夫人	咸通二年（861年）	权窆于洛阳县清风乡高村里	刘家坡村西	《汇编》，2417页
	和仁里		仇钦泰	圣历元年（698年）	葬于洛阳县清风乡和仁里北邙之原	送庄乡	《唐西市志》，307页
	平乐里	景龙023	王佺	景龙三年（709年）	邙山平乐里	南山村东	《汇编》，1096页
			程承寂	天宝五载（746年）	措于洛阳县清风乡平乐里	平乐村北	《补遗》专辑，205页
	诸葛里		皇甫弘	大和五年（831年）	葬于洛阳县清风乡诸葛里	黑王村	《补遗》专辑，353页
洛川乡	明阳里		张字	显庆三年（658年）	卒于洛州洛阳县洛川乡明阳里	朝阳村	《隋唐汇编》第3册，217页
感德乡	柏仁里		杜钑	大历四年（769年）	葬东都建春门柏仁里	齐村	《中原文物》2009年第2期
		《大秦景教宣元至本经》		元和九年（814年）	景教僧人清素与从兄少诚、舅安少连及义叔等人，于洛阳县感德乡柏仁里买地一所，为其死去的母亲修墓，并在墓前树此经幢。	城角村东北	洛阳博物馆藏石

续表

乡名	里名	编码	墓主	卒葬年	卒葬地	出土时地	出处和页码
感德乡	柏仁里		郭秀及夫人王氏	贞元十一年（795年）	合葬于建春门外感德乡柏仁里	今洛阳洛河区伊河北	《唐西市志》，691页

表6-13　洛阳县待考证里名

乡名	里名	墓主	卒葬年	卒葬地	出处、编码和页码
平阴乡	平原里	李夫人	大和八年（834年）	河南府洛阳县平阴乡平原里	《补遗》专辑，367页
	月城里	侯瞻府	咸通九年（868年）	归宅于河南府洛阳县平阴乡月城里	《补遗》专辑，412页
	平阴里	卢氏	大和五年（831年）	归厝于洛阳县平阴里	《汇编》大和042，2125页
清风乡	张方里	张夫人	贞观七年（633年）	合葬于雒阳县清风乡张方里邙山之阳	《汇编》贞观006，13页
	千金里	李继叔	贞观八年（634年）	卜宅于邙山之原清风乡千金里	《汇编》贞观042，35页
	崇德里	清淇孝敬	贞观八年（634年）	归葬于洛州洛阳县清风乡崇德里	《汇编》贞观044，37页
	安乐里	萧令臣	开元二十三年（735年）	迁祔于清风乡安乐里	《汇编》开元410，1439页
	升平里	许氏	开元六年（718年）	葬于洛阳县清风乡升平里之原	《汇编续集》开元021，466页
上东乡	毓财里	王宝	嗣圣元年（684年）	洛阳县上东乡毓财里	《汇编》圣历003，713页
	嘉善里	王仁表	麟德二年（665年）	洛州洛阳县上东乡嘉善里	《补遗》7，502页
	上东里	刘庭训	开元十六年（728年）	葬于邙山上东里	《补遗》5，355页
纯俗乡	尚春里	彭义	总章元年（668年）	窆于邙山之阳纯俗乡尚春里	《汇编》总章009，487页
都会乡	喜善里	吕府君	调露二年（680年）	洛阳县都会乡喜善里	《汇编续集》光宅004，273页
馀庆乡	通远里	赵令则	显庆二年（657年）	终于洛州洛阳县余庆乡通远里	《汇编》显庆060，268页
凤台（凰）乡	毂（谷）阳里	懿匡伯	开明二年（620年）	权殡于洛阳县凤台乡毂阳里	《汇编》开明003，7页
子来乡	延福里	吕府君	乾封二年（667年）	终于洛阳县子来乡延福里之私第	《汇编续集》光宅004，273页
北阴乡	安善里	刘穆	先天元年（712年）	葬于洛阳县北阴乡安善里之桃园	《汇编》先天007，1147页

续表

乡名	里名	墓主	卒葬年	卒葬地	出处、编码和页码
三川乡	孝妇里	王弘敏	贞观二十三年（649年）	葬于洛阳县三川乡孝妇里	《唐西市志》，85页
感德乡	周南里	裴令范妻李氏	永隆二年（681年）	洛州洛阳县感德乡周南里故合州司户裴氏范妻李	《汇编续集》永隆003，248页
	殷众里	杜谧	垂拱二年（686年）	终于感德乡殷众里	《汇编续集》神功003，358页
千金乡	安平里	耿士隆	贞观七年（633年）	改窆乎洛州洛阳县北邙山千金乡安平里	《汇编续集》贞观008，13页

根据以上两表，有如下几项需说明。

1. 关于平阴里与上东里

由表 6-12、表 6-13 知，《卢氏墓志》于太和五年，归厝于洛阳县平阴里。该里隶属乡名仅从墓志中无法得知，根据乡村命名方法之以其范围内主要村里名命名，或是以乡政权所在村里命名方法来划分，笔者推测平阴里为平阴乡所辖里名。

《刘庭训墓志》载："葬于邙山上东里。"张剑认为上东里应该是洛阳城内的里[①]，而据墓志可以看出刘庭训葬于邙山的上东里，一般而言，唐人选择葬地均在郊区，洛阳城内主要是居民居住地而非葬地，该志明确提及邙山上东里，因此笔者怀疑上东里为洛阳县上东乡所辖里名。同时根据乡村地名命名方法来看，笔者进一步认为上东里是上东乡所辖里。

2. 关于惟新乡旗亭里

"旗亭"专指古代集市上的市楼，是观察、指挥集市的场所，因在市场上立有旗幡，故称之。《史记》卷十三《三代世表》："……与方士考功会旗亭下……《集解》引《西京赋》曰：'旗亭五里。'薛综曰：'旗亭，市楼也，立旗于上，故取名焉。'"[②] 到了唐代，旗亭的性质发生一定改变，成为"酒楼"的称呼，特别是在唐诗中记载较为频繁。王勃《乐府杂曲·鼓吹曲辞·临高台》："旗亭百队开新市，甲第千甍分威里。"[③] 又李贺的《开愁歌》："旗亭下马解秋衣，

---

① 张剑：《洛阳出土墓志与洛阳古代行政区划之关系》，赵振华主编：《洛阳出土墓志研究文集》，第136页。
② 《史记》卷13《三代世表》，第507页。
③ 《全唐诗》卷117，第174页。

请贳宜阳一壶酒"①等。因此从"旗亭里"的命名看，可能是因附近有较大酒楼而名。

3. 感德乡周南里

因"周南"的地名而名。周南（泛指今洛阳以南至湖北一带）是成周以南地区。代指"周公"，即成周以南的地区为周公的田邑而存在，故称周南。

四、其他地名

1. 店

1）三家店

"店"指客栈、旅店。由于唐代东都洛阳附近经济发达，行旅者和通商者往来频繁，因此"店"的发展在唐代较为成熟。《太平广记》卷二百八十六《幻术三》中记载了汴州（今河南开封）名叫"板桥三娘子店"的地名。因唐代的"三家店"而位于洛阳城附近，故笔者推测其名应与唐代商业有关，体现出基层行政区划的命名与经济关系的某种原则。

检索唐人墓志，共有 3 方墓志对此名有记述。《李岗墓志》载："卜宅兆于洛阳县平阴乡三家店之西北原。"②《李文疑墓志》载："迁殡于城东北十里三家店北一里平阴乡北芒山之原。"③关于这方墓志的出土地，今人认为有 2 处，其一出土于洛阳吕家庙村④，其二出土于孟津县南石山村西一里半。⑤第 3 方墓志有吕庙村出土⑥的"太和三年，通归北邙三家店"的《李愻墓志》⑦。那么《李文疑墓志》的出土地究竟应该是何处？通过志文看，三家店应位于洛阳城东北 10 里平阴乡，而今孟津县吕庙村位于洛阳城东北，而南石山村位于洛阳城偏正北方位⑧，因此笔者认为该志出土于南石山村有误。从上述 3 方墓志来看，"三家店"在平阴乡所辖范围内。通过进一步分析发现，唐代三家店在今孟津县吕庙村附近。

2）马鹢店

关于马鹢店，目前据掌握的墓志仅有 1 方。《陆翘墓志》载："窆于河

① 《全唐诗》卷392，第4420页。
② 周绍良主编：《汇编》下，元和099，第2018页。
③ 吴钢主编：《全唐文补遗》第3辑，第494—495页。
④ 洛阳市文物管理、洛阳市文物工作队编：《洛阳出土墓志目录》，第180页。
⑤ 余扶危、张剑主编：《洛阳出土墓志卒葬地资料汇编》，第415页。
⑥ 洛阳市文物考古研究院编，周立主编：《洛阳出土墓志目录续编》，第190页。
⑦ 吴钢主编：《全唐文补遗》第8辑，第141页。
⑧ 河南省孟津县地方史志编纂委员会：《孟津县志》，郑州：河南人民出版社，1991年。

南府洛阳县清风乡马鹋店北原。"① 由于现收藏于《大唐西市博物馆藏墓志》中的这方墓志仅记载在今孟津县内，因此也仅能得知唐代马鹋店在清风乡之域。

2. 奇溪

记载奇溪之名的墓志有 2 方，《刘元贞墓志》和《王氏墓志》。②王氏系刘元贞之妻，故实际上唐人墓志中仅有 1 方记载奇溪之名，而志文也仅简单记载了刘元贞夫妇合葬于洛阳县平阴乡奇溪。由于该墓志出土地不明，因此仅知奇溪位于平阴乡范围内。

3. 门

1）国门

都城最重要的就是城门，在唐人墓志中往往将城门作为一种地理坐标，对城外葬地进行描述，这种记述方式在墓志中有很多，如《李秀墓志》葬于上东门北、《卢承福墓志》葬于上春门东北 7 里等，但是这些墓志都未明确提及具体的城门，唐人墓志中也存在一些模糊、甚至有疑义的城门之名。

《卫子奇墓志》载："合葬于洛城国门之东首阳之原。"后来《王膺墓志》载："葬于国门东二十里金墉原。"可知有"国门"一词，其指何门？《全唐文》卷一百六十九《明堂告朔议》中载："郑元注云，朝日春分之时也，东门皆谓国门也。"③因此"国门"也称为"东门"。东门即洛阳城东面之门，据《唐六典》卷七《工部》："东都城左成皋，右函谷，前伊阙，后邙山。东面三门，中曰建春，南曰永通，北曰上东"④，可见唐代国门可能是上述三门中的一门，抑或者是三门的总称。再从《王膺墓志》看，墓主葬于国门东 20 里的金墉原，根据唐人记载墓志的习惯，金墉原是一种地理地貌，而唐代亦有金墉乡，《陈秀墓志》载其葬于洛阳城东北金墉乡之原，可以判定金墉原可能因金墉乡而得名，且金墉乡位于金墉原之上。这种得名方法在西京长安亦存在。

2）德载门

关于德载门的墓志，仅有《王仲墓志》1 方，其载："开明二年……殡于洛阳县德载门北一里芒山之岗。"⑤该志出土地不详。唐代洛阳城门并无德载门之名，而根据志文来看，该墓主的葬地应是邙山南一里左右。据《增订唐两

---

① 胡戟，荣新江主编：《大唐西市博物馆藏墓志》，第 715 页。
② 吴钢主编：《全唐文补遗·千唐志斋新藏专辑》，第 197、215 页。
③ 《全唐文》169《明堂告朔议》，第 1730 页。
④ （唐）李林甫编纂：《唐六典》，广雅书局清光绪二十一年刻本，第 480 页。
⑤ 吴钢主编：《全唐文补遗》第 6 辑，第 234 页。

京城坊考》卷五《东京·外郭城》中载："徽安门。注：此门外即北邙山。"[①] 且安喜门和徽安门为都城北墙。[②]《增订唐两京城坊考·东都·宫城》中："圆璧城在郭城西北隅，圆璧城北为龙光门，距城西北角 1050 米，门址距邙山麓有三百米的开阔地带，其门外即外郭之外。"[③] 德猷门于 1969 年被发掘是洛阳外郭城中最北门之一，且位于邙山脚下，东与徽安门相邻[④]，从上述城门布局来看，从西向东分别为龙光门、德猷门、徽安门、安喜门。因此笔者推测墓志中记载的"德载门"可能是"德猷门"之误。

4. 洛阳城外古城

1）北月城

月城是城外用来屏蔽城门的半月形小城，涉及这一地名的墓志仅 1 方，《盖畅墓志》载："葬于北邙山北月城中。"[⑤] 该墓志出土于孟津县石驾（家）沟村。[⑥] 从前文探讨的《陆绍墓志》知，今石驾（家）沟村一带唐代属于平阴乡之域。关于其具体位置，仅从这一单方墓志的出土时地资料还无法精确判断，但如果确认《盖畅墓志》的出土地无误的情况下，笔者推测唐代"北月城"应位于平阴乡附近。

2）祝融之城

涉及此城的墓志亦仅 1 方，《李献墓志》载："葬于祝融之城。"[⑦]

5. 石桥

记载石桥之名的墓志仅 1 方，即《刘进墓志》。该墓志载："葬于洛阳东石桥之南原。"[⑧] 且《大唐西市博物馆藏墓志》在志题开头即说明东石桥在今河南洛阳东。查阅相关文献，知石桥应当为东汉洛阳上东门石桥（曹魏以后为建春门桥），即阳渠石桥。[⑨] 最早记载此桥的是《水经注》卷十六《谷水》："谷水又东，屈南，迳建春门石桥下。即上东门也。"[⑩] 隋唐时期，将此桥称为石梁桥，并对此有所建设。而上文已经考定，洛阳县有"石桥村"，但无明

① 李健超：《增订唐两京城坊考》，西安：三秦出版社，2006 年，第 284 页。

② 黄石林，朱乃诚：《中国重要考古发现》增订版，北京：商务印书馆，1998 年，第 193 页。

③ 李健超：《增订唐两京城坊考》，第 242 页。

④ 贺官保、朱亮：《隋唐洛阳含嘉仓城德猷门遗址的发掘》，《中原文物》1981 年第 2 期，第 13—15 页。

⑤ 《隋唐五代墓志汇编·洛阳卷》，第 7 册，第 122 页。

⑥ 余扶危、张剑主编：《洛阳出土墓志卒葬地资料汇编》，第 93 页。

⑦ 《隋唐五代墓志汇编·洛阳卷》，第 7 册，第 58 页。

⑧ 胡戟、荣新江主编：《大唐西市博物馆藏墓志》，第 605 页。

⑨ 河南省史志编纂委员会编：《河南省志·公路交通志》，郑州：河南人民出版社，1997 年，第 100 页。

⑩ （后魏）郦道元注，（清末）杨守敬、熊会贞疏：《水经注疏》，第 1400 页。

确隶属关系，因此笔者推测此石桥可能与洛阳东石桥村有一定关系。

据唐代墓志所见东都洛阳县所辖乡里，可获知洛阳县辖 28 乡、31 村、36 里，还有三家店、马鹃店、奇溪和国门等地名，本章对唐代东都洛阳县地名研究的结论和局限性可以归纳为以下几点。

第一，对乡名进行考补。《太平寰宇记》载："洛阳县，旧三十乡，今三乡。四十三坊。"[①] 这里的旧即是唐朝所管乡数。本章所考补的唐代洛阳县有 28 乡，与文献所载尚差 2 乡，仍需资料进行进一步补充。总的来看比赵振华所考多 10 乡，即平陆、洛阳、崇义、感德、河阴、千金、郏鄏、平乐、谷阳、梓泽乡，同时比张剑所考多伊川、子译、洛阳、北阴、崇义、感德、河阴、千金、郏鄏、平乐、谷阳、梓泽等乡。赵振华认为洛阳县所辖有"颖原乡"，但就目前所掌握的墓志资料还未发现"颖原乡"。若按《太平寰宇记》一说，则洛阳县还有 2 乡地名目前尚难得知，这有待更多唐人墓志资料的发现。

第二，对村里数量的考补。武伯纶先生认为唐代"村"与"里"可互称，其对于村即里、里即村的论断，笔者认为有一定道理和可能性。[②] 但笔者更趋向于程义的观点[③]，将"村"与"里"纳入不同的系统分别进行考证，因此，本章对唐代洛阳县所辖村、里数量进行分别考补，以示区别。从本章增补情况来看，唐代洛阳县辖 31 村，前人已补 12 村，本文新补 19 村（包括无隶属的 3 村）；洛阳县辖 36 里，前人已补 24 里，本章新补 12 里。因此无论是对"村""里"分别论之还是"村""里"互称，我们对洛阳县所辖村里的增补所作的工作都是十分明显的。

第三，由于众多墓志出土的时间与地点不一，加之有些墓志仅仅简单记载墓主葬于"北邙""邙山之阳""邙阜""邙山南原"等地，这给深入了解与探讨古今里村的位置带来了一定困难，因此有些墓志出土地点所在的乡、村、里至今尚无法准确判定其地理位置。

第四，在古今地名延续方面。从对前述的考察中，笔者亦发现不少古今地名沿用的情况，如洛阳县清风乡的耀店里，在今洛阳耀店村附近。

第五，唐代有"五里为乡"空间布局的说法，但唐人墓志洛阳畿县乡里隶属关系比较复杂，有乡辖里的记载，又有村辖乡的表述，甚至有些墓志还

---

① （宋）乐史撰，王文楚等点校：《太平寰宇记》卷 3，北京：中华书局，2007 年，第 51 页。
② 武伯纶：《唐长安、万年县乡里考》，《考古学报》1963 年第 2 期，第 87—99 页。
③ 程义：《隋唐长安辖县乡里考新补》，《中国历史地理论丛》2006 年第 3 辑，第 93—105 页。

记载有里辖村等情况，出现不少互为矛盾的记述，令人困惑。唐人墓志所反映的唐代东都洛阳畿县这种错综复杂的基层行政关系，说明对唐代乡村基层政区地理的研究任重道远，有待于今后更多地利用多维史料深入探讨，不可轻言解决。

第七章　出土唐人墓志与唐代西京乡村地名研究

　　长安乃李唐王朝的国都。《新唐书·地理志》：“太宗元年，始命并省，又因山川形便，分天下为十道……开元二十一年，又因十道分山南、江南为东、西道，增置黔中道及京畿、都畿，置十五采访使……”① 唐祚初建，即置关内道，所属“雍州”为“西都”所在之地，西都一般又称“长安城”。《新唐书·地理志·京兆府》有如下记载：“京兆府京兆郡，本雍州，开元元年为府。”② 京兆府，隋京兆郡。武德元年改为雍州。天授元年，改雍州为京兆郡，其年复旧。开元元年，改雍州为京兆府，复隋旧名。天宝元年，以京师为西京。③ 而有关“长安城”的记载见下：“上都，初曰京城，天宝元年曰西京，至德二载曰中京，上元二年复曰西京，肃宗元年曰上都。”④ 京兆府领辖二十二县⑤，其中长安县、万年县郊外诸原是长安皇亲国戚主要墓葬地。

　　唐代西都长安城外郊区乡里分属于长安县、万年县。当然，唐人墓志中亦有上述建制沿革、变革情况的大致记载，如关于“长安城”的记载。公元618年唐自建国后，便称长安为“京城”，在墓志中这一名称首见武德九年（626年）的《赵意墓志》⑥，其次有龙朔年间的《王植墓志》⑦、麟德年间的《张

----

① 《新唐书》卷37《地理志》，第959—960页。
② 《新唐书》卷37《地理志》，第961页。
③ 《旧唐书》卷38《地理志》，第1395—1396页。
④ 《新唐书》卷37《地理志》，第961页。
⑤ 《旧唐书》卷38《地理志》，第1395页载：“京兆府，隋京兆郡，领大兴、长安、新丰、渭南、郑、华阴、蓝田、鄠、盩厔、始平、武功、上宜、醴泉、泾阳、云阳、三原、宜君、同官、华原、富平、万年、高陵二十二县。”《元和郡县图志》卷一《关内道一》：“雍州，管县十二，又十一：万年、长安，昭应，三原，醴泉，奉天，奉先，富平，咸阳，渭南，蓝田。”本章仅考察其中重要两县，即大兴（万年）县和长安县。
⑥ 周绍良、赵超主编：《汇编续集》，武德004，第4页《赵意墓志》载：“葬于京城东南侯宋村东北。”
⑦ 周绍良、赵超主编：《汇编续集》，龙朔017，第129页《王植墓志》载：“龙朔二年……归葬于京城南一十二里高阳原东。”

君夫人王氏墓志》①，还有咸亨四年（673 年）的《韩宝才墓志》、永隆元年（680
年）的《王府君夫人禄氏墓志》②，以及开元年间的《杜玄礼墓志》《宋府君
夫人墓志》《张昕墓志》③，后一直到天宝九载（750 年）的《李氏墓志》④，
均沿用"京城"之名。同时，长安城亦简称为"京"，首见贞观年间《刘相
墓志》⑤、永徽年间的《张通墓志》⑥，以及开元年间的《阿史那哲墓志》和
《王同人墓志》⑦，后一直沿用至大历七年（772 年）的《段晏亦墓志》⑧。其
间"长安城"亦被称为"京师"或"京邑城"，从唐初贞观年间起至唐末咸通
年间的 200 多年历史中唐人墓志中均有"京师"之名的记载⑨，而"京邑城"
仅见于开元十八年（730 年）的《蹇如珪墓志》⑩。长寿年间长安城亦有"西
京"之称，见长寿三年（694 年）的《田府君夫人窦氏墓志》、天宝八载（749
年）的《薛义墓志》⑪，仍然继续沿用。元和年间称长安为"上都"，见元和

①　周绍良、赵超主编：《汇编续集》，麟德 010，第 145 页，《张君夫人王氏墓志》载："麟德元
年……迁厝于京城南万年县洪固乡凤栖原。"
②　周绍良主编：《汇编》上，咸亨 095，第 578 页《韩宝才墓志》载："咸亨四年……殡于京城
西布政之原小严村之左。"（永隆 005，第 674 页）《王府君夫人禄氏墓志》载："永隆元年……合葬于
京城南洪固乡界韦曲。"
③　周绍良、赵超主编：《汇编续集》，开元 079，第 507 页《杜玄礼墓志》载："开元七年……于
京城西开远门外七里临皋驿前，预修砖堂塔一所。"周绍良主编：《汇编》上，开元 198，第 1296 页《宋
府君夫人墓志》载："开元十二年……葬于京城之西南高阳原三会寺舍利塔南之所。"（开元 436，第
1457 页）《张昕墓志》载："开元廿四年……葬于京城南杜城东二百步。"
④　《李氏墓志》："天宝九载……迁葬于京城通化门外北原。"见周绍良、赵超主编：《汇编续集》，
天宝 061，第 625 页。
⑤　《刘相墓志》载："贞观二十年……葬于京东之十三里蛇村之右。"见周绍良主编：《汇编》上，
天宝 061，第 34 页。
⑥　《张通墓志》载："永徽五年……合窆京西神泉乡马祖之原。"吴钢主编：《全唐文补遗》第 7
辑，第 275 页。
⑦　《阿史那哲墓志》："开元十一年……葬于京延兴门外五里龙首之原。"见周绍良、赵超主编：
《汇编续集》，开元 057，第 494 页；《王同人墓志》："开元十六年……返葬祔先茔于京南大仵村。"见
周绍良主编：《汇编》上，开元 292，第 1357 页。
⑧　《段晏亦墓志》载："大历七年……迁窆于京万年县崇义乡南姚村。"《隋唐五代墓志汇编·洛
阳卷》，第 1 册，第 156 页。
⑨　《赵隆墓志》："终于京师常乐里。"周绍良、赵超主编：《汇编续集》，贞观 019，第 21 页；《陈
添墓志》："天宝十三载……不禄于京师道政里。"见周绍良、赵超主编：《汇编续集》，天宝 100，第
655 页。《宋氏墓志》："卒于京师兴宁里。"（元和 051，第 836 页）《孙公墓志》："殁于临汀刺史之位，
后四十五日，家吏走京师。"（咸通 089，第 1102 页）唐人墓志中有关"京师"的记载较多，鉴于篇幅
有限，仅列几方唐初、唐中、唐末的墓志，以供学者参考。
⑩　《蹇如珪墓志》载："开元十八年……葬于京邑城东白鹿原。"见周绍良、赵超主编：《汇编续
集》，开元 101，第 524 页。
⑪　《田府君夫人窦氏墓志》载："长寿三年……合葬于西京南杜陵之原。"见周绍良、赵超主编：
《汇编续集》，长寿 012，第 329 页。《薛义墓志》载："天宝八载……蘉于西京长安金城里。"见周绍良
主编：《汇编》下，天宝 145，第 1633 页。

十三年（818 年）的《张怙墓志》①，至咸通年间的《尚弘简墓志》和《李省规墓志》②，一直到唐末，其名未曾改变。以上所举唐人墓志中所记"长安城"之名的变化，大体上与传世文献所载时间基本吻合，亦体现了墓志证史补史的作用。

需要说明的是，"长安城"内居民所住之地称"里""坊"，而城外有"乡""村""里"，本章主要探讨和考察长安城外的乡村地名概况。关于长安县和万年县的分界，史念海、贺梓城、尚民杰、程义等都做过探讨，一般而言学界认同的长安县和万年县城内是以朱雀门大街为分界，街西为长安县所辖，街东为万年县所辖，而城外南部以明德门外天门街为基点，一直向南延伸至终南山，其西为长安县所辖，东为万年县所辖，城外西部至沣水为长安县所辖，东部至昭应县、蓝田县西界为万年县所辖。③

关于西京长安城外上述二县的乡村地名数量和大致范围情况，众多学者亦做了探讨并取得了较为丰硕的成果，但因墓志出土是一个动态的过程，京师城外乡村地名的数量亦随着墓志的不断出土而增多，鉴于前人所作工作较为零散、涉及乡、村、里的考察较为泛化，笔者在前人研究的基础上，对西京长安县和万年县的乡村地名进行较为细致的综合考察，但需要特别说明的是，因长安县、万年县二县所辖乡村地名的研究较东都洛阳而言较为成熟而丰硕，因此对西京长安和万年县的考察略不同于东都的考察，本章仅是综合考论前人的观点，并做一定的补充。值得注意的有两点：

（1）从唐代行政区划角度看，唐代有"五里为乡"的空间布局特征，一般而言是县下设乡，乡下设村和里，而诸如龙首原、少陵原、白鹿原、高阳原、积德原等地名应该将其归纳于地理地貌单元，不能将其并为行政区划，因此本章并未详细考察诸类地貌，仅将其作为文中探讨乡村地名的参考和标志。

（2）关于墓志出土有误的情况介绍。从西安出土的部分墓志时地来看，与洛阳出土墓志不同的是，较多墓志出土于长安城东的韩森寨及郭家滩这两地，相对而言，其他村落则发现较少，这便不能不引起我们的疑惑。查阅相

---

① 《张怙墓志》载："元和十三年……殁于上都靖安里第。"《隋唐五代墓志汇编·陕西卷》，第 2 册，第 51 页。

② 《尚弘简墓志》载："咸通八年，扶护灵柩于上都万年县长乐乡王柴里。"见周绍良、赵超主编：《汇编续集》，咸通 041，第 1067 页。《李省规墓志》："咸通十五年……迁于上都万年县王寨村。"《隋唐五代墓志汇编·陕西卷》，第 2 册，第 129 页。

③ 见贺梓城：《唐长安城历史与唐人生活习俗》，《文博》1984 年第 2 期，第 37 页；尚民杰：《唐长安、万年县乡村续考》，西安文物保护考古所编：《西安文物考古研究——西安市文物保护考古所成立十周年纪念》，西安：陕西人民出版社，2004 年，第 365 页。

关资料，我们知道这些墓志大部分于中华人民共和国成立初期出土，当时上述两地正值大力进行基本建设时期，因各种因素使得原本距离十分远的唐人葬地，在文物工作者进行登记时将其墓志出土地均记载为韩森寨及郭家滩，容易造成误解。如对长安县承平乡的记载便是如此，《师全介墓志》出土于西安北郊小白杨村①，《李公妻戴氏墓志》出土于西安东郊郭家滩②，《贺从章墓志》出土于西安西郊土门③。上述三方出土墓志说明承平乡位于长安城之西。反之，《智惠墓志》出土于东郊韩森寨④，《荆从皋墓志》出土于西安东郊郭家滩⑤，令人怀疑。关于此乡的大致范围较多前人已有所考察，但仅有少部分学者关注出土地是否有误这一问题。因为学者多认为承平乡位于长安城西、龙首乡南、阿房宫遗址东附近，因此笔者推测出土于西安东郊的两方墓志值得质疑？同样的情况如洪固乡亦是如此。传统文献《长安志》卷十一《万年县》条载："洪固乡在县南一十五里"⑥，宋去唐不远，唐宋两朝在某些地名上仍然具有延续性，因此可以肯定的是文献所记无疑，其次《张楚贤墓志》《韦文度墓志》《裴君妻时氏墓志》⑦均出土于西安市南郊三爻村附近，且前人已经考察此乡的范围即位于西安南郊，当无疑，而乾符六年的《王季初墓志》却出土于西安东郊郭家滩⑧，因此此乡墓志的出土值得怀疑。

第一节　万　年　县

探讨万年县所辖乡村地名之前，需要对有唐一代万年县大致沿革情况做一简单了解。《新唐书·地理志》："万年，赤。本大兴，武德元年更名。二年析置芷阳县，七年省。总章元年析置明堂县，长安二年省。天宝七载曰咸宁，

---

①　《师全介墓志》载："葬于京兆府长安县承平乡小杨原。"《隋唐五代墓志汇编·陕西卷》，第104页。

②　《李公妻戴氏墓志》载："卜葬于京兆府长安县承平乡大严村。"《隋唐五代墓志汇编·陕西卷》，第65页。

③　《贺从章墓志》载："葬于长安县承平乡灵安里，附先茔隅左张社村。"《隋唐五代墓志汇编·陕西卷》，第65页。

④　《智惠墓志》载："大足元年……葬于承平乡龙首原。"《隋唐五代墓志汇编·陕西卷》，第77页。

⑤　《荆从皋墓志》载："长安县承平乡小刘村。"《隋唐五代墓志汇编·陕西卷》，第122页。

⑥　（宋）宋敏求：《长安志》卷11《万年》，第146页。

⑦　《张楚贤墓志》载："葬于万年县洪固乡凤栖之原。"《隋唐五代墓志汇编·陕西卷》，第59页；《韦文度墓志》载："葬于万年县洪固乡曲甲胄贵里先夫人茔之西。"《隋唐五代墓志汇编·陕西卷》，第127、136页。

⑧　《王季初墓志》载："葬于京兆府洪固乡上傅村。"《隋唐五代墓志汇编·陕西卷》，第136页。

至德三载复故名"①，《旧唐书·地理志》略有不同②，后《太平寰宇记》综合《两唐书》对万年县沿革进行记载。③关于万年县所辖乡有关的唐人文献并无直接记载，宋敏求《长安志》卷十一《万年》中记载万年县有："七乡，管二百九十六村，二里。洪固乡……龙首乡……少陵乡……白鹿乡……薄陵乡……东陵乡……苑东乡……。"④文中小注记唐45乡，列宋万年县7乡。后来清朝乾隆时期毕沅根据墓志又在《长安志》基础上新增大陵乡、黄台乡、坝城乡、广明乡、洪原乡、龟川乡、上好乡、庆义等9乡。若仅从传世文献记载看，记载唐万年县有16乡，尚差29乡。今人在上述文献成果基础上，不断进行增补，对这一问题取得了不小进展，但经过笔者仔细梳理，仍发现多处值得商榷；同时由于墓志的出土是一个动态刊布的过程，因此唐人墓志的不断发掘和出土为学界提供了继续增补万年县所辖乡、村、里数量的可能。本章即结合传世文献和出土石刻资料以及敦煌文书等，通过对比、分析、综合前人的成果，指出其中值得商榷之处，并尽可能利用近年来考古资料，对万年县所辖乡村数量及其大致范围做一系统而全面的增补与考论。

需要说明的是，由于今人的成果大部分是在学者武伯纶研究的基础上进行增补与考订，为方便检索，故本章亦采用武文中乡的序号，对村和里的考察较前人不同，文中采用列表形式，分门别类进行考论。

一、乡名

根据检索到的有关唐人墓志统计情况，万年县所辖乡名共计有59乡。

1. 浐川乡

涉及此乡墓志约80方，有明确出土时地的达30余方，笔者所列大部分是前人未考墓志。此乡得名与浐水有关，前人亦考，再结合近年出土墓志，综合知此乡横跨浐河东西两侧，在今郭家滩、韩森寨、高楼村、席王村、国营第4棉纺织厂一带。从地名流变情况来看，隋代大兴县（唐为万年县）亦有浐川乡，地理范围和唐代浐川乡相当。

① 《新唐书》卷37《地理志》，第962页。
② 《旧唐书》卷38《地理志》载："乾封元年，分置明堂县，治永乐坊。长安三年废，复并万年。天宝七载，改为咸宁，乾元复旧也。"（第1396页）
③ （宋）乐史：《太平寰宇记》卷25载："唐武德元年九月改大兴为万年，至总章元年析置明堂县里永乐坊，至长安二年六月废明堂县复入万年县，天宝七年改为咸宁县，乾元元年复为万年县。"台北：文海出版社，1993年，第216页。
④ （宋）宋敏求：《长安志》卷11《万年》，第145—146页。

2. 长乐乡

记载此乡的墓志约 50 方，明确出土地的 15 余方。长乐乡之名因"长乐宫"而名，在今韩森寨、郭家滩一带，包括今高楼村、王家坟、东十里铺附近，东与浐川乡相接。《张涣墓志》提及墓主葬于"万年县凤城东长乐乡"，知"凤城"就是"长安城"。需要说明的一点，《郭敬墓志》载："权瘗于万年县长乐乡"，志石于西安东郊红庆村出土①，但此村位于灞河东约 4 公里，据墓志记载此处应当属于铜人乡所辖，因此笔者推测此方墓志出土地有误。

3. 龙首乡

记载龙首乡墓志 20 余方，明确出土地的 10 余方，前人均有所考，并认为此乡之名因龙首原而名，笔者推测还可能因"龙首山"而名，这种命名方式更符合古代地理事物山川为名的原则。②《回纥琼墓志》载："迁厝于龙首乡，礼也。却临渭水，夏生草木之声，直视终南，晓接烟云之气"③，可知龙首乡北望渭水，南视终南，应在渭水南、终南山北部区域。《长安志》卷十一《万年》载："龙首乡在县东一十五里"④，又知龙首乡在西安城东，《宋府君墓志》："权瘗于咸宁县延兴门外龙首乡之原"⑤，知龙首乡位于延兴门外，而延兴门是西安城东面最南的门，城址在今西安东南郊铁炉庙村南一带。⑥而前人对乡的区域有翔实的考证，综合知龙首乡位于西安城延兴门外，向东延伸至浐河两岸到白鹿原附近，北接浐川乡，主要在今郭家滩、神鹿坊、岳家寨、马腾空村、长安区大兆乡一带。隋亦有龙首乡，但辖属于长安县，唐长安县和万年县均有此乡，由此看万年县龙首乡应该是唐新设乡，后为北宋沿用（《长安志》载有此乡名）。

4. 崇道乡

记载此乡墓志 30 余方，明确出土地的 15 余方。前人亦有所考，结合所列墓志，综合知崇道乡在今韩森寨、郭家滩、新兴堡、灞桥草堂村和热电厂、席王村附近，横跨浐水和灞水。

① 《隋唐五代墓志汇编·陕西卷》，第 1 册，第 6 页。
② 《辞海》编辑委员会编：《辞海》，第 72 页，亦称龙首山为龙首原，龙首山起渭水南岸汉长安故城，止于樊川，长六十余里，首高二十丈，尾高五六丈，汉长安城在北坡，唐长安城在南坡。
③ 周绍良、赵超主编：《汇编续集》，乾元 010，第 681 页。
④ （宋）宋敏求：《长安志》，第 145 页。
⑤ 周绍良、赵超主编：《汇编续集》，天宝 104，第 658 页。
⑥ 张永禄编著：《西安古城墙》，西安：西安出版社，2007 年，第 172 页。

5. 义丰乡

记载此乡的墓志 10 余方，前人亦考。在今灞桥以东，红庆村、路家湾、惠家村附近。

6. 霸城乡

记载此乡的墓志 2 方，武皆考。其得名有 2 种说法，武文认为因"霸城县"而名，贺梓城认为以"霸城门"而名。其大致位置在禁苑东、长乐乡北，横跨浐水和灞水。

7. 渭阴乡

唐人墓志并未直接记载此乡名。武文中根据文献记载推测此乡的存在，《西安历史地图集》（以下简称《图集》）中亦有此乡，而渭阴乡之名可能因"渭水"而名，中国古代有"山南水北则为阳"的说法，反之，可知此乡应位于渭水南边，属于万年县最北之乡。

8. 龟川乡

记载此乡的墓志仅 1 方，武文亦考，可能是万年县最东边县，宋《长安志》、《太平寰宇记》以及清《咸宁县志》中的万年县均有此乡，而今陕西省宝鸡市亦有此乡，与唐龟川乡相差甚远。

9. 铜人乡

铜与同同音，人与仁同音，故铜人乡亦称同仁乡，记载此乡的墓志仅几方，武考证位于今灞桥东路家湾、邵平店、洪庆村一带，上文考察了义丰乡也在洪庆村附近，可推知上述二乡相邻。

10. 庆义乡

仅 1 方墓志记载此乡，武考。韩愈所撰《李元宾墓志》中注明友人崔弘礼卒后葬于此乡。[①] 从墓志志文看，"国东门"可能是通化门、春明门、延兴门中的一门，通化门在今长乐西路东段路北，春明门在今纬十街偏北，延兴门在今西安东南郊铁炉庙村南一带[②]，又志文载东门外七里，按照唐代度量衡的换算来看，唐代一里长 531 米，相当于今天的 1.06 华里[③]，而今 1 华里又是 500 米，可知该志中所言七里相当于今 7.42 里。而前文考，浐川、崇道、长乐乡在通明外，因此笔者推测庆义乡的位置有两种可能，其一若此门为春

① 《李元宾墓志》载："友人崔弘礼葬之于国东门之外七里，乡月庆义，原曰嵩高。"见《韩昌黎合集》卷 24，北京：中国书店，1991 年，第 281 页。
② 张永禄编著：《西安古城墙》，第 168—172 页。
③ 胡戟：《唐代度量衡与亩里制度》，河南省计量局主编：《中国古代度量衡论文集》，郑州：中州古籍出版社，1990 年。

明门，则门外七里大致在今浐河东石羊村附近；其二若此门为延兴门，门外七里大致在今浐河西岸月等阁村西附近。史念海《图集》中将此乡标注在浐河西春明乡外，应该是遵循第一种情况，而武文中将此乡标注于延兴门外、浐河东瀷河西的中线上，存疑。

11. 宁安乡

记载此乡墓志近 30 方，前人均有考。由《王氏夫人墓志》知宁安乡应当位于启夏门南附近，启夏门在今西安南郊长延堡陕西师范大学东，再根据墓志出土地看，此乡大致位于西安南郊雁塔区缪家寨、曲江池、三兆村附近。值得提出的是，葬于武德八年（625 年）的《苏永安墓志》[①]，其载："万年县宁安乡"出土于东郊韩森寨，显然不符宁安乡的实际方位，故疑误，隋有此乡[②]，唐沿袭。

12. 洪固乡

记载此乡墓志达 40 余方，前人亦考。《卢绶张夫人墓志》载墓主葬于："京兆府万年县洪固乡胄贵里东韦曲原，明德门南七里。"明德门位于长安城的中轴线上，是长安城的南大门，城址大致在今西安南郊杨家村西南 80 米。[③] 结合唐代度量衡换算可知明德门外七里大致相当于今南寨子村南，清凉寺一带，再根据前人和墓志知此乡大致在西安市南郊司马村、三爻村（新安建材厂）、韦曲镇一带。隋即有此乡，唐继之，后为宋所沿袭。

13. 高平乡

记载此乡墓志 10 余方，前人考察其中的 2 方。根据墓志可见高平乡在长安区韦曲北焦村、大兆乡三益村一带。需要说明的是，长寿三年（694 年）《柳保隆墓志》和圣历二年（699 年）的《王美畅墓志》，均言墓主葬于明堂县高平乡。根据上文对明堂县的沿革分析，知总章元年（668 年）析万年县置明堂县，长安二年（702 年）省，明堂县作为万年县的一个组成部分在有唐一代大约存在 34 余年，这一沿革情况在墓志中亦有体现[④]，但明堂县的县界在何处？

　① 《隋唐五代墓志汇编·陕西卷》，第 1 册，第 7 页。
　② 《吕武暨妻宇文氏墓志》载："开皇十二年……合葬大兴县宁安乡。"王其祎、周晓薇编著：《隋代墓志铭汇考》，北京：线装书局，2007 年，第 2 册，第 100 页。
　③　张永禄编著：《西安古城墙》，第 164 页。
　④　墓志中还提及明堂县的有：总章元年（668 年）的《李爽墓志》："合葬于雍州明堂县凤栖原。"（《隋唐五代墓志汇编·陕西卷》，第 1 册，第 43 页。）总章三年（670 年）的《韦孝忠墓志》："归窆于雍州明堂县毕山之原。"（吴钢主编：《全唐文补遗》第 7 辑，第 283 页）上元三年（676 年）的《徐齐聃墓志》载："还葬于雍州明堂县智原乡之少陵原。"（胡戟、荣新江主编：《大唐西市博物馆馆藏墓志》，第 197 页）仪凤三年（678 年）的《柳子阳故妻皇甫氏墓志》载："葬于雍州明堂县洪原乡少陵原。"（胡戟、荣新江主编：《大唐西市博物馆馆藏墓志》，第 213 页）调露元年（679 年）的《杨芷墓志》载："迁窆于明堂县洪原乡丰仁里之茔。"（胡戟、荣新江主编：《大唐西市博物馆馆藏墓志》，第 229 页）基本上符合文献中"明堂县"的建制沿革情况。

表中《王美畅墓志》的描述可能解决了这一疑问,即高平乡可能为明堂县县界。隋亦有此乡①,唐高平乡沿用此名。

14. 山北乡

记载此乡墓志共 3 方,武考 1 方,位于长安区杜曲镇附近,其名可能与终南山有关,《元和郡县志》卷一《关内道一》载:"终南山,在县南五十里。"② 史念海先生认为山北乡为隋代地名,故在《图集》中未绘制此乡位置,存疑。根据《独孤保生墓志》和《牛名俊墓志》,证明有唐一代的确亦存在此乡。

需要注意的是,万年县亦有"北山乡",见《韦君妻李瑶墓志》③ 和《韦纪妻长孙女墓志》④,据陈玲考此乡可能为"山北乡"的别称⑤,本书从之。

15. 大陵乡

并无确切的墓志记载此乡,宋敏求《长安志》卷十一《万年》载:"唐四十五乡,霸桥东有大陵乡"⑥,武文中亦考。

16. 洪原乡

记载此乡墓志 15 余方,武考 3 方,大致在今长安县庞留村,一直延伸至少陵原一带,且位于山北乡东南,隋有此乡⑦,唐沿袭。

17. 义善乡

记载此乡墓志约 15 方,史念海《图集》亦标注。不少学者认为此乡因"义善寺"而名⑧,陈玲持相反意见⑨。"义善"二字寓意为"推崇善良、礼义",是表示儒家教化的嘉词,因此本章认为此乡属于"嘉名命名原则"更符合实际。由墓志出土地看此乡可能位于长安城东南长安区大兆乡三益村至岔道口村一带,此乡据武文考因"义善寺"而名。史念海《图集》上将此乡标注在明德门正门外,可能是将岔道口村认为是郭杜镇所辖,因《图集》无细致的论证过程,故本书从武文观点,但较武文所考范围大。需要注意的是,开元

---

① 胡戟、荣新江主编:《大唐西市博物馆馆藏墓志》,第 29 页《耿雄墓志》载:"大象十年……窆于大兴县南小陵原高平乡通明里。"
② (唐)李吉甫撰,贺次君点校:《元和郡县图志》卷 1,第 3 页。
③ 赵文成、赵君平编选:《新出唐墓志百种》,杭州:西泠印社出版社,2010 年,第 20 页《韦君妻李瑶墓志》载:"迁厝万年县北山乡长元里。"
④ 齐运通编:《洛阳新获七朝墓志》,北京:中华书局,2012 年,第 148 页《韦纪妻长孙氏墓志》:"葬于雍州万年县北山乡。"
⑤ 陈玲:《唐代墓志所见关中乡里词语研究》,西南大学硕士学位论文,2014 年,第 131 页。
⑥ (宋)宋敏求:《长安志》,第 145 页。
⑦ 胡戟、荣新江主编:《大唐西市博物馆馆藏墓志》,第 47 页《尉琼仁墓志》载:"祔窆于大兴县洪原乡之小陵原。"
⑧ 持此类观点的主要有武伯纶、张永禄,详见武伯纶:《唐万年、长安县乡里考》,《考古学报》1963 年第 2 期,第 92 页;张永禄:《唐代长安词典》,西安:陕西人民出版社,1990 年,第 14 页。
⑨ 陈玲:《唐代墓志所见关中乡里词语研究》,西南大学硕士学位论文,2014 年,第 114 页。

十二年（724 年）的《女子端墓志》载："权殡于万年县义善乡"[①]，出土于西安东郊郭家滩，显然与此乡范围不符，疑误。

18. 黄台乡

记载此乡墓志 1 方，前人未考，武文中依据《旧唐书》中记载唐人籍贯的方式推测出此乡位于西安城东南二十华里，因东南部的"黄渠"而名，结合墓志可知此乡在今长安区引镇北、黄渠一带。今雁塔区一带亦有黄渠桥、黄渠头村等地名，概均与"黄渠"有关。

19. 崇义乡

记载此乡墓志大约 10 方，武文考其中 2 方，其依据崇义乡所辖"南姚村"推测此乡在长安城南宁安乡西，而史念海《图集》将此乡标注于浐河两侧长安城东，二位学者观点相悖，何解？从墓志出土地看，记载此乡的墓志大部分在西安东郊韩森寨，又《元君墓志》载："葬于雍州万年县崇义乡浐水东原之里"[②]，可知崇义乡亦临近浐水，由此笔者推测崇义乡当长安城东浐水两侧韩森寨附近，据此与武文"崇义乡"位置有商榷。

20. 灵泉乡

无墓志记载此乡，但武文亦考。

21. 白鹿乡

记载此乡墓志 1 方，武文考大致在浐水与灞水之间的白鹿原上，而其名亦可能因"白鹿山""白鹿原"，后为宋沿用。

22. 永宁乡

无墓志记载此乡，但武文和《图集》均有考，大致在浐水与灞水之间白鹿乡西。

23. 云门乡

2 方墓志与此有关，武文亦考，可能在浐川乡东浐水与灞水之间的区域，其名待考。

24. 义川乡

2 方墓志载此乡，武文亦考，因"义谷水"而名，属万年县较南部的乡。

25. 加川乡

仅 1 方墓志记载此乡，武文亦考，因浐水而名，在浐水上游。

26. 芙蓉乡

仅 1 方墓志记载此乡，武文亦考，因芙蓉园而名。

---

① 《隋唐五代墓志汇编·陕西卷》，第 1 册，第 103 页。
② 《隋唐五代墓志汇编·陕西卷》，第 1 册，第 47 页。

27. 进贤乡

仅 1 方墓志记载此乡，武文亦考，在今浐水西、韩森寨东南，临近浐水乡，隋由此乡，唐沿用。

28. 御宿乡

2 方墓志对此乡有记载，武文亦考大致在今韦曲一带，隋代即有此乡，唐沿袭，可能因"御宿川（苑）"而名。御宿在今陕西省长安县南，《汉书·杨雄传》："武帝开上林至昆吾御宿。如淳曰："御宿，地名……"，颜师古注曰："御宿川，在樊川之西。"六朝时《三辅黄图》也载："御宿苑，在长安城南御宿川中，汉武帝为离宫别馆，往来游观，止宿其中，故名。"[①]

29. 大明乡（隋）

关于此乡，武文亦考，但系隋大业三年（607 年）墓志，似为不妥，依据此墓志仅能至隋有大明乡，无法得知唐亦有此乡，存疑。

30. 安盛乡（隋）

关于此乡，武文亦考，此乡亦属隋代乡名，存疑。

31. 神禾乡

记载此乡墓志 1 方，碑石 1 方，武考，而与此乡地名有关的"神禾原"墓志 2 方，前人未考。位置大致在今长安区樊川以南一带，临近华严寺。

32. 乐游乡

《全唐文》卷 1 中记载此乡，武文亦考，位置待考。

33. 安福乡

武考此乡，墓志中无记载，位置待考。

34. 上好乡

1 方墓志记载此乡名，武文亦考，位置待考。

35. 平原乡

1 方墓志记载此乡名，武文亦考，位置可能在今韦曲东洪固原。

36. 青盖乡

武文亦考，位置待定。

37. 少陵乡

记载此乡墓志 1 方，前人未考，宋《长安志》载："少陵乡在县南三十里"[②]，武文认为大致在今汉宣帝后陵一带，此乡可能因"少陵原"而名。唐

---

① 何清谷校注：《三辅黄图校注》2 版，北京：中华书局，2006 年，第 229 页。
② （宋）宋敏求：《长安志》，第 145 页。

有此乡，宋沿袭，今亦存在。

38—40. 薄陵乡、东陵乡、莞东乡 3 乡

均为《长安志》中记载乡名，前 2 乡均因前代陵墓而名，武文亦考。但笔者认为此为宋代 3 乡，唐代是否亦有上述 3 乡还尚待进一步考证。

41—41. 积福乡、崇德乡，（日）爱宕元新补，位置待定。

43. 安宁乡

（日）爱宕元新补。记载此乡墓志无，《请降诞日度三僧制》载："童子曹摩坷，贯京兆万年县安宁乡永安里"[①]，位置待考。

44. 金龟乡

史念海《图集》里有此乡，在今神禾乡北，今西杨村一带。

45. 卢陵乡

1 方墓志记载此乡，杜文玉新补，位置待考。

46. 长安乡

1 方墓志记载此乡，杜文玉新补，位置待考。

47. 滋川乡

杜文玉新补。记载此乡墓志 2 方，可能在今下家村一带，临近浐水和灞水，滋川乡之名可能因"灞水"而名，灞水又名"滋水""滋川"，滋水为秦穆公时更名[②]，唐《元和郡县图志》卷一："灞水故滋水也。"[③]《宇文氏墓志》载："葬于京兆府万年县滋水乡原"[④]，亦可看出二者通用。

48—49. 鹑首乡和丰润乡

均有尚民杰新补。鹑首乡之名的由来可能与古人风水思想有关。"鹑首"是十二次之一，与十二辰中的未相对应，主要对应二十八宿中"井宿"和"鬼宿"，古人用鹑首来预示太阳在该地范围内时节气的变化。[⑤]《汉书·律历志下》卷二十一下："鹑首，初井十六度，芒种。"[⑥]

50—51. 步昌乡和永寿乡

均有程义新补。步昌乡大致在临潼区姚村附近。唐长安县亦有永寿乡，不知此乡是误记还是分别隶属于两县，待考。永寿乡之名可能有两种解释，

① 《大正藏》卷 52，石家庄：河北佛教协会印，2005 年，第 836—837 页。
② （宋）宋敏求：《长安志》卷 16，北京：中华书局，1991 年。
③ （唐）李吉甫撰，贺次君点校《元和郡县图志》卷 1《关内道》，第 16 页。
④ 吴钢主编：《全唐文补遗》第 7 辑，第 61 页。
⑤ 华夫主编：《中国古代名物大典（上）》，济南：济南出版社，1993 年，第 104 页。
⑥ 《汉书》卷 21 下《律历志下》，第 1006 页。

其一可能是嘉名,希望此乡的人民"永远长寿",还有可能因唐初设置的"长寿县"而名,但以嘉名命名为重。

52—55. 承平乡、勇昌乡、泥川乡、比安乡

4 乡由惠瑛新补,但无考证,存疑。

56. 凤栖乡

此乡由(日)户崎哲彦新补,位置待考。

本书新增补乡如下:

57. 淳风乡

记载此乡墓志 1 方,出土地待考。

58. 智原乡

记载此乡墓志 3 方,在长安区引镇北一带,长安城东南方,可能离少陵原不远。

59. 细柳乡

记载此乡墓志 3 方,《裴师墓志》记墓主窆于城东细柳乡灞渭曲之原,可推知细柳乡位于长安城东,灞水和渭水附近。需要注意的是,长安县亦有此乡名,为程义新补,大致在城西长安县王寺村附近。因此细柳乡之名如同龙首乡一样,均为万年县和长安县同名而异乡情况。

以上万年县所辖乡的情况如表 7-1 所示。

表 7-1　万年县所辖乡名

序号	乡名	墓主	卒葬年	卒葬地	出土地	出处和页码
1	浐川乡	田德元	大业七年(611 年)	归厝于大兴县浐川乡白鹿原	郭家滩	《隋唐汇编》第 1 册,3 页
		刘奇秀	贞元十四年(798 年)	葬于浐川乡	灞桥	《隋唐汇编》第 2 册,15 页
		秦朝俭	元和十二年(817 年)	葬于万年县浐川乡龙首原	韩森寨	《隋唐汇编》第 2 册,48 页
		王涓	元和十三年(818 年)	京兆府万年县浐川乡	韩森寨	《隋唐汇编》第 2 册,50 页
		段文珣	大中三年(849 年)	万年县浐川乡	韩森寨	《隋唐汇编》第 2 册,83 页
		李扬	咸亨五年(674 年)	京城东七里浐川乡之原		《补遗》6,319 页
2	长乐乡	薛突利施	景云元年(710 年)	万年县长乐乡之原	韩森寨	《隋唐汇编》第 1 册,90 页

续表

序号	乡名	墓主	卒葬年	卒葬地	出土地	出处和页码
2	长乐乡	王昵	开元二十一年（733年）	京兆府万年县长乐原	王家坟	《隋唐汇编》第1册，117页
		张明进	贞元十九年（803年）	迁窆于万年县长乐乡龙首原	韩森寨	《隋唐汇编》第2册，20页
		张涣	元和五年（810年）	宅兆于万年县凤城东长乐乡青龙原	韩森寨	《隋唐汇编》第2册，36页
		崔慎思	元和五年（810年）	葬于万年县长乐乡	韩森寨	《隋唐汇编》第2册，37页
3	龙首乡	李秀宗	贞元十二年（796年）	京兆长安龙首乡	郭家滩	《隋唐汇编》第2册，10页
		王君夫人康氏	仪凤二年（677年）	葬于万年县龙首乡凤栖原之阴	大兆乡一带	《唐西市志》，209页
4	崇道乡	裴瑾	开元二十四年（736年）	万年县崇道乡	郭家滩	《隋唐汇编》第1册，120页
		屈元寿	天宝九载（750年）	葬于京兆府咸宁县崇道乡齐礼里神鹿原之礼也	郭家滩	《隋唐汇编》第1册，137页
		屈元寿	天宝九载（750年）	葬于京兆府咸宁县崇道乡齐礼里神鹿原之礼也	郭家滩	《隋唐汇编》第1册，137页
		长公主	咸通四年（863年）	葬于万年县崇道乡夏侯村	灞桥热电厂	《隋唐汇编》第4册，146页
5	义丰乡	元武寿	咸亨元年（670年）	葬于雍州万年县义丰乡之原	灞桥以东	《唐西市志》，173页
		李延光	开元七年（719年）	八年合葬于京兆府万年县义丰乡铜人原		《汇编续集》开元029，472页
9	铜人乡	王公妻清河张氏夫人	乾符四年（877年）	迁于万年县铜人乡灞川	东郊路家湾	《隋唐汇编》第2册，132页
11	宁安乡	王流谦	会昌四年（844年）	葬于启夏门南宁安乡姜允村		《补遗》8，169页
		崔璞夫人李	大中十年（856年）	窆于万年县宁安乡三赵村		《唐西市志》，939页
12	洪固乡	张楚贤	龙朔二年（662年）	万年县洪固乡凤栖之原	三爻村	《隋唐五代》第3册，59页
		裴君妻时氏	大中八年（854年）	葬于万年县洪固乡李永村之界	三爻村新安建材厂内	《隋唐汇编》第4册，136页
		卢绶张夫人	开成二年（837年）	京兆府万年县洪固乡胄贵里东韦曲原，明德门南七里		《补遗》3，210页

序号	乡名	墓主	卒葬年	卒葬地	出土地	出处和页码
12	洪固乡	王客卿	贞观二十三年（649年）	合窆乎雍州万年县洪固乡黄沟里之神和源	樊川之南	《唐西市志》，89页
		王承稀	贞元四年（788年）	迁厝于万年县洪固乡李永村	韦曲镇	《唐西市志》，675页
13	高平乡	王约	龙朔三年（663年）	同窆于万年县高平乡	韦曲镇北焦村	《唐西市志》，151页
		李氏	显庆六年（661年）	窆于高平乡少陵之原		《唐西市志》，147页
		柳保隆	长寿三年（694年）	合葬于雍州明堂县高平乡凤栖原之大茔	三益村一带	《唐西市志》，285页
		王美畅	圣历二年（699年）	葬于雍州明堂县界高平乡		《唐西市志》，309页
14	山北乡	独孤保生	贞元十七年（801年）	陪葬于万年县山北乡辰和原	杜曲镇附近	《唐西市志》，717页
		牛名俊	元和五年（810年）	卜兆于京兆府万年县山北乡归明里	杜曲附近	《唐西市志》，757页
16	洪原乡	李婉顺	龙朔元年（661年）	雍州万年县洪原乡之少陵原	长安县	《隋唐汇编》第3册，56页
		崔瑛	开元十七年（729年）	权殡于京兆府万年县洪原乡凤栖原		《汇编》开元285，1352
		杜济	大历十二年（777年）	万年县洪原乡		《汇编》大历055，1796
17	义善乡	高氏	乾元二年（759年）	迁窆于万年县义善乡凤栖原之西		《唐西市志》，595页
		裴氏		窆于万年县义善乡少陵原		《唐西市志》，659页
		郭幼冲	贞元四年（788年）	于万年县义善乡之南原		《唐西市志》，673页
		赵藤	元和六年（811年）	迁祔于万年县义善乡凤栖原先荣（茔）之侧		《唐西市志》，765页
		段宏	大中九年（855年）	葬于万年县义善乡东竹村		《唐西市志》，923页
		高璠	咸通六年（865年）	葬于万年县义善乡大竹村		《唐西市志》，965页
18	黄台乡	杨岳	显庆元年（656年）	迁厝于雍州万年县黄台乡少陵原		《唐西市志》，113页
19	崇义乡	段晏亦	大历七年（772年）	迁窆于京万年县崇义乡南姚村		《隋唐汇编》第1册，156页
		杨公妻高氏	贞元十一年（795年）	葬于京兆府万年县崇义乡南姚村		《隋唐汇编》第2册，8页

序号	乡名	墓主	卒葬年	卒葬地	出土地	编号和页码
31	神禾乡	王泰	开元十一年（723 年）	卜厝于万年县神禾原之旧茔		《唐西市志》，415 页
		郑瑶	大中四年（850 年）	归葬于万年县神禾乡少陵原		《唐西市志》，905 页
57	淳风乡	李思贞	神龙元年（705 年）	迁窆于雍州万年县淳风乡务政里		《汇编续集》，407 页
58	智原乡	徐德	显庆三年（658 年）	安厝于雍州万年县少陵原之智原乡		《唐西市志》，129 页
		徐德	显庆三年（658 年）	安厝于雍州万年县少陵原之智原乡		《唐西市志》，129 页
59	细柳乡	裴师	上元二年（675 年）	窆于城东细柳乡灞渭曲之原		《唐西市志》，190 页
		刘辟恶	显庆三年（658 年）	合葬于万年县细柳乡之原	细柳乡一带	《唐西市志》，123 页
		张氏	元和六年（811 年）	归葬于万年县细柳新店原		《唐西市志》，761 页

二、村名

检索唐人墓志，万年县所辖 76 村：浐川乡 9 村，长乐乡 8 村，龙首乡 3 村，崇道乡 8 村，义丰乡 2 村，霸城乡 1 村，铜人乡 1 村，宁安乡 5 村，洪固乡 9 村，高平乡 4 村，洪原乡 4 村，义善乡 7 村，崇义乡 2 村，神禾乡 1 村，少陵乡 1 村，细柳乡 1 村，无隶属 10 村。

1. 浐川乡，9 村

（1）郑村。记载郑村的墓志 30 余方，有明确出土地的大概 10 余方，尚民杰考此乡当在今浐河西岸。笔者对尚文中有疑问的是其对《高从克墓志》中墓主人名的考察①，通过笔者仔细核对、翻阅墓志拓片，发现此方墓主应是《高克从墓志》更为恰当②。

（2）陈村。前人均有所考，位于浐河西岸，韩森寨东。但值得提出是，程义和尚民杰两位学者对《同国正墓志》的考察，通过查阅该墓志拓片，笔者发现有两处值得注意，其一是墓主人名，《隋唐五代墓志汇编》中记为《同

---

① 尚民杰：《唐长安、万年县乡村续考》，西安文物保护考古所编：《西安市文物考古研究——西安市文物保护考古所成立十周年纪念》，西安：陕西人民出版社，2004 年，第 376 页。

② 《高克从墓志》："葬于万年县浐川乡郑村。"见《隋唐五代墓志汇编·陕西卷》，第 2 册，第 81 页；吴钢主编：《全唐文补遗》第 3 辑，第 221 页。

国政墓志》^①；其二是该墓志出土地，汇编资料中明确记为志石出土于西安东郊高楼村，其他学者研究记为韩森寨东南，疑误。

（3）蛇村。记载此村墓志亦不多，仅尚民杰对此村有所考察，指出其位于今郭家潭一带，其他学者并未探讨。值得注意的是尚文中对《刘相墓志》的考察，笔者查阅该墓志出处，未见此方墓志，疑误。

（4）尚傅村。记载此村墓志较多，20 余方，前人亦有所考证。因"尚"与"上"同音，故"尚傅村"亦称"上傅村"，位于今郭家滩、国营第 4 棉纺织厂子弟学校附近。

（5）北姚村。记载此村墓志较少，仅程义、惠瑛对其进行过考察，位于今十里铺附近。

（6）南姚村。因"姚"与"窑"音近，故南姚村亦称南窑村。程义和尚民杰均考察，但因不明出土地，位置待考。可以肯定的是，南姚村应当与北姚村有某种关系，尚待考。

（7）韩傅村。记载此方墓志仅 1 方，因出土地不明，位置待考，而浐川乡有上傅村，此村墓志仅 1 方，因此不知是当时撰志时将"上傅村"误作"韩傅村"？还是确有此村客观存在，待考。

（8）王村。墓志中记载此村的并不多，仅 1 方。程义、惠瑛亦考察，大致在今韩森寨一带。

（9）古成村。记载此村墓志仅 1 方，即《赵文信墓志》（图 7-1），由于出土地不明，故无法得知其范围，属于笔者新补村。

2. 长乐乡，8 村

（1）南姚村。记载此村墓志仅 1 方，即出土于韩森寨的《段伯明墓志》"葬于万年县长乐乡界南姚村西南二百步"，仅由志文可见，南姚村为长乐乡界。由上文的考察中知浐川乡有南姚村^②，其位置暂时不明，又《杨士真墓志》知崇义乡亦有南姚村^③，由出土于西安东郊韩森寨的《何楚章墓志》知崇道乡亦

① 《同国政墓志》载："葬于万年县浐川乡陈村。"此墓志出土于西安东郊高楼村，见《隋唐五代墓志汇编·陕西卷》，第 2 册，第 90 页。
② 《赵夫人墓志》载："咸通癸未岁……葬于万年县浐川乡南姚村。"见周绍良、赵超主编：《汇编续集》，咸通 018，第 1047 页。
③ 《杨士真墓志》："大和二年……祔葬公于崇义乡南姚村。"需要注意的是，南姚村在崇义乡的墓志中提及次数最多，可见此村可能的确存在于此乡。见吴钢主编：《全唐文补遗》第 2 辑，第 48 页。

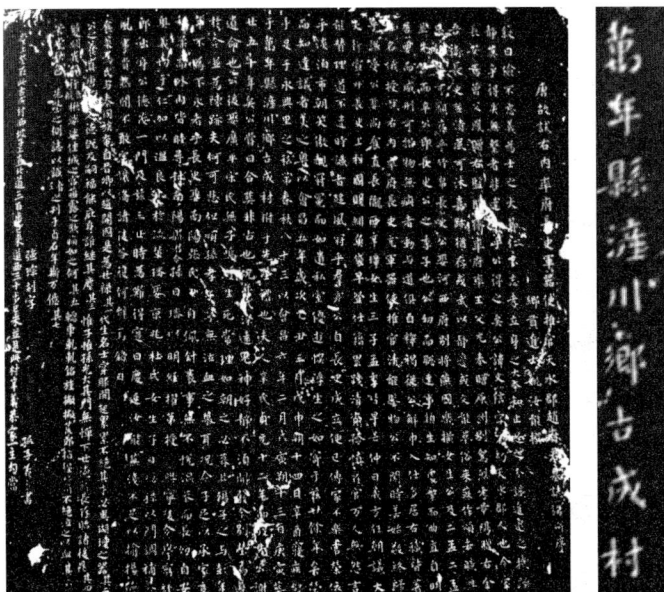

图 7-1　《赵文信墓志》

拓片来源：《隋唐五代墓志汇编·陕西卷》，第 4 册，第 126 页

有此村①，从前文可见南姚村至少为 4 乡所辖属，因此笔者推测南姚村可能亦是上述 4 乡的交界村落。从地名流变看，今西安仍有南窑村的地名，疑为古今地名延续至今的情况。

（2）张寿村。记载此村墓志仅几方，因"寿"与"受"同音，故张寿村又名张受村，尚民杰认为此村亦称为张寿里，在今西安国药厂附近，因尚文无文献依据，故不论。

（3）王柴村。记载此村墓志 5 方，尚文亦考其中 4 方，文中列 1 方，大致亦在今韩森寨一带。

（4）王徐村。记载此村墓志 3 方，尚文亦考，可能在今韩森寨一带。

（5）王寨村。记载此村墓志 1 方，即西安东郊区的十里铺南出土的《李审规墓志》②，值得注意的是，尚文中对此方墓志的出处记为《全唐文补遗》（第 3 辑，第 180 页），通过笔者比对、查阅原文，此方墓志应在第 276 页，而非尚文的 180 页。

---

① 《何楚章墓志》载："咸通八年……合葬于万年县崇道乡南姚村。"《隋唐五代墓志汇编·陕西卷》，第 2 册，第 115 页。

② 《李审规墓志》载："咸通十五年……殡于上都万年县王寨村。"周绍良、赵超主编：《汇编续集》，咸通 103，第 1115—1116 页。

（6）王途村。记载此村墓志 1 方，即韩森寨出土于的《道士王洞明墓志》[①]，尚民杰认为其可能为"王柴村"之讹，程义认为可能为"王徐村"之误，通过多方对比分析论证，该村为王徐村之误似更为合理。

（7）王栅村。记载此村墓志 1 方，即出土地不详的开成三年（838 年）《王文超墓志》[②]，从志文来看，王栅村应当位于西安城东、浐水之左。尚文认为其为王柴村别称，因无较为翔实的论证过程，故不论。

（8）故城村。记载此村墓志 2 方，因"故"与"古"同音，因此故城村又称古城村，程义亦考，在今韩森寨一带。

需要提出的是，亦有出土于西安东郊韩森寨《郭傅则墓志》记："京兆府万年县长乐乡郑村。"[③] 由考察知，郑村应当辖属于浐川乡所辖，但浐川乡和长乐乡亦相邻并有所交界，因此不知是笔误还是郑村的某一部分区域属于长乐乡，存疑。

3. 龙首乡，3 村

（1）袁藺村。记载此村墓志 3 方，1 方有出土地，前人亦考，在今马腾空村附近。

（2）孟村。记载此村墓志 3 方，1 方有出土地，在今曲江乡岳家寨村附近。

（3）东陈村。根据《路心儿墓志》新补，可能位于西安雁塔区至灞桥区一带。

4. 崇道乡，8 村

（1）蛇村。4 方墓志记载此村，尚文考其中 1 方，在今郭家滩附近。

（2）大蛇村。2 方墓志记载此里，尚文和程文亦考，位置待考。但尚文认为大蛇村为蛇村的别称，因无翔实的论证过程，故疑，待考。

（3）夏侯村。4 方墓志记载此村，武文考其中 1 方，结合前人所考此村可能位于西安市灞桥热电厂、韩森寨一带。值得注意的是，从这 4 方记载夏侯村的墓志时间看，均在咸通年间，且墓主均是上层宫廷女性，是否此村附近为皇室女性葬地群，抑或是此村在唐末设置，待考。

（4）西赵村。6 方墓志记载此村，前人亦考，可能因"西赵原"而名，大致在今席王村一带。

---

① 吴钢主编：《全唐文补遗》第 7 辑，第 505 页载咸通十年六月十日，殡于"万年口（县）长乐乡王途村"。

② 《王文超墓志》载："葬于凤城之东，浐川之右，万年县长乐乡王栅村。"见周绍良、赵超主编：《汇编续集》，开成 018，第 936 页。

③ 《隋唐五代墓志汇编·陕西卷》，第 2 册，第 103 页。

（5）南姚村。仅 1 方墓志记载此村，在韩森寨一带，上文已经考察，此村为 4 乡交界处。

（6）李姚村。记载此村墓志 2 方，即《梁承政墓志》和尚文已考《梁守谦墓志》，由于暂时无墓志出土地资料，位置待考，但解决了尚民杰文中认为的此村无归属问题，本书新补村。

（7）上傅村。记载此村墓志亦仅 1 方，无可厚非此村从考察中知此村亦属于浐川乡所辖，且在郭家滩、国绵 4 厂一带，而《杨公夫人曹氏墓志》中亦有此村，因崇道乡横跨浐水两侧，且郭家滩一带亦有崇道乡蛇村，因此笔者推测上傅村可能为 2 乡交界处，并位于郭家滩附近，为本书新补村。

（8）崇道村。记载此村墓志仅 1 方，据《屠公墓志》补，为本书新补村名。位置待考。

5. 义丰乡，2 村

（1）田冶村。记载此村墓志 2 方，在今洪庆村一带。值得注意的是，尚文所考《李稷墓志》和《丘公妻柳氏墓志》，程文考《丘公妻柳氏墓志》中均记为"田冶村"，笔者通过查阅《全唐文补遗》《唐代墓志汇编续集》《隋唐五代墓志汇编》，发现记为"田冶村"，由此，笔者认为"田治村"应订正为"田冶村。"详见图 7-2 至图 7-4。

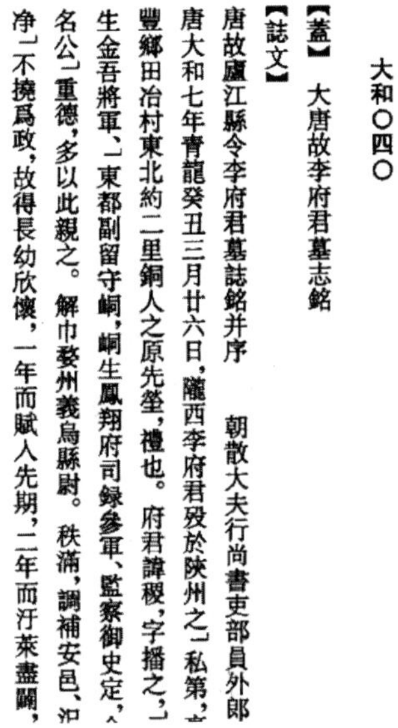

【盖】

大唐故李府君墓志銘

大和〇四〇

【誌文】

唐故廬江縣令李府君墓誌銘并序　朝散大夫行尚書吏部員外郎

唐大和七年青龍癸丑三月廿六日，隴西李府君殁於陝州之□私第，

豐鄉田冶村東北約二里銅人之原先塋，禮也。府君諱稷，字播之，□

生金吾將軍，□東都副留守峒，峒生鳳翔府司錄參軍，監察御史定，□

名公二重德，多以此親之。解巾婺州義烏縣尉。秩滿，調補安邑，汩

净一不撓爲政，故得長幼欣懷，一年而賦入先期，二年而汙萊盡闢，

图 7-2　《李稷墓志》

资料来源：周绍良、赵超主编：《汇编续集》，大和 040，第 912 页

图 7-3 《丘公妻柳氏墓志》（1）
拓片来源：《隋唐五代墓志汇编·陕西卷》，
第 2 册，第 87 页

图 7-4 《丘公妻柳氏墓志》（2）
资料来源：周绍良、赵超主编：
《汇编续集》，大中 013，第 978 页

（2）孙村。记载此村墓志 1 方，墓志出土地在灞桥区一带，鉴于范围太大，此村位置待考。值得注意的是，万年县神禾乡亦有此村①，但位置待考。不知神禾乡的孙村与义丰乡孙村是否为同名异地，还是同地，待考。

6. 霸城乡，1 村

南窑村，武文补。

9. 铜人乡，2 村

此乡仅 1 村，即仇白村，尚文考，位置待定。

11. 宁安乡，5 村

（1）三赵村。记载此村墓志 8 余方，前人已考其中部分。由墓志知，三赵村位于西安城南雁塔区三兆村一带。从地名流变看，五代宋有此村，《新五代史》卷六三载："天成二年……葬之长安南三赵村"，《太平寰宇记》卷二十五载："颜师古墓，在县南二十里三赵村……邴吉墓，在县南二十里三赵村。"②《长安志图》亦有此村③，时至今日今曲江乡亦存在三兆村，可能是古

---

① 张礼撰注：《游城南记》载："唐左术僧录遍觉大师智慧之塔院也，碑云：起塔于万年县神禾乡孙村，今属鸿固乡。"（北京：中华书局，1985 年，第 10 页）
② （宋）乐史撰，王文楚等点校：《太平寰宇记》卷 25《关西道·雍州一》，北京：中华书局，2007 年，第 527 页。
③ （元）李好文撰，辛德勇、郎洁点校：《长安志图》卷中："杜陵在今奉元城东南二十五里三赵村。"（西安：三秦出版社，2013 年，第 16 页）

今延续千年的例子。

（2）姜尹村。因"尹"与"允"音近，故姜尹村又称姜允村，记载此村墓志 3 方，前人已考 2 方，位置待考，仅知道其位于启夏门南部。今西安灞桥区有江尹村之名，与唐代姜尹村有一段距离。

（3）度光村。因"度"与"杜"同音，故度光村又称杜光村，记载此村墓志 2 方，前人亦考，位置待考。

（4）姜骨村。1 方墓志记载此村，程义亦考，位于北池头村一带。

（5）社季村。1 方墓志记载此村，程义亦考，位置待考。

12. 洪固乡，9 村

（1）李永村。记载此村墓志 7 方，尚文考 2 方，程文考 1 方。由出土于西安市南郊三爻村新安建材厂内的《裴君妻时氏墓志》知李永村或为村界，或为洪固乡乡界。《韦泂墓志》载："归葬于京兆府万年县洪固乡李永村南……北倚帝城，南指终麓。杜陵故乡"①，帝城为长安城，终麓指终南山，杜陵即是汉宣帝帝陵，位于西安东南少陵原上，大致在今三爻村一带②。进一步结合墓志出土地看，此村可能在韦曲镇三爻村杜陵一带。

（2）韦村，1 方墓志。与韦村有关的村落大致有 3 个，北韦村（3 方墓志载，武文和程文均考 1 方），韦曲村（1 方墓志记载，武文和程文同时考），大韦村（2 方墓志记载，武文和程文均考 1 方），上述 4 村据前人考察均有一定联系，不赘述。《韦文度墓志》载："葬于万年县洪固乡韦曲胄贵里先夫人茔之西"③，志文中提及的"韦曲"可能是唐长安城明德门外大约三十里贵族园亭、侯王将相的宅邸，为当时的游览胜地，唐人杜甫对此专作诗歌寓意介绍。④《雍录》："韦曲在明德门外，韦后家在此，盖皇子坡之西也"⑤，《通志》："韦曲在樊川，唐韦安石之别业"⑥，可见"韦曲"应该是唐韦氏家族的别墅，甚至是茔地，查阅唐人墓志，亦发现多方"韦氏"后裔葬于此处⑦，因此笔者

① 吴钢主编：《全唐文补遗》第 7 辑，第 130 页。
② 咸阳市文物考古研究所编著：《西汉帝陵钻探调查报告》，北京：文物出版社，2010 年，第 92 页。
③ 吴钢主编：《隋唐五代墓志汇编·陕西卷》，第 4 册，第 127 页。
④ 杜甫：《奉陪郑驸马韦曲二首》："韦曲花无赖"，杜甫：《奉陪郑驸马韦曲二首（其一）》："白发好禁春。"见（清）黄生撰，徐定祥点校，贾文昭审定：《杜诗说》，合肥：黄山书社，1994 年，第 438 页。
⑤ （宋）程大昌撰，黄永年点校：《雍录》，北京：中华书局，2002 年，第 8 页。
⑥ （清）王文诰辑注：《苏轼诗集》，北京：中华书局，1982 年，第 2549 页。
⑦ 《韦府君夫人李氏墓志》载："乾符五年……葬于京兆府万年县洪固乡韦村。"见吴钢主编：《全唐文补遗》第 7 辑，第 157 页。《韦府君夫人李氏墓志》："乾符五年……葬于京兆府万年县洪固乡韦村。"见周绍良主编：《汇编》下，贞元 025，第 1855 页。《韦公夫人墓志》载："贞元庚午年……返葬于洪固乡东之旧茔。"见吴钢主编：《全唐文补遗》第 9 辑，第 383 页。

推测上述与"韦村"相关的 4 个村落得名可能因此有关，今天韦曲之名仍然保留并沿用。

（3）王岳村、李尹村、司马村。前人均考，位置待定。值得说明的是，唐司马村之名一直延续至今，今长安区亦有此村。

（4）李村。记载李村墓志仅 1 方，为新补村名，位置待定。因此乡还有"李尹村""李永村"，故笔者怀疑或此村是遵循单一姓氏命名原则，故叫李村，或是上述 2 村的简称，存疑。

其他村不详述。

13. 高平乡，4 村

（1）焦村。武文亦考。

（2）姜村。记载此村的墓志 2 方，程文亦考 1 方，位置待考。

（3）西焦村。记载此村墓志 2 方，武文考 1 方，在今长安区韦曲北焦村一带。可见，唐代西焦村之名与现焦村之名有关，若该墓志出土地无误，则其地理位置亦与现在相当。

（4）夏侯村。记载此村墓志 1 方，为新补村名，在今长安区韦曲北蕉村一带，并与西焦村毗邻，因崇道乡亦有此村，但位于韩森寨、热电厂一带，故笔者认为此 2 村属于同名异地，而今长安区亦有夏侯村，属于古今地名延续的情况。

16. 洪原乡，4 村

（1）曹赵村，记载此村墓志 1 方，前人亦考，位置待考。

（2）张村。记载此村墓志 1 方，大致在杜曲镇兴教寺北一带，为新补村名。

（3）张屈村。记载此村墓志 2 方，亦在杜曲镇兴教寺北，为新补村名。

（4）曹村。记载此村墓志 1 方，亦在杜曲镇兴教寺北，为新补村名，今西安市长安区有东曹村之名，可能为古今地名延续情况。

17. 义善乡，7 村

（1）大仵村。3 方墓志记载此村，武文考 1 方，位置在曲江池西南原一带。

（2）王斜村。记载此村墓志 1 方，在长安区大兆乡三益村一带，为新增村名。

（3）东仵村。记载此村墓志 1 方，岔道口村附近，为新增村名。

（4）曹村。记载此村墓志 1 方，在长安区大兆乡三益村一带，与王斜村毗邻，为新增村名。由前文对洪原乡的考察，知此乡亦有曹村且位于兴教寺北，不知是异村异地还是曹村同属于两乡，存疑。

（5）鲍村。记载此村墓志 1 方，为新增村名，位置待考，上文考察了义善乡曹村在三益村一带，而今三益村西南约 500 米处有"小鲍坡"这一地名，故笔者推断鲍村可能亦在三益村一带。

（6）王李村。记载此村墓志 1 方，本书新增村名，位置待考。

（7）小仵村。记载此村墓志 1 方，本书新增村名，位置待考。值得说明的是，义善乡有"大仵村""东仵村"，还有"小仵村"，由此笔者推测上述 3 村在地理方位上应有一定关联，从地名命名原则看，应与"仵姓"有关。

19. 崇义乡，2 村

（1）南姚村，记载此村墓志 7 方，武考 1 方，依据"宁安乡""南姚村"记载，推测此 2 乡毗邻，存疑。今西安市南雁塔区和未央区沪水西均有"南窑村"之名，志文中提及崇道乡南姚村的墓志大部分出土于韩森寨一带，因此笔者猜测武文中可能将城南雁塔区南窑村误认为崇义乡南姚村。

（2）下干村，记载此村墓志 1 方，为本书新补村名，据《□璬墓志》①补，位置待考。有两种解释，其一"下干"可能亦是"干下"，正如"山北乡"与"北山乡"情况。"干"为："八卦之一，卦形为干下干上。"②其二可能是象征君主、天子等。古人在风水信仰中，将"干"比作天，"坤"比作地，犹如天地、阴阳上下交通融合，同时干卦亦有刚健之德，亦用之来比喻君子。

31. 神禾乡，1 村

1 村，即孙村。由爱宕元补。

37. 少陵乡，1 村

中刘村。记载此村墓志仅 1 方，位于长安城南。

59. 细柳乡，1 村

故郡村。1 方墓志记载此村，位置待考。

以上万年县所辖村名详见表 7-2 所示。

表 7-2　万年县所辖村名

乡	村	墓主	卒葬年	卒葬地	出土地	出处和页码
沪川乡	郑村	贾光及妻陈氏	宝历二年（826 年）	迁葬于京兆府万年县沪川乡郑村	郭家滩	《隋唐汇编》第 2 册，54 页
		李德义	开成四年（839 年）	葬于京兆府万年县沪川乡郑村	韩森寨	《隋唐汇编》第 2 册，70 页
		敬氏	会昌四年（844 年）	万年县沪川乡郑村	韩森寨	《隋唐汇编》第 2 册，75 页

---

①　赵力光等编著：《西安碑林博物馆新藏墓志汇编》下册，北京：线装书局，2007 年，第 768 页《□璬墓志》载："大中七年……祔于万年县崇义乡下干村。"

②　《古代汉语词典》，第 1221 页。

续表

乡	村	墓主	卒葬年	卒葬地	出土地	出处和页码
浐川乡	郑村	裴行著	大中四年（850年）	万年县浐川乡郑村	韩森寨	《隋唐汇编》第2册，88页
		李文政	大和四年（830年）	卜窆于京兆府万年县浐川乡郑村	韩森寨	《隋唐汇编》第4册，109页
	尚傅村	备失氏夫人	长庆三年（823年）	葬于万年县浐川乡尚傅村观台里	国营第4棉纺织厂	《隋唐汇编》第4册，87页
		李文政	大和四年（830年）	卜窆于京兆府万年县浐川乡郑村	韩森寨	《隋唐汇编》第4册，109页
		李元玢	大中二年（848年）	卜葬于万年县浐川乡上傅村	灞桥区	《隋唐汇编》第4册，129页
		陈克敬妻杨氏	咸通十一年（870年）	葬于万年县浐川乡上傅村	灞桥区	《隋唐汇编》第4册，156页
	古成村	赵文信	会昌六年（846年）	葬于万年县浐川乡古成村		《汇编续集》会昌027，963页
长乐乡	南姚村	段伯明	龙朔元年（661年）	葬于万年县长乐乡界南姚村西南二百步	韩森寨	《隋唐汇编》第1册，33页
	张寿村	马倩	元和七年（812年）	葬于万年县之长乐乡张受村		《汇编续集》元和047，833页
	王柴村	李夫人	元和十四年（819年）	归葬于万年县长乐乡王柴村		《汇编》元和130，2041页
	王徐村	兰英	咸通八年（867年）	葬于万年县长乐乡王徐村小乘石		《汇编续集》咸通042，1067页
龙首乡	孟村	裴仙先	天宝三载（744年）	迁措于延兴门外万年县龙首乡成义里孟村北一里半龙首原		《补遗》8，45页
	东陈村	路心儿	咸通八年（867年）	权窆于万年县龙首乡东陈村		《唐西市志》，983页
崇道乡	蛇村	故令元	天宝七载（748年）	合于万年县崇道里白鹿原蛇村		《汇编续集》，天宝040，609页
		刘相	贞观二十年（646年）	葬于京东之十三里蛇村之幽		《汇编续集》贞观044，34页
	夏侯村	贵妃杨氏	咸通六年（865年）	葬于万年县崇道乡夏侯村	韩森寨	《隋唐汇编》第2册，111页
		长公主	咸通四年（863年）	葬于万年县崇道乡夏侯村	灞桥热电厂	《隋唐汇编》第4册，146页
	西赵村	李惛	大中七年（853年）	窆于万年县崇道乡西赵村		《唐西市志》，913页
	南姚村		咸通八年（867年）	合葬于万年县崇道乡南姚村	韩森寨	《隋唐汇编》第2册，115页
	李姚村	梁承政	咸通十二年（871年）	窆于京兆万年县崇道乡李姚村		《补遗》8，215页

续表

乡	村	墓主	卒葬年	卒葬地	出土地	出处和页码
崇道乡	上傅村	曹延美	乾符三年（876年）	归葬于万年县崇道乡上傅村		《补遗》8，224页
	崇道村	屠公	开元十年（722年）	迁奉于崇道村北百步		《补遗》7，362页
义丰乡	田冶村	柳氏	大中二年（848年）	窆于京兆府万年县义丰乡田冶村		《隋唐汇编》第2册
	孙村	董媛	开成四年（839年）	葬于万年县义丰乡孙村	灞桥区一带	《唐西市志》，879页
宁安乡	三赵村	崔夫人李	大中十年（856年）	窆于万年县宁安乡三赵村	西安雁塔区	《唐西市志》，939页
		唐路说	咸通七年（866年）	殡于长安城南之宁安乡青阳里三赵村	西安城南三兆村	《唐西市志》，979页
		赵何一	天宝十载（751年）	葬于延兴门东南三赵村之北凤栖原	西安东南城外	《唐西市志》，581页
	姜允村	王流谦	会昌四年（844年）	葬于启夏门南宁安乡姜允村		《补遗》8，169页
洪固乡	李永村	裴君妻时氏	大中八年（854年）	葬于万年县洪固乡李永村之界	三爻村新安建材厂内	《隋唐汇编》第4册，136页
		王承稀	贞元四年（788年）	迁厝于万年县洪固乡李永村	韦曲镇	《唐西市志》，675页
		卢氏	会昌元年（841年）	祔窆于万年县洪固乡李永村		《唐西市志》，883页
	北韦村	吴达	大和四年（830年）	京兆府万年县洪固乡北韦村		《汇编》大和030，2117
	李村	李脩妻	大中十一年（857年）	洪固乡李村		《补遗》8，417页
高平乡	姜村	何生	乾符二年（875年）	殡于万年县高平乡姜村		《补遗》7，425页
	西焦村	李氏	咸通十二年（871年）	葬于万年县高平乡西焦村	韦曲北焦村一带	《唐西市志》，1001页
	夏侯村	唐韦羽及夫人	元和十四年（819年）	祔迁于万年县少陵原高平乡夏侯村	北焦村一带	《唐西市志》，801页
洪原乡	曹赵村	裴夫人	元和十五年（820年）	归附于万年县洪原乡东曹赵村少陵原		《汇编续集》元和079，856页
	张村	卢婉	开元廿七年（739年）	殡于京兆府万年县洪原乡张村之南	杜曲镇兴教寺北	《唐西市志》，513页
	张屈村	崔侱	大和二年（828年）	归葬于长安城南洪源乡张屈村	兴教寺北	《唐西市志》，823页
		庾慎思母张氏	咸通十年（869年）	宅神于京兆府万年县洪源乡少陵原张屈村	兴教寺北	《唐西市志》，991页
	曹村	崔文龟	大中十二年（858年）	葬于京兆府万年县洪原乡曹村		《唐西市志》，949页

续表

乡	村	墓主	卒葬年	卒葬地	出土地	出处和页码
义善乡	大仵村	王同人	开元十六年（728年）	祔葬于京南大仵村		《汇编》开元292，1357页
		高璠	咸通六年（865年）	葬于万年县义善乡大仵村	西安长安区	《唐西市志》，965页
	王斜村	韦韫中	大和八年（834年）	迁窆于京兆府万年县义善乡王斜村北原	大兆乡三益村	《唐西市志》，855页
	东仵村	段宏	大中九年（855年）	葬于万年县义善乡东仵村	岔道口村附近	《唐西市志》，923页
	曹村	卢虔懿		葬于万年县义善乡曹村	三益村	《唐西市志》，1003页
	鲍村	江师武	大中十四年（860年）	京兆府万年县义善里鲍村	长安区	《唐西市志》，955页
	王李村	朱和妻南宫氏	会昌二年（842年）	葬于万年县义善乡王李村东		《西安碑林博物馆新藏墓志汇编》，723页
	小仵村	卢君妻李慎	贞元首祀	归窆于万年县义善乡小仵村		西南大学石刻研究中心藏拓
崇义乡	南姚村	段晏亦	大历七年（772年）	迁窆于京万年县崇义乡南姚村	韩森寨	《隋唐汇编》第1册，156页
		杨公妻高氏	贞元十一年（637年）	葬于京兆万年县崇义乡南姚村	韩森寨	《隋唐汇编》第2册，8页
少陵乡	中刘村	刘真仪	咸通七年（866年）	归葬于万年县少陵乡中刘村		《唐西市志》，977页
细柳乡	故郡村	王彦真	咸通六年（865年）	葬于万年县细柳乡故郡村		《唐西市志》，961页

需要说明的是除上述考证的村外，万年县还无直属关系的村落，鉴于本书意在考察唐代万年县所辖村的数量和范围，仍有必要列出此类村名。

（1）兰村。《王永夫人张氏墓志》载："元和十二年……权厝于万年县兰村。"①

（2）侯宋村。《赵意墓志》载："武德九年……葬于京城东南侯宋村东北。"②因京城东、东南主要为万年县所辖区域，因此笔者推断此村可能属于万年县某乡某村，待考。

（3）马头空。《董夫人墓志》："显庆六年……葬于京兆长安之城南马头空。"③

---

① 吴钢主编：《全唐文补遗·千唐志斋新藏专辑》，第365页。
② 吴钢主编：《全唐文补遗》第3辑，第309页。
③ 《隋唐五代墓志汇编·陕西卷》，第3册，第54页。

从该志文知马头空位于长安城南,如今西安南浐河西 1 公里左右有"马腾空","头"与"腾"音近,因此不知二者是否有地名上的关联,尚待考。而马头空之名应与唐代佛教的墓志词汇有关。《法苑珠林》卷二十八载:"唐雍州义善寺释法顺,俗姓杜氏,雍州万年县人。禀性柔和……志存俭约,京室东阜,地号马头,空岸重邃。"①"空"也有佛教用语之意,甚至指所挖的墓穴,如《大唐法云寺尼辩惠禅师神道志铭》:"穿土为空,去棺薄窆。"②类似的唐人墓志中还有很多,不赘述。③

(4)第五村。《韦君夫人柏氏墓志》载:"大中十年……安厝于万年县第五村。"④

(5)朱赵村。《李公夫人韦氏墓志》载:"大中十二年……葬于万年县朱赵村。"⑤

(6)—(10)除此之外,尚民杰一文中还列出了神麚村、米仓村、杨村、杜村、阎村等,亦无隶属。神麚村在《旧唐书》卷十二中有记载:"戊辰,列阵于光泰门外。遣骑将史万顷往神麚村开苑墙二百余步。"后又载:"乃使王佖、李演率骑军,史万顷领步卒,直抵苑墙神麚村。"⑥"米仓村"之名可能与"米仓山"有关,关于此村的地理位置,《旧唐书》卷一百三十三载:"其月二十五日夜,晟自东渭桥移军于光泰门外米仓村。"⑦可知米仓村可能在光泰门外,光泰门位于长安苑城东北外,今广大庙西北一带。

三、里名

检索唐人墓志,万年县所辖 59 里:浐川乡 6 里,长乐乡 5 里,龙首乡 4 里,崇道乡 7 里,宁安乡 4 里,铜人乡 2 里,洪固乡 9 里,洪原乡 3 里,义善乡 2 里,崇义乡 2 里,高平乡、山北乡、芙蓉乡、上好乡、平原乡、青盖乡、安宁乡、渭阴乡、义丰乡、霸城乡、金龟乡、鹑首乡、积福乡、崇德乡

---

① (唐)释道世著,周叔迦、苏晋仁校注:《法苑珠林校注》第 2 册,北京:中华书局,2003 年,第 878 页。
② 周绍良、赵超主编:《汇编续集》,天宝 103,第 658 页。
③《比邱尼塔铭》载:"……令门人等造空施身。"见周绍良主编:《汇编》上,开元 367,第 1410 页。《大德比丘尼惠源和上神空志铭》载:"身没之后,于少陵原为空,迁吾神也。"见周绍良主编:《汇编》下,开元 459,第 1473 页。
④ 周绍良、赵超主编:《汇编续集》,大中 054,第 1008 页。
⑤ 胡戟、荣新江主编:《大唐西市博物馆藏墓志》,第 944 页。
⑥《旧唐书》卷 133《李晟传》,第 3668—3669 页。
⑦《旧唐书》卷 133《李晟传》,第 3668 页。

各 1 里，1 里无隶属。

1. 浐川乡，6 里

（1）观台里。记载此里墓志仅 10 方，前人均考证，因"观"与"管"音近，观台里又名管台里，且位置大致在今郭家滩、国营第 4 棉纺织厂子弟学校附近。

（2）春明里。记载此里墓志仅 1 方，尚文考，位置待定。

（3）郑村里。关于此里，大部分学者亦考，武文认为"郑村里"即是"郑村"之名，可能坚持"村""里"不分观点，而本书赞同尚民杰先生的乡、村、里分明意见，故单列出里名。

（4）崇义里。前人亦考，在今浐河西、郑村西北一带。

（5）务政里。前人均考，位置待定。

（6）上傅里。本书新补里名，记载此里墓志仅 1 方，出土于西安市长安区，浐川乡亦有上傅村，不知此里是撰志者笔误将上傅里记为上傅村，还是确有此里，存疑。

值得注意的是，武文将《孟显达碑》[①]中提及的长乐里归浐川乡辖管，似疑。检索隋代墓志，可知长乐里在隋确属浐川乡所辖[②]，且位于郭家滩附近，而唐时墓志中载长乐里属长乐乡，位置在今韩森寨一带，隋唐长乐里位置相邻，隋无长乐乡之名，因此笔者推测唐初可能因政区调整，原属于隋代浐川乡的长乐里被划分给唐新设的长乐乡所管，可能方位亦在隋长乐里偏西。

2. 长乐乡，5 里

（1）长乐里。记载此里墓志仅几方，位于韩森寨附近。长乐里之名早在春秋战国时便有，《越绝书》和《尚书》均有记载，《尚书》载："南越宫在长乐里。"从地名流变情况来看，隋有此里，但属浐川乡[③]，位置在郭家滩西北一带，可能唐代由于政区调整等原因，隋时的长乐里被划分给新设置的长乐乡所辖。

（2）纯化里。武文考。

（3）长宁里。记载此方墓志 1 方，暂不知出土地，为本书新增里。因仅 1 方墓志记载此里，长乐乡亦有长乐里，"宁"与"乐"形似，不知是笔误还是

① 隋代碑志编选组编：《隋代碑志百品》，北京：新时代出版社，2002 年，第 107 页，《孟显达碑》载："窆于雍州大兴县浐川乡长乐里"，出土于西安城韦曲李（里）王村。
② 《罗达墓志》载："葬于大兴县浐川乡长乐里。"此志石出土于郭家滩。
③ 《罗达墓志》载："开皇十六年……葬于大兴县浐川乡长乐里。"志石出土于郭家滩西北国棉五厂一带，见王其祎、周晓薇编著：《隋代墓志铭汇考》，第 218 页。

确有此里，尚待考证。

（4）—（5）王柴里、寿春里，尚文和程文均考，位置均待考。

3. 龙首乡，4 里

（1）神鹿里。记载此里墓志 1 方，即《杨思勖墓志》前人亦考，志石出土于西安市东南约 4 公里处，南距等驾坡村北 800 米浐河西岸[①]，可知神鹿里位于浐河西岸、等驾坡村北附近，史念海先生主编的《图集》中将此里定位于浐河东今神鹿坊北一带，存疑。今浐河东岸距等驾坡村约 5 公里处亦有神鹿坊的地名，推知其名可能是唐代"神鹿里"演变而来。

（2）成义里。2 方墓志记载此里，武文考。

（3）净福里。2 方墓志记载此里，程义考，在马腾空村一带。

（4）青门里，唐人墓志中并无直接对此里的记载，但武文中对此里的存在进行了较为翔实的推断，后来亦赞同此里的存在，位置待考。关于此里的由来，后文对青门的论述。

4. 崇道乡，7 里

（1）齐礼里。记载此里墓志有 2 方，武考 1 方，即《高木卢墓志》，其载葬于齐礼里白鹿原之右，据史念海考白鹿原西尽浐水[②]，而郭家滩一带位于浐水东岸，可见齐礼里应当位于郭家滩附近。

（2）蛇村里。记载此里墓志仅 3 方，武文和尚文均考，亦在郭家滩一带，可见此里与齐礼里毗邻。

（3）感德里。记载此里墓志仅 1 方，即《赵行墓志》，位置待考。

（4）夏里。记载此里墓志仅 1 方，即出土于卞家村的《李经墓志》，由于仅此 1 方墓志记载此里，史念海《图集》里已考位置。

（5）只道里。记载此里墓志仅 1 方，武文亦考，位置待定。

（6）乐安里。仅《周孟瑶墓志》1 方记载此里，程文亦考，位置在今灞桥热电厂附近。需要注意的是，尚文中将此里记作"安乐里"，可能是其误写。

（7）崇道里。记载此里墓志仅 1 方，并无直接的乡名隶属关系，但笔者推断属于崇道乡的里。首先从志文看，墓主葬于万年县崇道里白鹿原蛇村，蛇村属崇道乡辖，白鹿原西至崇道乡；其次从地名命名原则看，一般而言，乡村地名有多重命名方法，其中有以一个乡村内主要村里之名命名，也有不

---

① （清）徐松：《增订唐两京城坊考》卷 3《西京》，第 76 页。
② 史念海：《唐长安城外龙首原上及其邻近的小原》，《中国历史地理论丛》1997 年第 2 辑，第 15 页。

少直接用乡政权所在的村、里命名，如东都河南县平乐乡有平乐里，千金乡有千金里，梓泽乡有梓泽里，西京浐川乡有浐川里。①前文已经考察长乐乡有长乐里等，由上述两种情况笔者亦将崇道里划为崇道乡所辖里。

5. 义丰乡，1 里

更始里，仅有 1 方墓志记载此里，位置待考，为本书新增里。更始里之名可能与"更始"年号有关。"更始"为汉末君主刘玄的年号（23—25 年）。因西汉末年王莽篡汉，汉室刘玄加入绿林军称"更始将军"，举起反莽旗帜，地皇四年（23 年）刘玄被拥立为皇帝，改年号为"更始"。刘玄的一支大军后来攻克洛阳，将都城由宛城迁到洛阳，后移至长安。

6. 霸城乡，1 里

此乡仅辖 1 里，即招贤里。武文和《图集》亦考，在浐水西侧。

7. 渭阴乡，1 里

墓志中并无确切的记载此里，武文亦推测此乡有洪坡里，位置待考。

9. 铜人乡，2 里

2 里，即铜人里、信义里。武文均考。

11. 宁安乡，4 里

（1）曲池里、通安里、杜光里。前人均考。曲池里之名可能与"曲江池"有关。

（2）青明里。记载此里墓志仅 1 方，属于新补里名。

12. 洪固乡，9 里

此乡所辖延信里、胄贵里、永贵里、顿丘里、兴宁里、寿贵里、韦曲里 7 里，前人均考。黄沟里和福闰里 2 里，黄沟里由《王客卿墓志》补，大致位于樊川之南。黄沟里可能与某条河流有关，而"黄沟"为春秋时吴国的人工水渠名，因它是继"黄池之会"开凿的，故称黄沟。因此可能此里的得名或是借鉴了春秋时的黄沟，或是因洪固乡附近的河水而名，待进一步考证。福闰里由《韦照墓志》补，此 2 里均属于本书新补里名，位置待考。

13. 高平乡，1 里

高望里。记载此里墓志仅 1 方，武文考，今有高望村之名。

14. 山北乡，1 里

归明里。记载此里墓志仅 1 方，为新补里名，位置可能位于今西安南郊杜曲附近。

---

① 《蹇如珪墓志》载："终于浐川里别业。"见吴钢主编：《全唐文补遗》第 5 辑，第 356 页。

16. 洪原乡，3 里

（1）邑阳里。2 方墓志提及此里，程文考。此里可能因北周的"邑阳郡"而名，《北周地理志》卷七《河南上》："邑阳郡，西魏置。邑阳，今陕西洛南县东北。"①

（2）洪原里。记载此里墓志 1 方，即《李立言墓志》，虽该志文无明确乡的隶属，但可推测可能辖属于洪原乡，为新补考里。

（3）丰仁里。记载此里墓志 2 方，在今杜曲镇兴教寺北，为新补考里。

17. 义善乡，2 里

（1）兴牛里。程文考有兴牛里，大致在今三（府）井村附近。

（2）义善里。记载此里墓志 1 方，该志虽未言从属何乡，但根据地名命名原则可知，此里当属义善乡所辖，位置待考。

19. 崇义乡，2 里

怀信里、南姚里。记载此 2 里墓志仅 1 方，武文考。

26. 芙蓉乡，1 里

龙游里。武亦考。

34. 上好乡，1 里

有上好里，平原乡有吉迁里，青盖乡有交原里，武文中均有涉及，但位置待考。

42. 崇德乡，1 里

文圆里。（日）爱宕元考补。

43. 安宁乡，1 里

永安里。位置待考。

44. 金龟乡，1 里

卧龙里，《图集》中标注在今西杨村一带，无论证过程，存疑。

48. 鹑首乡，1 里

通化里。程考，位置待定。

49. 积福乡

积德里。（日）爱宕元考，另有 1 方墓志记载此里。

以上万年县各乡所辖里具体情况如表 7-3 所示。

---

① 王仲荦：《北周地理志》卷 7《河南上》，第 612 页。

表 7-3　万年县所辖里名

乡	里	墓主	卒葬年	卒葬地	出土地	出处和页码
浐川乡	观台里	陇西郡君备失氏夫人	长庆三年（823年）	葬于万年县浐川乡尚傅村观台里	国营第4棉纺织厂	《隋唐汇编》第4册，87页
		田文雅	咸通二年（861年）	葬于京兆府万年县浐川乡管台里	郭家滩	《隋唐汇编》第2册，97页
	上傅里	韩处章	乾符三年（876）	葬于京兆府万年县浐川乡上傅里	长安区	《唐西市志》，1005页
长乐乡	长乐里	李府君夫人	贞观十六年（642年）	葬于长乐乡长乐里	韩森寨	《隋唐汇编》第1册，13页
	长宁里	李难	长寿三年（694年）	迁窆于县东北长乐乡长宁里禅众寺之别园		《汇编》证圣013，875页
龙首乡	神鹿里	杨思勖	开元二十八年（740年）	葬于万年县龙首乡之神鹿里		《汇编》开元515，1509页
	成义里	裴仙先	天宝三载（744年）	延兴门外万年县龙首乡成义里孟村北一里半龙首原		《补遗》8，45页
	净福里	兰夫人	开成二年（837年）	葬于万年县龙首乡袁蔺村净福里		《汇编续集》，931页
崇道乡	齐礼里	屈元寿	天宝九载（750年）	葬于京兆府咸宁县崇道乡齐礼里神鹿原之礼也	郭家滩	《隋唐汇编》第1册，137页
		高木卢	开元十八年（730年）	葬于京兆崇道乡齐礼里白鹿原之右	郭家滩	《汇编续集》，520页
	乐安里	周孟瑶	乾符四年（877年）	葬于京兆府万年县崇道乡乐安里	灞桥热电厂	《补遗》7，156页
	崇道里	故令元	天宝七载（748年）	合于万年县崇道里白鹿原蛇村		《汇编续集》，609页
义丰乡	更始里	吕翁归	会昌五年（845年）	归葬于京兆万年县义丰乡更始里		《唐西市志》，895页
宁安乡	青明里	唐路谠	咸通七年（866年）	殡于长安城南之宁安乡青明里三赵村	三兆村	《唐西市志》，979页
洪固乡	黄沟里	王客卿	贞观二十三年（649年）	合窆乎雍州万年县洪固乡黄沟里之神和源	樊川之南	《唐西市志》，89页
	福闰里	韦照	贞观八年（634年）	用窆于雍州万年县洪固乡福闰里		《全唐文补编》卷10，2415
山北乡	归明里	牛名俊	元和五年（810年）	卜兆于京兆府万年县山北乡归明里	杜曲附近	《唐西市志》，757页

续表

乡	里	墓主	卒葬年	卒葬地	出土地	出处和页码
洪原乡	洪原里	李立言	贞观五年（631 年）	葬于洪原里之地		《汇编续集》，10 页
	丰仁里	张弼	调露元年（679 年）	合窆于雍州明堂县洪原乡封仁里	兴教寺北	《唐西市志》，225 页
		杨芷	调露元年（679 年）	迁窆于明堂县洪原乡丰仁里之茔	兴教寺北	《唐西市志》，229 页
义善乡	义善里	江师武	大中十四年（860 年）	归葬于京兆府万年县义善里鲍村	长安区	《唐西市志》，955 页

需要说明的是，墓志中万年县仍有无隶属关系的里，尚民杰一文亦列出，仅 1 里，即黄渠里，从其推测看，此里之名可能因"黄渠"而名，今西安南郊亦有"黄渠头"这一村名，不知是否与唐代此里有联系，待考。

四、其他地名

（一）青门

唐人墓志中以青门为地理坐标记载葬地的大致有 2 方，即《孙公夫人刘氏墓志》[①] 和《段淙墓志》[②]。关于青门的记载，由来已久，《汉书》："王莽天凤三年，霸城门灾，莽更霸城门曰仁寿门，无疆亭。"[③] 东汉王莽时，因种种原因青门被毁，到了唐代，无论是正史文献还是《全唐诗》或是唐人墓志中亦有"青门"之名，而此时的青门并非西汉青门，只是唐人沿袭汉代青门的称呼而已。那么唐人墓志中所言"青门"地理位置究竟在何处？曹尔琴对此有专文研究，她认为青门是长安城东的通化门、春明门、延兴门三门的总称。[④] 而从《段淙墓志》和《孙公夫人刘氏墓志》2 方墓志来看，青门之外即是长乐坡（原），长乐坡在通化门东 3704 米。古代，这里作为人们惜别的场所，因此又叫长乐驿。《全唐诗》中有不少关于长乐驿（坡）的描述，均是表示唐人不舍离别之情，而在此处停留的驿站。如《全唐诗》卷一三一中祖咏所作的

---

① 《孙公夫人刘氏墓志》载："大历七年……葬于青门之东，浐川之西，长乐原。"见周绍良、赵超主编：《汇编续集》，大历 019，第 704 页。
② 《段淙墓志》载："咸通六年……归于万年县长乐……出青门兮长乐之岑，云惨惨兮松柏森森。"见吴钢主编：《全唐文补遗》第 3 辑，第 257—258 页。
③ 何清谷校注：《三辅黄图校注》，西安：三秦出版社，1995 年，第 68—69 页。
④ 曹尔琴：《唐长安的青门》，中国唐史研究会编：《唐史研究会论文集》，西安：陕西人民出版社，1983 年，第 370—385 页。

《长乐驿留别卢象裴总》、《全唐诗》卷四四一中白居易所作的《长乐坡送人赋得愁》、《全唐诗》卷一七六李白所作《送裴十八图南归嵩山》等，都是将长乐坡作为古人惜别、送旧人之所。据此笔者推测，"青门"在唐代墓志中指长安城东门，即是通化门。

（二）见子陵

记载"见子陵"的墓志大致有 2 方，即《于府君夫人金乡县主墓志》[①] 和《叔父故礼部员外郎墓志铭》[②]。与此类似的记载"见子原"的墓志亦有 2 方，即《于隐墓志》[③] 和《召弘安墓志》[④]。据前人考唐代的原是我国西北黄土高原地区因为流水冲刷而形成的一种特殊的地理地貌，主要呈台状[⑤]，它并非行政区划。故 2 方记载"见子原"的墓志均可以理解为墓主葬于附近的一处台塬上。"见子陵"是秦朝庄襄王陵的别称，庄襄王又是秦始皇的父亲。《括地志》载："秦庄襄王陵在雍州新丰县西南三十五里，俗亦谓为子楚（陵）。始皇陵在北，故（俗）亦谓为见子陵。"[⑥] 关于秦庄襄王陵的具体位置，王自力学者进行了较为综合而全面的考察，其否定了位于韩森冢的观点，并认为在秦东陵以内。[⑦] 因此从上述 4 方墓志记载以及现今的考察中本书亦综合认为唐"见子陵"当位于秦东陵以内，靠近铜人原。

（三）杜陵

前文"洪固乡李永村"中亦考，不赘述。

（四）官硙店

记载此地名墓志的仅 1 方，即出土于西安市的《张少悌妻刘鸿墓志》，其载："建中二年……权宁神于官硙店，道东依吕才，八向也。"[⑧]《长安志》卷

---

① 《于府君夫人金乡县主墓志》载："开元十二年……合葬于见子陵。"吴钢主编：《全唐文补遗》第 7 辑，第 366 页。
② 《全唐文》卷 420《叔父故礼部员外郎墓志铭》载："开元十七年……窆于见子陵。"《全唐文》，第 4293 页。
③ 《于隐墓志》载："天授元年……安措（厝）于雍州万年县见子原。"吴钢主编：《全唐文补遗》第 7 辑，第 318 页。
④ 《召弘安墓志》载："景龙三年……迁葬于万年县东卌里见子之原四十里。"胡戟、荣新江主编：《大唐西市博物馆藏墓志》，第 353 页。
⑤ 中国社会科学院语言研究所编：《新华字典》，北京：商务印书馆，2000 年，第 603 页。
⑥ （唐）李泰等著，贺次君辑校：《括地志辑校》，第 21 页。
⑦ 西安市文物保护考古所，王自力、孙福喜编著：《唐金乡县主墓》，北京：文物出版社，2002 年，第 89—91 页。
⑧ 《隋唐五代墓志汇编·陕西卷》，第 4 册，第 46 页。

十一《县一·万年》载："官碹店在县东界。"① 由此知官碹店位于万年县东
界，具体位置待考。

据唐代墓志所见唐代京兆府万年县所辖乡里，可获知万年县辖属 59 乡、
76 村（其中 10 村无归属）、59 里（其中 1 里无归属），本章对唐代万年县地
名补考的结论和局限性可以归纳为以下几点。

第一，对乡名进行补考。关于唐代万年县所辖乡名数量，学界一般在宋
《长安志》《太平寰宇记》所记 45 乡的基础上进行增补，因《长安志》为宋人
文献，在客观记载唐代乡名问题上存在一定偏差，故不能完全以此为参考。
近年来，学者高铁泰亦利用唐代敦煌文献认为唐万年县有 62 乡② 的观点，似
乎更符合实际。在此次综合前人考证的基础上，结合唐人墓志，增补淳风乡、
智原乡、细柳乡 3 乡，考证出万年县计有 59 乡，远远超过《长安志》的 45
乡，与敦煌文书第五十八号地志残卷③ 记载的 62 乡接近，仅差 3 乡。余下的
三个未知乡名，仍然期待更多唐人墓志资料的发现。

第二，对村里数量的考订。从墓志中亦可看出，唐万年县郊外各乡既有
村亦有里，甚至村里同名情况，而前人一般认为唐代村、里互称，村即里、
里即村，笔者存疑，通过笔者爬梳相关墓志和今人论著唐代村、里有一定关
联，但村即里的观点似乎不符合实际。鉴于此，本章对唐代万年县所辖村、
里数量进行分别考补，以示区别。从本章考证情况来看，唐代万年县辖 76 村，
无归属 10 村，前人已考 56 村，本文新补 20 村；万年县辖 58 里，无归属 1
里，前人已考 47 里，本书新补 12 里，因此无论是从村、里分别论之还是村
里互名一概而论来看，本文对万年县所辖村里的增补都是较多的。

第三，由于众多墓志出土的时地不一，加之有些墓志仅仅简单记载墓主
葬于长安城外"龙首原""同人原""洛女原""凤栖原""白鹿原""细柳原"，
虽知这些"原"的大致方位，但具体定位到某个乡、村、里的地理范围时就
有一定困难，无法准确判定其范围。

第四，在古今地名延续方面。从对前文考察发现不少古今地名沿用的情
况，如唐代司马村、韦曲村，古今亦有；唐有西焦村，今有焦村；唐有高望
里，今有高望村；唐有三赵村，今有三兆村；唐有夏侯村，今亦有，等等。

---

① （宋）宋敏求：《长安志》，第 145—146 页。
② 高铁泰：《对〈唐京兆府万年县乡里补考〉的异议》，《唐都学刊》2011 年第 4 期，第 128 页。
③ 王仲荦著，郑宜秀整理：《敦煌石室地志残卷考释》，上海：上海古籍出版社，1993 年，第
10 页载："京兆府都八百五十（里），本三千一十三（贯）……万年（赤），六十二（乡）。"

第五，唐代有"五里为乡"①空间布局的说法，但唐人墓志万年县、畿县的乡里隶属关系比较复杂，有乡辖里的记载，又有村辖乡的表述，甚至有些墓志还记载有里辖村等情况，出现不少互为矛盾的记述，令人困惑。唐人墓志所反映的唐代西京万年县这种错综复杂的基层行政关系，说明对唐代乡村基层政区地理的研究任重道远，有待于今后更多地利用多维史料深入探讨，不可轻言解决。

第二节　长　安　县

唐代长安县的地理沿革情况见两唐书之《地理志》，《新唐书·地理志》云："长安，赤。总章元年析置乾封县，长安二年省。"②而《旧唐书·地理志》稍载不同："长安，隋县。乾封元年，分为乾封县，治怀直坊。长安三年废，复并长安。"③后《太平寰宇记》综合《旧唐书》对万年县沿革进行记载。④关于长安县所辖乡，唐人文献并无直接记载，宋敏求《长安志》卷十二《长安》中记载长安县有："六乡，管六里。唐五十九乡。"⑤需要说明的是，由于今人的成果大部分是在武伯纶学者的基础上进行增补与考订，为方便检索，故本书亦采用武文中乡的序号，对村和里的考察较前人不同，文中采用列表形式，分门别类地进行考论。

一、乡名

本文所考，长安县共辖 51 乡。

1. 龙首乡

记载此乡墓志 40 余方，前人对其乡名命名原则和大致范围亦考。需要注意的是，万年县亦有此乡，方位却大不相同，属于同名异地的情况。

2. 龙门乡

记载此乡墓志 10 余方，其名与"龙门原"有关，此乡大致位置前人亦考。《刘智墓志》知墓主："合葬于京兆府长安县国城门西七里龙首原龙门乡怀道

---

① 《旧唐书》卷 43，第 1825 页载："百户为里，五里为乡。"
② 《新唐书》卷 37《地理志》，第 962 页。
③ 《旧唐书》卷 38《地理志》，第 1396 页。
④ （宋）乐史：《太平寰宇记》卷 25《关西道·雍州》载："隋开皇三年迁都移于长寿坊西南隅，唐乾封元年分置乾封县理怀直坊，长安三年以乾封县地复归长安县。"（第 521 页）
⑤ （宋）宋敏求：《长安志》，第 162 页。

里。"① 此处的"国城门"应当是长安城西开远门、金光门、延兴门其中 1 门，又据出土的《杨玄略墓志》② 知此门应当是开远门，开远门大致在今大土门村一带③。按照唐代度量衡的换算来看，唐代一里长 531 米，相当于今天 1.06 华里④，那么志文所载国城门西七里可能即是今大土门村西 7.42 里左右，相当于今枣园西、贺家村一带。《王谦及夫人素和氏墓志》载："葬于雍州长安县阿房宫东北龙门乡"⑤，阿房宫遗址在今西安西郊阿房村一带，因此由此志知今阿房村东北一带大致为龙门乡范围。综上所述，唐龙门乡大致在今枣园、阿房村东北附近，东与龙首乡相接。隋亦有龙门乡之名，唐代龙门乡之名沿袭。⑥

3. 承平乡

记载此乡墓志 20 余方，因丞与承同音，故丞平乡亦作承平乡⑦，前人考证此乡大致位于龙首、龙门乡之南，阿房宫遗址附近。

4. 青槐乡

记载此乡墓志 1 方，武文亦考，大致在承平乡之右。

5. 万春乡

记载此乡墓志 3 方，武文考证 2 方，另《颜宪墓志》也载有万春乡⑧，位置待考。

6. 居德乡

记载此乡墓志 1 方，武文亦考，大致在龙首乡西。其名可能蕴含嘉名，亦可能得名于"居德坊"。隋唐均有此坊，《隋唐两京坊里谱》《长安志》《隋唐两京城坊考》等均有此坊记载。

7. 义阳乡

记载此乡墓志 11 余方，前人考其中 5 方。因"杨"与"阳"同音，故义

---

① 《隋唐五代墓志汇编·陕西卷》，第 1 册，第 123 页。
② 《杨玄略墓志》："归窆于长安县龙门乡石井村。"《隋唐五代墓志汇编·陕西卷》，第 2 册，第 105 页。
③ 陈桥驿主编：《中国都城辞典》，南昌：江西教育出版社，1999 年，第 449 页。
④ 胡戟：《唐代度量衡与亩里制度》，河南省计量局主编：《中国古代度量衡论文集》，郑州：中州古籍出版社，1990 年。
⑤ 吴钢主编：《全唐文补遗》第 7 辑，第 257 页。
⑥ 王灵认为隋唐龙门乡为同名异地，而陈玲则认为隋唐时期的龙门乡实际为同地，仅仅只是其范围大小不同而已。详见陈玲：《唐代墓志所见关中乡里词语研究》，西南大学硕士学位论文，2014 年，第 29 页。
⑦ 《李日荣墓志》载："元和四年……葬长安县丞平乡小阳村。"《隋唐五代墓志汇编·陕西卷》，第 2 册，第 34 页。
⑧ 《颜宪墓志》载："开成五年……葬于长安县万春乡神禾原。"胡戟、荣新江主编：《大唐西市博物馆藏墓志》，第 881 页。

阳乡又为"义杨乡"。综合前人考证和所列墓志，知此乡应位于岔道口村和第五桥村一带，在史念海《图集》中稍南方位。五代时此乡名沿用①，北宋时亦沿袭，《长安志》："义阳乡在县西南二里，管布政里。"② 武伯纶将此乡标注在延平门外，长安县治所西北，姑从之。

8. 永寿乡

记载此乡墓志 8 方，前人考 4 方，还有《唐晏墓志》③、《赵肃夫人韦氏墓志》④、《孙师从墓志》⑤记载此乡，此乡的得名可能因宫城内的永寿殿而名。综合前人和记载此乡的墓志看，该乡可能位于三爻村南，长安区郭杜镇、韦曲镇一带，比武文和《图集》中标注此乡位置稍南。隋代有永寿里之名⑥，且隋永寿里大致在今西安市长安区一带，唐有永寿乡，因此笔者推测唐永寿乡是由隋永寿里发展演变而来，位置稍有改变。

9. 永平乡

记载此乡墓志 2 方，武伯纶有考证，具体方位尚难确认。

10. 丰乐乡

暂无墓志记载此乡，武伯纶依据唐人文献推测唐代此乡在长安城西，因沣水而名。

11. 丰谷乡

墓志无记载，武伯纶考证大致在长安城西南，因丰谷水而名。

12. 丰邑乡

记载此乡墓志 2 方，武伯纶考其 1 方，地理位置大致在沣水附近、张家坡一带，亦因沣水而名。

13. 孝悌乡

武文考，在今十里铺一带。

---

① 《任景述墓志》载："葬于京兆府长安县义阳乡小郭村。"吴钢主编：《全唐文补遗》第 7 辑，第 191 页。

② （宋）宋敏求：《长安志》，第 162 页。

③ 《唐晏墓志》载："贞观廿三年……窆于永寿乡高阳之原。"此墓志出土于西安长安区郭杜镇一带，见胡戟、荣新江主编：《大唐西市博物馆藏墓志》，第 93 页。

④ 《赵肃夫人韦氏墓志》载："贞元廿年……迁窆于长安县永寿乡之北原。"此墓志出土于西安市三爻村一带，见胡戟、荣新江主编：《大唐西市博物馆馆藏墓志》，第 727 页。

⑤ 《孙师从墓志》载："咸通十一年……葬于长安县永寿乡里毕原。"此墓志出土于西安市长安区韦曲镇政府东北。见胡戟、荣新江主编：《大唐西市博物馆馆藏墓志》，第 995 页。

⑥ 《元仁宗墓志》载："开皇十年……殡于大兴县洪固乡永寿里东。" 王其祎、周晓薇编著：《隋代墓志铭汇考》，第 375 页。

14. 清官乡

武文考，与丰邑乡毗邻。

15. 清化乡

武文考，位置待定。

16. 高阳乡

武文考，位置可能在长安城西南。

17. 灵台乡

武文考，其名可能因汉或者是后周"灵台"而名。

18. 龙泉乡

1 方墓志记载此乡，武文考，大致在小土门村一带此乡得名因与"龙泉"有关，《长安志》载："龙泉在兴平县西十七里，亦名温泉，姜子泉，周数十步，深不可测。"① 而《关中胜迹图志》和《水经注》等均有此泉的记载。今西安市长安区有龙泉寺，位于土门西一带，可能其名亦与龙泉有关。

19. 居安乡

3 方墓志载此乡，武文和程文均考 1 方，《于谨墓志》亦载此乡②，由此方墓志可见居安乡应位于长安城南，亦符合武文中对此乡大致位置的判断，可能位于今大居安村、小居安村一带。从地名延续看，今大、小居安村可能是由唐代居安乡发展而来。

20. 礼成乡

1 方墓志记载此乡，武伯纶考证大致在长安城西权杨村附近。

21. 修仁乡

1 方墓志记载此乡，武伯纶考证大致在长安城西权杨村一带。

22. 合郊乡

1 方墓志记载此乡，具体地理位置不详。

23. 渭阴乡

暂无墓志记载此乡，《长安志》中亦有此乡记载，其名与"渭水"有关，正因其位于渭水南，故称"渭阴"。

24. 司农乡

无墓志记载此乡，武伯纶根据《景龙文馆记》中安乐公主西庄的地理位

---

① （宋）宋敏求撰，（清）毕沅校正：《长安志》，民国二十年铅印本，第 329 页。

② 《于谨墓志》载："归祔于城南长安县居安乡高阳原。"周绍良主编：《汇编》下，贞元 055，第 1876 页。

置判定长安城西有此乡，即是唐安乐公主修建的定昆池一带。

25. 大统乡

武文亦考此乡，大致在今长安城西、昆明池南，在今斗门镇一带。"大统"为西魏文帝年号（535—551年），故此乡可能因年号而名。

26. 醴泉乡

1方墓志记载此乡，武文考。"醴泉"意为"甘美的泉水"，而陕西省礼泉县因此为名，故此乡可能因"泉水"而名。

27—30. 华林乡、苑西乡、善政乡、同洛乡

武伯纶据《长安志》中记载进行考定。

31—33. 昆明乡、弘政乡、梁升乡

均由日本学者爱宕元考补。昆明乡得名可能因"昆明池"而名，昆明池遗址在唐长安城郊西南二十里斗门镇一带①，程义认为此乡位置应在昆明池遗址附近，即今天斗门镇一带。

34—35. 福阳乡、长陵乡

由史念海补。长陵乡可能因西汉旧县而名。《辞海》："大陵，古县名，西汉五陵县之一，汉高祖十二年（前195年）筑陵置县，高帝死后葬于此，魏时废除。"②

36—39. 安国乡、布政乡、新昌乡、弘安乡

均由杜文玉补。值得注意的是，程义文中称卢陵乡和长安乡属于杜文玉新补，但这两乡据杜文玉考证辖属于万年县，并非程文中所说长安县，此存疑。关于布政乡的得名，应属于嘉名，"布政"意为"施政，施行政教"，《史记》卷十《孝文本纪》载："人主不德，布政不均，则天示之以灾，以诫不治"③，以此来表示统治者的政治教化。

40—41. 归化乡、神泉乡

均由尚民杰补。

归化乡之名属于嘉名，"归化"意为"归顺化从，归服"，《后汉书》卷50《祭肜传》载："其大都护偏何遣使奉献，愿得归化。"

42—49. 务德乡、福阳乡、高平乡、洞口乡、细柳乡、积德乡、福民乡、务道乡

均由程义补。

---

① 张永禄：《唐都长安》，西安：三秦出版社，2010年，第251页。
② 《辞海》编辑委员会编：《辞海·地理分册·历史地理》，第42页。
③ 《史记》卷10《孝文本纪》，第422页。

50. 安道乡

由惠瑛补。

51. 同乐乡

记载同乐乡墓志 2 方，即《胡演墓志》，其载："合葬乎（于）雍州长安县同乐乡仁智里之细柳原。"[1]《郑何墓志》也有"长庆四年……明年四月……归葬于长安县同乐乡"的记载。[2] 该乡位于西安长安区细柳镇附近，此乡为本书新补乡。

长安县所辖部分乡情况见表 7-4 所示。

表 7-4　唐代长安县所辖乡

墓主	卒藏年	卒藏地	出土地	出处和页码
周履洁	长安三年（703 年）	迁于雍州长安县义阳乡平原	北抵通城，南临卫宿。西瞻大道，宛成白虎之郊；东望曲江，即是青龙之境。	《汇编续集》长安 015，399 页
马朝阳	建中元年（780 年）	权葬于长安县义阳乡南姜村南原	郭杜镇岔道口村	《唐西市志》，647 页
崔时用	贞元五年（789 年）	将厝于义阳乡平原里	郭杜镇	《唐西市志》，677 页
陈宗武	元和六年（811 年）	归窆于长安县义阳乡高阳原		《唐西市志》，845 页

二、村名

长安县辖 37 村，33 村有隶属，4 村无隶属关系。

1. 龙首乡

辖 5 村，即祁村、歧村、田门村、小严村、严祁村，前人亦考。

2. 龙门乡

辖 4 村，即石井村、栾村、栾里村、南漕村，前人亦考。需要说明的是"石井村"，其名据陈玲推断可能因附近的"石井"而名[3]，唐代此村大致位于西安市西郊枣园村一带，今长安区亦存在石井镇之名，可能是延续唐代之名。史念海先生推断"店"在有唐一代相当于里一级的基层组织，或者是较大村名，故石井村属于石井店，而尚民杰先生认为石井村（店、墅）为通称，三者无异议。从唐人墓志记载习惯来看，似乎史先生的推论更符合墓志书写。同时，南漕村最初由尚民杰新补，具体位置待定，其因"漕（河）渠"而名，

---

① 胡戟、荣新江主编：《大唐西市博物馆藏墓志》，第 77 页。
② 吴钢主编：《全唐文补遗》第 8 辑，第 139 页。
③ 陈玲：《唐代墓志所见关中乡里词语研究》，西南大学硕士学位论文，2014 年，第 30 页。

无争议。

3. 承平乡

辖 5 村，即小刘村、小杨村、张杜村、史刘村、大严村。需要注意的是张杜村，提及此村墓志 4 方，尚文亦考其中 3 方，但尚文将《贺从章墓志》摘录为："祔先茔隅左张杜村"①，并以此判定灵安里在张杜村西，存疑。通过笔者仔细核对、翻阅此墓志拓片，发现该墓志记为："葬于长安县承平乡灵安里，祔先茔隅左张杜村"②，且记该墓志于西安西郊土门出土（图 7-5）。由此可见，灵安里在张杜村"右"，并非尚文中的"左"。同时，《张夫人墓志》和《张士清墓志》均载墓志葬张杜村③，从地名命名原则看，张杜村可能是由张村和杜村两个单一姓氏村落组合而成，由此笔者推断张杜村可能是唐代"张氏"家族的茔域。今西安市长安区亦有张杜村，但地理位置非唐代张杜村，可见此村是同名异地。

图 7-5　《贺从章墓志》

拓片来源：《隋唐五代墓志汇编·陕西卷》，第 2 册，第 67 页。

---

① 吴钢主编：《全唐文补遗》第 3 辑，第 205 页。
② 《隋唐五代墓志汇编·陕西卷》，第 2 册，第 67 页。
③ 《张夫人墓志》载："合祔于长安县承平乡张杜村"；《张士清墓志》载："葬于京兆府长安县承平乡张杜村。"见周绍良、赵超主编：《汇编续集》元和 078、会昌 023，第 856、960 页。

5. 万春乡

辖 1 村，即杜永村，武文考，位置待定，但今西安南仍有此村，亦是古今地名延续。

7. 义阳乡

辖 3 村，即第五村、邓村、宋满村。记载第五村墓志 5 方，程义考 2 方，解决了尚文中此村无归属的问题，综合看第五村大致位于长安县岔道口村一带，今亦有第五桥村，属于古今地名延续情况。值得说明的是，尚文中认为的"小郭村"应当属于五代时期长安县义阳乡所辖村，不属于唐代所辖，故不将此村做此考察。宋满村为本书新补，据《李秀炎墓志》补。[①]

8. 永寿乡

辖 3 村，即姜村、姜尹村、大韦村，前人均考。因"允"与"尹"音似，故姜尹村亦作姜允村，万年县宁安乡有姜尹村，若仅从墓志记载看，此村可能同名异地。今西安雁塔区亦有姜村之名，属于古今地名延续。

11. 丰谷乡

辖 1 村，即史村，武文亦考。

13. 孝悌乡

辖 2 村，即程刘村，武文亦考；（日）九子村、爱宕元考。

16. 高阳乡

辖 1 村，即小梁村，武文亦考。

19. 居安乡

辖 1 村，即杜河村，为本书新补，据《孙宥颜墓志》补[②]，位置待考。

25. 大统乡

辖 1 村，即居贤村，位置在昆明池。

31. 昆明乡

辖 2 村，即魏村和白村，位置待定。

37. 布政乡

辖 1 村，即大郭村，尚文补，其位置可能在长安城约 5 里。

40. 归化乡

辖 1 村，即蒿口村，尚文补。

---

① 《李秀炎墓志》载："安厝祔于长安县义阳乡宋满村高阳原。"见赵力光等编著：《西安碑林博物馆新藏墓志汇编》，北京：线装书局，2007 年，第 638 页。

② 《孙宥颜墓志》载："贞元十六年……葬于长安县居安乡杜河村高阳原。"见齐运通编：《洛阳新获七朝墓志》，北京：中华书局，2012 年，第 360 页。

47. 积德乡

辖 1 村，即胡赵村，位置大致在郭杜镇紫薇田园都市附近。

48. 福民乡

辖 1 村，即胡赵村，位置待考。

首先，长安县还有无辖属乡的 4 村，即府胄村、府娄村、兴台村、严村。府胄村由《张府君墓志》补。[①] 府娄村由《张据墓志》补。[②] 兴台村由《刘世通夫人王氏墓志》补[③]，此方墓志并无明确的县和乡隶属关系，但由志文知龙首乡有兴台里，根据乡村地名命名原则，兴台村可能隶属于龙首乡。其次，若遵循前人观点，将"村""里"同等看待，则兴台村亦作兴台里，故此村可能亦属龙首乡。严村由《江君墓志》新补，其载："窆于长安县昆明乡龙首原之严村……金光门出六里余，北折一里江君墟，西三百尺邻漕渠"[④]，知严村在龙首原上，位于金光门外 6 里左右，据考古测金光门遗址在西安西城墙自北向南 3300 米李家庄西北 130 米处[⑤]，漕渠为汉、唐时自长安东至黄河，连接关中与关东地区的运渠，最初以灞水为源头，后凿昆明池，又穿昆明渠，使东绝灞水合于漕渠。[⑥] 依据唐代度量衡的换算，唐代 5 步为尺，360 步为 1 里，1 里长 531 米，相当于今天 1.06 华里[⑦]，那西三百尺邻漕渠就理解为今天"西 4 里左右邻漕渠"，从而推测"严村"可能位于今李家庄村外 6 里左右。前文考察了承平乡有"大严村"，龙首乡有"小严村"，而此亦有"严村"，三个村落之间应该有一定关联，可能均因"严氏"家族聚居地而名，而小严村和大严村之名可能由最初的严村一分为三，并且依据人口多少等用"大""小"进行区分，进一步翔实的考证尚待学界论证。

三、里名

长安县共辖 33 里，32 里有隶属，1 里无隶属

1. 龙首乡

辖 5 里，即兴台里、龙首里、金光里、隆安里、未央里，前人亦考。其

---

① 《张府君墓志》载："葬长安县府胄村。"见吴钢主编：《全唐文补遗》第 5 辑，第 433 页。

② 《张据墓志》载："葬长安县府娄村。"见胡戟、荣新江主编：《大唐西市博物馆藏墓志》，第 865 页。

③ 《刘世通夫人王氏墓志》载："大唐雍州长安县龙首乡兴台里……故刘世通夫人王氏……葬于兴台村南三百步。"见周绍良、赵超主编：《汇编续集》，永徽 001，第 55 页。

④ 周绍良、赵超主编：《汇编续集》，元和 039，第 828 页。

⑤ 杭德州、雒忠如，田醒农：《唐长安城地基初步探测》，《考古学报》1958 年第 3 期，第 80 页。

⑥ 陈绍闻主编：《经济大辞典·中国经济史卷》，上海：上海辞书出版社，1993 年，第 84 页。

⑦ 胡戟：《唐代度量衡与亩里制度》，河南省计量局主编：《中国古代度量衡论文集》。

中兴台里之名在隋代既有[①]，唐代沿用其名。

2. 龙门乡

辖 1 里，即怀道里。

3. 承平乡

辖 2 里，即昌合里和灵安里。据《闾克积墓志》补昌合里[②]，为本书新补里名，位置待考。据《贺从章墓志》新补灵安里。[③]

7. 义阳乡

辖 2 里，即正文里和贵安里，前者由武文考，后者由程文考，位置均待定。

9. 永平乡

辖 1 里，即灵安里，武文考。

12. 丰邑乡

辖 1 里，即龙台里。

14. 清官乡

辖 1 里，即尊善里，武文考。

18. 龙泉乡

辖 1 里，即金光里，史念海《图集》标注有，该里可能因金光门而名，且位于金光门外。

19. 居安乡

辖 2 里，即清明里，程文考，史念海《图集》画居安里，位置均待考。

21. 礼成乡

辖 1 里，即洽恩里，武文亦考。

22. 合郊乡

辖 1 里，即修福里，武文亦考，位置待考。

23. 渭阴乡

辖 1 里，即洪波里，位置待考。

26. 醴泉乡

辖 1 里，因"醴"与"礼"同音，故惠瑛将礼泉乡记作醴泉乡，此乡有

---

① 王其祎、周晓薇编著：《隋代墓志铭汇考 5》，第 179 页《尉富娘墓志》载："大业十一年……窆于京兆郡长安县龙首乡兴台里。"

② 《闾克积墓志》载："葬于承平乡昌合里。"见周绍良、赵超主编：《汇编续集》，咸通 104，第 1116 页。

③ 《贺从章墓志》载："葬于长安县承平乡灵安里。"见《隋唐五代墓志汇编·陕西卷》，第 2 册，第 67 页。

承嗣里，位置待考。

28. 苑西乡

辖 1 里，即崇徽里，史念海《图集》亦标。

29. 善政乡

辖 1 里，即布政里，史念海《图集》亦标。

30. 同洛乡

辖 1 里，即安宁里，史念海《图集》亦标。

32—33. 弘政乡、梁开乡

弘政乡有敬仁里，梁升乡有兰陵里，均由（日）爱宕元考。

37. 布政乡

辖 1 里，即大郭里，尚文考。

42. 务德乡

辖 1 里，即安化里，尚文考。

43. 福阳乡

辖 3 里，即阳原里、福阳里、修福里。

45. 洞口乡

辖 1 里，即震泽里，程文考。

48. 福民乡

辖 1 里，即德义里，程文考。

除了上述里名之外还有无隶属关系的里，即绩德里。由出土于长安县郭杜镇长里村的《郭元诚墓志》："窆于高阳原，树双塔于绩德里"[1] 补出。因"绩"与"积"同音，故绩德里亦作积德里。唐长安县有积德乡，张小丽从唐代基层行政组织来推测绩德里为积德乡所辖里[2]，同时笔者认为从乡村地名命名原则上亦可证。一般而言，唐代乡村地名有多重命名方法，其中有以一个乡村内主要村里之名命名，也有不少直接用乡政权所在的村、里命名，如东都河南县平乐乡有平乐里、千金乡有千金里、梓泽乡有梓泽里，西京浐川乡有浐川里、长乐乡有长乐里、崇道乡有崇道里，若按这种推测则积德里当为积德乡所辖里。

① 吴钢主编：《全唐文补遗》第 4 辑，第 287 页。
② 西安碑林博物馆编：《碑林集刊 11》，西安：陕西人民美术出版社，2006 年，第 118 页。

四、其他地名

（一）国门

国门亦称"国城门"，涉及西京国门的墓志大致 3 方，《薛义墓志》①、《刘智墓志》②、《王珽墓志》③，从这 3 方墓志来看，国门西为龙首原。一般而言国门亦指长安城城门，长安城西的城门分别为开远门、金光门、延平门，因此墓志中所言国门可能是上述 3 门之一。《张登山墓志》载："迁葬于开远门西三里龙首原"④，知龙首原东三里为开远门，再结合上述 3 个城门的地理位置和 3 方墓志，可推知唐人墓志中所言"国门"当指开远门。

（二）临皋驿

记载此地名墓志共计 2 方，即《史堵颖墓志》⑤、《杜玄礼墓志》⑥。临皋驿为唐长安西往成都、凉州的第一个驿站，官方和民间迎送均在此驿及其附近。《旧唐书·刘辟传》载："及至京西临皋驿，左右神策兵士迎之，以帛系首及手足，曳而入。"⑦ 宋敏求《长安志》载："临皋驿在县西北十一里开远门外，今废。"⑧ 关于临皋驿的地理位置，严耕望和李健超先生均考，严耕望根据《元和郡县图志》和《长安志》的文献记载推测临皋驿在开远门外 20 里⑨，即今咸阳市东 25 里，李健超先生进一步细化方位且认为临皋驿在西安大土门村西北约 3 里。⑩ 由上述《杜玄礼墓志》知，临皋驿位于开远门外 7 里，里，开远门位于今西安西郊大土门村⑪，根据唐里折算可推知，临皋驿应位于大土门村外 7.42 里左右。

---

① 《薛义墓志》载："天宝八载……葬于国门之西龙首原。"见周绍良主编：《汇编》下，天宝 145，第 1633 页。

② 《刘智合葬墓志》载："天宝十五载……合葬于京兆府长安县国城门西七里龙首原龙门乡怀道里。"见周绍良主编：《汇编》下，天宝 274，第 1723 页。

③ 《王珽墓志》载："圣武二年……权厝于国城之西，中坛之南，龙首之原。"见吴钢主编：《全唐文补遗》第 5 辑，第 403 页。

④ 周绍良主编：《汇编》下，天宝 270，第 1720 页。

⑤ 《史堵颖墓志》载："其小严村即开远门外临皋驿西南。"见周绍良主编：《汇编》下，大中 004，第 2255 页。

⑥ 《杜玄礼墓志》载："于京城西开远门外七里临皋驿前，预修砖堂塔一所。"见周绍良、赵超主编：《汇编续集》，开元 079，第 507 页。

⑦ 《旧唐书》卷 140《刘辟传》，第 3827 页。

⑧ （宋）宋敏求：《长安志》卷 12，第 162—163 页。

⑨ 严耕望：《唐两京馆驿考》，《唐史研究丛稿》，香港：新亚研究所出版，1969 年。

⑩ 李健超：《唐长安临皋驿》，西安市交通局史志编纂委员会编：《西安古代交通志》，西安：陕西人民出版社，1997 年，第 541 页。

⑪ 张永禄编著：《西安古城墙》，第 175 页。

（三）阿城

阿城亦名"阿房宫"，《长安志》卷十二县二《长安县》载："秦阿房宫，一名阿城，在县西二十里。"[①] 大致有 4 方墓志记载此地名，即《西门大夫墓志》[②]、《刘皆墓志》[③]、《茹义恩墓志》[④]、《王谦及夫人素和氏墓志》[⑤]。从这 4 方墓志来看，阿房宫位于龙首原附近，可能处于昆明乡和龙门乡的交界处。关于阿房宫遗址的地理位置考古学界已经探讨，即位于今西安西郊未央区三桥镇南阿房村一带[⑥]，因此可推测阿房村一带为昆明乡和龙门乡的交界处。

据唐代墓志所见唐代西京长安县所辖乡里，可获知长安县辖属 51 乡、37 村（其中 4 村无隶属）、33 里（其中 1 里无隶属），本章对唐代长安县地名补考的结论和局限性可以归纳为以下几点。

第一，对乡名进行补考。关于唐代长安县所辖乡名数量，学界一般在宋《长安志》《太平寰宇记》59 乡的基础上进行增补，因《长安志》为宋人文献，在客观记载唐代乡名问题上存在一定偏颇，故不能单纯以此为参考，近年来学者高铁泰亦利用唐代敦煌文献认为唐长安县有 79 乡[⑦]，似乎更符合实际。因此综合前人考证知长安县有 50 乡，加上本章增补的 1 乡即同乐乡，共得 51 乡，与《长安志》所载差 9 乡，与敦煌文书第五十八号地志残卷[⑧]记载的 79 乡尚差 28 乡，与万年县已考 59 个乡名相比还有一定差距，这有待更多墓志和其他文献资料的增补。

第二，对村里数量的考订。从本章的增补情况来看，共考长安县 37 村，其中前人考 31 村，本章新补 6 村，考长安县 33 里，前人考 30 里，新补 3 里。虽然本书在考证过程中，参照的大部分是前人的研究成果，对新补的这些村里未能较为精确的定位，但对于系统而全面了解与掌握长安县所辖村里数量

① （宋）宋敏求：《长安志》卷 12，第 169 页。
② 《西门大夫墓志》载："遂于长安县龙首原，西距阿城东建茔域。"见周绍良主编：《汇编》下，元和 119，第 2033 页。
③ 《刘皆墓志》载："永徽五年……葬于长安县昆明龙门二乡界内阿城之东。"见吴钢主编：《全唐文补遗》第 4 辑，第 335 页。
④ 《茹义恩墓志》载："开元十七年……卜葬于阿旁宫之遗趾（址）。"见吴钢主编：《全唐文补遗》第 5 辑，第 351 页。
⑤ 《王谦及夫人素和氏墓志》载："显庆元年……葬于雍州长安县阿房宫东北龙门乡。"见吴钢主编：《全唐文补遗》第 7 辑，第 257 页。
⑥ 西安市地方志编纂委员会编：《西安市志》第 6 卷，西安：西安出版社，2002 年，第 389 页。
⑦ 高铁泰：《对〈唐京兆府万年县乡里补考〉的异议》，《唐都学刊》2011 年第 4 期，第 128 页。
⑧ 王仲荦著，郑宜秀整理：《敦煌石室地志残卷考释》，第 10 页。

仍然有重大意义。

第三，在古今地名延续方面。本章亦存在不少古今地名延续的例子。义阳乡有第五村，今有第五桥村；永寿乡有姜村，今雁塔区有姜村；万春乡有杜永村，今亦存在。

第八章　从唐人墓志看两京乡村地名命名原则和方法

第一节　同名异地或者异地同名现象

早在西晋时期杜预就认识到同名异地和同地异名的现象[1]，时至今日这个现象仍然存在。从本章考察的当时的西京万年县、长安县和东京河南县、洛阳县的乡村地名中，亦会发现诸多此类现象。总体来看，因语言、文字、字形等会造成同名异地的情况；因政区变革、政治因素和文化因素等会造成同名异地的情况。

一、同名异地的现象

通过仔细爬梳唐人墓志中的乡村地名，有不少此种实例。

（一）以山川河流为原则

（1）龙首乡。西京长安县和万年县均有龙首乡，例如《程府君故夫人郭氏墓志》载："殡于长安县龙首乡龙首之原"[2]；《刘智墓志》载："合葬于京兆府长安县国城门西七里龙首原龙门乡怀道里"[3]。又《何洪墓志》："葬于万年县龙首乡龙首原"[4]；出土于东郊高楼村的《高元珪墓志》载："葬于东郊龙首原"[5]。

---

[1]　孙冬虎：《地名史源学概论》，北京：中国社会出版社，2008 年，第 129—130 页。
[2]　周绍良主编：《汇编》上，天宝 097，第 1599 页。
[3]　周绍良主编：《汇编》上，天宝 274，第 1723 页。
[4]　《隋唐五代墓志汇编·北京大学卷》，第 2 册，第 83 页。
[5]　《隋唐五代墓志汇编》（陕西卷），第 1 册，第 146 页。

由上知长安城西的长安县和城东的万年县均辖有"龙首乡"，且都因"龙首原"而名。

（2）龙门乡。西京长安县和东京河南县均有龙门乡。《雍氏墓志》载："葬于长安县龙门乡"①，此乡得名与"龙门原"有关。而东都河南县亦有"龙门乡"，见出土于龙门镇魏湾村的《封皎墓志》："藏（葬）于河南府河南县龙门乡芳苑里。"② 前文亦考此乡大致在关林至龙门一带，西与毕圭乡相交，其名因"龙门山"而名。

（二）以姓氏为原则

（1）李村。西京万年县洪固乡和河南县平乐乡均有李村。《李脩妻刘氏夫人墓志》载："权卜兆于万年县洪固乡李村。"③《王力士墓志》载："合葬于平乐乡北邙山李村东北一里。"④ 洪固乡李村位置待考，平乐乡李村在今瀍河西岸洛阳市郊李家凹附近。两县的李村可能均与"李氏"有关。

（2）王村。西京万年县浐川乡和河南县平乐乡均有王村。《房宝子墓志》载："合葬于河南县平乐乡王村之东北一里半。"⑤ 程义考证大致在今韩森寨一带。

（3）张村。西京万年县洪原乡和东京河南县金谷乡均有此村。《胡宗约夫人杨氏墓志》载："归祔于河南县金谷乡张村之原。"⑥《卢婉墓志》载："殡于京兆府万年县洪原乡张村之南。"⑦ 金谷乡张村位于营里村、张岭村附近，而洪原乡张村在今杜曲镇兴教寺北一带。

（4）孙村。西京万年县神禾乡、义丰乡和东京河南县龙门乡、感德乡均有孙村。《臧李氏故第二女墓志》载："殡于河南县龙门乡孙村。"⑧《董媛墓志》载："葬于万年县义丰乡孙村。"⑨《游城南记》载："碑云起塔于万年县神禾乡孙村，今属鸿固乡。"⑩ 具体位置均待考。

（5）刘村。西京长安县承平乡和东京河南县龙门乡均有刘村。西京长安县刘村见日本学者爱宕元考补⑪，《刘挺墓志》载："合葬于城南龙门乡刘村东

① 周绍良、赵超主编：《汇编续集》，元和 066，第 848 页。
② 吴钢主编：《全唐文补遗·千唐志斋新藏专辑》，第 157 页。
③ 吴钢主编：《全唐文补遗》第 8 辑，第 417 页。
④ 周绍良主编：《汇编》上，显庆 138，第 317 页。
⑤ 周绍良主编：《汇编》上，龙朔 018，第 348 页。
⑥ 周绍良主编：《汇编》下，会昌 032，第 2233 页。
⑦ 胡戟、荣新江主编：《大唐西市博物馆藏墓志》，第 513 页。
⑧ 周绍良、赵超主编：《汇编续集》，大中 016，第 980 页。
⑨ 胡戟、荣新江主编：《大唐西市博物馆藏墓志》，第 879 页。
⑩ 张礼撰注：《游城南记》，北京：中华书局，1985 年，第 10 页。
⑪ [日]爱宕元：《唐代两京乡里村考》，李健超译，《西北历史资料》1982 年第 2 期，第 42 页。

北一里。"① 位置待考。

（三）以福祉嘉意为原则

一般而言，人们都向往美好、安定，祈求地如其名，统治者为了教化百姓用道德、礼教、仁义等来整顿秩序，因此地名往往具有嘉意。

（1）安乐乡。如河南府河南县、河阳县有安乐乡，见井沟一带出土的《王鸿墓志》载："迁葬于河南县安乐乡北邙山之原。"②《颜府君墓志》载："遂葬于河南府河阳县安乐乡。"河阳县在唐时属河南府管辖，在今孟州市，《元和郡县图志》卷五《河南道一》载："河南府……管县二十六：洛阳，河南……河阳……河阳等五县，今权隶河阳三城节度……。隋开皇十六年，分温、轵二县重置，属怀州。武德四年平王世充后，割属河南府……河阳县，畿。西南至州八十里。"③ 河南县为东都河南府的"赤县"（京县），上文亦考安乐乡在洛阳城北井沟一带，河阳县位于洛阳城东北八十里，由此可推知，河南县、河阳县的安乐乡实为同名异地。而《唐故夫人京兆杜氏墓志》载："终于镇府真定县安乐里"④，可知真定县有安乐里。真定县在今河北省石家庄市，《旧唐书》卷三十九载："隋属高阳郡。武德四年，自石邑移恒州于县为治所。载初元年，改为中山县。神龙元年，复为真定县。"⑤ 综述来看，河南府河南县、河阳县及河北恒州真定县均有以"安定"为寓意的乡村地名，"安定"代表着"稳定、安康"，既有人们理想生活的向往，又包含着统治者"平定安抚"之意。

（2）永安乡。万年县安宁乡和恒州真定县均有以"永安"为嘉义的地名，见《王公墓志》："迁窆于镇府真定县永安乡北房村之北原。"⑥《请降诞日度三僧制》："童子曹摩坷，贯京兆万年县安宁乡永安里。"⑦ "永安"具有"永久太平、安康"之意，蕴含着百姓对太平生活的向往。

（3）信义乡。西京万年县铜人乡有信义里，武文考。⑧ 润州丹涂县（今江苏省）《孙彦思墓志》载："葬于润州丹涂县信义乡石门村石门里。"⑨ "信义"

① 胡戟、荣新江主编：《大唐西市博物馆藏墓志》，第 219 页。
② 周绍良主编：《汇编》下，天宝 188，第 1663 页。
③ （唐）李吉甫撰，贺次君点校：《元和郡县图志》卷 5《河南道一》，第 130—143 页。
④ 周绍良主编：《汇编》下，大和 028，第 2116 页。
⑤ 《旧唐书》卷 39《地理志》，第 1502 页。
⑥ 周绍良主编：《汇编》下，会昌 007，第 2216 页。
⑦ 《大正藏》，第 52 卷，1996 年，第 836—837 页。
⑧ 武伯纶：《唐万年、长安县乡里考》，《考古学报》1963 年第 2 期，第 87—99 页。
⑨ 周绍良、赵超主编：《汇编续集》，天祐 002，第 1170 页。

寓意"诚信、仁义"，同为"信义"，一为铜人乡之里，一为丹涂县之乡。

（4）崇义乡。西京万年县有崇义乡，武文考①，同时浐川乡亦有"崇义里"，而东京洛阳县亦有崇义乡，第二章中亦考证。"崇义"意为"推崇正义、仁义"，均表示统治者为教化百姓而推行的一种具有蕴含福祉嘉意的地名。

（5）招贤里。河南县洛汭乡和襄阳县清平乡均有"招贤里"，《杨君夫人张氏墓志》载志主生前"今寄贯河南县洛汭乡招贤里"②。《卜府君墓志》载志主"不得已而营筑坟阙于襄阳县清平乡招贤里"③。进贤乡，据武伯纶考证在今浐水西，韩森寨东南④；兖州瑕丘县（今山东兖州市东北）有进贤乡，《严夫人墓志》载："枢于兖州瑕丘县进贤乡教正。"⑤"招贤""进贤"均寓意"招纳、引进贤才"，代表统治者为了维护社会秩序、引进贤才而用这些具有官方和人文色彩的词汇来用作乡村地名。

由上所列部分唐人墓志中"同名异地"的现象，可以看出这些地名有相同或者类似的命名原则和依据，即"同源不同地"。

"同名异地"的另一种表现形式是受"政区调整"的影响，导致县名频繁更改，例如西京"万年县"的历史沿革。《新唐书·地理志·京兆府》载："万年（县），赤。本大兴，武德元年更名。二年析置芷阳县，七年省。总章元年析置明堂县，长安二年省。天宝七载曰咸宁，至德三载复故名。"⑥知总章元年（668年）于万年县分置"明堂县"，至长安二年（702年）废。而上元三年（676年）的《徐齐聃墓志》载："葬于雍州明堂县智原乡之少陵原。"⑦《郑贞墓志》载志主亡故后"权迁于雍州明堂县义善乡凤栖原"⑧。西京长安县、东京河南、洛阳县的建制沿革中亦有此情况，鉴于篇幅不赘述。

二、同地异名的现象

（一）行政建制易名

这种情况主要是统治者为追求吉祥、安定，从而将县以上的政区易名。《旧唐书·地理志》："万年：隋大兴县。武德元年，改为万年。乾封元年，分置

---

① 武伯纶：《唐万年、长安县乡里考》，《考古学报》1963年第2期，第92页。
② 周绍良主编：《汇编》上，乾封005，第444页。
③ 周绍良主编：《汇编》下，长庆015，第2069页。
④ 武伯纶：《唐万年、长安县乡里考》，《考古学报》1963年第2期，第87—99页。
⑤ 周绍良、赵超主编：《汇编续集》，咸通097，第1109页。
⑥ 《新唐书》卷37《地理志》，第962页。
⑦ 胡戟、荣新江主编：《大唐西市博物馆藏墓志》，第198页
⑧ 胡戟、荣新江主编：《大唐西市博物馆藏墓志》，第203页。

明堂县……天宝七载，改为咸宁，乾元复旧也。"① 可见唐初将隋代"大兴县"改为"万年县"，万即"众多，极多"②之意，"万年"可能就寓意美好，统治者希望此县一直长存。后来将"万年县"改为"咸宁县"，即寓意"天下太平、安宁"之意。此外由《元和郡县图志》："华原县，畿……大业二年省宜州，县属京兆。垂拱二年改为永安县"③，可知华原县在垂拱二年（686年）改为永安县，"永安"寓意"永久安定"，以示美好追求。此外《元和郡县图志》中还有将"群羹县"改名为"宜寿县"，将"始平县"改为"金城县"，将"雍县"改为"天兴县"，将"白土县"改为"新平县"，等等。

（二）统治者避讳

同样一个地名，因统治者的个人喜好和当时政局，将欠佳的地名改为蕴含福祉嘉意的地名，实为同地异名。《元和郡县图志》载："长乐坡，在县东北十二里。即浐川之西岸，旧名浐坂，隋文帝恶其名，改曰长乐坡"④，可知长乐坡和华州均是因上述因素而更名，实为一地。

（三）用字变更

用字变更主要是指某些地名因读音一样或者相近、字形相似、字义类似等，从而出现同地异名的现象。就本章所考察的乡村地名来看，这种情况尤其普遍。

1. 同音、音近字

语言作为一种交流方式，在传播中会因地域的不同出现音、调、声等的变化，同时由于撰志者自身知识结构的问题，亦会将音近、音同的字记在墓志中。

两京所考地名中有大量这样的实例。存在音相近的西京地名有姜允（尹）村、李永（尹）村、王柴（寨）村、古（故）城（成）村、观（管）台里等5个；存在同音的地名有义阳（杨）乡、霸（灞）城乡、洪原（源）乡、铜（同）人乡、承（丞）平乡、岐（祁）村、小阳（杨）村、张寿（受）村、南姚（窑）村、上（尚）傅村、杜（度）光里、灵（宁）安里等12个。

存在音相近的东京地名有平乐（洛）乡、伯（百）乐乡、伯（百）乐（洛）

---

① 《旧唐书》卷38《地理志》，第1396页。
② 《古代汉语词典》，第1600页。
③ （唐）李吉甫撰，贺次君点校：《元和郡县图志》卷2《关内道二》，第28—29页。
④ （唐）李吉甫撰，贺次君点校：《元和郡县图志》，第4页。

村、焦固（古、故）村、玄门（明）里、焦古（故）里等 6 里，存在同音的地名有平阴（荫、音）乡、金墉（雍）乡、淳（纯）俗乡、馀（余）庆乡、谷（穀）阳乡、毕闺（圭）乡、大阳（杨）村、北原（袁）村、翟（泽）村、景叶（业）村、张阳（杨）村、尚（上）店村、杜翟（泽）里、泉（全）源里、从新（心）里，迁（千）善里、谷（穀）阳里等 17 个。

从上述统计来看，东京同音、音近的地名现象较西京多，且同音的地名明显较音近的地名多。

2. 形似字

唐人墓志中形似字、形近字的例子也较多。例如洪原（源）乡、古（故）城（城）村、霸（灞）城乡、铜（同）人乡、伯（百）乐乡、金墉（雍）乡、馀（余）庆乡、毕闺（圭）乡、迁（千）善里等 9 个地名。

3. 同义字互换

墓主在撰写墓志时，或是为了求异，或是为了求雅，或是为了避讳，而改用其他意思相同的字。如"川"意为"河流"，即"川"与"水"同意，往往在唐人墓志中将二者互称。如西京滋水乡亦名滋川乡、浐水乡亦名浐川乡、东京伊水乡亦名伊川乡。还有一种情况就是仅更改语序，字数未变，如西京北山乡亦名山北乡。

第二节 从两京地名看唐代乡村地名命名原则与方法

古代地名的命名原则和方法，最早在应昭的《汉官仪》中便有所涉及，今人华林甫有专文和专著对古代地名源流进行解释和概述[①]，而李浩、张国刚、张广达等学者分别利用唐人墓志发表专文对唐代里、坊名称进行了考察，总结出唐代乡里命名主要遵循的自然原则和社会原则两大原则。[②]

鉴于唐代乡村地名众多且多样，因此结合唐代社会环境、历史事件与人物、历史典故甚至是地形地貌对唐代两京所辖乡村地名进行分门别类细化考察，并从中总结归纳某种规律，无论是对两京地名还是对有唐一代的乡村地

---

① 华林甫：《中国地名学史考论》，北京：社会科学文献出版社，2002 年；华林甫：《插图本中国地名史话》，济南：齐鲁书社，2006 年；华林甫：《中国地名源流》，北京：人民出版社，2010 年。

② 李浩：《唐代乡村组织研究》，山东大学博士学位论文，2003 年，第 4 页；张国刚：《唐代乡村基层组织及其演变》，《北京大学学报（哲学社会科学版）》2009 年第 5 期；张广达：《西域史地丛稿初编》，上海：上海古籍出版社，1995 年，第 117—120 页；马新、齐涛：《汉唐村落形态略论》，《中国史研究》2006 年第 2 期；[日]爱宕元：《唐代前期华北村落一类型——河南修武县周村》，钟翀译，《杭州师范学院学报（社会科学版）》2003 年第 5 期。

名都具有重要意义和价值。为求全面性、系统性、概括性，本章将对墓志中所见两京地区乡村地名的命名原则与特征进行总结与归纳、概括。

一、嘉名原则

"嘉名"理解为"寓意美好"，以"嘉"字词为原则的乡村地名起源于汉代，对此周振鹤先生曾指出西汉多用万岁、长乐等表美愿的词做里名，进而反映汉人对美好事情的追求[①]，后来华林甫在《中国地名学源流》一书中再次对地名"命以嘉名"的原则进行了考察与揭示[②]。

这种地名命名方法，一直延续到唐朝，唐人对这种美好事情的追求仍然存在，上至皇亲国戚的人名、下至基层行政组织的乡村地名，都会受到这种思想的影响。需要特别说明的是，"嘉意"即寓意美好，而这种思想在古代一般是以传统儒家思想为指导，在儒家倡导的"仁、义、礼、信"等的纲常思想下运作，因此本章并未将这两者分开。因两京地区是唐王朝的政治中心，国家为了尽可能地加强管理，关于政治中心地区地名命名方面也尽可能地从传统主流思想出发，大力倡导蕴含"嘉意"的儒家文化。而唐人墓志中两京地区地名有众多以"嘉名命名"的地名，现将墓志中出现频率较高者列之如下。

东京地区

1. 河南县

A：乡名（11）

（1）平乐乡。"平乐"意为"平安、快乐"。

（2）千金乡。"千金"意为"永久、发光璀璨"。

（3）永泰乡。"永泰"意为"永久安康太平"。

（4）安乐乡。"安乐"意为"平安快乐"。

（5）长乐乡。"长乐"意为"长久安乐"。

（6）仁风乡。"仁风"意为"仁义、仁信的风尚"。

（7）归德乡。"归德"意为"归向、归附道德和德行"。

（8）望仙乡。"望仙"意为"盼望升仙"。

---

① 周振鹤：《新旧汉简所见乡名和里名》，《历史地理》第12辑，上海：上海人民出版社，1995年，第165页。

② 华林甫：《中国地名学源流》，第52—53页。

（9）感德乡。"感德"意为"感恩戴德"。

（10）毕圭乡。"毕圭"意为"全部都鲜明、洁净"。

（11）永泰乡。"永泰"意为"永久太平"。

B：村名和里名（25）

（1）平乐乡—安善里。"安善"意为"安定、善意"。

（2）平乐乡—平乐里。"平乐"意为"平安快乐"。

（3）平乐乡—永宁里。"永宁"意为"长久安宁"。

（4）平乐乡—兴艺里。"兴艺"意为"喜欢学艺"。

（5）平乐乡—善圣里。"善圣"意为"善良的圣人"。

（6）千金乡—安善里。"安善"意为"安稳和善良"。

（7）千金乡—安平里。"安平"与"平安"同义，意为"平平安安"。

（8）金谷乡—伏和村。"伏"意为"屈服、顺从"，"伏和"即为一种具有教化意义的地名。

（9）金谷乡—清义里。"清义"意为"清纯高洁善美"。

（10）毕圭乡—望春村。"望春"意为"盼望春天和希望"。

（11）望仙乡—护保村。"护保"意为"保护、庇护"。

（12）永泰乡—行修里。"行修"意为"整治行为"。

（13）永泰乡—宣风里。"宣风"意为"宣扬风气"。

（14）王城乡—敦信里。"敦信"意为"敦厚、诚信"。

（15）王城乡—立德里。"立德"意为"设立道德、道行"。

（16）长乐乡—长宁里。"长宁"意为"永久安宁"。

（17）龙门乡—芳苑里。因"芳"有"芳香、比喻贤才、美好的名声"之意，故"芳苑"可作两种解释，其一是"贤才荟萃"，其二是"芳香的别院"，均有嘉意。

（18）龙门乡—游仙里。"游仙"意为"飘荡轻盈"。

（19）龙门乡—义济里。"义济"意为"具有善、美、救济的思想"。

（20）梓泽乡—纳义里。"纳义"意为"接受善义"。

（21）元望乡—怀惠里。"怀惠"意为"包容仁爱"。

（22）翟泉乡—章善里。"章善"意为"彰显善意"。

（23）洛汭乡—招贤里。"招贤"意为"招纳贤才"。

（24）洛汭乡—兴化里。"兴化"意为"倡导、提倡教化"。

（25）委粟乡—安昌里。"安昌"意为"稳定昌盛"。

2. 洛阳县

A：乡名（6）

（1）清风乡。"清风"意为"清廉风气"。

（2）淳俗乡。"淳俗"意为"纯净质朴的风俗"。

（3）感德乡。"感德"意为"感恩戴德"。

（4）信义乡。"信义"意为"诚信善义"。

（5）惟新乡。"惟新"意为"推崇新的（事物）"。

（6）崇义乡。"崇义"意为"推崇仁义"。

B：村名和里名（20）

（1）平阴乡—从新（心）里。"从新"意为"顺从意愿"。

（2）平阴乡—迁（千）善里。"迁（千）善"意为"改善从恶"。

（3）平阴乡—吕乐里。"吕乐"意为"（听着）音律快乐"。

（4）平阴乡—凤凰里。"凤凰"意为"（象征）太平、祥瑞"。

（5）平阴乡—王才里。"王才"意为"称赞天子有才气或者'比喻旺盛的财运'"。

（6）清风乡—千金里。"千金"意为"贵重宝贵"。

（7）清风乡—崇德里。"崇德"意为"推崇道德"。

（8）清风乡—安乐里。"安乐"意为"安居乐业"。

（9）清风乡—和仁里。"和仁"意为"和谐仁爱"。

（10）清风乡—升平里。"升平"意为"太平安定"。

（11）清风乡—平乐里。"平乐"意为"和平安乐"。

（12）感德乡—伯仁里。"伯仁"意为"仁义道德"。

（13）感德乡—殷众里。"殷众"意为"众多繁多"。

（14）上东乡—嘉善里。"嘉善"意为"吉祥太平、赞美善人"。

（15）纯俗乡—尚春里。"尚春"意为"追崇希望"。

（16）都会乡—喜善里。"喜善"意为"推崇仁善"。

（17）余庆乡—通远里。"通远"意为"通达、显赫"。

（18）子来乡—延福里。"延福"意为"永久造福、保佑"。

（19）北阴乡—安善里。"安善"意为"安居善良"。

（20）三川乡—孝妇里。"孝妇"意为"妇孝""妇女孝顺"。

西京地区

1. 长安县

A：乡名（27）

（1）永寿乡。"永寿"意为"永恒长寿"。

（2）同乐乡。"同乐"意为"一起欢乐"。

（3）承平乡。"承平"意为"治平相承、太平"。

（4）居德乡。"居德"意为"积累道德"。

（5）居安乡。"居安"意为"安居乐业"。

（6）万春乡。"万春"意为"永久春天有希望"。

（7）布政乡。"布政"意为"施加政道"。

（8）永平乡。"永平"意为"永久太平安康"。

（9）丰乐乡。"丰乐"意为"丰收喜悦"。

（10）孝悌乡。"孝悌"意为"孝顺父母、敬爱兄长"。

（11）清官乡。"清官"意为"为官清廉"。

（12）清化乡。"清化"意为"清明的教化"。

（13）礼成乡。"礼成"意为"礼节仪式等完结"。

（14）修仁乡。"修仁"意为"遵循仁义"。

（15）善政乡。"善政"意为"善于从政"。

（16）同洛乡。"洛"同"乐"，"同洛乡"故又作"同乐乡"，意为"一同快乐"。

（17）弘政乡。"弘政"意为"扩大政治"。

（18）福阳乡。"福阳"意为"有福而温暖"。

（19）安国乡。"安国"意为"安定国家"。

（20）布政乡。"布政"意为"施政，施行政教"。《史记》卷十《孝文本纪》："人主不德，布政不均，则天示之以灾，以诫不治。"

（21）新昌乡。"新昌"意为"新兴而昌盛"。

（22）弘安乡。"弘安"意为"弘扬安定"。

（23）归化乡。"归化"意为"归化顺从，归服"。《后汉书》载："其大都护偏何遣使奉献，愿得归化。"

（24）—（26）务德乡和务道乡、积德乡。"务德"和"务道"均意为"遵从道德"，而最早"务德"一词是作为西周的政治文化而名，统治者重视德政，故《论语·为政》:"道之以德,齐之以礼。"

(27)福民乡。"福民"意为"福泽百姓"。

B:村名和里名(17)

(1)义阳乡—贵安里。"贵安"意为"富贵安定"。

(2)龙门乡—怀道里。"怀道"意为圣人在位之时,应行自然无为之道,才能泽及万民。《淮南子》卷六《览冥训》:"故圣人在位,怀道而不言,泽及万民。"①

(3)同乐乡—宁安里。"宁安"意为"安宁、安定"。

(4)龙首乡—未央里。"未央"意为"未尽、无尽头"。《汉书·礼乐志》:"延寿命,永未央。"在汉朝,"未央"多与"延寿""万岁"同义并沿用,因此汉长安故城亦用未央宫来表达吉祥之意,甚至亦有表达统治者企盼刘汉天下长久不衰之寓意。

(5)龙首乡—金光里。"金光"意为"金色光辉"。

(6)龙首乡—隆安里。"隆安"意为"兴隆安定"。

(7)承平乡—昌合里。"昌合"意为"昌盛合一"。

(8)承平乡—灵安里。"灵安"意为"灵气安定"。

(9)义阳乡—正文里。"正文"意为"正直文艺"。

(10)清官乡—尊善里。"尊善"意为"遵从善意"。

(11)居安乡—清明里。"清明"意为"清廉圣明"。

(12)礼成乡—洽恩里。"洽恩"意为"和睦恩惠"。

(13)合郊乡—修福里。"修福"意为"行善积德,求后世之福"。

(14)善政乡—布政里。"布政"意为"施行善政"。

(15)同洛乡—安宁里。"安宁"意为"安定宁静"。

(16)福阳乡—修福里。"修福"意为"行善积德,求后世之福"。

(17)福民乡—德义里。"德义"意为"道德义气"。

2. 万年县

A:乡名(24)

(1)洪原乡。"洪原"又作"洪源",可能寓意为"河水的源头",以此来比喻"大业的开端"。

(2)长乐乡。"长乐"意为"长久安乐"。

---

① (汉)刘安撰,吴广平、刘文生译:《白话淮南子》,长沙:岳麓书社,1998年,第140页。

（3）崇义乡。"崇义"意为"推崇道义、正义"。

（4）崇道乡。"崇道"意为"推崇道义"。

（5）义善乡。"义善"意为"推崇善良、礼义"。值得注意的是，不少学者认为此乡因"义善寺"而名[1]，而陈玲持相反意见[2]，但就笔者而言，此乡属于"嘉名命名原则"更符合实际。

（6）宁安乡。"宁安"意为"安定、宁静"。

（7）义丰乡。"义丰"意为"（希望有）美好的收成"。

（8）永泰乡。"永泰"意为"永久太平、安泰"。

（9）庆义乡。"庆义"意为"赏赐恩情"。

（10）永宁乡。"永宁"意为"长久安宁"。

（11）进贤乡。"进贤"意为"招纳贤才"。

（12）乐游乡。"乐游"意为"快乐的生活"。

（13）安福乡。"安福"意为"平安得福"。

（14）上好乡。"上好"意为"最好、优秀"。

（15）积福乡。"积福"意为"积累福分"。

（16）崇德乡。"崇德"意为"推崇德行、道德"。

（17）安宁乡。"安宁"意为"平安宁静"。

（18）丰润乡。"丰润"意为"丰满而润滑"。

（19）步昌乡。"步昌"意为"盛世繁盛"。

（20）永寿乡。"永寿"意为"永远长寿"。

（21）承平乡。"承平"意为"治承相平"。

（22）勇昌乡。"勇昌"意为"勇敢而昌盛"。

（23）比安乡。"比安"意为"比较安定"。

（24）淳风乡。"淳风"意为"风气淳俗"。

B：村名和里名（31）

（1）宁安乡—社季村。"社季"同"社稷"，意为"百姓之福"。

（2）崇义乡—下干村。其名与古代占卜、泰卦有关，泰卦由下乾上坤组成，上卦"坤"为地，下卦"乾"为天，天居地下，比喻通泰景象，亦代指

① 持此类观点的主要有武伯纶、张永禄，详见武伯纶：《唐万年、长安县乡里考》，《考古学报》1963年第2期，第92页；张永禄主编：《唐代长安词典》，西安：陕西人民出版社，1990年，第14页。
② 陈玲：《唐代墓志所见关中乡里词语研究》，西南大学硕士学位论文，2014年。

有才能的天子等。

（3）龙首乡—成义里。"成义"意为"成仁取义"。

（4）龙首乡—净福里。"净福"意为"洁净、造福"。

（5）长乐乡—纯化里。"纯化"寓意"纯厚纯粹的教化"。

（6）长乐乡—长乐里。"长乐"寓意"永久快乐"。

（7）长乐乡—纯化里。"纯化"意为"质朴感化"。

（8）积福乡—积德里。"积德"意为"积累品德、道德"。

（9）长乐乡—长宁里。"长宁"意为"长久安宁"。

（10）长乐乡—怀信里。"怀信"意为"身怀忠信"。

（11）浐川乡—崇义里。"崇义"意为"推崇仁义"。

（12）浐川乡—务政里。"务政"意为"勤政务本"。

（13）浐川乡—春明里。"春明"意为"希望明亮"。

（14）浐川乡—上傅里。"上傅"同"尚傅"，"上傅"意为"推崇尊重教导"。

（15）崇道乡—齐礼里。"齐礼"为嘉名，意为"齐之以礼、道德齐礼"。在某种程度上来说是统治者为了教化百姓而用道德、礼教来整顿秩序。同时，在唐人墓志中也出现众多此语来歌颂、赞扬墓主的丰功伟绩或者品行等。贞观八年（634年）的《郭提墓志》："导德齐礼，名重当时。"[1] 天宝六载（747年）的《张去奢墓志》："楚俗轻剽，魏地狭隘，导德齐礼，二方以变。"[2] 以及《韦济墓志》："导德齐礼，所居则化。"[3]

（16）崇道乡—乐安里。"乐安"代表一种居民安乐、快乐之意，表美意。

（17）崇道乡—感德里。"感德"意为"感恩戴德"。

（18）宁安乡—通安里。"通安"意为"通达安居"。

（19）宁安乡—青明里。"青明"意为"希望明亮"。

（20）霸城乡—招贤里。"招贤"意为"招纳引人，招贤进能"。

（21）神禾乡—兴盛里。"兴盛"意为"兴盛昌盛"。

（22）洪固乡—胄贵里。"胄贵"，比喻帝王或者贵族身份高贵。

（23）洪固乡—永贵里。"永久尊贵"，可能与胄贵里蕴含意思相近。

① 《隋唐五代墓志汇编·洛阳卷》，第2册，第30页。
② 中国文物研究所、陕西省古籍整理办公室编：《新中国出土墓志·陕西（二）》上册，北京：文物出版社，2003年，第116页。
③ 中国文物研究所、陕西省古籍整理办公室编：《新中国出土墓志·陕西（二）》上册，第134页。

（24）洪固乡—兴宁里。"兴宁"意为"兴盛安宁"。

（25）洪固乡—寿贵里。"寿贵"意为"长寿富贵"。

（26）洪固乡—福闰里。"福闰"有"福润四季"的寓意。

（27）山北乡—归明里。"归明"意为"归附神明、贤明"。

（28）洪原乡—丰仁里。"丰仁"意为"丰厚仁慈"。

（29）平原乡—吉迁里。"吉迁"意为"吉祥"。

（30）安宁乡—永安里。"永安"意为"永久平安、安宁"。

（31）鹑首乡—通化里。"通化"意为"畅通流畅"。

由前文考察知，东京河南县辖 37 乡、71 村、72 里，洛阳县辖 28 乡、31 村、36 里，共计 275 个乡名地名；西京万年县 59 乡、76 村、59 里，长安县 51 乡、37 村、33 里，共计 315 个乡村地名。东京河南县 37 个乡名中以"嘉名"为原则的地名有 11 个，占近 30%，143 个村里地名中嘉名地名 25 个，占近 18%；洛阳县 28 个乡名中有 6 个嘉意地名，占 21%多，67 个村里地名中有 20 个嘉意地名，占近 30%。从整体看，东京河南县、洛阳县 275 个乡村地名中，以嘉意为原则的地名就有 62 个，约占 23%；从局部看，乡名和里名的命名原则多遵循"嘉意"，河南县和洛阳县共计 102 个村名中仅有 3 个村名符合这种原则，可见唐代乡村地名中乡、里名的命名与村名的命名是截然不同的。

西京万年县 59 个乡名中以嘉名为原则的 24 个，占近 41%，135 个村里地名中有嘉意的地名 31 个，约占 23%；长安县 51 个乡名中有 27 个乡名具有嘉意，约占 53%，70 个村里地名中有嘉意的地名 17 个，约占 24%。从整体来看，西京万年县和长安县 315 个乡村地名中，以嘉意命名的地名有 99 个，占 31%强；从局部看，西京 113 个村名中只有 3 个以嘉意为名，可见村名一般不遵循"嘉意"原则。

综上所述，唐人墓志中两京乡村地名中遵循"嘉意"原则的地名中，西京的嘉意地名比例达 31%以上，东京约为 23%，西京较东京的嘉意地名多。因西京受传统文化、历史溯源、地理环境、开发程度等因素影响较多，故仅从地名嘉意上看西京明显多于东京。

综合统计唐人墓志资料，唐两京 590 个地名中，以"嘉名"为原则的地名有 161 个，约占两京地名总数的 27%强。

二、姓氏原则

"宗族性"是中国古代社会和聚落发展的典型特征，而以血缘"宗族"为纽带，地方乡村居民的聚落以"姓氏命名"历史悠久。一般而言在汉朝萌芽，魏晋逐渐增多，南北朝至唐已较流行，马新、齐涛等学者均坚持此观点①，而这种家族聚居形式亦一直延续至今，为今人尤其是乡村所沿用。韩昇、日本爱宕元②等学者较为细致地考察了唐代乡村聚落形态，并分析出唐代乡村地名具有"联合姓氏"和"单一姓氏"两种类型。因此，下文将分门别类地对唐人墓志中两京地区地名中具有"姓氏"特点的地名总结、概括如下。需要说明的是，前文对某些"姓氏"特点的地名已经有所考察，但不全面、总括，因此下文将进行全面说明和归纳。

（一）单一姓氏原则

东京地区

1. 河南县（32）

（1）平乐乡—翟村。因"翟姓"而名。

（2）平乐乡—李村。姓源有二，嬴姓的改姓，主要活跃在河南东部，后来迁到商丘（今河南濮阳）；姬姓的改姓，主要在湖北、重庆一带。先秦时，起源于河南，战国末扩大到山西、陕西、河北、四川等地，唐朝达到鼎盛。当今李姓 9500 万人，主要分布于河南、四川、山东，其中河南占 10.8%，亦为今李姓的第一大省。③

（3）平乐乡—王村。因"王姓"而名。

（4）平乐乡—马村。马姓开始活跃于河北南部，秦时在陕西繁衍，南北朝时，马姓传播至长江以北和西南地区，唐时由河南传入江西、广州等地，清初传到台湾等地。当今马姓达 1260 万人，主要集中于河南、河北、山西等地，其中河南省占 12.7%，为马姓第一大省。④

（5）平乐乡—崔村。崔姓起源于山东，秦汉时主要在河北活动并向四周播迁。今天崔姓主要流布于山东和河南，约占 32%，是典型的北方姓氏。⑤

（6）平乐乡—朱村。因"朱姓"而名。

---

① 参见齐涛：《魏晋隋唐乡村社会研究》，济南：山东人民出版社，1995 年；马新、齐涛：《汉唐村落形态略论》，《中国史研究》2006 年第 2 期。

② 详细论著参见韩昇：《魏晋隋唐的坞壁和村》，《厦门大学学报（哲学社会科学版）》1997 年第 2 期；[日] 爱宕元：《唐代前期华北村落一类型——河南修武县周村》，钟翀译，《杭州师范学院学报（社会科学版）》2003 年第 5 期。

③ 钟蔚伦、袁义达：《当代百家姓》，南昌：江西人民出版社，2005 年，第 4 页。

④ 钟蔚伦、袁义达：《当代百家姓》，第 91 页。

⑤ 钟蔚伦、袁义达：《当代百家姓》，第 302 页。

（7）平乐乡—郝村。因"郝姓"而名。

（8）平乐乡—陶村。先秦时，陶姓活跃于山东地区。

（9）平乐乡—晏村。因"晏姓"而名。

（10）金谷乡—尹村。该村尹姓发源于山东、河南、湖北等地，先秦时期主要活动于河南、陕西、山东等地，后迁至南方及西北甘肃地区。

（11）金谷乡—张村。已考。

（12）金谷乡—李村。已考。

（13）梓泽乡—杜村。已考。

（14）梓泽乡—耿村。先秦时期耿姓主要活跃于河南、山西、河北一带，秦汉时东迁至山东，唐宋时南下江南。

（15）梓泽乡—续村。先秦时续姓主要活跃于中原一带，汉至唐在河南、山西形成郡姓望族，并且以河东郡、雁门郡为郡望。

（16）龙门乡—南王村。与"王姓"有关。

（17）龙门乡—孙村。孙姓来源主要有姬姓、妫姓的改姓，此姓在商末周初改姓后，主要活跃在河南和山东一带。后迁徙到浙江、山西、西南地区。

（18）龙门乡—宋村。商朝至战国时，宋姓主要活跃于河北、河南、山东等地，魏晋南北朝迁到陕西、山西和南方一些地区，唐宋时南徙到江西、广州等地。

（19）龙门乡—刘村。刘姓主要来源于祁姓和姬姓的改姓，就姬姓改姓而言，主要是指东周时的刘康公在刘城的都城（今河南偃师县），其后裔后迁居河南召县南部等地区。汉朝为此姓氏的鼎盛期，主要分布于河南、河北、山东、陕西等地，后向南迁移。

（20）龙门乡—西梁村。与"梁姓"有关。此姓起源于陕西和河南，春秋时迁到山西、河北、山东等地，魏晋南北朝时南迁至江南，明清时成为南方大姓。与伊汭乡的"中梁村""梁村"有一定联系。

（21）龙门乡—王村。已考。

（22）伊汭乡—中梁村、梁村。与"龙门乡"的"西梁村"有关，已考。

（23）伊汭乡—尹村。该村尹姓主要起源于山东、河南、湖北等地，先秦时期主要活动于河南、陕西、山西、山东一带，秦汉时期传播到河北、南方地区，后在甘肃形成大族。

（24）伊汭乡—樊村。先秦时在河南、陕西一带活跃，秦汉以后发展迅速，隋初在上党地区、南阳地区形成樊姓望族，唐以后樊姓向黄河南、东部沿海发展。今樊姓大约 170 多万，河南占 18%，为樊姓第一大省。①

（25）伊汭乡—段村。主要起源于河南、陕西、山东等地，先秦时河南的段姓向河北、山东等地扩散，秦汉时向陕西、甘肃、四川等地迁徙，后向江南地区散播。

（26）感德乡—孙村。已考。

（27）侯村。侯姓发源于山西和河南，秦汉时山西、河北、山东、宁夏等地亦有此姓，魏晋南北朝时在河南形成望族，唐代迁移到福建和广东。

（28）陈村。陈姓发源于河南，先秦时期主要在河南、安徽、湖北等地活动，秦汉时散扩到湖南、江苏、山西等地，西晋动乱后开始大范围的南迁。

（29）大王村。已考。

（30）大魏村。魏姓发源于陕西、河南、山东等地，先秦时期主要在陕西、河南、山西等地活动，两汉至唐在北方，唐以后进入四川和江南一带。

（31）荣村。荣姓发源于陕西和河南等地，秦汉时期在河南、河北一带活动，后迁至江西、湖南、广东等地。

（32）韦村。因"韦姓"而名，源自河南滑县，秦汉时迁到山东和陕西，并在陕西京兆杜陵（今陕西西安市长安区）成为望族，亦作为最著名郡望而存在。魏晋时，韦姓南迁，唐宋时成为极为显赫的姓氏。

以上（27）—（32），为无隶属的村。

2. 洛阳县（12）

（1）平阴乡—陶村。前文已考。

（2）平阴乡—王和村、王才村。均与"王村"有关，而其后又蕴含"和、才"等嘉意，体现双重原则。

（3）清风乡—郭村。前文已考。

（4）清风乡—王村。前文已考。

（5）北部乡—北袁村。因袁姓而名。

（6）感德乡—齐村。齐姓发源于河南，先秦时主要活跃于河南北部、河北、山东一带，唐以后进入四川、江西和浙江等地。

（7）清风乡—张方村。因张姓而名。

（8）清风乡—南陶村。因陶姓而名。

（9）清风乡—东袁村。因袁姓而名。

---

① 袁义达主编：《中国姓氏·三百大姓——群体遗传和人口分布》，上海：华东师范大学出版社，2007年，第88页。

（10）清风乡—樊村。因樊姓而名。

（11）王羽村。因王姓而名。

（12）尹村。因尹姓而名。

以上（11）（12），为无隶属的村。

西京地区

1. 万年县（27）

（1）龙首乡—孟村。因孟氏聚居地而名。孟氏在汉时主要为山东、河北、河南等中原一带的望族，后来不断向西迁移到陕西咸阳附近。

（2）洪固乡—韦村、韦曲里。因韦氏而名。

（3）洪固乡—李村。因"李氏"而名。

（4）长乐乡—王柴里、王栅村、王柴村、王寨村。均以"王氏"聚居地而名，从上述四村来看，"柴""栅""寨"，形似音近，又"寨"意为村庄，寨子："为四周有栅栏或围墙的村子。"[①]因此，笔者推测上述几个村的命名与此有关。

（5）长乐乡—南姚村。因"姚氏"聚居地而名，与姚氏有关的地名还有浐川乡的"北姚村"，此两村均以姚姓而名。

（6）长乐乡—郑村。因"郑氏"聚居地而名。郑氏发源于陕西、河南等地，主要分布在中原一带，雍州郡为其郡望之一。

（7）浐川乡—郑村。因"郑氏"聚居地而名。

（8）浐川乡—北姚村、南姚村，其名与"姚村"有关，"南北姚村"相对南、北分布而言。

（9）浐川乡—陈村。因"陈氏"聚居地而名。

（10）浐川乡—王村。因王姓而名。

（11）崇道乡—蛇村、大蛇村。因"蛇氏"而名。

（12）崇道乡—西赵村。因"赵氏"而名。

（13）崇道乡—夏里。夏姓发源于河南，先秦时期在河南、安徽一带活动，秦汉时向外迁播，唐宋时在长江流域广布。

（14）义善乡—小笮村、大笮村、东笮村。上述 3 村与"笮姓"有关，对此陈玲有所考察。

---

① 中国社会科学院语言研究所词典编辑室编：《现代汉语词典》，北京：商务印书馆，1996 年，第 1580 页。

（15）义善乡—曹村。因曹氏而名。

（16）义善乡—鲍村。鲍姓起源于山东，秦汉时分布于黄河中下游地区，魏晋时在山东、江苏一带繁衍，唐末在长江流域定居，元后期向南部沿海迁播，主要郡望有山东泰山郡、河南河南郡、山西上党郡等。

（17）宁安乡—三赵村。因"赵姓"而名。

（18）义丰乡—孙村。因孙姓而名。

（19）洪原乡—张村。因张姓而名。

（20）洪原乡—曹村。因曹姓而名。

（21）神禾乡—孙村。因孙姓而名。

（22）少陵乡—中刘村。与"刘村"有关，同时承平乡有"小刘村"，均与刘村有关。

（23）崇义乡——南姚里。因姚姓而名。

（24）兰村。兰姓主要源出山东，先秦时活跃在河南、山东一带，秦汉以后在河北昌黎形成望族，唐以后向江南、西南发展。

（25）阎村。阎姓发源于姬姓，其中姬姓的第三分支出自周先祖古公亶父之后，其古址在今河南洛阳西南。先秦时主要在河南、山西、湖北一带，秦汉时期，迁播到陕西、四川、山东等地，唐代太原郡阎姓成为望族。[①]

（26）杨村。因杨姓而名。

（27）杜村。因杜姓而名。

以上（24）—（27），为无隶属的村。

2. 长安县（12）

（1）龙首乡—祁村、歧村、祁村里。祁与歧同音，故可能为一地，祁村因"祁姓"而名。先秦时期，祁姓主要活动于山西一带，后不断迁移。据传祁姓亦是作为唐姓的三大来源之一，祁姓是黄帝轩辕之后，周武王时帝尧的后裔迁往杜国（祁姓，在今天陕西西安东南），称唐杜氏。

（2）龙首乡—小严村、承平乡—大严村、无隶属的严村。均与严姓有关，陈玲已考。

（3）昆明乡—魏村。魏村亦因魏氏家族而名。

（4）昆明乡—白村。白姓起源有五种说法，发源于太原、河南一带，先秦时期主要活动于陕西、湖北、河南地区，汉以后迁播各地。

---

① 袁义达主编：《中国姓氏·三百大姓——群体遗传和人口分布》，第277—278页。

（5）永寿乡—大韦村。万年县洪固乡的韦村、北韦村，韦曲村，均因韦氏家族聚居地而名。韦氏家族居住在京城一带，毗邻韦曲，并且以"京兆"为郡望。《大清一统志》载："韦曲东北倚龙首，南面神禾，潏水绕其前，为樊川第一名胜。诸韦氏居于此"①；《雍录》载："韦曲在明德门外，韦后家在此，盖皇子陂之西也"②；《通志》载："韦曲在樊川，唐韦安石之别业"③。可见"韦曲"应该是唐韦氏家族的别墅，也是家族集中墓地。总之上述 4 村均因韦氏聚居地而得名，由于地域范围太广，分为 4 村，有村名之异。

（6）永寿乡—姜村。因姜氏而名，载有姜村的唐人墓志较多。

（7）义阳乡—宋满村。因宋氏而名。长安县有宋氏家族的聚居地，见《关中胜迹图志》载："龙泉坡处有宋村渡。"④

（8）义阳乡—邓村。因邓氏而名。

（9）布政乡—大郭村。以"郭氏"聚居地而名。郭姓出自姬姓，以国为姓，起源于虢国。《春秋·公羊传》："虢为之郭，声之转也。"故将虢音转为郭，为郭姓源头。《左传》载："虞、虢、焦皆姬姓，为晋所灭，子孙以国为氏。"唐代林宝《元和姓纂》、宋欧阳修《新唐书·宰相世系》、民国臧励和《姓氏考略》等都记载，西周初周武王封周文王的弟弟姬仲于虢地（今陕西宝鸡），建虢国。虢国被晋所灭后，郭氏家族开始迁徙和播迁到河南、晋中汾阳一带形成郭氏大族。唐中期，从汾阳迁居陕西华阴的郭姓后裔郭子仪平定"安史之乱"，郭氏家族开始中兴，京兆成为郭氏家族的主要繁衍地之一。

（10）布政乡—大郭里。因郭氏而名。

（11）丰谷乡—史村，因"史氏"而名。先秦时，史姓活动于黄河南北和长江流域，西汉时山东史姓得以迅速发展并成为名门望族，陕西的郡望主要有"京兆"，后向江苏、陕西、甘肃等地发展。唐宋时外族史姓在河南、陕西、四川等地定居，后不断迁播。

（12）高阳乡—小梁村。"梁姓"据《通志·氏族略二》："梁氏，嬴姓，伯爵，伯益之后。秦仲有功，周平王封其少子康于夏阳梁山……子孙以国为氏"⑤，可知，梁山即是今陕西韩城市南一带。春秋时起源于陕西和河南的梁姓散布到山西、河北等地，魏晋战乱时向南迁移，成为南方大姓。

① （清）穆彰阿、潘锡恩等纂修：《大清一统志》卷 179 引《咸宁县志》，上海：上海古籍出版社，2008 年，第 352 页。
② （宋）程大昌撰，黄永年点校：《雍录》，北京：中华书局，2002 年，第 8 页。
③ （清）王文诰辑注：《苏轼诗集（1—8 册）》，北京：中华书局，1982 年，第 2549 页。
④ （清）毕沅撰，张沛校点：《关中胜迹图志》，西安：三秦出版社，2004 年，第 83 页。
⑤ （宋）郑樵：《通志》卷 25《氏族略》，北京：中华书局，1987 年，第 289 页。

　　由上可知，东京河南县和洛阳县的村里地名中，以单一姓氏为名的地名分别为 32 个和 12 个，分别占两县村里数量的 22%、18%多；西京万年县和长安县的村里地名中，以单一姓氏为原则的村里地名分别为 27 个和 12 个，分别占两县村里数量的 20%、17%。总体而言，唐代两京地区的乡村地名以单一姓氏为原则所占比例在 17%—22%，说明唐代乡村聚落形态中以"宗族性"为特征的分布原则较为明显。其中唐两京 590 个乡村地名中，以单一姓氏为原则的地名有 83，约占整个两京地名的 14%。

　　而在东京两县地名中，以单一姓氏为名的地名全部均是"村名"。相对而言，西京长安县 12 个以单一姓氏为名的地名中，有 2 个里名，里名占整个单一姓氏的 17%；万年县 27 个以单一姓氏为名的地名中，有 3 个里名，占 11%。由从"村名"和"里名"所占比例可知，在以姓氏为原则的乡村地名命名过程中，一般"村名"多遵循"姓氏、聚落"原则。

　　（二）联合姓氏原则

　　以"联合姓氏"为原则命名的地名是指有两个、两个以上的家族组成的双姓村落。如诗人白居易对朱陈村如下记载："一村唯两姓，世世为婚姻。"[①]这就表明了"朱陈村"这种类型的村落是以"宗族"，或者是"世代姻亲"组成的乡村。为了进一步说明这种情况，现将唐人墓志中两京地区乡村地名中有这种"联合宗族性"的村落列于下。

东京地区

　　1. 河南县（14）

　　（1）平乐乡—杜翟村、杜郭村。均由"杜氏""翟氏""郭氏"联合而成。杜氏起源于陕西，先秦时期杜姓主要在陕西一带活动，后播迁到河南、山西、湖北、四川等地。[②]而"翟姓"在先秦时期主要活跃于河南、陕西、山西、河北一带，秦汉以后至明清发展很快，向长江以南播迁。[③]"郭姓"起源于河北、山东、陕西一带，先秦时期主要活动于河南、陕西、山西、山东、河北一带，秦汉至三国时期郭姓在长江流域发展，唐朝中期自郭子仪平定安史之乱后，郭氏发展达到鼎盛，后来一直向南发展。当今郭姓人口 1382 万，主要亦分布于北方几省，其中河南省尤其众多，占了 15.6%。[④]

①　白居易：《朱陈村》，《全唐诗》卷 433。
②　钟蔚伦、袁义达：《当代百家姓》，第 218 页。
③　袁义达主编：《中国姓氏·三百大姓——群体遗传和人口分布》，第 129 页。
④　钟蔚伦、袁义达：《当代百家姓》，第 87 页。

（2）平乐乡—王晏村。可能与王姓有关。王姓起源说法不一，有子姓、姬姓、妫姓等来源，先秦、汉晋时，主要在华北地区活动，隋唐后向外传播，当今王姓人口8892万，主要分布于河南、山东、四川、河北四省，其中河南省占全国王姓人口11.5%。[①]

（3）平乐乡—王赵村。由"王姓"与"赵姓"联合。赵姓发源于山西一带，秦汉时向外迁徙，当今赵姓人口2748万人，主要分布在河南、山东、四川一带，其中河南省是赵姓的第一大省，占18.7%。[②]

（4）平乐乡—张阳村。张姓最早活动于"尹城青阳"，大致在今河南濮阳和河北清河一带，后来向山西、四川、陕西、山东等地迁徙。

（5）平乐乡—徐娄村。因徐姓和娄姓联合而名。

（6）平乐乡—王寇村。因王姓和寇姓联合而名。

（7）平乐乡—郭穆村。因郭姓和穆姓联合而名。

（8）平乐乡—朱阳村。"朱姓"源自朱襄氏，远古时代在今河南淮阳一带，还有一种说法说它是狸姓的改姓，这一支"朱姓"在隋唐时成为名门望族，后来向南方传播，明朝朱姓发展迅速。[③]

（9）平乐乡—杜郭里。可能由"杜姓"和"郭姓"而名。

（10）平乐乡—杜翟里。可能由"杜姓"和"翟姓"而名。

（11）伊汭乡—尹樊村。可能由"尹姓"和"樊姓"而名。

（12）伊汭乡—尹段村。可能由"尹姓"和"段姓"而名。

（13）伊洛乡—解贾村。可能由"解姓"和"贾姓"而名。"解姓"发源于山西、河南一带，先秦时期亦主要活动于山西、河南、陕西一带，后渐渐向四周扩散。"贾姓"发源于山西，先秦时部分迁至河南、山东，后迁至陕西、河北，唐宋时江南地区有贾姓。

（14）伊汭乡—尹樊里。可能由"尹姓"和"樊姓"而名。

2. 洛阳县（2）

（1）平阴乡—王赵村。可能由"王姓"和"赵姓"而名。

（2）三川乡—杨魏村。可能由"杨姓"和"魏姓"而名。

西京地区

1. 万年县（14）

（1）龙首乡—袁蔺村。为单一姓氏"袁氏"和"蔺氏"两姓联合组成的

①　钟蔚伦、袁义达：《当代百家姓》，第10页。
②　钟蔚伦、袁义达：《当代百家姓》，第36页。
③　钟蔚伦、袁义达：《当代百家姓》，第69页。

村落。袁氏最初在河南一带发源，后因战争、任职调动等因素，袁氏后裔的一支分别迁至京兆和华阴一带。

（2）洪原乡—曹赵村。由"曹村"和"赵村"组合而成。

（3）洪固乡—胄贵里。据陈玲考，此里得名与"韦氏"和"杜氏"有关。[①]

（4）洪固乡—王岳村。由"王氏"和"岳氏"而名。

（5）洪固乡—李尹（永）村。由"李村"和"尹村"而名。

（6）长乐乡—张寿村。为"张村"和"寿春里"的合称。

（7）长乐乡—王徐村。由"王氏"和"徐氏"居住的村落而名。

（8）义善乡—王李村。由"王村"和"李村"组成。

（9）宁安乡—姜尹村。由"姜姓"和"尹姓"得名。

（10）高平乡—焦村、西焦村。由"焦氏"而名。

（11）崇道乡—夏侯村。由"夏氏"和"侯氏"而名。

（12）崇道乡—李姚村。由"李氏"和"姚氏"而名。

（13）侯宋村。由"侯姓"和"宋姓"而名。

（14）朱赵村。由"朱姓"和"赵姓"而名。

以上（13）（14），为无隶属的村。

2. 长安县（5）

（1）龙首乡——严祁村。由第三章考察中知长安县龙首乡有严祁村，可能由"严氏"和"祁氏"家族聚居地而名，即由单一姓氏家族构成的双姓氏村落。

（2）永寿乡—姜尹村。因姜氏和尹氏家族聚居而名，陈玲考。[②]

（3）承平乡—史刘村、张杜村。陈玲考。

（4）孝悌乡—程刘村。与"程姓"和"刘姓"有关。程姓传说有三大来源，其中周宣王封休父于程邑（今陕西咸阳市东），其后以程为姓；其他两大程姓发源于河南和贵州。先秦时期发源于河南的程姓向西和北迁移，春秋时在山西南部和河南北部发展，秦汉时向山东扩迁，并进入到江苏、安徽、江西等南方一带，后迁至全国。刘姓起源有三，其中之一是祁姓的改姓，周武王灭唐后，封弟叔虞于河南滑县一带称唐叔虞，并迁原来的唐公于杜（今陕西长安市东北），降为伯爵，又称为唐杜氏。汉朝为刘氏的繁盛时期，并主要分布于黄河流域，后不断迁播。[③]

---

① 陈玲：《唐代墓志所见关中乡里词语研究》，西南大学硕士学位论文，2014年，第80页。
② 陈玲：《唐代墓志所见关中乡里词语研究》，西南大学硕士学位论文，2014年，第34页。
③ 钟蔚伦、袁义达：《当代百家姓》，第21页。

（5）积德乡—"胡赵村"。由"胡氏"和"赵氏"而名。

综上所述，唐代东京地区河南县、洛阳县中联合姓氏原则为名的地名为14 个和 2 个，分别占村里数量的近 10%、3%；西京地区万年县和长安县有 14个和 5 个，分别占村里数量的 10%、7%多。在两京共计 590 个地名中，以联合姓氏为原则地名有 35 个，约占整个地名的 6%。

相对于单一姓氏原则的乡村地名而言，联合姓氏原则地名所占比例并不明显，单一姓氏为原则的地名比例大大高于联合姓氏为名的原则。一般而言，这些具有"宗族性"的村落是在自然条件下形成的。在某些年代或受到人口增减、迁移等因素影响使原村落范围扩大、缩小，这便为某种新村落的形成或者组合提供条件，也就是联合姓氏的村落少于单一姓氏的重要原因。

需要特别说明的是，因这些乡村地名受自然因素影响明显，在某些年代，有时亦会用表示大、小、南、北等方位词和形容词来区别原有村落与新村落的不同，如承平乡的大严村、严村、小刘村；布政乡的大郭村、永寿乡的大韦村、洪固乡的韦村、北韦村等均属于这种实例。

当然，对于唐人墓志中数以百计的乡村地名而言，可能我们不能明确得知每一乡村的地名，但是就本章的统计结果来看，笔者所持的观点也不能代表整个唐代乡村地名的普遍现象。但是值得我们注意的是，以姓氏作为乡村地名的命名原则在唐代占有一定比例。

三、以山（岭）为原则

东京地区

（1）郏鄏乡。洛阳北部的邙山，在轩辕黄帝时称郏鄏山，《水经·谷水注》："京相璠曰：郏，山名。"

（2）龙门乡。因"龙门山"而名，前文已考。

（3）委粟乡。因"委粟山"而名。《资治通鉴》卷七十三《魏纪五》："冬，十月，帝用高堂隆之议，营洛阳南委粟山为圜丘，《魏氏春秋》曰：洛阳有委粟山，在阴乡，魏时营为圜丘。孔颖达曰：委粟山在洛阳南二十里。"[1]

（4）金谷乡—北邙里。可能因"北邙"山而名。

（5）伊汭乡—万安里。因"万安山"而名。

---

① 《资治通鉴》卷 73《魏纪五》，第 2320 页。

西京地区

（1）龙首乡。龙首里，因龙首山（原）而名。

（2）山北乡。可能因"终南山"而名。武考此乡位于长安区杜曲镇附近，今杜曲镇在终南山以北一带。《元和郡县志》卷一《关内道一》："终南山，在县南五十里。"①

（3）米仓村。因"米仓山"而名。

从上述看，东京 275 个乡村地名中，仅有 5 个地名按照以山（岭）为原则命名；而西京 315 个地名中，亦只有 3 个乡村地名遵循这种方法。唐两京地区共计 590 个地名中 8 个地名因山（岭）而名，约占整个两京地名的 1.4%。

四、以河流（川）为原则

东京地区

1. 河南县（18）

（1）谷阳乡。因"谷水"而名。

（2）河阴乡。因"黄河"而名。

（3）瀍涧乡。因"涧水"和"瀍河"而名。

（4）伊水乡。因"伊水"而名。

（5）伊洛乡。因"伊水"和"洛水"而名。

（6）洛汭乡。汭为"河流会合处"②，此乡与洛水有关。

（7）伊汭乡。因"伊水"而名。

（8）瀍水乡。与"瀍水"有关。

（9）金谷乡。因"金谷水"而名。

（10）翟泉乡。因"翟泉池"而名。

（11）平乐乡—河东村、河内村。与"瀍河"有关。

（12）平乐乡—瀍左里。与"瀍水"有关。

（13）平乐乡—瀍涧里。因"瀍水"和"涧水"而名。

（14）平乐乡—河东里。与河流有关。

（15）河阴乡—瀍阳里。与"瀍河"有关。

（16）洛邑乡—临瀍里。与"瀍河"有关。

---

① （唐）李吉甫撰，贺次君点校：《元和郡县图志》卷 1，第 3 页。
② 《古代汉语词典》，第 1336 页。

（17）龙门乡—伊汭里。因"伊河"而名。

（18）龙门乡—洛汭里。因"洛水"而名。

2. 洛阳县（7）

（1）洛川乡。因"洛水"而名。

（2）三川乡。可能因三条河而名。

（3）伊川乡。因"伊水"而名。

（4）河阴乡。因"黄河"而名。

（5）感德乡—伊川村。因"伊水"而名。

（6）平阴乡—河阴里。因"黄河"而名。

（7）凤台乡—穀（谷）阳里。因位于"谷水之阳"而名。

西京地区

1. 万年县（14）

（1）龙门乡—南漕村。此村因位于"漕河"之南而名，《长安志·长安县》："漕河，在县南二十五里，自万年县界来，经县界五里入于渭。"①

（2）丰邑乡。以丰水为名，《长安志》："丰水，一作酆又作沣，出县西南五十五里终南山丰谷，其原阔一十五步……《诗》曰：'……文王、武王今得作邑于其旁地……丰邑在丰水之西，镐京在丰水之东。'"②

（3）义阳乡。以"义谷水"而名。古人有"山南水北"为阳的思想，此乡在义谷水北，因此称为"义阳"。

（4）居安乡—清明里。以"清明渠"为名，《长安志》《唐两京城坊考》均有记载。

（5）浐川乡。因"浐水"而名。

（6）龟川乡。因"龟水"而名。

（7）灞水乡。因"灞水"而名。

（8）义川乡。因"义谷水"而名。

（9）黄台乡。因"黄渠"而名。

（10）丰谷乡。因"丰谷水"而名。

（11）渭阴乡。因"渭水"而名。

---

① （宋）宋敏求撰，（清）毕沅校正：《长安志》，民国二十年铅印本，第 292 页。
② （宋）宋敏求撰，（清）毕沅校正：《长安志》，第 286—287 页。

（12）加川乡。武文考此乡因"狗枷川"而名。①

（13）滋川乡。因"滋水"而名。

（14）洪固乡—黄沟里。可能与某条河流有关，而"黄沟"在春秋时为吴国的人工水渠名，因它是继"黄池之会"开凿的，故称黄沟。因此可能此里的得名或是借鉴了春秋时的黄沟，或是因洪固乡附近的河水而名，待进一步考证。

2. 长安县（2）

（1）渭阴乡。因"渭水"而名。

（2）居安乡—杜河村。因某条河而名。

五、以"泉"为原则

（1）万年县—神泉乡、龙泉乡，均因"龙泉"而名。《长安志》载："龙泉亦名温泉，又名姜子泉，在县西一十七里，周数十步，深不可测。"②《关中胜迹图志》《水经注》等均有此泉的记载。

（2）河南县—金谷乡—泉源里。可能因"泉源"而名。

（3）龙门乡—温泉里—安泉里。可能因"泉"而名。

（4）醴泉乡。"醴泉"意为"甘美的泉水"，由此陕西省礼泉县因此为名。

综上所述，在东京 275 个地名中，以"河流（川）为原则"命名的河南县地名占 18 个，洛阳县占 7 个；西京 315 个地名中，万年县占 14 个，长安县占 2 个。两京因"泉"而名的地名有 4 个。总的来看，两京地名中以河流及泉原则为名的地名约占整个两京乡村地名的 7.6%。

六、名物原则

一般而言，地名会受到诸如植物、动物、地理建筑物等周围环境的影响，因此在地名命名时，也会考虑到这些因素。

1. 以"树"命名

长安县—青槐乡。此乡可能因"青槐"而名，陈玲对此有所考察③，同时"槐树"在古人的眼中被视为神树，象征着吉祥、吉兆、官职等丰富的文化寓意④，因此此乡的得名亦有此意。

---

① 武伯纶：《古城集》，西安：三秦出版社，1987 年，第 100 页。
② （宋）宋敏求撰，（清）毕沅校正：《长安志》，第 329 页。
③ 陈玲：《唐代墓志所见关中乡里词语研究》，西南大学硕士学位论文，2014 年，第 48 页。
④ 关传友：《论中国的槐树崇拜文化》，《农业考古》2004 年第 1 期，第 79—84 页。

2. 以"桥"命名

（1）万年县—义阳乡—第五村。

（2）洛阳县石桥村。因东汉洛阳上东门石桥（曹魏以后称为建春门桥），即阳渠石桥而名。① 《水经注》卷十六《谷水》："谷水又东，屈南，迳建春门石桥下，即上东门也。"②

3. 以"井"命名

万年县—龙门乡—石井村，可能因附近的"石井"而名，陈玲考。③

4. 以"亭"命名

万年县崇道乡有枳道里，当源自"枳道亭"。此亭在今西安市东北，此处为秦王子婴投降之地，《史记索隐》卷三："枳"音"只"。《汉宫殿疏》云："枳道亭东去霸城观四里，观东去霸水百步。苏林云在长安东十三里也。《正义》：'轵音纸'。"④《括地志》云："轵故亭在雍州万年县东北十六里苑中……《通鉴》卷九《汉高祖纪》："降轵道旁"，注引"轵故亭"作"轵道"。'"⑤

5. 与"台""观"有关

（1）西京—万年县——浐川乡—观台里。与"观""台"等建筑物有关。

（2）西京—长安县—灵台乡。可能因汉或是后周"灵台"而名。

（3）西京—长安县—兴台村。龙首乡的兴台里。据陈玲考，兴台里与隋代"柏梁台"有关。

（4）西京—丰邑乡—龙台里。可能因"龙台观"而名，《三辅黄图》卷五载："龙台观，在丰水西北近渭"，何清谷引《玉海》卷一百六十二《宫室台》引《括地志》云："龙台，一名龙台观，在雍州鄠县东北三十五里。"⑥《长安志》卷五和卷十五亦如上记载。从上述记载均可知，龙台观与"丰水"亦有关。

（5）河南县—洛城乡—灵台里。"灵台"是因汉魏故城的"灵台"遗址而名，据考古实测发现灵台位于河南县偃师市佃庄乡，古代都城中主要是作为"三雍"之一的重要礼制建筑物，亦是古代祭祀、观察天象和祥瑞等的场所。⑦

---

① 邵文杰总纂：《河南省志·公路交通志》，郑州：河南人民出版社，1997年，第100页。

② （后魏）郦道元注，（清末）杨守敬、熊会贞疏：《水经注疏》，第1400页。

③ 陈玲：《唐代墓志所见关中乡里词语研究》，西南大学硕士学位论文，2014年，第48页。

④ 《史记》卷8《高祖本纪》，第363页。

⑤ （唐）李泰等著，贺次君辑校：《括地志辑校》，第24页。

⑥ 何清谷校注：《三辅黄图校注》，第391页。

⑦ 中国社会科学院考古研究所编著：《汉魏洛阳故城南郊礼制建筑遗址》，北京：文物出版社，2010年，第5页。

6. 以"城门"命名

（1）东京—河南县—千金乡—玄门里。"玄门"可能与"玄武门"有关。

（2）东京—洛阳县—上东乡—上东门。因"上东门"而名。

（3）东京—河南县—平阴乡—月城里。"月城"是城外用来屏蔽城门的半月形小城。

（4）西京—万年县—洪原乡—延信里。因"延兴门"而名。"信"与"兴"音近，故此里之名可能与长安城东南方位的"延兴门"有关，而此类城门均有表达美愿之意。

（5）西京—万年县—长乐乡—春明里。因"春明门"而名。

（6）西京—长安县—龙首乡—青门里。因"青城门"而名。

（7）西京—长安县—龙泉乡—金光里。可能因"金光门"而名。

7. 以"特殊建筑物"命名

这里所谓的"特殊建筑物"或是指为防御国家安全，为维护封建王朝的统一安定专门修筑的具有某种政治功用的建筑物。

河南县—金谷乡—石城里。文献记载许多州均置有"石城县"，但不在河南府境内，故以"旧县"为名的可能性较少。《元和郡县图志》卷二十八《江南道四》："池州……本汉鄣郡之域，吴于此置石城县。"① 又同书卷三十《江南道六》："黔江县……隋开皇五年置石城县，属庸州，大业二年废。"② 从石城县的命名原则看，"石城"可能是为防御外来入侵、保护城内安定而专门修筑的具有"四固要塞"的县。《元和郡县图志》亦有对此的专文叙述。又《元和郡县图志》卷二十五《江南道一》载："石头城……诸葛亮云'钟山龙盘，石城虎踞'，言其形之险固也。"③ 同书卷三十《江南道六》载："锦州……洛浦县……先天二年分大乡县置，以县西洛浦山为名。县东西各有石城一，甚险固，犭獠反乱，居人皆保其土。"④ 故"金谷乡"的石城里可能是由河南县附近的"石城"而名。

8. 以"动物"命名

万年县—金龟乡。可能因"金龟"动物而名。

从上述名物原则命名来看，主要涉及城门为名的地名较多，占7个，其

---

① （唐）李吉甫撰，贺次君点校：《元和郡县图志》卷28，第688页。
② （唐）李吉甫撰，贺次君点校：《元和郡县图志》卷30，第737页。
③ （唐）李吉甫撰，贺次君点校：《元和郡县图志》卷25，第596页。
④ （唐）李吉甫撰，贺次君点校：《元和郡县图志》卷30，第749—750页。

次是以台、观为原则的地名有 5 个，其他诸如植物、动物等原则命名的相对较少。总之以"名物原则"为标准的两京地名有 19 个，占两京地名总数的 3%强。

七、以"前代旧宫城（县、邑）"为依据的地名

1. 以故城命名

（1）河南县—龙门乡—王城里。"王城"是指周成王时修筑的西周都城，城址在今河南省洛阳市洛河以北、小屯村和霍家屯村王城公园一带。①

（2）洛阳县—金墉乡。因沿袭汉魏故城西北角的"金墉城"而名。

（3）洛阳县—都会乡。可能因东都"洛阳城"而名。

（4）河南县—郏鄏乡。与周成王定鼎于郏鄏有关，即因周王城而名，赵振华已考。

（5）河南县—王城乡。"王城"实际上指周成王时修筑的西周都城。

（6）河南县—都会乡。与"都城"有关，即洛阳城。《隋书》卷三十一载："东通吴、会，南接江、湖，西连都邑，亦一都会也。"②可知"都会"亦谓"都邑"的别称，故都会乡可能与"洛阳城"有关。

2. 以前代"宫殿"命名

（1）长安县—龙首乡—未央里。因汉代"未央宫"而名。

（2）万年县—长乐乡—长乐里。因隋代"长乐宫"而名。

（3）万年县—长乐乡—古城村。因隋"长乐宫"而名，因此宫在唐初被废，故称"古（故）城"。

3. 以前代旧县（郡、邑）命名

（1）河南县—朱阳乡—朱阳村。因后魏时期"朱阳郡"、隋代"朱阳县"而名。《元和郡县志》卷六《河南道二》载："朱阳县，上。东北至州七十里。本汉卢氏县，属弘农郡。后魏太和十四年……立朱阳郡并朱阳县……大统三年，分为朱阳郡……宣帝大象元年，割卢氏西界以益朱阳县。"③《新唐书》卷三十八载："朱阳，上。龙朔元年隶商州，万岁通天二年隶洛州，后来属。有铁。"④

（2）万年县—霸城乡。武文认为因"霸城县"而名，贺梓城认为以"霸

---

① 洛阳市地方史志编纂委员会编：《洛阳六十年》，第 17 页。
② 《隋书》卷 31《地理志》，第 887 页。
③ （唐）李吉甫撰，贺次君点校：《元和郡县图志》卷 6，第 164 页。
④ 《新唐书》卷 38《地理志》，第 986 页。

城门"而名，笔者通过查阅相关资料，得出此乡因"霸陵"而名似乎更合理。芷阳为秦襄王所葬地，后汉文帝葬于此地又改为霸陵，三国晋时改为霸城，在今西安市灞桥区灞桥乡毛窑院一带。灞桥县为汉代县名。《长安志》条《万年县》载："霸陵故城在县北二十五里，霸水之东。"①

（3）万年县—洪固乡—顿丘里。陈玲考此里可能因"顿丘县"而名。②

（4）万年县—永寿乡。可能与"永寿县"有关，而此县又因"永寿原"而名。《元和郡县图志》卷三载："永寿县，武德二年分新平县南界，于今理北三十里永寿原西置永寿县，因原而名。"③

（5）万年县—洪原乡—邑阳里。可能因北周的"邑阳郡"而名，《北周地理志》卷七《河南》载："邑阳郡；西魏置。邑阳，今陕西洛南县东北。"④

（6）长安县—长安乡。此乡名可能因"长安县"而名。

（7）长安县—长陵乡。古县名，西汉五陵县之一，汉高祖十二年（公元前195年）筑陵置县，高帝死后葬于此，魏时废除。⑤

（8）长安县—高平乡。可能与三国高平县有关。高平县为三国吴宝鼎元年（266年），分益阳县置，后并入邵阳县。而《旧唐书·地理志》卷三十八载："长寿元年，分义章南界置高平县。开元二十三年，废高平，仍移义章治高平废县。"可知有唐一代亦有高平县。

（9）河南县—平乐乡—华邑里。因古代就邑而名，华邑又作华阳邑，春秋时称为郑邑，战国时期属魏，今在河南省新郑县北部一带，《战国策·魏策三》载："秦败魏于华。"⑥

4. 以前代园林命名

（1）万年县—芙蓉乡。因隋代修筑的"芙蓉园"而名，此园是长安著名园林，为隋代离宫。

（2）万年县—御宿乡。因御宿川（苑）而名。

5. 以前代旧池命名

（1）万年县—宁安乡—曲江里。"曲江"应与曲江池有关。其始建于隋宇

① （宋）宋敏求撰，（清）毕沅校正：《长安志》，民国二十年铅印本，第268页。
② 陈玲：《唐代墓志所见关中乡里词语研究》，西南大学硕士学位论文，2014年，第81页。
③ （唐）李吉甫撰，贺次君点校：《元和郡县图志》卷3，第63页。
④ 王仲荦：《北周地理志》卷7《河南上》，第612页。
⑤ 辞海编辑委员会编：《辞海·地理分册·历史地理》，第42页。
⑥ 《中国历史地名辞典》，南昌：江西教育出版社，1986年，第315页。

文恺，当时仅为湖泊，隋文帝名为"芙蓉池"，称苑为"芙蓉园"，唐玄宗时改为"曲江池"，并开始大兴建设。

（2）长安县—昆明乡。因"昆明池"而名。

由上可知，唐代两京地名中以"前代旧宫城（县、邑）"为依据命名的地名有 22 个，占两京地名总数的约 3.7%。

八、以"商业场所"为根源的地名

以"商业场所"为原则指的是地名的命名受经济活动影响较为明显。

（1）东京—洛阳县—惟新乡—旗亭里。因"市场"而名。"旗亭"专指古代集市上的市楼，是观察、指挥集市的场所，因在市场上立有旗故称。

（2）—（3）东京—平乐乡—尚店村，清风乡—曜店里。均以"店"而名，前文已考。

以"商业场所"为原则的地名共 3 个，约占两京地名总数的 0.5%。

九、以"特殊地理环境"为依据的地名

通常依特殊的地理环境和地势而命名。

（1）西京—万年县—高平乡—高望里。因高望堆而名，《长安志》卷 11《万年县》："高望堆，《长安图》在延兴门南八里。"①

（2）东京—洛阳县—平陆乡、平阴乡—平原里，可能均因地势平坦而名。

以"特殊地理环境"为原则的地名有 2 个，占两京地名总数的 0.3%。

十、以"陵墓"为依据的地名

因其地有帝王、名人陵墓，便因此而名。

（1）万年县—浐川乡—韩傅村。据陈玲考该村因有韩信和汉傅太后而名②，两墓均位于今西安市灞桥区双寨村。

（2）万年县—浐川乡—上傅村。其名亦与"汉傅太后"墓相关。

（3）万年县—崇道乡—夏侯村。此村因夏侯婴墓志而名，此墓在咸宁县，东临灞水。

（4）万年县—薄陵乡、东陵乡。均因前代陵墓而名，武文已考。

---

① （宋）宋敏求撰，（清）毕沅校正：《长安志》，第 268 页。
② 陈玲：《唐代墓志所见关中乡里词语研究》，西南大学硕士学位论文，2014 年，第 106 页。

（5）翟泉乡。因以周景王、周烈王葬地而名，《水经注》卷十五《洛水》载："……子朝作难，西周政弱人荒，悼、敬二王与景王俱葬于此，故世以三王名陵。《帝王世纪》曰：景王葬于翟泉，今洛阳太仓中大冢是也。"[①]

（6）河南县—梓泽乡—宣武里。可能因"宣武陵"而名。

以"陵墓"为原则的地名有 6 个，占两京地名总数的 1.02%。

十一、以"人物"为依据的地名

以"人物"为名，是指某地曾有前代著名人物或是地位显赫的人居住于此；或是指某个历史人物因特殊的历史功绩、地位而为后人尊奉或敬仰、纪念，而命名的地名。

（1）万年县—万春乡—杜永村。因秦广武将军杜永居于此而名。

（2）万年县—苑西乡—崇徽里。唐有"崇徽公主"，为唐朝和亲公主。可能此里名与此有关。

（3）万年县—洪固乡—司马村。可能因西汉时期大司马霍光聚居此处而名。

（4）万年县—细柳乡。细柳乡之名与周亚夫屯兵的细柳营有关，对此尚民杰亦有考。

（5）河南县—金谷乡。前文已考，此乡当为晋时石崇的别墅。

（6）河南县—梓泽乡。同"金谷乡"。

（7）河南县—伯乐乡。与"伯乐"有关，今孟津县朝阳镇亦有伯乐洼、伯乐井、伯乐谷等，均与此有关。

（8）河南县—平乐乡—伯乐村。因"伯乐相马于朝阳"而名。

（9）河南县—平乐乡—老神里。因老子李耳及唐代的"老君庙"而名。

（10）河南县—龙门乡—午桥村。

（11）河南县—千金乡—老子里。因纪念"老子"而修的"太清宫"和"老君台"而名，前文已考。

（12）洛阳县—清风乡—梁惠村。"梁惠王"又称"魏惠王"，公元前 364 年将都城迁到大梁（今河南开封），可能因怀念此王而名。

（13）洛阳县—清风乡—王郎村。可能因河北邯郸人王朗而名。

（14）洛阳县—清风乡—张方里。可能因西晋张方出兵洛阳的历史事件

---

① （后魏）郦道元注，（清末）杨守敬、熊会贞疏：《水经注疏》，第 1308 页。

而名。

以"人物"而名的地名有 14 个，约占两京地名总数的 2.4%。

十二、以"基层政区"为依据的地名

主要是指村、里的命名直接以基层政区的乡为名，以示此村、里重要的政治功用和地位，一般而言遵循这种原则命名的村里均作为该乡的基层行政中心而存在。

（1）河南县—平乐乡—平乐里

（2）河南县—千金乡—千金里

（3）河南县—金谷乡—金谷里

（4）河南县—谷阳乡—谷阳里

（5）河南县—伊汭乡—伊汭里

（6）河南县—洛汭乡—洛汭里

（7）洛阳县—洛阳乡

（8）洛阳县—平阴乡—平阴里

（9）洛阳县—上东乡—上东里（推测）

（10）洛阳县—万年县—长安乡

（11）洛阳县—崇道乡—崇道村

（12）洛阳县—梓泽乡—梓泽里

（13）洛阳县—龙门乡—龙门里

以"基层政区"为原则的地名有 13 个，约占两京地名总数的 2.2%。

十三、以"数字"为原则的地名

主要是指该乡村地名以数字加以区分。

（1）河南县—二乐乡。

（2）洛阳县—三川乡。

（3）洛阳县—金墉乡—双洛村。

（4）万年县—义阳乡—第五村。

（5）万年县—孝悌乡—九子村。

以"数字"为原则的地名有 5 个，占两京地名总数的 0.8%。

十四、以"年号"为依据的地名

主要是指某乡村地名按照旧年号为名的情况。

（1）万年县—义丰乡—更始里。"更始"为后汉君主刘玄的年号（23—25年）。因西汉末年王莽篡汉，后汉室刘玄加入绿林军称"更始将军"，举起反莽旗帜，地皇四年（23年）刘玄被拥立为皇帝，改年号为"更始"。刘玄的一支大军后来攻克洛阳，将都城由宛城迁到洛阳，后移至长安。

（2）长安县——大统乡。"大统"，西魏文帝年号，大统年间（535—551年），此乡可能因此得名。

以"年号"为原则的地名有 2 个，占两京地名总数的 0.3%。

十五、以"村里混合"为原则的地名

关于此原则，值得特别提出，因众多前人观点认为唐代村即里、里即村，但就本章综合考察和统计的结果来看，二者在某种程度上可以被认为一样，但就本章乡村地名的命名方法而言，二者具有极大的相异性，需特别说明。因此，在有的年代，或因撰志者的主观因素，或因受政治、经济等因素的影响使这些村、里名称混合相称，均可以理解。

（1）河南县—金谷乡—张村里与张村。

（2）洛阳县—清风乡—高村里与高村。

（3）万年县—浐川乡—郑村里与郑村。

（4）万年县—崇道乡—蛇村里与蛇村。

上述 4 种情况均是在"村"名后面直接加"里"字作为里名，大部分学者认为此村即此里，但就本章计量统计来看，有必要对两者进行分别论之，以示区别。

以"村里混合"为名的地名有 4 个，占两京地名总数的 0.7%。

十六、以"佛教"为依据的地名

唐代乡村地名中，往往与佛教思想、习俗有关，意在传播佛教思想文化。

（1）马头空。马头空之名应与唐代佛教的墓志词汇有关。《法苑珠林》卷二十八载："唐雍州义善寺释法顺，俗姓杜氏，雍州万年县人。禀性柔和……志存俭约，野居成性。京室东阜，地号马头，空岸重邃。"[1] 佛教有时将尸体

---

[1] （唐）释道世著，周叔迦、苏晋仁校注：《法苑珠林校注》，第 2 册，第 878 页。

葬于土中，类似的在唐人墓志还有很多，不赘述。①

（2）万年县—宁安乡—杜光村。因"杜光寺"而名。杜光寺在贞观十九年（645年）始建，位于杜光村（今长延堡街道南窑村），清同治元年（1862年）被战火焚烧。②《类编长安志》卷五载："在城南杜光村。俗呼为杜光寺，本唐义善寺，贞观十九年建，盖杜顺禅师所生之地……至今呼樊川为华严川。"③

以"佛教"为依据的地名有2个，约占两京地名总数的0.3%。

十七、其他命名原则

其他命名原则指的是除了上述十六个较为普遍的基本命名原则外，还有其他尚不能明确所属原则的地名，现归纳如下。

（1）长安县—醴泉乡—承嗣里。"承嗣"有长子和丞司之意，均表示人物，亦有传宗接代之意。

（2）除了上文所列的地名外，唐两京地名中仍有不少尚不明确具体命名原则的地名，有待学界进一步考察与探索。如东京河南县允望乡、平澄乡、来远乡、交风乡、贯古里、下费里、重光里、思城里、均霜里；洛阳县的余庆乡、颖原乡、子译乡、子来乡、子泽乡。西京鹑首乡、泥川乡、比安乡、智原乡、梁升乡、洞口乡等近30个地名，约占唐两京地名总数的5%左右。

需要特别说明的是两京地名的命名存在一些较为特殊的原则和现象，由于某些乡村地名的命名不仅仅只是遵循某一种命名原则和方法，即是两种命名原则的结合，考虑到上述地名的主要特点，因此有必要对某些乡村命名的特殊现象予以分析与解答。

第一种，以"位置""山川""河流""姓氏"等自然因素结合为原则的地名。古人在地名命名时，一般有"山南水北则为阳"的说法，以此来表示地理位置的方向。

洛阳县—感德乡—周南里。因位于"成周以南"而名。周南（泛指今洛

---

① 《比邱尼塔铭》载："……令门人等造空施身。"见周绍良主编：《汇编》上，开元367，第1410页；《大德比丘尼惠源和上神空铭》载："身没之后，于少陵原为空，迁吾神也。"见周绍良主编：《汇编》上，开元459，第1473页。

② 王军主编，西安市雁塔区地方志编纂委员会编：《雁塔区志》，西安：三秦出版社，2003年，第729页。

③ （元）骆天骧撰，黄永年点校：《类编长安志》，西安：三秦出版社，2006年，第134页。

阳以南至湖北一带）是成周以南地区，因周公的田邑存在于此，故称周南。

另外，由于以此为原则的地名亦受山川、河流等自然因素影响大，如西京万年县居安乡的杜河村等。上文中提到的某些以山川、河流、姓氏为原则的加方位词的地名，此处不再赘述。

第二种，以"嘉名""旧县等"人文因素联合为名。一般而言，地名的命名原则可以受人文因素影响，但亦可能受另一种因素影响，如嘉名和旧县、城门等的联合命名。

（1）西京—万年县—长乐乡。可能因汉代"长乐宫"而名，可能因"长安县"而名，而武伯纶和史念海先生认为此乡亦与"长乐坡"有关，上文亦考，不赘述。仅在此列出，便于参阅。

（2）西京—万年县—霸城乡。武文认为因"霸城县"而名，贺梓城认为以"霸城门"而名，本书认为因"霸陵"而名，似乎更合理。

（3）西京—万年县—崇道乡。可能因"崇道门"而名，亦可能属于"嘉名"，表示"推崇道义"，上文已有所述。

因受资料、统计等多种因素的影响，上述所列不尽完善和全面，但需说明的是上面论及的"特殊原则和现象"地名在全文的论述中已有所阐释，本章统计中所采用的方法也是当前大部分学者所持观点。

需要注意的是，本章所统计的唐两京 590 个地名中，有一定的重合，因受社会经济、政治等因素影响，在两乡、两县的交界处往往出现同一村、同一里为不同的县、乡所辖，由于目前尚未有明确的资料证明这些乡村地名所属，因此本书将他们分别论之。

综上所述，唐两京地名命名原则中主要以"嘉名"和"姓氏"原则为主，占了整个两京地名总数的一半左右，说明上述两个方法是唐乡村地名命名时遵循的主要原则。嘉名主要是"里名"居多，以"姓氏"为名的主要是村名，亦说明里名受政治、人文因素影响较大，而唐代村名往往是因自然形成的聚落而名，是一种自然形态。

第九章 从出土墓志看唐代经济地理的若干现象与特征

　　20 世纪以来大量唐人墓志的出土与刊布，很大程度上推动了我国隋唐五代史包括中古历史地理研究的发展。唐人墓志系唐代"原生态"的地下石刻文献，具有历史、考古、书法、艺术、地理等多重史料价值。就历史地理学的史料价值而言，唐人墓志对于唐代生态环境、政区变迁、交通地理、乡村聚落、地名及人口迁移、区域文化、地域观念等都有重要的补史、证史意义，笔者几年前已经在《新出土唐人墓志与唐代历史地理研究的新拓展》①一文中做了宏观阐述，但限于当时对资料掌握及认识的限制，对唐人墓志的历史地理价值未能论及。近年来笔者在带领课题组进行唐人墓志的历史地理资料整理与研究过程中，发现唐人墓志实际上也包含着不少虽然零散破碎却弥足珍贵的社会经济史料与信息，如果将多个相关墓志所涉整合起来考察，这些零碎的墓志资料大体能够反映出唐代区域经济地理的若干现象与盛衰变迁，也即唐人墓志提供了若干前人未能寓目的新资料，对于研究唐代经济地理有重要的参考价值。

　　历史经济地理以研究历史时期社会经济诸要素，如人口、农业、手工业、商业及渔、牧、林业等的空间分布及变迁为主，其与经济史学科既有十分密切的交叉关系，又各自有不同侧重，主要体现在不同地理环境制约下其空间差异性与经济特征的区域性两个方面。唐代经济地理的资料十分庞杂而零散，但主要见于史籍文献资料。除了两唐书之《食货志》外，其余还有如《通典·食货志》《唐六典》《唐会要》《元和郡县图志》《册府元龟·邦计部》《全唐文》《全唐诗》及其他唐人别集等。以历史文献为史料依据撰著的唐代经济

---

① 马强：《新出土唐人墓志与唐代历史地理研究的新拓展》，《中国历史地理论丛》2013 年第 4 辑。

史著作已有多部，论文更是纷陈散见于各期刊之中。① 但就唐代经济史及经济地理研究的史料来源而言，学者依据的主要史料系统仍然以传统文献史料为主，这当然是基于多年来现存唐史文献的客观情况而形成的，因为传世唐史文献毕竟是系统、主体性的唐史研究文献。但是，随着近百年来唐人墓志的挖掘、发现与刊布愈来愈多，墓志资料作为新出地下唐史文献的意义与作用也愈来愈彰显，已经构成如饶中颐先生所言继甲骨文、敦煌经卷、简帛以后的第四类主要文献，在南北朝及隋唐史的研究中已日益引起学者的关注并不断加以使用，成为近年来中古社会史研究中引人瞩目的新气象。

唐人墓志虽非完整意义中的经济史资料，但由于唐人仕宦空间跨越性大，调任频繁，在其墓志中言及仕历及其政绩时往往会述及志主生前多个任职地的地方社会信息，经济地理信息就是其中之一，这些有关志主任职地经济问题见闻记述就会成为十分宝贵的唐人区域经济地理史料，从更加细微的私家角度和地方史角度提供了一批虽然十分零散却弥足珍贵的新资料，值得重视和利用。同时，唐人墓志中所涉经济地理史实，不仅是唐代"当时人"对唐代某些区域经济地理环境所见、所闻、所经的真实记录，而且一定意义上说，也从个人记述角度反映了唐代社会经济的变迁，特别对从微观角度研究唐代区域社会经济及经济地理有重要的参证意义。

第一节　唐人墓志所涉唐代经济现象举隅

在迄今已经发现并公布的万方唐人墓志中，涉及经济问题的资料只是在记载仕宦经历或者政绩、功德时穿插记述，但因大多系志主生前亲身经历，或所见所闻，类似纪实性情景记录，因而可信度较高，史料价值不容忽视。从目前已经掌握的唐人墓志来看，虽然其中的经济史资料十分零散破碎，且为数稀少，但唐代经济史上诸多重大事件和重要人物及经济地理现象在墓志

---

① 近三十年来有关唐代经济史研究的主要著作有史念海：《唐代历史地理研究》（中国社会科学出版社，1998 年）、翁俊雄：《唐代区域经济研究》（首都师范大学出版社，2001 年）、牟发松：《唐代长江中游的经济与社会》（武汉大学出版社，1989 年）、张剑光：《唐五代江南工商业布局研究》（江苏古籍出版社，2003 年），张泽咸：《唐五代赋役史草》（中国社会科学出版社，1986 年）、《唐代工商业》（中国社会科学出版社，1995 年）、《隋唐时期农业》（文津出版社，1999 年）、李锦绣：《唐代财政史稿》（上、下卷，北京大学出版社，1995 年、2001 年）、李敬洵：《唐代四川经济》（四川社会科学院出版社，1988 年）、魏明孔：《隋唐手工业研究》（甘肃人民出版社，1999 年）及《中国经济通史·隋唐五代经济卷》（合著）（经济日报出版社，2000 年）、卢华语：《唐代西南经济研究》（科学出版社，2010 年）等多部。

中不时有所涉及、披露，如刘晏、第五琦与漕政改革，杨炎与两税法，杨士
琼与陇东屯田，泸州的盐井开采，以及运河重要城镇、江南地区的户口逃亡、
秦巴山区经济贫瘠与生民艰辛等在唐人墓志中都有所反映。这些以当时人经
历或记述的经济史事件与社会经济现象不仅对传世唐史文献多有补充、印证
作用，而且也从基层和私人视角，折射了唐代近三百年间社会经济发展的盛
衰演变。将唐人墓志中的经济资料剥离出来加以利用，无疑也是深化唐代经
济史及地理研究的一个重要手段。笔者在整理唐人墓志并从墓志资料进行唐
代历史地理研究中，深感这批唐人墓志资料目前尚未得到系统整理，在唐代
经济史地研究中利用率尚低，这里不揣浅陋，加以梳理与讨论，以期抛砖引
玉，对唐代经济地理的研究有所裨益。

　　唐人墓志的志主虽然大多只是名不见经传的普通官员，其墓志所及的地
域及经历见闻有限，但不少却是"小人物，大墓志"，即这些普通人物的墓志
往往涉及当时政坛上的重要人物，特别是涉及一些重要经济事件和经济现象，
这使得其中一些墓志的规格与意义超过一般墓志而显得特别重要。如《卢士
琼墓志》就涉及两税法推行以后出现的弊端：

> 少游故丞相杨炎、张延赏之门，杨美其文辞，张每叹其吏材过人。
> 尝职同州，当征官税钱，时民竞出粟易钱以归官，斗至十八九。君白刺
> 史言状，请倍估纳粟，下以泽民，上可以与官取利。刺史诘状，君辨其
> 所以必然，刺史行之，民用得饶。未一日，果被有司牒，和收官粟，斗
> 级六十。后刺史到，欲尽入其美于官。君既去职，犹止之曰：圣泽本以
> 利民，民户知之，不可以独享。刺史乃悬榜晓民，使请余价，因以绢布
> 高给之。民亦欢受。州获美钱六百万。[①]

　　墓志载卢士琼[②]年轻时曾入杨炎、张延赏幕府，任职同州（今陕西渭南）
时目睹同州农民无钱交纳二税，只好加倍给官府"出粟易钱"，于是进言同州
刺史"倍估纳粟"，即提请收购粮钱以减轻农民负担："少游故丞相杨炎、张
延赏之门……尝职同州，当征官税钱，时民竞出粟易钱以归官，斗至十八九。
君白刺史言状，请倍估纳粟，下以泽民，上可以与官取利。刺史诘状，君辩

---

　　① 周绍良主编：《汇编》下，大和 006，第 2098 页。此墓志作者为唐代文学家李翱，见李翱：
《李文公集》卷 15，题为《故河南府司录参军卢府军墓志铭》。
　　② 卢士琼，两唐书无载，唯《太平广记》卷 341《郑驯》条言其贞元中为华阴县主簿，此条故
事多言鬼怪神异，但与《卢士琼墓志》所言"明经及第，历宁陵、华阴二县主簿"有一定暗合。

其所以必然，刺史行之，民用得饶。"①《卢士琼墓志》所载实际上涉及唐代后期经济领域"钱重物轻"、农民负担加重的史实。其中所言"时民竞出粟易钱以归官，斗至十八九"，是志主在同州亲眼所见，由于两税必须以钱币交纳，农民被迫以粮粟换取钱币，价格高达"斗至十八九"，官府从中盘剥利润之大可想而知。墓志后半段还进一步记述了关中官府在赋税方面与民争利渐趋激烈的情况，十分具体，对于揭示晚唐时期京畿地区日趋严重的官府与民间的经济利益矛盾有重要实证意义。

《张元洲墓志》则提及户部侍郎张平叔掌邦计及其"榷盐法"改革事。墓志云："长庆初，户部侍郎张公平叔掌邦计，素闻公名器雅重，勋绩殊尤。始命饶州余干主簿。俾绾要权，繇是经费有常，勾督无滞。颇达变通之略，深明利害之源。"② 该墓志提及的户侍郎张平叔是唐代财政史上一个有争议的人物，按张平叔任职户部侍郎在唐穆宗长庆二年（822 年），因提出盐政改革引起轩然大波。唐代盐、铁、茶均系国家财政收入的大宗，肃、代之际第五琦创建"榷盐法"，即由国家垄断盐销市场，实行专卖。不久刘晏上奏改革专卖制，食盐运销即以商运商销为主。这一专卖政策经过六十多年的施行，已经弊端日深。长庆二年户部侍郎张平叔提出"官自粜盐"的奏议，"以榷盐旧法为弊年深，欲官自粜盐，可富国强兵，劝农积货，疏利害十八条。诏下其奏，令公卿议"③。即"将场监院等专卖机构的榷商，改为由州县官主持，面向百姓的直接官销"④。但对他的主张，廷议反对者众，韩愈上奏《论变盐法事宜状》⑤，韦处厚上奏《驳张平叔粜盐法议》⑥，均力加驳议，"官自粜盐"遂未能推行。"户部侍郎张平叔掌邦计"事，唐代史籍多有记载，"榷盐法"，据《新唐书》卷 54《食货志》载："户部侍郎张平叔议榷盐法弊，请粜盐可以富国，诏公卿议其可否。中书舍人韦处厚、兵部侍郎韩愈条诘之，以为不可，平叔屈服。"《张元洲墓志》志主长庆初得到张平叔荐举当在此时。这条墓志资料可与《新唐书》卷五四《食货志》等互为印证。

---

① 周绍良主编：《汇编》下，大和 006，第 2098 页。
② 周绍良、赵超：《汇编续集》，咸通 095，第 1108 页。
③ 《旧唐书》卷 159《韦处厚传》，第 4183 页。
④ 吴丽娱：《从张平叔的官销之议试论唐五代盐专卖方式的变迁》，《中国史研究》1996 年第 1 期。
⑤ 韩愈撰，廖莹中集注：《东雅堂昌黎集注》卷 40《表状》，上海：上海古籍出版社，1993 年，第 391 页。
⑥ （宋）王溥：《唐会要》卷 59《度支使》，第 1194 页。

盐铁转运在唐代中后期具有重要战略意义。[①]《杨仲雅墓志》之志主生前于元和年间曾任盐铁转运等使、河阴留后，与宗族杨巨源及刘复、唐逊等名臣雅士皆有过从。墓志没有记载其转运使职任上有何具体政绩，但从墓志题额所署官职及其墓志中曾经提及"故仆射张公，节制徐方，请为从事，前运司王公又署今职"[②]等叙述来看，"故仆射张公节制徐方"应指曾长期担任徐州刺史的中唐重臣张建封。张建封在建中四年（783 年）李希烈叛变时为寿州刺史，坚定效忠于唐王室，曾严词拒绝李希烈的劝降，深为朝廷信任倚重，贞元四年（788 年），"以建封为徐州刺史，兼御史大夫、徐泗濠节度、支度营田观察使"[③]，贞元七年（791 年）进为御史大夫、检校礼部尚书，直至检校左仆射，但一直驻节徐州。这期间志主杨仲雅受到张建封赏识，委以重任，奏授转运使之职，加之徐州是江淮漕运枢纽、军事要地，置有江淮转运司，如此则杨仲雅担任的应该是江淮转运使这一重要职务，任职时间当在张建封连续出任徐州刺史的贞元四年至贞元十六年（788—800 年）间[④]，此时杨氏正逢年富力强，办事精练，深受张建封器重。加之上下人际关系不错，"朝之三司，洎百执事，皆君之同时乡选，人竞欲推之挽之，俟以高位"，说明杨仲雅在江淮转运使任还是颇有作为的。而杨仲雅任职江淮转运使事《旧唐书·食货志》等失载，此条墓志资料应可补唐史典籍之阙漏。

此外，安史之乱爆发及平叛战争中，由于军事度支费用巨大，国库空虚，唐王朝随之也做了一系列经济政策的调整，特别是对国家有重大战略意义的盐铁更为看重，乾元二年的《崔琼墓志》对此就有涉及，志载："乾元初，帑钱藏未殷，沃饶在盐，监察防御史李公首荐君于相国第五公，省盐池事，角外斛视盆牢，鼎味斯和，武刑斯鴈，国储军实，时议多之。"[⑤]墓志所说的"相国第五公"当指中唐名臣第五琦。第五琦于唐肃宗乾元元年（758 年）授度支郎中，因创榷盐法，迁户部侍郎，专判度支，领诸道转运盐铁等使，也是唐朝著名理财家。墓志所言"乾元初，帑钱藏未殷，沃饶在盐"，是指在平定安史叛乱这场浩大的战争中，国家物质储备已经严重空虚，财政亏虚，唯一增加财政收入的希望寄托在榷盐方面。崔琼被推荐给第五琦，"省盐池事"，应

①　何汝泉：《唐代转运使初探》，西安：陕西师范大学出版社，1987 年；何汝泉：《唐财政三司使研究》，北京：中华书局，2013 年。
②　吴钢主编：《全唐文补遗》第 1 辑，第 270 页。
③　《旧唐书》卷 140《张建封传》，第 3830 页。
④　关于张建封贞元四年至贞元十六年（788—800 年）任职徐州刺史史事的考证，详参郁贤浩：《唐刺史考全编·河南道·徐州（彭城郡）》，合肥：安徽大学出版社，2000 年，第 925 页。
⑤　周绍良主编：《汇编》下，乾元 010，第 1741 页。

该是负责管理盐产事务，很可能是负责河东解州池盐业生产与流通。安史之乱后，唐廷与河北藩镇战争旷日持久，军费开支巨大，对盐铁经营更为倚重，河东解州作为全国重要的产盐地，中央专门设立了盐业管理机构盐院，后更名为两池榷盐使[①]，另设河东租庸调使，共同负责对河东盐产的管理。《崔琼墓志》中的"省盐池事"应该就是参与管理河东解盐事务，只是不明确担任何职，但从"国储军实，时议多之"记载看，崔琼在河东解盐管理中很有政绩，受到时人好评。《崔琼墓志》是乾元年间第五琦盐改革及其设置河东盐院的重要见证，虽然它记载简略，但仍然透露出了中唐时期财政经济信息。

第二节　墓志所见唐代南方区域经济状况

关于唐代南方[②]社会经济发展问题，近年来学术界研究较多，一般认为无论是农业还是手工业及商业，都较魏晋南北朝时期有了长足的发展[③]，但过去讨论所依据的材料绝大部分限于唐史传统文献。实际上唐人墓志中有不少唐代经济史及经济地理资料，因较零散与破碎，过去鲜有学者关注。唐人墓志中的经济地理资料主要来自两个方面，一是志主仕宦中所亲身经历的经济史重大事件，二是对志主生前任职州县时的地方纪事和功德记述中涉及的地域经济特色和发展状况。在反映唐代区域经济方面，唐人墓志提供了诸多个案信息，虽然多为叙述志主生前任职地政绩时附带涉及，但吉光片羽，值得重视。

唐人墓志对南方地区经济资源、生产等多有记述，可与传世文献相印证。唐玄宗天宝二年（743 年）的《王秦客墓志》记述了盛唐时期泸川郡的经济与社会状况。墓志载王秦客署泸川郡司马时，特地说到当地的地域经济特色："土无耕稼，利在鱼盐，郡有盐井两所，久而若废；公乃图复兴之道，得可久之宜，计阶之时，具以闻奏，上乃许之。夫夷落荒陬，俗多剽掠，公下车立辟，一变其风"[④]，意思是说泸川郡的主要经济资源为渔业与盐井。泸川郡即今四

---

① 《唐会要》卷 88《盐铁》："安邑、解县两池，置榷盐使一员，推官一员，巡官六员"，但未载置榷盐使职时间。《资治通鉴》卷 256 引《唐会要》云："元和十五年，改河北税盐使为榷盐使。其后复失河北，止于安邑、解县两池，置榷盐使"，可知解州置榷盐使职系唐宪宗元和十五年稍后事。
② 本书意义上的南北方，大体以传统地理学淮河、秦岭一线为分界线。此线东至淮河，西至秦岭、大巴山以南的巴蜀地区均包括在"南方"之内。
③ 牟发松：《唐代长江中游的经济与社会》，武汉：武汉大学出版社，1989 年；张剑光：《唐五代江南工商业布局研究》，南京：江苏古籍出版社，2003 年。
④ 周绍良主编：《汇编》下，天宝 034，第 1553 页。

川泸州，地处川黔交界的长江之滨，多丘陵浅山，土地贫瘠，不宜种植农业，但有鱼、盐之利，特别是井盐储藏量巨大，因而经济上以渔业与盐业为主，墓志所言"郡有盐井两所"，应该是汉安县的可盛盐井和富义县的富义盐井。泸州为唐代蜀地盐井主要分布地，其中富顺县乃唐宋川西南著名井盐产地，闻名全国。唐李吉甫《元和郡县图志》载："可盛盐井，在县（汉安县）西北一十一里"，"富义盐井，在县西南五十步。月出盐三千六百六十石，剑南盐井，惟此最大。其余亦有井七所"。[①]《旧唐书·泸州·富义县》也载："富义，隋富世县。贞观二十三年，改为富义县。界有富世盐井，井深二百五十尺，以达盐泉，俗呼玉女泉。以其井出盐最多，人获厚利，故云富世。"[②]《王秦客墓志》所言泸川郡"土无耕稼，利在鱼盐"，准确地揭示了该地区的经济地理特征，也是唐代泸州渔业与盐业发达的重要见证。《王秦客墓志》作于唐玄宗天宝初年，则从墓志所述"郡有盐井两所，久而若废。公乃图复兴之道，得可久之宜，计阶之时，具以奏闻，上乃许之"，可知唐代前期泸州井盐开采尚处荒废状态，唐玄宗时经地方官员上奏朝廷准许，才得以恢复生产。

南方一些重要城镇的经济地理特点，唐人墓志也多有涉及。唐代江南道庐江郡（治在今安徽合肥）在南北朝及隋时社会经济尚属欠开发地区，属于地广人稀之地。安史之乱后，随着北方人口大量南迁，人口与经济发展较快，唐代后期已经在江南地区号为"剧邑"，唐人墓志明确说庐江"土沃人稠，号为居邑"[③]，即为真实写照。长江上游的西蜀成都，城市经济高度繁荣，墓志文献中也同样有所反映。神龙年间的《李延祜墓志》载志主李延祜于武则天末期受任益州大都督府士曹参军，对成都的繁华有亲身体会，墓志这样描绘西南都会成都的繁荣："西南奥府，雕绮实繁，镂镂参神，精妍若化，纤罗云卷，绚锦霞缛，百工所就，四海是资。君革其滥苦，公私金赖"[④]，这与元朝费著《岁华纪丽谱》追述唐宋成都繁华何其相似："成都游赏之盛，甲于西蜀。盖地大物繁，而俗好娱乐。凡太守岁时宴集，骑从杂沓，车服鲜华，倡优鼓吹，出入拥导，四方奇技，幻怪百变，序进于前，以从民乐。岁率有期，谓之故事。"[⑤]成都在唐代有"扬一益二"之美誉，意为在社会经济发达程度上可与富甲江南的名都扬州相颉颃，《李延祜墓志》可谓为此增添了一条

---

① （唐）李吉甫撰，贺次君点校：《元和郡县图志》卷33《剑南道·泸州》，第865页。
② 《旧唐书》卷41《地理志·泸州下都督府·富义县》，第1686页。
③ 周绍良、赵超主编：《汇编续集》，大和040，第912页。
④ 周绍良主编：《汇编》上，神龙037，第1067页。
⑤ （元）费著：《岁华纪丽谱》卷1，北京：中华书局，1991年，第3页。

宝贵的石刻文献佐证。

唐代江南地区的经济开发呈现出较为鲜明的地区差异，扬州为淮南盐都，商贾荟萃，水陆辐凑，有天下最富盛之誉，唐人墓志中即有"扬州繁盛，为天下最"的赞誉。① 墓志资料表明，早在唐高宗时期，关中发生饥荒，朝廷即考虑从江淮征调粮食救济，并委任能吏担当此事。《韦泰真墓志》载："咸亨初，关中失稔。天子思致淮海之粟以实东京，而以吴楚轻躁难于征发。急之则动而不安，缓之则怠不供命。乃诏公于江南转运，以便宜专决焉。江淮晏如而海陵之仓已□（实）于京廪矣。"② 研究唐代经济史的传统观点一般认为，唐王朝中央关中经济走向凋敝、转而依赖江淮财赋接济出于中唐时期，而《韦泰真墓志》则表明，早在唐高宗咸亨年间，这一情况已经出现，唐中央就已经将目光转向江淮地区，并且成功地完成了一次江淮粮食支持京师长安的尝试。

关于唐代社会经济的发展，唐人墓志资料还披露了一些新的信息，引发我们的思考。如过去一提起"开元之治"时期的唐朝社会经济，学者往往会引用杜甫《忆昔》"忆昔开元全盛日"的诗句及其他一些文献记载说明其时的繁荣，这当然自有依据而并非空言。然而一个时期经济的发展与兴盛往往有其区域性差异，并非全国各地一片欣欣向荣、繁花似锦景象。特别是在唐代安史之乱前，南方社会经济还总体上落后于北方黄河流域，加之江南地区社会秩序较为动荡③，南北经济的发展还是有较明显的区域性差异，江南一些地方吏治松弛、督管不力，放任豪强势力横行乡里，导致户口逃散严重，农业凋敝，社会矛盾较为突出。开元年间《张先墓志》言张先任浙东地区的括州④遂昌县令时，境内的情况是"于时东吴阻饥，人越兹蠢。先是从政率多旷官，淫纵豪强，暴荄鳏寡，以故编户流冗十四五焉。公于是董逋逃，诘奸蠹，振乏绝，出滞淹。教之诲之，饮之食之，人得□□，政有经矣"⑤。墓志虽然重在披露括州遂昌县前任官员怠政不作为，纵容地方豪强欺凌百姓，导致户口流亡，彰扬志主张先如何力矫时弊、招抚逃逋，打击豪奸，使得一方百姓恢复生产、安居乐业，但从中不难看出在大唐盛世开元年间，江南浙东地区地

---

① 吴钢主编：《全唐文补遗》第 6 辑，第 144 页。
② 吴钢主编：《全唐文补遗》第 5 辑，第 199 页。
③ 参见马强：《唐人墓志所见唐代南方社会动乱及其治理》，《陕西师范大学学报（哲学社会科学版）》2014 年第 2 期。
④ 括州即今温州。隋大业三年置永嘉郡，唐天宝元年（742 年）改州为郡，括州改称缙云郡，温州改为永嘉郡。唐乾元元年（758 年），复改郡为州。缙云郡复称括州，永嘉郡复称温州。唐大历十四年（779 年）又改括州为处州。
⑤ 吴钢主编：《全唐文补遗》第 1 辑，第 125 页。

方经济的严重问题。江南一些偏僻的山区不仅经济落后，而且民风粗野，儒风未行。对唐代南方地区这种经济发展的不平衡性，墓志同样有所揭示。据唐宣宗大中七年（853 年）的《王逢墓志》："是冬赴调，明春为越州剡县令。公尝陈闽吴之俗好辩论，绝于文教，民□然菜色。"身为越州剡县县令的志主王逢感于吴越之地民风轻剽，礼教淡薄，遂大力排抑佛教，修孔庙，兴儒教，"开地千有七百亩，变荆莽为膏腴，历岁而食足，经时而树桑。家有三年之业，人无五裤之爱，邑有因官而寓泊，力未任配偶。公皆出俸钱给之所无。尽从晨趋之礼，所谓彰善瘅（瘅）恶，树之风化"①，致力于浙东剡县一带的经济开发与社会改良，取得显著成效。虽然墓志对王氏的政绩难免有所溢美之词，但反映的剡县县域经济的落后、民风的野蛮及其进行的移风易俗改良却无疑是真实的。无独有偶，江南东道的睦州，经济产业无甚优势，但苛捐杂税却名目繁多，以致民不聊生，流亡外地，晚唐《孙公乂墓志》志主曾任睦州刺史，墓志对睦州的经济劣势与社会民风、地方吏治都有记述："睦有金陵之地而无金陵之实，水不通商，陆无异产，等姑苏毗陵之大而均其赋焉。往岁征税不登，郡无良吏，刺史不究元本，但相尚以加征。至于伎术贩鬻之有营，本实草秀之有地，悉编次于公案而以税税之。故人不安居，流于外境，积数十年之逋欠而长史无敢以闻者。"② 经济的落后、人口的流亡与吏治的腐败成为睦州的严峻问题，虽经孙氏的大力整饬、励精图治，实际上一时也难以从根本上扭转这一状况。

吏治既松弛，豪猾横行，必然会使地方社会经济严重受阻，停滞不前。中唐以后，江南地区农村户口逃亡隐匿已经成为普遍现象。元和五年（810 年），李文任洪州武宁县令时，"在官清慎，遏强抚弱，顷岁逋逃者复业数千户，政声洋溢"③。经过新任县令招抚，一个小小的武宁县竟然有"逋逃者复业数千户"，可见此前该县人口逃亡之严重。晚唐江州（今江西九江）人口逃亡、经济残破的情况较之洪州更加严重，郑畋撰《苗绅墓志》明确说："九江宅要冲，辂轩戎兵，供应旁午。邑里凋弊，户口奔逸。"④ 当然，晚唐发生江南民乱暴动频繁，朝廷屡屡兴师镇压，江州作为战乱重灾区，反复遭受战争动乱影响，出现"邑里凋弊，户口奔逸"现象自然难以避免。在东南沿海地区，中唐以

① 胡戟、荣新江主编：《大唐西市博物馆藏墓志》，第 919 页。
② 周绍良主编：《汇编》下，大中 054，第 2290 页。
③ 周绍良主编：《汇编》下，元和 078，第 2002 页
④ 吴钢主编：《全唐文补遗》第 6 辑，第 192 页。

后还屡屡发生海盗之患，闽越一带海盗尤其猖獗，频频侵犯城乡，《闫说墓志》载："宝应岁，闽越海寇，倾陷城邑。"温州都团练源复出海围剿，结果遇到风暴几乎全军覆没[①]，这也不同程度上对唐代东南沿海经济有负面影响。

唐代江南地区的经济开发经历了一个漫长的过程，其中兴修水利、排水减卤、兴利除害是诸多地方官员所推行之事。台州、衢州分别地处浙东沿海及浙北山区，境内多山，虽然水源丰富，但因地形与气候原因，夏秋易发生洪涝灾害。元和十二年（817年）的《徐放墓志》重点追述了志主徐放在台、衢二州兴修水利、惠泽百姓、治理农业环境的政绩。特别是徐氏在衢州刺史任上时，曾大力整治龙丘县灾害环境，成功地遏制了"簿里溪"洪涝灾害，"开泻卤，复流庸，海滨之甿，咸感仁政""既均公赋，又恤凶灾。吏不敢欺，人受其赐。龙丘县有簿里溪，自南而来，百里而远。每岁山水暴涨，凑于县郭，漂泛居人，人多愁苦。公行春莅止，周视再三，乃建石堤，爰开水道，遏奔注，远邑居。度工计财，所费盖寡。千古之患，一朝而除"。中书舍人卫中行曾为此"叙事纪功，揭于贞石"，作《徐放墓志》。[②]因徐氏在衢州治理水害消除了龙丘县世世代代百姓的大患，深得当地百姓怀念。衢州本来就有汉代以来祭祀的徐偃王庙，而徐放在衢州的治水功德又增添了佳话。韩愈在《衢州徐偃王碑》中曾提及徐放的治水功德："衢州，故会稽太末也，民多姓徐氏。支县龙邱，有偃王遗庙……开元徐姓二人相属为刺史，帅其部之同姓改作庙室，载事于碑。后九十年，当元和九年，而徐氏放复为刺史。放字达夫，前碑所谓今户部侍郎，其大父也。春行视农，至于龙邱，有事于庙"，在碑文中韩愈特地记述说："是岁，州无怪风剧雨，民不夭厉，谷果完实，民皆曰耿耿祉哉。"[③]韩愈将元和九年衢州的风调雨顺归结于徐放在祖庙祭祀宗族先贤的结果，显然是有违事实的。现在根据新出土的《徐放墓志》，所谓衢州"无怪风剧雨，民不夭厉，谷果完实"的风调雨顺现象，应该是徐氏治理水患、兴利除害的结果。

第三节　墓志所见唐代北方区域经济及其特征

唐代北方地区的经济状况，不同地区间也有很大的差异。虽然唐人墓志

---

① 吴钢主编：《全唐文补遗》第6辑，第284页。
② 吴钢主编：《全唐文补遗·千唐志斋新藏志辑》，第328页。
③ （唐）韩愈撰，（宋）廖莹中集注：《东雅堂昌黎集注》卷27《碑志·衢州徐偃王庙碑》，上海：上海古籍出版社，1993年，第373页

所反映的区域经济有很大的局限性，却从石刻文献这一特殊的角度、不同侧面对有唐一代北方地区的经济地理现象有所反映，折射了在中国经济重心发生南移之际唐代北方地区经济地理的某些珍贵信息。

　　唐代东部齐地沿海的经济物产及其赋税与管理状况在墓志中也有反映。据《崔夷甫墓志》，崔氏曾任沧州东光县令，其墓志载"沧州僻在海甸，东光即其南鄙。控水津陆道，邮鞯攸出，近鱼盐蒲苇之薮，聚耕桑之外，又多业焉。由是富人通于浊吏，仆役贫困，浸以为常"。崔夷甫出为东光县令后，励精图治，三年大见成效，"一之岁而徭赋平……二之岁而悍骜有养，逋甿言旋；三之岁而市不二价，地无遗力。由是吏拱而待命，人苏以得性。虽上有急征暴赋，风驰电集，我皆闲暇以应之，清明以济之，是使国与人交畅也"。[①] 唐代东光县[②] 地处冀东平原东南端的沧州南部，地近滨海，境内鱼盐资源丰富，《元和郡县图志》载沧州"贡、赋：开元贡：柳箱、苇簟、糖蟹、鳢鮬。赋：绵、绢"[③]，与《崔夷甫墓志》所载沧州渔副物产可相印证，而墓志较前者记载相对具体。东光县为沧州辖县，当地有多种产业经营，因而奸商贪官沆瀣一气，巧取豪夺，重利盘剥，贫富两极分化十分严重。墓志载崔夷甫任职县令后，下车伊始即大力整饬吏治、减轻徭赋、抚恤孤寡、平衡物价，使得这一滨海大县的社会秩序井然有序，经济发展而农人安居乐业。因崔氏颇有理政才能，遂又被时任东北大员的安禄山奏授为魏州魏县令，墓志遂载魏州"惟兹大邑，万商所暨，财雄气使玉食武断者，自昔难御之"，虽然魏县为一"大邑"，商贾云集，经济发达，但此前社会秩序混乱，向难治理。崔氏毕竟是善于治理地方的"能吏"，"锋刃所用，不见有盘根错节，提其宏纲，众目咸举。下车未几，有耻且格"。《崔夷甫墓志》还提及魏州（今河北大名）"惟兹大邑，万商所暨，财雄气使玉食武断者，自昔难御之"，也反映了盛唐时期的魏州作为华北一大都会商品经济繁荣的景象。墓志不仅如实记载了黄河中下游平原地区都会州县的经济特色与重要地位，同时也揭露了在这些经济发达地区，贪官污吏与不良商贾互为勾结，从中渔利，反而使当地社会混乱，贫富分化严重，社会冲突加剧的事实。当然也表明，在安史之乱爆发前的黄河中下游

---

　　① 周绍良主编：《汇编》下，大历072，第1811页。
　　② 东光县在唐代隶属变换不定，屡经更迭。唐高祖武德四年置观州，东光县隶属观州。唐太宗贞观十七年废观州，设河北道，东光县改隶河北道沧州。唐德宗贞元二年河北道置景州，东光县隶之。唐穆宗长庆元年废景州，东光县又属沧州。长庆二年再设景州，东光县复属之一。唐文宗太和四年再废景州，东光县又属沧州。唐昭宗景福元年复置景州，东光县属景州。
　　③ （唐）李吉甫撰，贺次君点校：《元和郡县图志》卷18《沧景节度使·沧州》，第518页。

平原地区，重要都会城市农桑昌盛，商贾繁荣，仍然处于经济领先地位，墓志的评价一定程度上折射了这些地区经济富庶的历史之光。

商州虽近京畿之地，但地处秦岭山区，交通崎岖，人口稀少①，经济落后，这在唐人墓志有不少记载。《乐善文墓志》之志主乐善文在贞观年间曾任商州上洛县令，其中载商州治所所在地上洛县"东邻武阙，西界峣关。山路萧条，田畴硗埆。氓庶每遭饥馑，所食藜藿而已"。"藜藿"乃灰菜、豆叶之类粗粝之副食，《韩非子·五蠹》谓："尧王天下也，粝粢之食，藜藿之羹。"商州虽然有"东邻武阙，西界峣关"的交通地位，但受到山地环境制约，经济落后，"山路萧条，田畴硗埆"，应是初唐商州山地经济地理的真实写照，加之常遭饥荒，民生艰辛，一旦遭遇荒年，黎民百姓只能"所食藜藿"。正因如此，墓志表彰志主乐氏在商州上洛县主政期间励精图治，大兴农耕生产，最后使曾经贫穷的上洛县百姓过上了"户屦稻粱，家丰菽粟"②的富庶生活，虽然墓志对其政绩难免多有谀辞，但县令乐善文在商州期间曾经努力发展经济、改善山地黎庶生存状态应该也应为不容否定之事实。由于《元和郡县图志》之《山南道·商州》条宋代以后即已亡佚，两唐书对商州的社会经济的记载几付阙如，因此，《乐善文墓志》对于认识唐代商州经济状况而言，其重要价值是不言而喻的。

唐人墓志对北方一些重要州郡的经济地理特征及其地位往往有所揭示，如《李谦墓志》对宋州的经济地位作如是评价："水陆交驰，农商殷阜，版图攸摄，甿户载安。"③唐代宋州与汴州同属运河城市，经济地理条件优越，墓志中不乏对汴、宋的地域好评。尤其宋州（今河南商丘）地处运河汴河与通往齐鲁的通衢大道交汇处，交通地理条件优越，农业发达，经济富庶，以蚕桑丝织业闻名海内，与汴州一样同属经济都会，《旧唐书》即言汴、宋皆"水陆辐凑，实曰膏腴"④，因此《李谦墓志》说宋州"水陆交驰，农商殷阜"自然是有依有据，与实际情况相符。由于志主后来升迁相州司马，因而《李谦墓志》又对相州地理做了描述："商都旧壤，邺京遗俗，是称尤剧，雅杖茂才，佳政乃孚，康歌允洽。"唐代相州的经济地理依赖的是其历史资源，唐

---

① 《旧唐书》卷39《地理志》："商州，旧领县五，户四千九百一，口二万一千五十。天宝县六，户八千九百二十六，口五万三千八十。"商州即使在天宝年间户口数有较大增加，以五口之家估算，人口数量仍然不过五万，属于人口稀少之山区。

② 周绍良主编：《汇编》上，贞观140，第97页。

③ 周绍良主编：《汇编》下，开元303，第1364页。

④ 《旧唐书》卷64《鲁王灵夔传》，第2435页。

人对相州有"相州者，九王之旧都，西山雄崇，足是秀异"①的评价。相州农业发达，物产丰富，盛产丝织品，《元和郡县图志》记载相州"贡赋"即有"开元贡：纱，凤翮席，胡粉，知母。赋：绵、绢、丝"②，可见农桑富庶，可与墓志印证。

唐代北方社会经济水平总体上趋于下降态势，即使是京畿之地的关中平原，墓志所反映的经济状况也并非全是如正史文献所载"沃野千里""人烟浩穰"景象，相反却暴露了诸多社会经济问题。《崔汲墓志》载唐高宗时期，志主释褐出任岐州眉县，"风岭之阳，繁甿比屋；龙川之汭，滞狱盈庭"，岐州一带虽人口稠密，但狱讼案牍积压，社会矛盾已经比较突出。几年后"授雍州万年县主簿。三秦奥壤，士女盈溢于百邸；万乘攸都，车马骈阗于九市。至若牒诉繁委，稽留成戾，必资纠正，方息讼声"③。虽然狱讼较多，但关中西部岐、鄏一带毕竟尚显繁华。中唐以后，关中经济农业地理环境渐趋恶化，自然灾害与社会动荡加之地方豪强兼并土地激烈，致使饥荒频繁发生，唐德宗贞元年间，据《黎幹墓志》，黎幹为京兆少尹时，面临的关中经济形势即很严重："宝应之后，岁恶人流，道殣相属，市无赤米。罔发滞积，利归强家。授公检校京兆尹兼御史中丞。公承命莅止，科防不设。威严秋霜，仁扇和风。以易简便人，以忠信逮下。不浃辰而蓄敛者舆辇，毂击于道，趋之恐不及。由是郊野无馁莩，闾里无蕴年。遂臻和平，俗用丕变。上嘉休绩，真拜京兆尹……尚以四渠九堰，堙废积年，兴未及旬，功乃大集。国减半赋，人受永利。"④唐宣宗大中年间崔罩任职京兆司录时，"浩穰之地，纲辖为难。至则纠逖奸赃，不避强御。期月之政，京畿变风"；任职陵县奉先县令期间，更是发现当地人口流散、豪猾横行情况严重，经其大力整饬，情况方得好转："奉陵之邑，半是豪家。水旱曾愆，民尚流散。君下车之后，招徕抚绥。抑其兼并，恤彼悍弱。蓁莽开辟，流佣尽归。吏不敢欺，人自乐业。受代之日，计课殊尤。县吏请于君曰：自明府清理，一境阜安。辟田增户，前后罕匹。"⑤从墓志看，晚唐即便是关中皇家陵县，也是豪门之家土地兼并猖狂，人口逃亡严重，经济萧条，民不聊生。

---

① （五代）王定保撰，阳羡生校点：《唐摭言》卷6《崔颢荐樊衡书》，上海：上海古籍出版社，2012年，第64页。

② （唐）李吉甫：《元和郡县图志》卷16《河北道·相州》，第452页。

③ 吴钢主编：《全唐文补遗》第5辑，第265页。

④ 吴钢主编：《全唐文补遗》第4辑，第72页。

⑤ 吴钢主编：《全唐文补遗》第4辑，第195页。

安史之乱后，吐蕃乘机占领陇右大部分地区，唐朝长安西北豳、陇之地烽火频传，李唐王朝的政治、军事腹地关陇一带处于战争阴影之中，社会经济打上了鲜明的战时经济的烙印。这一时期唐人墓志对西北屯田、垦荒等也有相应记述，这类墓志虽然不多，但纪实性强，十分珍贵，兹择两方相关唐人墓志说明之。关中西北部的豳、泾一带为盛产秋粮之地，同时也是唐、吐军事争夺的战略要地，据《杨志廉墓志》，唐德宗兴元初，"豳泾古郡，迫近西戎，每夏麦方岐，秋稼垂颖，则蹂践我封略，凭凌我边人。诏公领千夫长，率精锐，捍其冲要，是有灵台监军之任。公奋威武，设奇谋，居一周星，亭障无耸"[1]。贞元九年（793年）的《李元谅墓志》对唐德宗贞元年间的陇右屯田经济则有重要记载："良原古城，陇东要塞，虏骑入寇，于焉中休。诏公移镇以遏侵轶，迁尚书左仆射。诸侯戍兵，爰俾总统。规李牧守边之议，择充国屯田之谋，驱狐狸，剪榛棘，补残堞，浚旧隍，筑新台，毂连弩。扑断陶瓶，垦发耕耘，岁收甫田数十万斛。寻又进据便地，更营新城，辟土开疆，日引月长。贼来寇抄，师辄击却。由是豳泾汧陇，人获按堵矣。"[2] 李元谅是唐德宗时期抗蕃名将，担任过陇右节度支度营田观察、临洮军使等军职，长期驻节良原（今甘肃灵台梁原）戍守陇右边防，阻击吐蕃东犯京畿，为唐王朝立下赫赫战功，两唐书均有其传记。据《旧唐书·李元谅传》："（贞元）四年春，加陇右节度支度营田观察、临洮军使，移镇良原。良原古城多摧圮，陇东要地，虏入寇，常牧马休兵于此。元谅远烽堠，培城补堞，身率军士，与同劳逸，艾林薙草，斩荆榛，俟干，尽焚之，方数十里，皆为美田。劝军士树艺，岁收粟菽数十万斛，生殖之业，陶冶必备。仍距城筑台，上毂车弩，为城守备益固。无几，又进筑新城，以据便地。虏每寇掠，辄击却之，泾、陇由是乂安，虏深惮之。"[3]《旧唐书》这段记载与《李元谅墓志》对其陇右屯田的记载有高度的契合度，不排除《旧唐书》史料来源即为《李元谅墓志》。根据墓志结合《旧唐书》本传，李元谅在陇右采用汉代赵充国且耕且战策略，一方面筑城防御，御强敌于国门之外，一方面大力屯田，"垦发耕耘，岁收甫田数十万斛"，有效解决了戍边将士的粮食问题，可谓一举两得，功莫大焉。

---

[1] 周绍良、赵超主编：《汇编续集》，元和 002，第 800 页。
[2] 周绍良、赵超主编：《汇编续集》，贞元 030，第 755 页。
[3] 《旧唐书》卷 144《李元谅传》，第 3918 页。

结　　论

　　出土唐人墓志中的经济地理资料往往是只言片语,穿插在志主生平仕宦的叙述之中,显得相当零散破碎,特别是单一墓志中的经济资料常常是寥寥数语,反映的只是一时一地的经济一角,难以形成系统的研究资料体系,这也是长期以来这类凤毛麟角的资料不大为学者所重视的一大原因。然而,当我们将散落于唐人墓志中看似零散、关涉社会经济的记述做全面搜集、整理、分析,就会发现问题并非如此简单。从大量墓志资料中广泛搜集关涉经济的记述,积少成多,集腋成裘,参之以史籍文献印证,这些支离破碎的墓志资料就会从整体上反映一个长时段王朝国家的诸多经济现象与社会现象,特别是区域经济地理的特征及其存在问题,而这些问题又往往是正史文献所失载或语焉未详的,这正是墓志类文献于研究唐代经济地理的价值之所在。

第十章 出土墓志所见唐人地域思想研究

墓志文献是研究唐代历史地理的重要资料。通过对大量唐人墓志的研读，我们发现其中有很多墓志的墓主生前担任过地方行政职务。唐人墓志书写的显著特点之一是在追述墓主生前的任官经历时往往会对任官地进行一番评价，涉及面极广。墓志从石刻文献角度再现唐人丰富的地理认知和地域观念，也反映了有唐一代富于时代特色的地理评价思想，提供了过去任何地理学史著作都绝少涉及的新史料，应该是对研究唐人地域观念资料的新补充。

地域观念主要指人们对一定区域所形成的地理认知、地域印象、地域评价，实际上是带有普遍意义的对某一地区地域形象的再塑造。它包括对这个地区自然景观、地理方位、民风民俗等多方面的评价，可以折射出当地政治、经济、文化地位及唐人的社会地理学思想。这种地域观念具有普遍认同意义，但也会存在一些个体差异。

唐人墓志中大量富有特色的地域评价，至少有以下几点可以补充唐人地域观念和意象认知的研究：其一，本土居住人士和迁入者地域观念的差异反映了唐代地域文化的差异。其二，唐人墓志中对任官地的地域评价，从地理风物角度再现了唐人丰富的地理认知和地域观念，反映了唐代富于时代文化特色的地理评价思想，提供了过去地理学史著作都绝少涉及的新史料，应该是对唐代社会地理学思想资料的新补充。其三，历史研究历来注重多种资料的相互运用和互证，以增强学科研究的科学信度和严谨性。地域观念和意象认知本就带有一定主观性，在这样的情况下，则更需要对现有历史资料的多重运用。其四，通过对这些资料的分析，可以发现唐人南北文化畛域差异观念十分鲜明以及唐人心目中华夷秩序观、区域评价中的优劣等级观，反映了唐代中原士大夫的一种"中心与边缘"差异的思想，进一步挖掘隐藏在唐人观念中的地域文化空间的圈层结构思想。

基于以上认识，本章将主要运用墓志铭中的地域评价资料，与正史、地理志、唐诗等多种史料相互考证，从自然环境、政治环境、区域状况、历史状况以及民风民俗等多个方面进行研究，意图探究唐人心目中区域评价的优劣等级及唐人地域观念和地域评价的风貌等。唐人墓志的撰写者在追忆墓主生平的任官经历时，会对任官地进行一番评价，包括当地的自然环境、地理区位、人文风俗等方面，虽然对任官地所在区域的评价篇幅有限，惜字如金，带有一定的主观性，总体而言，它部分反映了唐代各地方自然和人文环境的实际情况。本章以唐代出土墓志为研究的主体，充分利用墓志史料，分析归纳出唐人心目中区域的印象和优劣等级，反映唐人地域认知和地域观念。

通过对唐人墓志中历史地理信息的深度挖掘，有助于我们更为全面地了解与认知历史时期自然环境与人文环境的演变规律，从而为今天更加科学地认知人地关系和环境保护提供借鉴意义，对于克服现阶段发展中所出现的人地矛盾与环境空间内的不和谐因素具有积极的影响。从学术的角度出发对唐人墓志进行系统研究，有助于将墓志这一重要的文化信息载体介绍给社会大众，从而提高历史文物与文献在公众生活的能见度，有助于唤起社会对于墓志这一重要文化载体的保护意识。

关于地域观念的研究，早在 20 世纪三四十年代就有学者予以关注。傅斯年的重要论文《夷夏东西说》中就指出，自东汉以来的中国史，常常分南北，或者是政治上的分裂，但这个现象不能倒安在古代史上。到东汉时，长江流域才大发达；到孙吴时，长江流域才有独立的大政治组织；三代及三代以前时，政治的演进由部落到帝国，是以河、济、淮流域为地盘的。在这一片大地中，地理的形势只有东西之分，并无南北之限。傅斯年《夷夏东西说》旨在探讨中国上古的历史大势，但同时也说明了不同地理形势、不同地域对历史文化的发展有着不同的影响，流露出浓厚的地域观念色彩。陈寅恪在四十年代也发表了一系列地域文化观念很强的文章，如《隋唐制度渊源略论稿》《唐代政治史述论稿》《记唐代之李武韦杨婚姻集团》《论隋末唐初所谓"山东豪杰"》等，涉及唐人地域观念的问题。但此后有关中国古代地域观念的研究长时间处于沉寂状态，直到近年来这一状况才有所改观，陆续有学者对中古地域观念重新给予关注。金发根《中国中古地域观念之转变》[①] 是研究中国中古地域观念的一部较为系统的著作，作者着重讨论了中国东西地域观念的形

----

① 金发根：《中国中古地域观念之转变》，台北：兰台出版社，2014 年。

成、中古各时期山东、山西观念的演变及中国南北地域观念的形成、强化和取代东西观念等。王凤翔《试论唐代河西地域观念的变迁》指出"河西的地域观念在唐代发生了变迁。唐朝前期的河西是指河西走廊与湟水流域一带，即今甘肃西部及青海北部地区。但安史之乱后，河西之地逐渐没入吐蕃。随着唐廷对收复失地的无望，河西在地域上的界定随之发生变化，转而指代旧关内道北部的区域，即今山西、陕西间黄河以西地区"①。范璇《试从唐墓志看唐人地域观念》②也尝试对唐人地域观念进行分析，但是着重点在唐人的南北观念，其余的并没有深入讨论。此外，刘蓉《论汉魏之际地域观念的转变——以谯周劝降为例》③、李如东《地域观念与民族认同：以中亚回族（东干人）为中心的考察》④也是有关中古地域观念的研究。

马强在《新出土唐人墓志与唐代历史地理研究的新拓展》中揭示了唐人墓志中地域评价现象及其价值，"是唐人地域认知和地域观念的第一手资料，一方面一定程度上折射了唐代各地的自然与人文环境的实际，另一方面也真实反映了唐人心目中的地域印象和优劣评价"⑤。这篇论文是研究唐人墓志地域观念的发轫之作，值得引起重视。此外，他的《唐人墓志所见唐代南方社会动乱及其治理》⑥、《从出土唐人墓志看唐代西南地区汉夷冲突及其消解》⑦两篇论文也都涉及了唐人墓志对南方及西南地区的揭示与评价，对于从墓志角度研究唐人地域观念也有很重要的启示意义。

文化区域的划分是历史文化地理首先要审视的问题。要对研究的文化区域进行划分，首先必须要界定一个概念，那就是"文化区"。文化区是文化特征在空间上的分布，是文化地理研究中一个重要课题。文化区一般有三种概念：形式文化区、功能文化区和感觉文化区。形式文化区是指具有一种或多种共同文化特征的人所分布的地理范围⑧；功能文化区也叫机能文化区，是某

① 王凤翔：《试论唐代河西地域观念的变迁》，《青海师专学报》2008年第4期。
② 范璇：《试从唐墓志看唐人地域观念》，《成都师范学院学报》2015年第6期。
③ 刘蓉：《论汉魏之际地域观念的转变——以谯周劝降为例》，《求索》2009年第3期。
④ 李如东：《地域观念与民族认同：以中亚回族（东干人）为中心的考察》，《西北民族研究》2015年第3期。
⑤ 马强：《新出土唐人墓志与唐代历史地理研究的新拓展》，《中国历史地理论丛》2013年第4辑。
⑥ 马强：《唐人墓志所见唐代南方社会动乱及其治理》，《陕西师范大学学报（哲学社会科学版）》2014年第2期。
⑦ 马强：《从出土唐人墓志看唐代西南地区汉夷冲突及其消解》，《长江师范学院学报》2013年第6期。
⑧ 王恩涌：《文化地理学导论——人·地·文化》，北京：高等教育出版社，1989年，第10页。

种受政治、经济或者社会功能影响的文化特征所属的空间范围①；感觉文化区则是人们对某一区域的一种感性、形象认知，它既存在于区域内居民的心目当中，也得到区域外人们的广泛认同。以往的区域历史文化地理研究多是以形式文化区为划分的标准，形式文化区的存在是比较客观的，纯粹以文化特征的空间分布作为划分依据，可以说有多少种文化要素就可以划分出多少种文化区。感觉文化区则是以人们的主观体认为评判依据，本章研究内容是唐人的地域观念，地域观念本就是人们一种主观的认知，是人们对某个地区地域形象的塑造，所以本章以感觉文化区来作为文化区域划分的标准，但具体到区域的边界时，又按政区划定。

从人文地理学角度考察，唐人墓志中的地域认知主要属于感觉文化区。唐代传世文献和墓志资料相对丰富，而以文献资料与出土资料双向印证的地域为中心探讨唐人的地域认知无疑是有意义的。由于唐人墓志的产生有其特有的区域特点，这就决定了墓志资料出土相对丰富的地域也是唐代经济文化相对发达的地区，墓志资料分布与所反映区域也有稀疏之分，因此无法涵盖全国所有区域，只能在一定程度上对一些区域进行评价。下面我们根据唐人墓志所及划分为 9 个区域做以述评。

1. 关中及鄜邻地区

这一地区大致属于唐代的关内道。关中之名始于战国时期，意指四关之中，李德裕言东有潼关、西有散关、南有蓝田关、北有蒲关。②蒲关又称蒲津关、临晋关，在同州东北晋陕交界地带，是黄河重要的古渡口和秦晋间的重险之地，加之陕北高原和秦岭两道天然的屏障，形成了一个独立的地理单元，也是自古以来兵家必争之地和多个王朝都城的所在地。本书所探讨的关中地区北界为鄜州、泾州，东界为潼关，南为散关、秦岭，西为陇山。关中以北地区即鄜州、泾州以北地区，北部抵达长城边塞一带。

2. 河南地区

唐代的河南地区与现在的河南是不同的概念。唐代的河南地区是指黄河以南，淮水以北的广大地区，包含今天的山东省部分地区在内。现在的河南主要是指河南省，这是元代以后逐渐形成的省级政区。本书探讨的河南地区有二：一是唐代河南地区的核心地带，即以东都洛阳为中心的洛州、汴州、

---

① 张晓虹：《文化区域的分异与整合：陕西历史地理文化研究》，上海：上海书店出版社，2004年，第 4 页。
② 《全唐文》卷 699《赐回鹘可汗书意》，北京：中华书局，1983 年，第 7182 页。

郑州、许州、汝州、怀州等地；二是齐鲁地区，唐代的齐鲁包含在河南的范围内，即以登州、莱州、密州、青州、淄州、齐州、沂州、兖州和济州为中心的地区。

3. 河东地区

河东地区，西面和南面为黄河，东面是太行山，北部抵达边塞，大致为朔州、代州一带。本书探讨的河东地区包括：蒲州、绛州、泽州、晋州、慈州、潞州、沁州、汾州、隰州、并州等地。

4. 河北地区

河北地区，西至太行山，东到大海，南界黄河，北抵边塞。在行政区域上包括：相州、魏州、博州、洺州、贝州、邢州、德州、棣州、冀州、赵州、恒州、赵州、莫州、沧州、瀛州、深州、幽州、蓟州、易州等地。

5. 陇右地区

陇是指陇山，古人以西为右，故称陇山以西为陇右，又称陇西。陇右有广义和狭义之分，广义上的陇右指唐太宗分天下为十道中的陇右道，东起陇山，西至咸海，北部到巴尔科什湖，南抵昆仑山脉，其地域包括今天的甘肃、新疆大部分地区和青海湖以东地区。狭义上的陇右指今甘肃省黄河以东、青海省青海湖以东至陇山的地区。本书探讨的陇右地区包括狭义的陇右及河西走廊地区，行政区划上大致包括：武州、秦州、成州、宕州、渭州、叠州、洮州、岷州、兰州、河州、鄯州、廓州、凉州、甘州、肃州等地。

6. 巴蜀地区

从自然地理单元上看主要指大巴山以西（南）地区，秦岭以南、长江三峡及以东，大渡河以北、岷山（川西北高原）以西广大地区。在行政区划上相当于除今天的四川省、重庆市的绝大部分地区外，还包括今天陕南的汉中、安康地区（梁州、洋州、金州）及鄂西北山地（即均州、房州）等地。

7. 荆楚地区

该地区位于长江中游，南面靠近南岭，西邻黔中并与大巴山、武陵山与巴蜀地区交界，东面有罗霄山脉与吴越相隔，桐柏山、大别山与中原分野，东北则包含了今鄂东北的蕲黄一带，在行政区划上包括今天湖北和湖南省的大部分地区。

8. 江淮地区

该地区是指淮河以南、罗霄山脉以东、五岭以北的长江下游地区及淮河流域。本书的江淮地区包括：江南、江西、淮南和闽中四个小地域范围。江南地域即长江以南、浙东的太湖流域及苏杭一带。江西地域即南界五岭、西临湘衡、北据长江、东边与闽中地区相邻但被武夷山脉阻隔，三面环山，北面临江，是一个较为封闭的地形单元。唐代的淮南地域指淮河以南到长江沿岸的地区，由于位于淮河以南，故称之为淮南。闽中地域即左面临海、右为百越、南部为岭南地区，在行政区划上相当于现在的福建省。

9. 岭南地区

该地区指南岭以南的地区，东、西、北三面环山，南临大海，是一个相对独立的地理单元。在行政区划上大致包括现在的广东省、广西壮族自治区。

第一节　唐人墓志中对关内地区的评价

关中平原又称渭河平原，是由渭河的干、支流冲积而形成的平原，号称八百里秦川。关中平原得名于它地处四关之中，李德裕认为四关即潼关、散关、蓝田关、蒲关①，由于四周都有天然的地形屏障，易守难攻，不少王朝定都于此。

唐代的关中地区是全国的政治、经济、文化中心，地位显赫。在政治上，关中地区作为西京长安的所在地，是全国的权力中心，政治地位无与伦比，各国宾客使者都需要来长安进行政治活动。经济上，长安是当时的国际大都市，吸引了世界各地的商人来此经商。自西汉以来东西方的交通主要是通过路上丝绸之路和海上丝绸之路来沟通，长安地处路上丝绸之路的要点，是东西方交通的枢纽。南亚、西亚诸国来唐，长安是必经之地，并往往在长安停留。文化上，唐朝境内的文化交流活动遍及广州、扬州、洛阳等主要都会，犹以长安最为集中、最为繁盛。《旧唐书》说："是时四方儒士，多抱负典籍，云会京师。"② 柳宗元说："凡万国之会，四夷之来，天下之道涂毕出于邦畿之内"③，所以当时的长安城五方云合，是一种人员繁杂的状况。在《王君夫人宋氏墓志》中也可以得到印证，墓志评价雍州始平县："地实京畿，邑惟近县，杂五方之豪俊，总三辅之轻薄。"④ 雍州地区汇集了来自四面八方的豪杰，社会风气开放。《颜万石墓志》中评价雍州渭南县："地接归马之埛，城邻混

---

① 《全唐文》卷 699《赐回鹘书意》，第 7182 页。
② 《旧唐书》卷 189 上《儒学传上》，第 4941 页。
③ （唐）柳宗元：《柳宗元集》卷 26《馆驿使壁记》，北京：中华书局，1979 年，第 703 页。
④ 周绍良主编：《汇编》上，长寿 011，第 840 页。

鸡之邑。"①《崔汲墓志》中评价雍州万年县:"三秦奥壤,士女盈溢于百邸;万乘攸都,车马骈阗于九市。"② 在这京畿之地,士女遍布百廊,车马聚集于九市。就连位于雍州东部的华州都是商旅往来不绝。《李范墓志》中评价华州郑县:"地连京畿,人杂禁旅。当万国朝天之路,为四方辐凑之邦。"③ 由此可以想象,当时唐都长安及其京畿地区的繁荣程度,反映出关中地区作为强势文化区对周边乃至全国经济文化的辐射作用。

郑白渠是关中地区具有重要意义的一项水利工程,它于秦始皇元年(公元前 246 年)由水工郑国主持兴建,历时十余年,干渠西起泾阳,引泾水向东,下游进入洛水,全长 300 余里,灌溉面积达 4 万顷,郑国渠的建成使得关中地区沃野千里,被称为"金城千里,天府之国",直接支持了秦国统一六国的战争。《史记·河渠志》载:"于是,关中为沃野,无凶年。秦以富强,卒并诸侯。"到唐代时,郑国渠还在发挥着作用,文宗曾"令京兆府造水车,散给缘郑白渠百姓,以溉水田"④。《对射田判》也写道:"三秦奥壤,陆海良田,原隰条分,沟塍脉散,泾、渭傍润,郑、白疏流。荷锸成云,决渠降雨。粳稻漠漠,黍稷油油,无爽蝉鸣之期,有至凤冠之稔。"⑤ 僖宗时期《命相度河渠诏》中载:"关中郑、白两渠,古今同利,四万顷沃饶之业,亿兆人衣食之源。"⑥ 唐人墓志在评价关中地区时也多次提及郑白渠,评价雍州三原县时称:"畛缀鄜畤,隰分高陆,邑疏畿甸,王化所先,沟通郑白,华实斯上。"⑦《戴令言墓志》中描述得更为生动:"郊墅之富,郑白之沃,人安物阜,绩尤王畿。"⑧ 在士人心目中,关中地区是肥沃富庶、充满勃勃生机的,而郑白渠的灌溉更让关中锦上添花。

骆宾王在《帝京篇》中这样描写雍州:"皇居帝里崤函谷,鹑野龙山侯甸服。五纬连影集星躔,八水分流横地轴。秦塞重关一百二,汉家离宫三十六。"⑨ 作者极力突显帝都赫赫威严的王者气息。雍州处于关中平原的核心地区,是皇权的所在地,充满着帝王之气,是士人对雍州评价的一个重要特征,

① 周绍良主编:《汇编》上,调露 022,第 666 页。
② 吴钢主编:《全唐文补遗》第 5 辑,第 265 页。
③ 吴钢主编:《全唐文补遗》第 9 辑,第 414 页。
④ 《旧唐书》卷 17《文宗上》,第 528 页。
⑤ 《全唐文》卷 980《对射田判》,第 10142 页。
⑥ 《全唐文》卷 88《命相度河渠诏》,第 918 页。
⑦ 周绍良主编:《汇编》下,开元 071,第 1203 页。
⑧ 周绍良主编:《汇编》下,开元 010,第 1157 页。
⑨ 《全唐诗》卷 77《帝京篇》,第 834 页。

这在唐人墓志中也多有体现。《向彻墓志》中描写雍州的地理位置："境控龟津，地当鹓野。"① 龟津为洛水的别称，鹓是传说中的瑞鸟，比喻高贵的人，这里代指皇权。《李述墓志》中评价京兆府："京兆天府，作佐推贤。"② 京兆府作为读书士人科举求官，实现理想抱负的地方。《李贤墓志》中描写雍州："外连甸服，内兼周卫。远近悦豫，朝野肃宁"③；《李惠墓志》："京城大邑，天尉择才"④；《霍松龄墓志》中评价："地列黄图，城摽赤县"⑤；《卢承业墓志》中描述雍州："八川帝宅，千里王畿"，"神京务殷，仙台政本"⑥；《李延光墓志》评价关中之地："黄图奥庶，赤县雄清。"⑦ 这样的评价在唐人墓志中不胜枚举，墓志的撰写者多使用"王畿""帝宅""天府""黄图"等词，突出了雍州在士人阶层心中的政治地位，进而也反映出帝都长安的一种帝王权位象征作用。

在唐人的地域观念里，雍州京畿之地，政治文化上受天子礼教的影响，经济上因为郑白渠的灌溉，土壤肥沃，物产丰富，在唐人的心目中它已不仅仅是一个都城或者一座城市，它更有政治文化象征的作用，所以在唐人墓志中对雍州地区的评价颇高，往往多溢美之词。但是这种评价也会随着知识分子心情及仕途的经历发生变化，长安虽是士人阶层向往憧憬的实现自己政治理想之地，但不是每个人在这里都能实现自己的政治抱负，甚至会屡屡碰壁。诗人陈羽在科举落榜时感慨："九重门销禁城秋，月过南宫渐映楼。紫陌夜深槐露滴，碧空云尽火星流。清风刻漏传三殿，甲第歌钟乐五侯。楚客病来乡思苦，寂寥灯下不胜愁。"⑧ 这时作者的笔下没有了长安城的帝都气象，取而代之的是科举失败后的伤心与失落。还有一些士人久经官场，为了突出自己政治上的清廉高尚，在墓志中也会有对京城地区政治黑暗的描写。《崔泰墓志》中墓主在武德五年（622 年）被授予雍州万年县丞，在墓志铭中评价万年县："帝城贵要，□谓难绳，戚里豪门，尤多私谒。君抗心奉法，正身直道，居职累载，声誉甚隆"⑨；《裴扐墓志》中墓主曾担任过雍州司法，墓志中评价："秦

---

① 周绍良主编：《汇编》上，长安 017，第 1001 页。
② 吴钢主编：《全唐文补遗》第 6 辑，第 36 页。
③ 吴钢主编：《全唐文补遗》第 5 辑，第 282 页。
④ 吴钢主编：《全唐文补遗》第 8 辑，第 31 页。
⑤ 吴钢主编：《全唐文补遗·千唐志斋新藏专辑》，第 69 页。
⑥ 周绍良主编：《汇编》，咸亨 059，第 551 页。
⑦ 周绍良、赵超主编：《汇编续集》，开元 029，第 472 页。
⑧ 《全唐诗》卷 348《长安卧病秋夜言怀》，第 3890 页。
⑨ 周绍良主编：《汇编》上，永徽 139，第 222 页。

汉旧都，刑放于宠；京剧大岳，政必俟能。"①

　　在文化归属和地理意象上，唐人对关中地区的地理印象大体来说是以"秦"为表征的。②李世民说："秦川雄帝宅，函谷壮皇居。"③李隆基在《登蒲州逍遥楼》说："长榆息烽火，高柳静风尘。卜征巡九洛，展豫出三秦"④；《置鸿宜鼎稷等州制》也云："京兆之地，旧号秦中，乃眷编甿，最为繁殖。"⑤这一点在唐人墓志中也多有体现，并且对关中地区中各州县的地理方位的判读都是以"秦"为标志的，比如"秦中""三秦""新秦"。《崔汲墓志》中评价雍州"三秦奥壤"⑥；绥州位于关中地区的北面，是关中到北部边塞的过渡地带，《王大礼墓志》中评价绥州："嬴疏上郡，直枕新秦。"⑦《李思贞墓志》中对墓主的葬地雍州万年县淳风乡务政里进行方位描述时写道："背三秦之旧陌，遵五陵之广路。"⑧

　　"三辅"一词本是汉代官职名称，《元和郡县图志》载："武帝太初元年改内史为京兆尹，后与左冯翊、右扶风谓之三辅"⑨，应劭注为"京兆尹、左冯翊、右扶风共治长安城中，是为三辅"。随着时间的推移"三辅"一词已由官名系统向地名系统转变，"三辅"地区多指关中平原。《司空俭墓志》中评价雍州："总三辅之要冲，管二京之剧路"⑩，要冲意为要塞，突出了雍州在关中地区的核心地位。《刘穆墓志》中评价华州郑县："建瓴三辅之郊，毁瓶一都之会。"⑪华州处于关中平原的东部，所以说它是"三辅之郊"。《孙仁贵墓志》中描写同州："西临地乳，东界灵河。是三辅之襟带，董千夫之雄伯。"《艺文类聚》卷七引《河图》："岐山在昆仑东南，为地乳。"王勃《九成宫颂序》："峰横地乳，景戴天糜"，皆指关中西部。襟带为环绕、如襟似带之意，这里评价了同州的地理位置。灵河指黄河，同州在京畿地区的东面，所以称"三

　　① 周绍良主编：《汇编》下，开元129，第1245页。
　　② 详参张伟然：《唐人心目中的文化区域及地理意象》，李孝聪主编：《唐代地域结构与运作空间》，上海：上海辞书出版社，2003年；马强：《唐宋都城变迁与感觉地理意象的嬗变——以唐宋题咏长安及关中诗歌为中心的考察》，罗卫东、范今朝主编：《庆贺陈桥驿先生九十华诞学术论文集》，杭州：浙江大学出版社，2014年，第242—255页。
　　③ 《全唐诗》卷1《帝京篇十首》，第1页。
　　④ 《全唐诗》卷3《登蒲州逍遥楼》，第28页。
　　⑤ 《全唐文》卷95《置鸿宜鼎稷等州制》，第981页。
　　⑥ 周绍良、赵超主编：《汇编续集》，长安012，第396页。
　　⑦ 周绍良、赵超主编：《汇编续集》，咸亨002，第184页。
　　⑧ 周绍良、赵超主编：《汇编续集》，神龙002，第407页。
　　⑨ （唐）李吉甫撰，贺次君点校：《元和郡县图志》，第1页。
　　⑩ 周绍良、赵超主编：《汇编续集》，圣历008，第366页。
　　⑪ 吴钢主编：《全唐文补遗》第5辑，第312页。

辅之襟带”。《杨府君及夫人宗氏墓志》中描写墓主的墓葬地长安县承平乡龙首原：“傍分石柱，即为三辅之郊；近通璜渭，是曰八川之壤。”① 关中自周秦以来即为帝王之乡，赫赫帝都雄居关中平原中部，出于政治地理情感的亲近与崇拜，唐人墓志对关中的地域评价无疑最为推崇，不仅对山川地理，也包含特殊的政治情感在内。

第二节　对鄜邠地区的地域评价

鄜即鄜州，邠即邠州，地处关中核心区域往北至黄土高原的过渡地带，气候大陆性的特征越来越明显，在地貌上是具有岩石且侵蚀沟谷发达的黄土丘陵和台塬，沟壑纵横，地形破碎，植被稀少。这里北通河塞，南接关中，外控疆索，内藩畿辅，军事战略地位重要。沈询《授李玭凤翔节度使制》称：“秦之旧都，汉为右地，扼戎疆之要害。”② 其另一篇《授李彦佐鄜坊节度使制》中又对鄜邠之地做如是评价：“况地雄鄜畤，壤接王畿，总貔武精锐之师，制犬羊杂种之俗。”③ 鄜即鄜州，畤即好畤，是汉旧县，因古好畤祠为名。关中以北地区战略位置重要，南面连接首都长安，北部靠近北方游牧民族，能起到扼制北方少数民族的作用。绥州位于关中地区北部，为秦上郡之地，即今陕北绥德，靠近长城，《王大礼墓志》中墓主曾担任过绥州诸军事和绥州刺史，墓志中评价绥州：“嬴疏上郡，直枕新秦。晋启诸戎，初驯白狄。南承鄜衍，北指榆中。”④

在唐人的地域观念中关中以北地区就靠近边塞了，甚至认为就是边塞。《命张说兼领朔方节度诏》中称：“朔方之地，雍州之域，密迩关辅，是称河塞。”⑤ 鄜州处于关中地区的北部，《杨敏墓志》中写道：“鄜州草创，控带华戎。”⑥ 甚至认为鄜州属于边塞了，《裴瑾墓志》中评价鄜州：“虏塞临燕。”⑦ 这在《卢玢墓志》中描写得更为详细：“鄜畤旧郊，回中古郡，北通河塞，戎马几殷；南接都畿，征税日结。俗有嬴锄之弊，人多挽粟之勤。”⑧ 延州道是

---

① 周绍良、赵超主编：《汇编续集》，神龙 002，第 284 页。
② 《全唐文》卷 763《授李玭凤翔节度使制》，第 7932 页。
③ 《全唐文》卷 763《授李彦佐鄜坊节度使制》，第 7930 页。
④ 周绍良、赵超主编：《汇编续集》，咸亨 002，第 184 页。
⑤ 《全唐文》卷 28《命张说兼领朔方节度诏》，第 324 页。
⑥ 周绍良、赵超主编：《汇编续集》，贞观 064，第 46 页。
⑦ 吴钢主编：《全唐文补遗》第 5 辑，第 362 页。
⑧ 北京图书馆金石组编：《北京图书馆藏中国历代石刻拓本汇编》，郑州：中州古籍出版社，1989 年。

一条从长安通往朔方的重要军事道路，其开辟可追溯至西周时期，长期以来主要用于军事方面，隋唐以后才形成固定驿路。鄜是个古老的地名，早在战国时期就出现，并且是延州道的必经之地和重要的军事要点，北通河塞，南为京畿长安，通过延州道战马、财货源源输往京师。

民风是指一个地区内居民的群体性格特征和习惯行为倾向。① 《汉书·地理志》中说："凡民函五常之性，而其刚柔缓急、音声不同，系水土之风气，故谓之风；好恶取舍，动静亡常，随君上之情欲，故谓之俗。"关中以北地区自然条件不如关中平原，气候的大陆性特征越发明显，降雨减少，土壤贫瘠，民风相对关中较为朴实。邠州位于关中以北，古为豳国，古时周部落的杰出首领曾居住于此，《梁汉颙墓志》中墓主曾担任邠州刺史，墓志中评价邠州："邠郊土田瘠薄，山涧崎岖，户口贫虚，租赋繁重，旧于税额别配折科"②，真实地反映了邠州的地理资源特征。而郑处诲《邠州节度使厅记》则说："邠为古国，其俗质而厚，其人朴而易理，业尚播种畜扰，有后稷公刘之遗风"③，看重的却是邠州的民风淳朴、厚实。由于关中以北地区靠近边塞，容易受到北方少数民族的入侵。《马璘墓志》涉及一次邠州被侵的史实："自虏入近塞，人离本邦，邑无全郛，野有遗堵。"④ 种种资料都可以反映在远离关中核心区的地方相对古朴，是从关中到北方荒漠的过渡地带，在文化特征上也和关中地区存在差异。

关中北部民风上的胡化现象唐人也颇为敏感。受北方少数民族影响的缘故，唐人对该地评价相对较低。比如《卢伯珣墓志》中评价泾州阴盘县："邑当冲要，邮传繁剧，俗尚浇讹，人多逋窜。"⑤ 意为泾州地处边塞，社会动荡，人口流亡现象突出。相对泾州而言，会州（今甘肃靖远县）距离长安更为遥远，位于关中的西北部，靠近陇右地区，《孙安墓志》中评价道："汾水之曲，陇关之外，人贪于利，俗异于华。"⑥ 在墓志撰写人的观念中，会州已经是边塞地区，并不处于中原文化影响范围之内。

① 张伟然：《湖南历史文化地理研究》，上海：复旦大学出版社，1995年，第116页。
② 吴钢主编：《全唐文补遗》第5辑，第79页。
③ 《全唐文》卷761《邠州节度使厅记》，第7905页。
④ 吴钢主编：《全唐文补遗》第6辑，第98页。
⑤ 吴钢主编：《全唐文补遗·千唐志斋新藏专辑》，第126页。
⑥ 周绍良、赵超主编：《汇编》下，开元139，第1253页。

第三节　唐人墓志中对河南地区的评价

唐代的河南地区与现在的河南是不同的概念。唐代的河南地区是指中原地区黄河以南、淮河以北的广大地区，东部齐鲁一带是囊括在河南地区的，地域范围大致为当时的河南道。现在的河南主要是指河南省，是元代以后逐渐形成的地域概念。本章将河南地区分为河洛和齐鲁两个小地域范围进行讨论。

一、河洛地区

河洛地区地处中原，位于北纬 33°—34.2°、东经 111°—114°之间，具体而言是以东都洛阳为中心的洛州、汴州、郑州、许州、汝州、怀州等地。"河山拱戴，形胜甲于天下"，河洛地区居于天下之中，有着优越的地理位置。北临黄河，洛、伊、涧等河流贯穿其中，"地带三川"①，形成了以洛阳盆地为中心的伊洛河平原。河洛境内地势平坦，土壤肥沃，水源充足，农耕发达，人口众多，是中华民族的主要发祥地之一，"河图洛书"开启了中华智慧之门，以河洛文化为代表的中原文化更是中华文化的重要源头和核心组成部分。早在七八千年前的裴李岗文化、六千年前的仰韶文化时期就产生了农业、畜牧业和制陶业。传说中的"三皇五帝"和夏、商、周三朝都是以河洛地区为主要活动中心。每当分裂时期或者发生内乱，群雄"逐鹿中原"，河洛都是必争之地。正因为河洛地区在唐时具有较高地位，唐人墓志中对此地区的评价较多，可以真实地还原唐人对河洛地区的认知和评价。

河洛地区是当时除关中外另一个瞩目的焦点，唐代虽然建都长安，但是自从唐太宗李世民起，洛阳就先后被称为洛阳宫、东都、神都等，特别是高宗李治、武则天、中宗李显、玄宗李隆基、昭宗李晔等六位皇帝都先后移居洛阳，长达四十余年。光宅元年（684 年），武则天改洛阳为神都，《崔哲墓志》也记载："于时河洛建都，高视万国，咸京旧地，分置四州。"② 天授二年（691年），武则天让十万关中百姓迁移洛阳，充实神都，进一步提高了洛阳的政治地位，使得洛阳成为唐代另一个政治中心。加上历史上曾有多个王朝定都洛阳，它在政治上具有正统性与崇高性。《李歖墓志》评价河南郡是"地乃王

---

① 周绍良主编：《汇编》上，延载 006，第 864 页。
② 周绍良主编：《汇编》上，久视 015，第 977 页。

畿"①，《崔汲墓志》中评价河南县："帝城务积，王里事殷。大族豪家，既连派于天海；朱门甲第，亦通辉于日月。"② 唐人评价河洛地区时多赞美之词，《樊文墓志》中写道："黄图帝里，赤县天畿，赫赫王侯之家，蔼蔼公卿之族。"③ 赤县、王畿、天畿、黄图等词都是政治的象征，具有皇家所在、天子直辖的意思，可以看出在当时人的心目中，尤其是仕人阶层对河洛地区的崇敬之情。在士大夫心目中洛阳是天下的中心，许浑《洛中游眺贻同志》云："康衢一望通，河洛正天中。"④《赵越宝墓志》中也评价洛阳："土中皇宅，天心赤县。"⑤《许君墓志》中称："河洛奥区，帝皇邑里，水清岳峻，气淑星贞，物候光华，奇宝攸出，固□甫降其英灵，贾谊标其才儁。"⑥ 作者对河洛地区的评价不吝溢美之词，可以看出在唐人观念中河洛地位之高。

河南地区在文化上深受儒家伦理道德的熏陶，尤其是当地官员注重对百姓的教化。《崔泰墓志》中评价洛阳："中牟德被，远惭驯雉；重泉政美，有媿翔鸾。"⑦ 这里蕴含了一个典故，出自《后汉书·鲁泰传》。鲁恭治理中牟县（位于现在河南省中部，东接古都开封，西邻省会郑州，北濒黄河，于郑汴之间），施行仁政泽及鸟兽，以至于螟虫独不入中牟。墓志的撰写者通过这个典故来突出墓主崔泰生平的政绩，也无形之中表达出洛阳地区深受儒家礼教的熏陶。同样的例子还有《李威墓志》中对怀州（今河南焦作）的评价："字人阜俗，州将阐其风；管辖名实，督邮综其要"⑧，"字人"指抚治百姓。《后汉书》：赞"吴翁温爱，义干刚烈。延史字人，风和恩结"，"阜俗"意指高于流俗。《董务忠墓志》中说："怀州则东京之近甸，太常实有国之礼园"⑨，礼园是修习礼仪之处，这不仅是对怀州极高的评价，更是反映出河洛地区在唐人心目中的地位。洛阳，是河南地区的核心区，它不仅在政治上地位高，在经济方面也是全国闻名的商业都会。洛阳在隋朝时就设立了丰都、通远、大同三市，唐承隋制，武则天统治期间三市恢复设置，加上前面几位皇帝的轻徭薄赋，使得唐前期洛阳商业得到恢复并出现繁荣的局面，如《旧唐书·崔融传》所言："天下诸津，舟航所聚，旁通巴、汉，前指闽、越，七泽十薮，

---

① 胡戟、荣新江主编：《大唐西市博物馆藏墓志》，第 67 页。
② 周绍良、赵超主编：《汇编续集》，长安 012，第 396 页。
③ 周绍良、赵超主编：《汇编续集》，长安 002，第 388 页。
④ 《全唐诗》卷 528《洛中游眺贻同志》，第 6040 页。
⑤ 吴钢主编：《全唐文补遗》第 5 辑，第 262 页。
⑥ 周绍良主编：《汇编续集》，显庆 023，第 99 页。
⑦ 周绍良主编：《汇编》上，永徽 139，第 222 页。
⑧ 吴钢主编：《全唐文补遗》第 3 辑，第 476 页。
⑨ 吴钢主编：《全唐文补遗》第 3 辑，第 488 页。

三江五湖，控引河洛，兼包淮海，弘舸巨舰，千轴万艘，交贸往还，昧旦永日。"① 前代商业活动被官府限制在固定的市坊里，唐代洛阳的商业已经突破了这一限制，有了三市以外的商业区，有些坊内还有店肆，这无疑是一个重大的进步。此外，洛阳国际化程度高，汇集了众多来自全国各地的商人和外国商人，商业氛围浓厚，社会状况较为复杂，在唐人墓志中多有反映。《李敫墓志》中评价河南洛阳："地乃王畿，民兼商俗。"② 《宋思真墓志》中评价洛阳："圭廛鼎邑，聚万国之衣冠；金埒铜衢，会八方之人俗。"③《左传》中说"武王克商，迁九鼎于雒邑"，"鼎邑"代指洛阳，"金埒"，《世说新语·汰侈》说："于时人多地贵，济（王济）好马射，买地作埒，编钱匝地竟埒。时人号曰'金埒'。"这里意指用钱币筑成的界垣，可见洛阳商业的繁荣和交通的便利。

　　"古来名与利，俱在洛阳城。"④ 一提到洛阳，唐人就会把它与皇城、都畿联系起来。但洛阳还有一个很重要的职能，甚至超过它的政治地位，即洛阳还是全国的文化中心。河洛地区文化积淀深厚，唐代还在洛阳设立了崇文馆、弘文馆、国子监等中央官学，永昌元年（689年），武则天在长安及东都洛阳分别进行进士考试，成为唐代两都贡举的开始，之后每到大比之年，大量文人汇聚于此。随着庞大的官僚队伍的输入和青年才俊的涌入使得洛阳成为全国一流的文化中心。《席纶墓志》中评价洛阳："两京圣地，五方云合。"⑤《卢望之碑》中写道："俗杂五方，地称六辅。"⑥ "六辅"西汉时畿辅六郡，是指京兆、冯翊、扶风、河东、河南、河内。四面八方的人们汇聚在此，让洛阳文化具有包容性。《洛州荥阳县头陀逸僧识法师上颂圣主中兴得贤令卢公清德文（并序）》中评价洛阳荥阳县（今荥阳市）："荥泽奥区，郊连北制，地按东里。上躔鹑火，旁控龙泉，神州则带河泝洛，洪漕则通江达海，五方云凑。"⑦ 荥阳是洛阳下设的一个县，历史上的军事重镇，北制之战就发生在这里。

　　河洛地区是中华文明的重要发源地，有着深厚的历史文化积淀，唐人墓志在评价一个地方时通常会谈及该地的历史沿革。《王公墓志》中评价郑州中

　　①　《旧唐书》卷94《崔融传》，第2998页。
　　②　胡戟、荣新江主编：《大唐西市博物馆藏墓志》，第67页。
　　③　吴钢主编：《全唐文补遗》第8辑，第308页。
　　④　《全唐诗》卷595《过洛阳城》，第6897页。
　　⑤　胡戟、荣新江主编：《大唐西市博物馆藏墓志》，第105页。
　　⑥　吴钢主编：《全唐文补遗》第7辑，第30页。
　　⑦　周绍良主编：《全唐文新编·第2部·第1册》卷270，长春：吉林文史出版社，第3067页。

牟县（今郑州中牟）："鲁侯旧地，郑伯遗封。"① 怀州，夏为覃怀地，属冀州。商为鄂侯国，属畿内。西周为邘国地，又为雍国之西境。春秋时为郑地，后又为晋之野王邑。战国为魏地，后又属韩国。《张君表墓志》中评价道："全魏雄都，覃怀奥壤。"② 《李威墓志》中说："河内名区，山阳奥壤。"③ 《李延光墓志》中评价怀州武德县："荥河近郊，覃怀旧趾。"④

此外，唐人墓志中评价一个地方时会提到代表河洛地区的"三川"。《刘俭墓志》说洛阳伊阙县为"地带三川，位隆百里，驯雉无赞，驱鸡有术"⑤。秦曾在河洛地区置"三川郡"，因境内有河、雒、伊三川得名，故墓志常常以"三川"比喻洛阳。《裴扬墓志》评价洛阳偃师："尸乡古隧，亳邑遗甿。""尸乡"，一作尸氏；即西亳，在今河南洛阳偃师西。"亳邑"，商代早期都邑。《王震墓志》中："宜阳古都"，宜阳为战国时期韩国设置的邑。再如在《王玄裕墓志》中描写滑州："滑台西跨，楚望南临"⑥，滑台，古地名，即今之河南省滑县。相传古有滑氏于此筑垒，后人筑以为城，高峻坚固，名之为滑台。

汴州也为中原核心区，水陆辐凑，人文荟萃，文教昌盛。《魏体玄墓志》之墓主曾担任过汴州司仓参军，其墓志评价汴州："荆河南控，蓬池北临，俗号神明，人知礼节。"⑦ 墓志虽有夸张的成分，但还是可以看出在唐人观念中汴州是深受儒教影响的地区，在唐人心目中具有较高的地位。汴州位于洛阳的东面，东接齐鲁，南临江淮，西控嵩岳，北据燕赵，地理位置十分重要，加上地势平坦，四通辐辏，特别是运河修建之后汴州的交通优势越发突显出来，成为唐代河南地区越来越重要的一个城市。《汴州纠曹厅壁记》中说："大梁当天下之要，总舟车制繁，控河朔之咽喉，通淮湖之运漕。"⑧ 这一交通优势在墓志中同样有所反映，《霍松龄墓志》评价汴州："梁宋城池，淮湖控引。"⑨ 交通的发达随之带来的是人员的增加和商业的发展。《梁焕墓志》中评价汴州："关东大邑，河南□郡，人庶殷阜，俾从持剧。"⑩

在唐人墓志中对汴州的直接评价虽然不多，但凡描写汴州，都会提到大

---

① 吴钢主编：《全唐文补遗》第 3 辑，第 293 页。
② 吴钢主编：《全唐文补遗》第 2 辑，第 380 页。
③ 吴钢主编：《全唐文补遗》第 3 辑，第 476 页。
④ 周绍良、赵超主编：《汇编续集》，开元 029，第 472 页。
⑤ 周绍良主编：《汇编》上，延载 006，第 864 页。
⑥ 吴钢主编：《全唐文补遗》第 3 辑，第 491 页。
⑦ 周绍良主编：《汇编》上，景龙 025，第 1098 页。
⑧ 《全唐文》卷 740《汴州纠曹厅壁记》，第 7649 页。
⑨ 吴钢主编：《全唐文补遗·千唐志斋新藏专辑》，第 92 页。
⑩ 周绍良主编：《汇编》下，开元 009，第 1156 页。

梁或者直接用大梁来代指汴州。《王震墓志》中说："大梁遗邑。"① 《崔无固墓志》中评价汴州："全魏之郡，大梁之墟。"② 《卢夫人墓志》中评价："大梁之都，少海之地。"③ 汴州附近还有一个地名也被提及，就是陈留。《杜忠良墓志》中写道："陈留故壤，蕴人物之多奇；大梁旧国，疏川原之作镇。"④ 陈留为春秋郑地，后为陈国所侵，故曰陈留。

二、齐鲁地区

齐鲁地区位于北纬 35°—38°的山东半岛，地处黄河以南淮水以北。唐文宗颁布的《南郊赦文》中说："河南诸镇，仍岁兵荒，百姓困穷，宜有蠲免。其郓、曹、濮、淄、青、衮、海及沧德管内齐州明年夏税钱，每贯放二百文，其税子每亩十分放二分"⑤，可以看出齐鲁地区在行政区划上属于"河南"的范畴，文化上则属于其中的一个亚区。

齐鲁地区在唐代处于河南道的东部，东临大海，南接淮南，北据幽蓟，西面河洛，包括登州、莱州、密州、青州、淄州、齐州、沂州、兖州、济州、郓州等地。这里地势平坦，平原和丘陵为主，濒临大海，"通工商之业，便鱼盐之利"。

齐鲁的名称来源于先秦时期的齐、鲁两国，齐国以临淄为国都，具有山东半岛东部的大片领土，鲁国以曲阜为都城，在山东半岛的西部。战国末年随着民族融合，齐鲁两国的文化也逐渐融合为一体，"齐鲁"形成了一个统一的文化圈，后来逐渐演变成一种地域概念。

洙泗本来指洙水和泗水，古洙水在泗州与泗水合流，会流至曲阜北，又分为二水，洙在北，泗水在南，后来慢慢演化成一种地域概念，加上孔子曾在洙泗之间讲学，渐渐地洙泗就演变成儒家文化发达、儒家教化盛行的地区或者直接代指儒学，这在唐代文献中比比皆是。《全唐文》中载："名儒袁颐、韦渠、牟列于学官，讲《左氏春秋》《小戴礼》，抠衣鼓箧之徒，溢于国庠，讲诵之声，如在洙泗。"⑥ 卢象在《赠广川马先生》言："人归洙泗学，歌盛舞

---

① 周绍良主编：《汇编》上，景龙 032，第 1104 页。
② 吴钢主编：《全唐文补遗》第 8 辑，第 9 页。
③ 周绍良主编：《汇编》下，开元 165，第 1270 页。
④ 吴钢主编：《全唐文补遗》第 2 辑，第 426 页。
⑤ 《全唐文》卷 75《南郊赦文》，第 792 页。
⑥ 《全唐文》卷 507《太中大夫守国子祭酒颍川县开国男赐紫金鱼袋赠户部尚书韩公行状》，第 5158 页。

雩风。"在唐人墓志《裴扮墓志》中评价泗州:"邑称洙泗,境接淮夷。高祖长亭,敝冠如在;夏王任土,浮磬犹存。舟车往复之郊,楚汉连衡之地。"①《程思义墓志》中对兖州龚丘县评价很高:"邹鲁化洽,洙泗风高。"②

　　齐鲁人民创造了辉煌灿烂的齐鲁文化,其中以儒家文化为核心。齐鲁是儒家文化发源地,受到儒家文化的熏陶与教化,这里一直保持着尊儒、崇儒的传统,文教昌明是齐鲁文化的一个重要特点。从汉代的《史记》《汉书》到隋唐时期的《通典》等正史文献中都关于齐鲁尊儒的记载。司马迁说:"邹、鲁滨洙、泗,犹有周公遗风,俗好儒,备于礼。"③《请树孔子庙碑疏》中说:"邹鲁旧邦,儒教所起。"唐代诗人李白曾在齐鲁地区居住过十几年,他在《春于姑熟送赵四流炎方序》说:"白以邹鲁多鸿儒,燕赵饶壮士,盖风土之然乎?"④他说邹鲁多儒生是因为风土的原因。他又在《兖州任城县令厅壁记》中对兖州地区的民风有着较为详细的描述:"土俗古远,风流清高,贤良闲生,掩映天下。""任者并于轻重,扶老携幼,尊尊亲亲,千载百年,再复鲁道。"⑤尊儒的文化特点在墓志资料中也有体现。《盖蕃墓志》称:"济泗旧川,风壤邻接,可谓孝悌之至,通于神明者欤。"⑥在儒家思想理念里,孝悌为人伦之本,是为人做学问的基础。受儒家文化的熏陶,在唐人的观念中认为齐鲁地区民风淳朴。元稹在《授刘总守司徒兼侍中天平军节度使制》中评价:"邹鲁之地,郓实居多,俗尚师儒,人推朴厚。"⑦《孟玄晟墓志》中也评价:"夫弋阳惟楚,海郡临齐,楚气则伤于剽悍,齐风则过于敦质。"⑧刘禹锡《天平军节度使厅壁记》云:"画野在下,鲁为儒乡。故其人知书,风俗信厚。"⑨王维《裴仆射济州遗爱碑》中赞颂济州在长官裴耀卿实行教化之后:"尊经于学校,鲁风载儒;加信于儿童,齐人不诈。"⑩

　　但唐人墓志对齐鲁之地的评价也是褒贬不一。一些墓志认为齐鲁民风"轻险""狡诈"。比如《张仁祎墓志》中志主曾担任齐州司法仓军事,墓志撰写者是朝议郎行洛州司功参军中山郎余令,他评价齐州:"三江带野,轻险成俗;

① 吴钢主编:《全唐文补遗》第2辑,第447页。
② 吴钢主编:《全唐文补遗》第3辑,第35页。
③ 《史记》卷129《货殖列传》,第3266页。
④ 《全唐文》卷349《春于姑熟送赵四流炎方序》,第3536页。
⑤ 《全唐文》卷350《兖州任城县令厅壁记》,第3543页。
⑥ 吴钢主编:《全唐文补遗》第1辑,第64页。
⑦ 《全唐文》卷648《授刘总守司徒兼侍中天平军节度使制》,第6566页。
⑧ 周绍良主编:《汇编》下,开元111,第1231页。
⑨ 陶敏、陶红雨校注:《刘禹锡全集编年校注》,长沙:岳麓书社,2003年,第1154页。
⑩ (唐)王维撰,陈铁民校注:《王维集校注》,北京:中华书局,2008年,第785页。

九河疏甸，狙诈实繁。"① 轻险，即轻躁奸险。《张齐丘墓志》的墓主曾任职
齐州山庄县，墓志作者河南府户曹魏承休这样评价齐州："控齐国东陵，割青
州西部。旧俗□诈，移风在人。"② 虽然这里缺一字，但还是可以看出撰写者
对齐州地区评价并不高。《崔志道墓志》中评价泰州万春县："地迩关河，人
多浇诈。"③ 再看看其他的州县，莱州位于山东半岛的东北部，西北和东南部
都临海，《赵怀珌墓志》墓主曾在莱州掖县担任县令，墓志评价："北海剽俗，
时为狡猾。"④ 短短几个字，概括了墓志撰写者对莱州的地理印象。究其原因，
可能由于齐鲁地区远离中原核心区，濒临海滨，商贾之风较盛行，与鲁地厚
重的农业文明与礼仪文化悠久有较大差异，风俗习惯也与中原地区大相径庭，
加上齐地有鱼盐之利，重视商业，重商的社会风气在中原士大夫心中地位不
高。《通典》中也记载："太公用之而富人，管仲资之而兴霸。人情变诈，好
行机术，岂因轻重而为弊乎！"⑤ 墓志撰写者大多为中原士大夫，他们认为齐
鲁地区民风"轻险""狡诈"，也是顺理成章。

第四节　唐人墓志中对河东地区的评价

唐代的河东，西面和南面为黄河，东面是太行山，北部抵达边塞。顾炎
武《日知录》称："河东、山西，一地也。唐之京师在关中，而其东则河，故
谓之河东。"⑥ "汾晋之地，王迹所基。"⑦ 李世民起兵太原，是李唐王朝的龙
兴之地，这使得河东地区在唐代地位颇为特殊。武德二年（619 年），刘武周
与宋金刚及尉迟敬德联合，使得刘武周掌握一支颇有战斗力的生力军，这支
队伍骁勇善战，使河东地区陷入严重的危机。高祖李渊下令："贼势如此，难
与争锋，宜弃河东之地，谨守关西而已。"⑧ 李世民看到后上表："太原，王业
所基，国之根本；河东富贵，京邑所资；若举而弃之，臣窃愤恨。"⑨ 并主动

①　周绍良主编：《汇编》上，仪凤 029，第 644 页。
②　吴钢主编：《全唐文补遗》第 3 辑，第 52 页。
③　周绍良主编：《汇编》上，永淳 022，第 700 页。
④　吴钢主编：《全唐文补遗》第 2 辑，第 563 页。
⑤　（唐）杜佑：《通典》卷 180《州郡十·风俗》，第 4768 页。
⑥　（清）顾炎武著，黄汝成集释：《日知录集释》卷 31，上海：上海古籍出版社，2006 年，第
1722 页。
⑦　《全唐文》卷 1《大赦并浩等州诏》，第 23 页。
⑧　《旧唐书》卷 2，第 25 页。
⑨　《资治通鉴》卷 187，武德二年十月癸卯，第 5868 页。

请缨，带领三万兵马解决了河东问题。因河东是唐朝的龙兴之地，在唐人墓志中对河东地区也多有称颂。《李述墓志》评价并州："晋阳帝乡，牧人著绩"[①]；《夏侯绚墓志》评价蒲州河东县："地邻襟带，是曰股肱，居之实难，非贤勿寄。"[②]《通典》中也记载蒲州："夫河东者，国之股肱郡也。劲锐强兵，尽出于是"[③]，可见河东地区对唐王朝的重要意义。

并州不仅是唐王朝的龙兴之地，也是唐虞古国的所在地，唐国相传是夏之封国，"昔帝尧为唐侯所封之国，按今博陵郡界有尧城，为尧始封之国，当是徙于此也"[④]。唐尧之国是唐王朝的基础，在唐人墓志中也提及古唐国，武王姬发子叔虞，被封于唐国，就有了叔虞封唐的故事，也是晋国的起源，这在唐人墓志中也多有阐发，《杨上及夫人墓志》中墓主的父亲曾是并州大都督，墓志中评价道："郊通房障，地接宝符，细侯竹马之乡，唐帝遗风之国，戎商混杂，必伫高才"[⑤]；《王晏墓志》中评价并州："封唐墺国"[⑥]；《元师奖墓志》中评价绛州："地临全晋，境接封唐"[⑦]，可见唐人对河东地区古老的文化及其与唐王朝的关系是十分推崇的。

河东地区尚武，民风骁勇，杜佑在《通典》中说："并州近狄，俗尚武艺，左右山河，古称重镇。"[⑧] 并且河东地区南北跨度较大，南部靠近河洛地区，北抵长城，靠近边塞，越往北这种尚武风气越重，且胡风明显。绛州位于河东地区的南部，靠近河洛地区，《王大礼墓志》评价绛州："强晋昔都，余韩故徙。俗称豪杰，人等利锥"[⑨]，对绛州骁勇的评价并不明显。蔚州、石州、岚州、代州、朔州等处于河东道的北部，靠近长城，"地控边陲，境联蕃籍"[⑩]。《皇甫惠墓志》中描写岚州："地邻荒徼，境控边隅，胡尘昼飞，汉柝宵警。"[⑪]荒徼，指荒远的边域，评价中充满着浓厚的边塞风情。《卢思壮墓志》中描写朔州："代郡戎马之郊。"[⑫]《张楚璋墓志》中有一段对忻州的评

① 吴钢主编：《全唐文补遗》第 6 辑，第 36 页。
② 周绍良、赵超主编：《汇编续集》，永徽 043，第 81 页。
③ （唐）杜佑：《通典》卷 179《州郡九·风俗》，第 954 页。
④ （唐）杜佑：《通典》卷 179《州郡九·风俗》，第 954 页。
⑤ 周绍良、赵超主编：《汇编续集》，垂拱 007，第 284 页。
⑥ 吴钢主编：《全唐文补遗》第 5 辑，第 25 页。
⑦ 吴钢主编：《全唐文补遗》第 3 辑，第 468 页。
⑧ （唐）杜佑：《通典》卷 179《州郡九·风俗》，第 954 页。
⑨ 吴钢主编：《全唐文补遗》第 3 辑，第 415—416 页。
⑩ 吴钢主编：《全唐文补遗》第 5 辑，第 76 页。
⑪ 吴钢主编：《全唐文补遗》第 8 辑，第 318 页。
⑫ 周绍良主编：《汇编》下，开元 262，第 1336 页。

价："土风骁悍，井邑偏卑，人无廉义，俗尚锋镝"①，这是河东地区北部尚武风气在墓志中的直接反映。到了忻州，这一尚武风气则更加浓厚，井邑，即市井；锋镝，刀刃和箭头，泛指兵器，也比喻尚武。

河东地区因农业资源有限，自古风气尚俭，以至于有"俭啬"之称。《陈思义墓志》中评价绛州："山连故绛，野接新田。魏俗浩穰，晋风俭啬。"②杜佑《通典》描写河东风俗："山西土瘠，其人去勤俭"③，关于俭啬的原因，杜佑归之为"土瘠"。但在《吕翁归墓志》中却并不认为河东土瘠："并汾之性，人杂虏风，宰民纠郡，非良才不可以久处。文水土沃利饶，其境甚阔，并汾豪猾，力占地利。令稍软弱，即必为侵□；刚段即又为谤讪。讪诉之惠，无虚月焉。"④墓志说太原土地肥沃，百姓久占地利，可见在经济方面勤俭上进。柳宗元在《问答·晋问》里解释俭啬风气的缘由："三河古帝王之更都焉，而平阳，尧之所理也，有茅茨、采椽、土型之度，故其人至于今俭啬。"茅茨、采椽、土型是简朴的象征，《汉书·艺文志》也说："茅屋采椽，是以贵俭。"所以在柳氏眼里河东俭啬是有帝尧之遗风。实际上《吕翁归墓志》以太原之地土地的肥沃平衍定论河东"土沃利饶"显然以偏概全，完全无视河东广大太行山区土地的贫瘠与生民的寒苦，柳宗元则从太原为上古唐尧之都来解释河东"俭啬"风气之由来，也并非抓住要害。河东不同地区地理各异，应该具体问题具体分析，因此唐人墓志中出现对河东的不同地域评价也属正常之理。

第五节　唐人墓志中对河朔地区的评价

今日河北在中国古代习称"河朔""燕赵"之地，地理范围大致西至太行山，东到大海，南界黄河，北抵边塞，其东南部为齐鲁地区，西边为河东。河北地区南北跨度大，呈狭长状，这点与河东地区相似，使得河朔地区南北部文化存在较大差异。常衮《李涵河北宣慰制》说："河朔一隅，地方千里，外捍夷狄，内辅成周。"⑤河北的南部，即卫州、魏州、相州、博州、洺州、

---

① 吴钢主编：《全唐文补遗》第 2 辑，第 478 页。
② 胡戟、荣新江主编：《大唐西市博物馆藏墓志》，第 377 页。
③ （唐）杜佑：《通典》卷 179《州郡九·风俗》，第 954 页。
④ 胡戟、荣新江主编：《大唐西市博物馆藏墓志》，第 895 页。
⑤ 《全唐文》卷 414《李涵河北宣慰制》，第 4240 页。

贝州为覃怀之地，春秋时属晋，战国时属韩、魏二国，在文化上与魏更为接近，在唐人地域观念中这里属于魏地。吴畦称："长河北控，太行东隅，粤有奥壤，厥为全魏。"① 李峤诗中说："映石先过魏，连城欲向秦。洛阳陪胜友，燕赵类佳人。"②《赵敏墓志》中评价相州："漳滏名区，卓荦控魏都之境。"③ 漳滏，漳水、滏水的并称，指这两条河流流经的地区。

河朔中部，大致包括恒州、冀州、深州、赵州、德州等地，"周为并州地，春秋时属鲜虞国，战国时属赵"④。河朔中部在唐人的观念中是赵地。《李震墓志》中描写赵州："全赵都会，邑居隐轸。上躔昇毕，却临燕蓟。"⑤ 而河北的北部，即恒州、定州、莫州、瀛州、易州、幽州、蓟州等地，在唐人的观念中属于燕地，这里先秦时为燕国的领地，《裴怀古墓志》中评价幽州："元戎巨防，晋野燕垂。"⑥ 所以河北有"燕南赵北"的说法。"燕南赵北"最早见于《后汉书》，内有童谣："燕南垂，赵北际，中央不合大如砺，唯有此中可避世。"⑦ 讲的是公孙瓒打败刘虞在幽州据重兵，修易京，筑高楼的事。《隋书·文帝纪》中也赞扬隋文帝的功绩"燕南赵北，实为天府"。这些在唐人墓志中也有所记载，《朱旻墓志》中评价定州："燕南旧壤，赵北余甿。"⑧ 所以在唐人心目中河北的中北部是燕赵属地，燕赵甚至是河北地区的代指，《赈关东等州诏》中说："河北燕赵之际，山西并潞所管，及蒲虞之郊，幽延以北，或春逢亢旱，秋遇霜淫。"⑨《敕择日告庙》："边境为患，莫甚于林胡；朝廷是虞，几烦于将帅。车徒屡出，刍粟载劳，使燕赵黎氓，略无宁岁。"⑩ 意思是边境的动乱让河北地区的百姓生活动荡。唐诗中也多有这样的看法，李白登邯郸洪波台感慨："我把两赤羽，来游燕赵间。天狼正可射，感激无时闲。观兵洪波台，倚剑望玉关。请缨不系越，且向燕然山。"⑪ 高适在《酬司空璲少府》中说："惊飙荡万木，秋气屯高原。燕赵何苍茫，鸿雁来翩翩。"⑫ 唐人

---

① 《全唐文》卷 805《唐赠左散骑常侍汝南韩公神道碑》，第 8469 页。
② 《全唐诗》卷 60《玉》，第 711 页。
③ 吴钢主编：《全唐文补遗·千唐志斋新藏专辑》，第 63 页。
④ （唐）李吉甫撰，贺次君点校：《元和郡县图志》，第 175 页。
⑤ 吴钢主编：《全唐文补遗》第 2 辑，第 206 页。
⑥ 吴钢主编：《全唐文补遗》第 9 辑，第 352 页。
⑦ 《后汉书》卷 73《刘虞公孙瓒陶谦列传》，第 2362 页。
⑧ 吴钢主编：《全唐文补遗》第 2 辑，第 295 页。
⑨ 《全唐文》卷 4《赈关东等州诏》，第 55 页。
⑩ 《全唐文》卷 284《敕择日告庙》，第 2882 页。
⑪ 《全唐诗》卷 180《登邯郸洪波台置酒观发兵》，第 1834 页。
⑫ 《全唐诗》卷 211《酬司空璲少府》，第 2193 页。

心目中，燕赵之地慷慨任侠，尚武成风，代表着地域性格与社会风气中雄健、阳刚的一面。

沧州在河北是较为特别的地区，它东部临海，靠着渤海湾，海岸线较长，风俗及社会状况与河北其他地区不同。《崔夷甫墓志》墓主曾担任沧州东光县令，墓志中对沧州有详细的描述："沧州僻在海甸，东光即其南鄙。控水津陆道，邮辋攸出。近鱼盐蒲苇之薮聚，耕桑之外，又多业焉。"① 因为近海的缘故，沧州在农桑之外还可以发展鱼盐之业。《李爽墓志》中评价沧州："三山却峙，九河前派。城临赵魏，路出幽燕。俗称殷阜，人多慓（剽）悍。"② 这条评价中，作者并不把沧州归为赵魏或者幽燕，而是把沧州独列出来，这或许与沧州独特的地理位置和经济产业有关。

韩愈说："燕赵古称多感慨悲歌之士。"③ 荆轲刺秦，易水送别，就是代表，"风萧萧兮易水寒，壮士一去兮不复还！"在河北地区南部，《隋书·地理志》中有关风俗的描写如下：

> 信都、清河、河间、博陵、恒山、赵郡、武安、襄国，其俗颇同。人性多敦厚，务在农桑，好尚儒学，而伤于迟重。前代称冀、幽之士钝如椎，盖取此焉。俗重气侠，好结朋党，其相赴死生，亦出于仁义。故班志述其土风，悲歌慷慨，椎剽掘冢，亦自古之所患。④

对于河北北部，《隋书·地理志》又记载："涿郡、上谷、渔阳、北平、安乐、辽西，皆连接边郡，习尚与太原同俗，故自古言勇侠者，皆推幽、并云。"⑤ 并说："涿郡、太原，自前代已来，皆多文雅之士，虽俱曰边郡，然风教不为比也。"⑥ 从《隋书》的评价中可以看出河北地区当时的风俗有个特点，即重侠气。这在唐代的史料中也可以见到，钱起《逢侠者》曰："燕赵悲歌士，相逢剧孟家"⑦；杜牧说："壮气盖燕赵，耽耽魁杰人"⑧。韦应物在《鼙鼓行》中说："又如虏骑截辽水，胡马不食仰朔天。座中亦有燕赵士，闻鼙不语客心

① 吴钢主编：《全唐文补遗》第3辑，第96页。
② 吴钢主编：《全唐文补遗》第1辑，第47页。
③ 《全唐文》卷555《送董邵南序》，第5616页。
④ 《隋书》卷30《地理志》，第859页。
⑤ 《隋书》卷30《地理志》，第860页。
⑥ 《隋书》卷30《地理志》，第860页。
⑦ 《全唐文》卷555《送董邵南序》，第5616页。
⑧ 《全唐诗》卷520《史将军二首》，第5949页。

死。"①鼙鼓响，战事起，作者渲染了紧张、豪迈的气氛，作为燕赵人应当保卫家乡奋力杀敌，也从侧面反映出河北人的好气任侠。与唐诗相印证，墓志对此也多有涉及，《裴扐墓志》描写冀州风俗："上党武乡，风云成俗。"②《许崇及妻合葬墓志》评价恒州："城邻代野，塞□胡郊，俗□雄边，人多侠气。"③虽然缺两字，但还是能看出墓志中对河北人重侠气的评价。

河北地区百姓重侠气的特点随着位置越靠近北方边塞越明显。河北北部与游牧民族接壤，处在农耕文化与游牧文化的融合和冲突的前言，在民风民俗上受游牧民族的影响较大，例如幽蓟地区，在唐人地域观念中就是边塞。《董力墓志》说幽州："蓟门驰誉，榆塞飞声。"④"榆塞"泛称边关、边塞。《李信墓志》评价幽州昌平县（今北京昌平区）："县冲要壤，豪彦连骦。塞草才衰，北藩多警。"⑤"骦"一是指野马，还有也指带有"骦"字的军旗，整个县都有边塞的氛围。《刘观墓志》也评价幽州："北临蓟野，才驱胡马之郊；东渐桑河，遂廓粘蝉之涔。"⑥

唐代安史之乱之后，河北地区的胡化现象严重，文教水平直线下降。陈寅恪先生说："在李唐最盛之时即玄宗之世，东汉、魏晋、北朝文化最高之河朔地域，其胡化亦已开始。"⑦《唐故范阳卢秀才墓志》对此有一段典型描写：

> 自天宝后，三代或仕燕，或仕赵，两地皆多良田畜马。生年二十，未知古有人曰周公、孔夫子者，击球饮酒，策马射走兔，语言习尚，无非攻守战斗之事。镇州有儒者黄建，镇人敬之，呼为先生，建因语生以先王儒学之道，因复曰："自河而南，有土地数万里，可以燕、赵比者百数十处。有西京、东京，西京有天子，公卿、士人眭居两京间，皆亿万家，万国皆持其土产，出其珍异，时节朝贡，一取约束。无禁限疑忌，广大宽易，嬉游终日。但能为先王儒学之道，可得其公卿之位，显荣富贵，流及子孙，至老不见战争杀戮。"生立悟其言，即阴约母弟云，窃家骏马，日驰三百里，夜抵襄国界，舍马步行，径入王屋山，请诣道士

---

① 《全唐诗》卷194《鼙鼓行》，第2000页。
② 吴钢主编：《全唐文补遗》第2辑，第447页。
③ 周绍良主编：《汇编》上，景龙020，第1093页。
④ 吴钢主编：《全唐文补遗》第2辑，第268页。
⑤ 吴钢主编：《全唐文补遗》第4辑，第337页。
⑥ 吴钢主编：《全唐文补遗》第7辑，第311页。
⑦ 陈寅恪：《唐代政治史述论稿》，上海：上海古籍出版社，1982年，第27页。

观。道士怜之，置之门外庑下，席地而处。始闻《孝经》《论语》。①

"击球饮酒，策马射走兔，语言习尚，无非攻守战斗之事"，可以看出当时燕赵地区风俗胡化已经日趋严重，但所作所为无非攻守打战之事，可见尚武风气之盛，当然同时也就意味着儒化礼义文教相对衰弱。墓主二十岁"未知古有人曰周公、孔夫子""始闻《孝经》《论语》"，卢秀才虽只是河北地区的个案，但是在一定程度上可以说明燕赵地区在唐后期儒风不倡、文教水平的落后。

第六节　唐人墓志中对陇右及其河西地区的评价

陇右地区的"陇"以陇山为地理标志，古人以西为右，故称陇山以西为陇右，又称陇西。唐代不同的时期随着国力的变化对陇西地区的控制力是不同的。贞观元年唐太宗将全国划分为关内、河南、河东、河北、山南、陇右、淮南、江南、剑南、岭南等十道，开元年间又将江南、山南各分为东西，并增加京畿、都畿和黔中道，形成了十五道的格局。唐初是整个唐代控制陇右道地区面积最为广阔的时期，最西到达咸海，北部到巴尔科什湖，南到昆仑山脉。唐睿宗景云二年（711 年），分山南道为东西两道，黄河以西分为河西道，但河西道存在时间并不长。开元二十一年（733 年）的陇右道面积相对缩小，北部和南部的范围不变，而西面大大东退了，唐玄宗时期的陇右道最西到达葱岭地区。安史之乱期间吐蕃趁机占领了陇右地区，使得唐后期中央丧失了对陇右地区的控制权。

关于陇右地区的范围说法不一，本节探讨的陇右，东起陇山（六盘山）西北延伸至北山，包括青海湖和祁连山等地，即狭义上的陇右地区和河西走廊。其在地理单元上位于黄土高原西部及青藏、内蒙古和黄土三大高原的结合部，自然条件较为独特。陇右地区深居内陆，以大陆性气候为主，干燥少雨，多发展畜牧业，河西走廊地区因为祁连山的冰雪融水灌溉，存在很多绿洲，形成了以绿洲为中心的农耕文化和以广阔的戈壁草原为主的游牧文化区。整个地区呈长条状，西北东南走向，起着沟通中西文化和商贸的重要作用。

陇山在唐人的地域观念中有着重要的意义，陇山是军事上的重要屏障，元载《城原州议》中说：

---

① 《全唐文》卷 755《唐故范阳卢秀才墓志》，第 7824 页。

四镇北庭，既治泾州，无险要可守。陇山高峻，南连秦岭，北抵大河。今国家西境尽潘原，而吐蕃戍摧沙堡。原州居其中间，当陇山之口，其西皆监牧故地，草肥水美。平凉在其东，独耕一县，可给军食。故垒尚存，吐蕃弃而不居。每岁夏，吐蕃畜牧青海，去塞甚远，若乘间筑之，二旬可毕。移京西军戍原州，移郭子仪戍泾州，为之根本，分兵守石门、木峡，渐开陇右，进达安西，据吐蕃腹心，则朝廷可高枕无忧矣。①

这里虽然指出了建城原州的战略价值，也间接地突出了陇山的军事地位。在唐人的观念里，一提到陇右地区便联想到了边塞与战争，比如叠州（今甘肃迭部县），《马神威墓志》中评价叠州："地连金满，境枕砂场。"② 这里"砂场"即战场，李白《从军行》有"百战砂场碎铁衣，城南已合数重围"③，即指此意。《张怀寂墓志》说得更为具体："此州境邻浑寇，地带山岩，烽候屡惊，草窃为弊。"④ 叠州地近边塞，位于秦岭北侧，是陇右的军事重镇，墓志评价中往往突出边境战事紧张、草木皆兵的感觉，陇右在包括唐人墓志的地理意象中总是带有鲜明的边塞军疲劳感现象。

唐代前期国力较强，对西北控制力度大，陇右道面积辽阔，但是即使这样，在唐人的地域观念中也并没有把陇右地区划为中华文化区，而认为此地最多是胡汉杂糅之地。汉武帝时期武力驱逐匈奴，军事征服河西地区后，便使大量百姓迁徙河西，实行戍屯与民垦双层战略，巩固统治。移民政策改变了陇右地区民族成分的构成，使当地各民族形成相互交错杂居的状态。之后的王朝也继承了汉代的做法，军事戍垦，所以唐代的陇右地区也是一种华夷交杂的状态。秦州（今甘肃天水）位于甘肃东南部的秦岭山地，渭河支流和西汉水的上游，是黄河、长江两大流域的分水岭，也是秦王朝、秦文化的发祥地，在农业上比陇东其他地区更为发达，但在唐人地域观念中，秦州仍然属于边塞之地。《全唐文》即谓秦州是"地连陇蜀，城控边陲"⑤。唐人墓志《于荣德墓志》则对秦州的边塞地理及其人文环境有更加生动具体的评价："山接西倾，地连南部。务交戎马，俗半华夷。"⑥ 凉州（今甘肃武威），地处甘肃西北，河西走廊的东端，祁连山北麓，《册乔师望凉州刺史文》中载："玉

① 《全唐文》卷 369《城原州议》，第 3743 页。
② 吴钢主编：《全唐文补遗》第 5 辑，第 256 页。
③ 《全唐诗》卷 184《从军行》，第 1876 页。
④ 吴钢主编：《全唐文补遗》第 6 辑，第 339 页。
⑤ 《全唐文》卷 820《授孙储秦州节度使制》，第 8642 页。
⑥ 吴钢主编：《全唐文补遗》第 8 辑，第 17 页。

门远控，金城遐阻，人兼北狄，地杂西戎。"① 金城是甘肃兰州的别称，可见在唐人心目中，凉州已经属于汉胡混杂、胡风甚盛之地。

安史之乱以后，吐蕃乘机东侵，占领河陇大半地区，陇右之地不仅成为边境之地，而且有不少戎胡东迁，形成胡汉混居交错局面。唐人认为在民风民俗方面，陇右地区受北方少数民族的影响，强悍刚勇。《张金刚墓志》中评价宕州宕昌郡（今甘肃宕昌）："宕昌地据巴东，控引□濮。人情驳杂，□难训诱。"② 宕州即今日甘肃陇南市之宕昌县，地近蜀、陇，也是关中经过凤州、河池（徽县）西去剑南的陇蜀道交通要道。由于靠近剑南道，又处在陇右地区的南部，墓志中都认为宕州人情混杂。虽然"地据巴东"有一定地理概念上的错误，但强调该地汉胡混杂的人口地理形势则是准确的。《张弘墓志》评价河州："黄牛极野，地接瑶池；白马遗氓，俗邻砂塞。人多杰黠，家务豪华。"③ 这里"杰黠"，应为凶猛而狡诈之意。河州为今甘肃省临夏回族自治州，为甘南之地，唐代为蜀陇之边塞，也是吐蕃南下犯蜀之交通要道。墓志以"黄牛极野""地接瑶池""白马遗氓"等寥寥数语，即将河州一带的农牧风光、历史传说及民族分布特征等做了典型刻画，给人印象深刻。但唐人墓志中此类边塞地区的地域评价往往突出的是胡风盛行、文化落后的地理意象。

第七节　唐人墓志中对巴蜀地区的评价

唐代的巴蜀地区从行政区划而言主要指山南西道、剑南东川道、剑南西川道，自然地理范围则主要指秦巴山地、长江三峡及以西，大渡河以北、岷山以东广袤之地。在唐初贞观十道中，巴蜀地区分属剑南道、山南道。开元年间唐玄宗将全国分为十五道，巴蜀地区为剑南道、山南西道、山南东道和黔中道。在行政区划上相当于今天的四川、重庆市的绝大部分地区外，还包括今天陕南的汉中、安康及鄂西北等地。

巴蜀地区主体在四川盆地。四川盆地西依青藏高原和横断山脉，北近秦巴山脉，与汉中盆地相望，东接湘鄂西山地，南连云贵高原，四面环山造成了巴蜀地区交通的闭塞。于武陵说："蜀国少平地"④，李白在《蜀道难》大发

① 《全唐文》卷14《册乔师望凉州刺史文》，第169页。
② 吴钢主编：《全唐文补遗》第2辑，第144页。
③ 周绍良主编：《汇编》上，咸亨062，第553—554页。
④ 《全唐诗》卷725《过百牢关贻舟中者》，第8316页。

感叹："蜀道难，难于上青天……剑阁峥嵘而崔嵬，一夫当关，万夫莫开。"[①]卢照邻《大剑送别刘右史》中写道："金碧禺山远，关梁蜀道难。相逢属晚岁，相送动征鞍。地咽绵川冷，云凝剑阁寒。"[②]唐人墓志中，一些曾经仕宦巴蜀地区官员的墓志中就有对巴蜀交通艰难的反映。《李畅墓志》中墓主出任梁州刺史时评价："梁山形胜，据三蜀之门"[③]，梁山指今陕西汉中市，是古代秦蜀古道必经之地，也是秦陇通往巴蜀的交通咽喉，因此墓志说汉中"据三蜀之门"，显然抓住了要害，揭示了汉中秦蜀交通地理中的重要地位。梓州（今四川绵阳市三台县）与剑阁都是唐代蜀地的政治地理与自然地理的重要地标，《刘彦之墓志》中墓主出任梓州长史感叹蜀道难行："剑关地险，昔遵束马之来；蜀镇星连，再奉题舆之寄。"[④]剑关即剑门关。唐人墓志中形容蜀地的语汇中，"铜梁""剑阁"等地名常常是代表性象征，如《王大义墓志》中墓主被派任到雅州名山县（今四川雅安）做县尉，描写途中经历，感叹"铜梁地偏，剑阁天险"[⑤]。前者当典出西晋左思《蜀都赋》之"外负铜梁于宕渠，内函要害于膏腴"。古人认为铜梁地势险要，地当巴蜀交界，自然成为形容巴蜀之地的象征。

　　正是由于巴蜀地区交通不便、闭塞，在地理空间上会给人们带来偏僻、遥远的直观感受。唐初官方行文中对巴蜀之地即有这样的用语："西蜀僻远，控接巴夷，厥土沃饶，山川遐旷。"[⑥]杜甫《送李卿晔》云："暮景巴蜀僻，春风江汉清。"[⑦]陈陶《梓州与温商夜别》中说："明日又行西蜀路，不堪天际远山重。"[⑧]李群玉说："蜀国地西极，吴门天一涯。"[⑨]《刘俭墓志》中墓主刘俭曾在乾封中释褐任职益州蜀县县丞，墓志铭中评价蜀县："玉垒遥墟，剑门遐徼，地邻巴汉，境带岷禺。"[⑩]"玉垒"，即玉垒山，在成都西北岷山界，多代指成都，"遐徼"意指边远之地。

　　虽然巴蜀被认定为同一个文化地域范围，但还是存在较为明显的内部差

① 《全唐诗》卷 162《蜀道难》，第 1680—1681 页。
② 《全唐诗》卷 41《大剑送别刘右史》，第 517 页。
③ 周绍良、赵超主编：《汇编续集》，开元 095，第 519 页。
④ 周绍良主编：《汇编》下，开元 055，第 1192 页。
⑤ 周绍良主编：《汇编》下，开元 120，第 1237 页。
⑥ 《全唐文》卷 2《遣使安抚益州诏》，第 27 页。
⑦ 《全唐诗》卷 227《送李卿晔》，第 2470 页。
⑧ 《全唐诗》卷 348《梓州与温商夜别》，第 3890 页。
⑨ 《全唐诗》卷 569《湖阁晓晴寄呈从翁二首》，第 6593 页。
⑩ 周绍良主编：《汇编》上，延载 006，第 864 页。

异，唐人显然已经发现其差异性。唐诗言："西蜀三千里，巴南水一方"①，根据其东西两部分，可分为蜀地和巴渝。在唐人的地域观念中，蜀地是富饶的。蜀地位于长江上游川西平原，温暖湿润，土地肥沃，物产丰富。特别是成都平原，有都江堰灌溉，沃野千里，"水旱从人，不知饥馑"。成都是当时全国闻名的大都市，有着"扬一益二"的美名。《司马韦君墓志》中说："西蜀名区，旧称饶衍"②，这与《全唐文》中《秦王益州道行台制》中所称"蜀郡沃野"③如出一辙，同书《遣使安抚益州诏》中也称其"厥土沃饶"。《授白敏中西川节度使制》中评价："况梁岷巨镇，全蜀奥区，有彭濮之富饶，带巴峡之险要。"④濮族，是商周时期的古民族，主要居住楚国西南部，即今重庆南部、四川南部、贵州、云南等地。《华阳国志》记载："宁州，晋泰始六年初置，蜀之南中诸郡，庲降都督治也。南中在昔盖夷越之地，滇濮、句町、夜郎、叶榆、桐师、嶲唐侯王国以十数。编发左衽，随畜迁徙，莫能相雄长。"⑤在唐代，但凡长安核心政治区受到战乱的威胁，蜀地总是避乱的不二选择。天宝十四载（755年）安史之乱，叛军势如破竹南下，唐中央政权受到威胁时，高力士向玄宗提议："剑南虽窄，土富人繁，表里江山，内外险固，以臣所料，蜀道可行。"⑥唐末黄巢起义军席卷了唐朝半壁江山，唐僖宗避乱入蜀，很多士族也到蜀地躲避战乱。由此可见，在唐人的观念中蜀中是安定富庶的大后方。

蜀地又被称为"蚕丛之国"。蚕丛，又称蚕丛氏，是远古时期的蜀王，《华阳国志》中记载："有蜀侯蚕丛，其目纵，始称王。"⑦蚕丛是位养蚕专家，衣青衣教民蚕桑。蜀地桑蚕丝织业起源早，丝织业发达，生产的蜀锦声名远扬。皮日休说："南越贡珠玑，西蜀进罗绮。到京未晨旦，一一见天子。"⑧蜀锦是当时蜀地进贡的贡品，织造工艺上乘，备受贵族的喜爱。花蕊夫人曾描述："山楼彩凤栖寒月，宴殿金麟吐御香。蜀锦地衣呈队舞，教头先出拜君王"⑨；杜

① 《全唐诗》卷291《送客之蜀》，第3306页。
② 周绍良、赵超主编：《汇编续集》，天宝095，第651页。
③ 《全唐文》卷1《秦王益州道行台制》，第19页。
④ 《全唐文》卷763《授白敏中西川节度使制》，第7928页。
⑤ （晋）常璩撰，刘琳校注：《华阳国志校注》卷4《南中志》，成都：巴蜀书社，1984年，第333页。
⑥ 《通鉴考异》卷14《上意在入蜀》。
⑦ （晋）常璩撰，刘琳校注：《华阳国志校注》卷3《蜀志》，第181页。
⑧ 《全唐诗》卷608《正乐府十篇·贱贡士》，第7020页。
⑨ 《全唐诗》卷798《宫词》，第8973页。

甫也说："缫丝须长不须白，越罗蜀锦金粟尺。"① 蜀锦在唐人心目中已逐渐成为奢华富丽的象征。《李延佑墓志》中墓主在担任益州大都督府士曹参军事时，在益州有过生活的经历，墓志中评价蜀地为"西南奥府，雕绮实繁，镌镂参神，精妍若化，纤罗云卷，绚锦霞缛，百工所就，四海是资"②，这与元人费著《岁华纪丽谱》中有关唐宋成都的城市经济繁华描绘何其相似！从墓志中看出，墓主认为蜀地丝织业织造技术高超、规模庞大，蜀锦工艺精细复杂，反映出隋唐时期是蜀锦发展史上的一个高峰，蜀锦也成为蜀地的代表符号之一。

以成都平原为中心的巴蜀地区尽管四塞险固，经济富庶，但在地理环境上毕竟距离国家政治中心京洛之地偏远，民俗文化风气上以享乐、奢靡为主，因此唐人墓志在赞美成都平原经济繁荣的同时，对巴蜀地区的民风评价往往带有一定贬义。《韦綝墓志》中墓主曾担任过成都县令，墓志中对成都有如此评价："蜀塞名区，岷江奥壤，地非敦朴，人尚浇讹。"③ 墓主韦綝是京兆杜陵人，作为一个中原地区的士大夫，对偏于西南的巴蜀充斥着鄙夷、贬低之意。柳宗元《剑门铭（并序）》即言："惟蜀都重险多货，混同戎蛮，人尨俗剽，嗜为寇乱。"④ 唐人墓志中这样的评价也不少，尤其是对戎州、嘉州、泸州、邛州等南部州县。戎州地处蜀西南，《高元墓志》说戎州郁鄹县："路出碧鸡之岭，城枕青神之祠。风俗浃于蛮陬，讴歌韵于夷唱"⑤，墓志评价戎州地区的蛮俗很有代表性。《薛锐墓志》评价邛州："邛僰风讹，俗多浇梗。"⑥ 邛僰，汉代临邛、僰道的并称，相当于现在的邛崃、宜宾一带。

究其缘由，主要是因为巴蜀偏居西南一隅，西临吐蕃，南部靠近南诏，剑南道南部的戎州、嘉州、泸州等地与西南蛮夷接壤，是控制西南夷的前驱阵地，唐玄宗开元二十一年（733 年），"又于边郡置节度使，以式遏夷，成都为剑南节度理所，西抗土蕃，南抚蛮撩"⑦。高适《请罢东川节度使疏》说：

> 剑南虽名东西两川，其实一道，自邛关、黎、雅，界于南蛮也。茂州而西，经羌中，至平戎数城，界于吐蕃也。临边小郡，各举军戎，并

---

① 《全唐诗》卷 216《白丝行》，第 2255 页。
② 周绍良主编：《汇编》上，神龙 037，第 1067 页。
③ 周绍良、赵超主编：《汇编续集》，永昌 003，第 299 页。
④ 《全唐文》卷 584《剑门铭（并序）》，第 5894 页。
⑤ 胡戟、荣新江主编：《大唐西市博物馆藏墓志》，第 277 页。
⑥ 胡戟、荣新江主编：《大唐西市博物馆藏墓志》，第 493 页。
⑦ （唐）李吉甫撰，贺次君点校：《元和郡县图志》卷 31《剑南道》。

取给于剑南。①

唐人对巴蜀评价首先着眼于其人文地理的区位特征方面："蜀形胜之地也，南控蛮蜑，西搤戎羌，厉禁之劳。"②特殊的地理位置，让巴蜀地区在得到唐人对其经济上的赞扬的同时，又受到很多贬义的评价，尤其是在民风习俗上。《姚无陂墓志》中评价绵州神泉县（治在今四川安县南五十里塔水镇）："俗带岷峨，人多狡猾。"③岷峨，是岷山和峨眉山的并称，岷山，又称西山，值得注意的是，在唐人的地域观念中，岷山和峨眉山算是一道区分华夷的地理分界线，杜甫《西山三首》注曰："即岷山，捍阻羌夷，全蜀巨障。"④峨眉山位于嘉州，靠近南诏，岷峨成了南蛮的代表。岑参说："剖竹向西蜀，岷峨眇天涯。"⑤实际上唐代巴蜀地区已经地处王朝国家的西部边疆地带，西北、西南皆与蛮夷相邻甚至混杂，刘禹锡所说"县道带蛮夷，山川扼陇蜀"⑥，实际上是蜀地许多地方的地缘政治特点。出于对"华夷之防"的敏感，唐人的地域评价对巴蜀地区并非完全赞美，戎夷的杂居，民风的奢靡，儒风的淡薄，也都是常常见诸墓志的"微词"。

第八节　唐人墓志中对荆楚地区的评价

唐人地理观念中，荆楚又称荆湘，甚至常常与"长沙"相认同，所指主要为今湖北与湖南。《全唐文》卷九《册荆州都督荆王元景诏》中说："荆衡作镇，江汉为纪，包括巴濮之域，跨蹑吴越之郊。"⑦荆楚南面靠近湖湘，西邻黔中并以大巴山、武陵山与巴蜀地区交界，北有桐柏山、大别山与中原分野，东有罗霄山脉与江西相隔，至于东北的界线，唐景云二年（711年）的《崔素臣墓志》这样评价蕲州（今湖北蕲春）地理位置："境控淮潮，山连楚服"，墓志作者认为蕲州还是在楚的范围，而唐太宗李世民《册李勣改封英国公文》也说："蕲黄之地，滨带江淮"⑧，所以荆楚地区应包含今鄂东北的蕲黄一带。

---

① 《全唐文》卷357《请罢东川节度使疏》，第3627页。
② 《全唐文》卷647《剑南西川节度使下将士史宪等叙勋制》，第6553—6554页。
③ 吴钢主编：《全唐文补遗》第8辑，第7页。
④ 《全唐诗》卷227《西山三首》，第2469页。
⑤ 《全唐诗》卷198《与鲜于庶子自梓州成都少尹自襄城同行至利州道中作》，第2044页。
⑥ 《全唐文》卷606《山南西道节度使厅壁记》，第629页。
⑦ 《全唐文》卷9《册荆州都督荆王元景诏》，第106页。
⑧ 《全唐文》卷9《册李勣改封英国公文》，第112—113页。

唐人在文化归属上认为荆楚为"楚"地，《授裴休荆南节度使制》中说："全楚奥区，荆衡重地，凑舟车之都会，控湖岭之要冲。"①"荆"，指的是洞庭湖以北，"衡"代表的是洞庭湖以南。在这个地域范围里，唐人对其内部空间差异还是有明显感知的。洞庭以南，在唐人的地域观念中为湘中，《湖南都团练副使厅壁记》中说："湘中七郡，罗压上游，右振群蛮，左驰瓯越，控交、广之户牖，扼吴、蜀之咽喉，翼张四隅，襟束万里，半天下之安危系焉。"② 也有称为湘沅，《袁希范墓志》中说到潭州时，评价"湘沅旧俗，应推择而宰辞曹"③；皇曾说："南岳满湘沅"④；《感旧赋》中说："泣贾谊于长沙，痛屈平于湘沅"⑤。

在自然环境上，湘中著名的有澧水、沅水、资水、湘水等，构成了洞庭湖水系。在唐人的眼中，湘中自然环境"卑湿"，生存状况恶劣。戴叔伦《过贾谊旧居》中说："楚乡卑湿叹殊方，鹏赋人非宅已荒。"⑥李群玉《读贾谊传》说："卑湿长沙地，空抛出世才。"⑦张均《岳阳晚景》中也感叹："长沙卑湿地，九月未成衣。"⑧刘禹锡感慨道："邑邑何邑邑，长沙地卑湿。"⑨白居易也对荆楚连绵不绝的雨水感慨："卑湿沙头宅，连阴雨夜天。共听檐溜滴，心事两悠然。"⑩就连当地人胡曾也说："故乡犹自嫌卑湿，何况当时赋鹏人。"⑪赋鹏人指的是贾谊。

在唐代，长沙不仅是地名，还是一种地域概念，且它的地域范围是存在争议的。《崔偃墓志》中评价湘潭（今湖南湘潭）："长沙地卑，蒸湿为疠。"⑫在墓志撰写者的观念中，湘潭是属于"长沙"范围内的。《刘齐贤墓志》中评价吉州（今江西吉安）时说："长沙地湿，仰妖傀而增怀；岭障氛连，观跖鸢而丧魄"⑬，认为吉州也属于"长沙"范围内。《李爽墓志》中墓主因被贬黜，

---

① 《全唐文》卷 83《授裴休荆南节度使制》，第 869 页。
② 《全唐文》卷 628《湖南都团练副使厅壁记》，第 6339 页。
③ 周绍良主编：《汇编》上，垂拱 059，第 770 页。
④ 《全唐诗》卷 210《赠沛禅师》，第 2186 页。
⑤ 《全唐文》卷 358，《感旧赋》，第 3634 页。
⑥ 《全唐诗》卷 273《过贾谊旧居》，第 3094 页。
⑦ 《全唐诗》卷 570《读贾谊传》，第 6607 页。
⑧ 《全唐诗》卷 90《岳阳晚景》，第 985 页。
⑨ 《全唐诗》卷 355《谪居悼往二首》，第 3984 页。
⑩ 《全唐诗》卷 439《雨夜赠元十八》，第 4888 页。
⑪ 《全唐诗》卷 647《咏史诗·长沙》，第 7422 页。
⑫ 吴钢主编：《全唐文补遗》第 1 辑，第 275 页。
⑬ 洛阳市文物事业管理局、洛阳市文物工作队编：《刺史行事录》，北京：北京图书馆出版社，2006 年，第 275 页。

远托瓯闽，墓志中说："涔阳极浦，空嗟臭物；长沙卑湿，方叹恶禽。"① 所以，"长沙"在唐人眼中的范围十分广，且边界模糊，甚至认为整个南方都属于"长沙"的范畴。

湘中地区不仅卑湿，气温相对北方来说偏高，在当时北方人眼中是炎热的。《长沙土风碑铭（并序）》中说："地边岭瘴，大抵炎热。"② 《崔偃墓志》中说："长沙地卑，蒸湿为疠。"③ 这种既炎热又潮湿的气候风土在北方人眼中是容易致病的。元稹曾贬至江陵，他有很多诗歌是描写荆楚地理风物的，《玉泉道中作》中写道："楚俗物候晚，孟冬才有霜"④，其又在《苦雨》中说："炎蒸安敢倦，虫豸何时无"⑤。在唐人看来，湘中地区既炎热又潮湿的气候对北方人来说不能适应，也是容易致病的。

唐人对湘中地区的地理感知大多是种荒凉、萧条的印象。李咸诗说："湘川湘岸两荒凉，孤雁号空动旅肠"⑥；郎士元《送长沙韦明府》诗也谓："秋入长沙县，萧条旅宦心"⑦。这种荒凉更体现在人烟稀少，杜牧《送友人游湖南》："楚南饶风烟，湘岸苦萦宛。山密夕阳多，人稀芳草远。"⑧ 究其原因，当与唐代湘中地区人口稀少，经济开发尚欠发达相关。同时，唐人认为湘中地区较为偏远，唐诗中的湘中地理意象很多与谪贬、送别有关。柳宗元《送李渭赴京师序》中说："过洞庭上湘江，非有罪左迁者罕至"⑨；王昌龄在《寄陶副使》写道："闻道将军破海门，如何远谪渡湘沅"⑩；杨凭《湘江泛舟》载："湘川洛浦三千里，地角天涯南北遥"⑪。在唐代北人的观念里，长沙是一道分界线，长沙以南地区就是偏远南荒凉之地了，尤其心理上形成的悲凉的遥远感。王建《赠谪者》："何罪过长沙，年年北望家。重封岭头信，一树海边花。"⑫湘南与岭南相接，而岭南在唐为流贬谪迁之地，与京、洛相距万水千山，产生地理感知上的遥远、凄凉感也是自然的。

---

① 吴钢主编：《全唐文补遗》第 1 辑，第 47 页。
② 周绍良主编：《全唐文新编》卷 375《长沙土风碑铭（并序）》，第 4329 页。
③ 吴钢主编：《全唐文补遗》第 1 辑，第 275 页。
④ 《全唐诗》卷 402《玉泉道中作》，第 4497 页。
⑤ 《全唐诗》卷 397《苦雨》，第 4458 页。
⑥ 《全唐诗》卷 646《和人湘中作》，第 7405 页。
⑦ 《全唐诗》卷 248《送长沙韦明府》，第 2781 页。
⑧ 《全唐诗》卷 520《送友人游湖南》，第 5944 页。
⑨ 《全唐文》卷 578《送李渭赴京师序》，第 5840 页。
⑩ 《全唐诗》卷 143《寄陶副使》，第 1446 页。
⑪ 《全唐诗》卷 289《湘江泛舟》，第 3296 页。
⑫ 《全唐诗》卷 301《赠谪者》，第 3421 页。

唐人似乎更多关注荆州（南），这在唐人代替皇帝起草的制文中多有反映。在唐人的观念中，荆南交通区位重要，无论水路或陆路交通都有明显的优势。唐文宗在《授李石荆南节度使制》说："乃眷荆门，东南巨镇，山川重险，舟车要冲。"[①] 唐懿宗在《授萧邺荆南节度使制》也谓："地控南荆，土连全蜀，扼五岭之通道，当七泽之要津。"[②]《阳俭墓志》则评价荆州："此州盘错浩穰，商橹殷凑。论其要害，则河洛之南门；考其山川，则洞庭之北塞。平临梦泽，前辖荆门。对巫峡之烟波，见阳台之云雨。"[③] 墓志不仅指出荆州土地肥沃、商贾云集，还详细评价了荆州地理位置的重要性，荆州向北沟通河洛，往南接连洞庭，西可入巴蜀，顺长江而下即可达江南。

民俗是与民风相对而言的一个概念，多指一个地区居民的习惯时尚。张伟然认为，民俗是社会之约定，民风为本，民俗为末[④]，可谓深刻之见。湘地楚人喜好划龙舟，称之为"竞渡"。关于这一习俗的起源，《隋书·地理志》中记载：

> 昔屈原为制九歌，盖由此也。屈原以五月望日赴汨罗，土人追至洞庭不见，湖大船小，莫得济者，乃歌曰：'何由得渡湖！'因尔鼓棹争归，竞会亭上，习以相传，为竞渡之戏。[⑤]

相传是因为汨罗地区的渔民划舟抢救屈原未果，便用竹叶包裹的糯米投入江中以祭祀屈原。因此端午划龙舟和吃粽子便成了习俗保留了下来。范慥《竞渡赋》中说：

> 楚之人兮有舟利于涉者，节以楫师而竞驰，因汨罗拯溺之事，为江汉载浮之嬉。以娱黎烝，以穆风俗，故岁习而无亏。尔其月维仲夏，节次端午，则大魁分曹，决胜河浒。饰画舸以争丽，建彩标而竞取，聿来肇自于北津，所届眇期于南浦。[⑥]

荆楚地区民俗好鬼神、重视祭祀。这种祭祀之风来源已久，《汉书·地理志》曰："楚地信巫鬼，重淫祀。"《楚辞章句》中称："昔楚国南郢之邑，沅、

① 《全唐文》卷 70《授李石荆南节度使制》，第 739—740 页。
② 《全唐文》卷 83《授萧邺荆南节度使制》，第 865 页。
③ 吴钢主编：《全唐文补遗·千唐志斋新藏专辑》，第 84 页。
④ 张伟然：《湖南历史文化地理研究》，第 116 页。
⑤ 《隋书》卷 31《地理志下》，第 897 页。
⑥ 《全唐文》卷 957《竞渡赋》，第 9934 页。

湘之间，其俗信鬼而好祠。其祠，必作歌乐鼓舞以乐诸神。"① 《隋书·地理志》说："大抵荆州率敬鬼，尤重祠祀之事。"② 到了唐代，这种风气犹存。元稹说："楚俗不事事，巫风事妖神。"③ 皇甫冉《送李使君赴邵州》说："城池春足雨，风俗夜迎神。"④ 李嘉祐《夜闻江南人家赛神因题即事》云："南方淫祀古风俗，楚妪解唱迎神曲。"⑤ 柳宗元在《唐故朝散大夫永州刺史崔公墓志》中描写："惟是南楚，风浮俗鬼，户为胥徒，家有禳梗。"⑥ 《荆巫》中记录了一个关于巫者的故事：

> 荆楚人淫祀者旧矣。有巫颇闻于乡间，其初为人祀也，筵席寻常，歌迎舞将，祈疾者健起，祈岁者丰穰。其后为人祀也，羊猪鲜肥，清酤满卮，祈疾得死，祈岁得饥。里人忿焉，而思之未得。适有言者曰："吾昔游其家也，其家无甚累。故为人祀，诚心馨乎中，而福亦应乎外，其胙必散之。其后男女蕃息焉，衣食广大焉。故为人祀，诚不得馨于中，而神亦不歆乎外，其胙且入其家。是人非前圣而后愚，盖牵于心而不暇及人耳。⑦

可以看出，在当时的百姓生活中，关于生老病死、祈求收成等方面都信仰依赖巫术和祭祀。刘禹锡在《阳山庙观赛神》记述过一次观看荆巫祭祀的经历：

> 汉家都尉旧征蛮，血食如今配此山，曲盖幽深苍桧下，洞箫愁绝翠屏间。荆巫脉脉传神语，野老娑娑起醉颜。日落风生庙门外，几人连蹋竹歌还。⑧

基于荆楚地区的民间信仰，唐人对荆楚民风的评价上趋向贬义，多认为此地居民轻剽。轻剽，意指轻浮、躁急，早在司马迁《史记》中就有记载："楚人剽疾。"到了唐代，《张去奢墓志》中称："楚俗轻剽"⑨；《潭州都督杨志本

---

① （宋）洪兴祖撰，白化文等点校：《楚辞补注》卷 2《九歌章句》，北京：中华书局，1983 年，第 55 页。
② 《隋书》卷 31《地理志》，第 897 页。
③ 《全唐诗》卷 398《赛神》，第 4465 页。
④ 《全唐诗》卷 250《送李使君赴邵州》，第 2816 页。
⑤ 《全唐诗》卷 206《夜闻江南人家赛神因题即事》，第 2144 页。
⑥ 《全唐文》卷 589《唐故朝散大夫永州刺史崔公墓志》，第 5953 页。
⑦ 《全唐文》卷 896《荆巫》，第 9353 页。
⑧ 《全唐诗》卷 359《阳山庙观赛神》，第 4057 页。
⑨ 吴钢主编：《全唐文补遗》第 3 辑，第 68 页。

碑》中说："蕲州芜回，楚风轻噁"①，噁也有急迫、迫切之意，可见在唐人心中楚人性格急躁。李节《赠释疏言还道林寺诗》中还这样评价："湘川猖猖兮俗犷且狠，利杀业偷兮吏莫之驯。"②这显然是对湘中民风更为贬义的评价，认为该地区好争讼，民风彪悍，难以驯服。因此，唐人对荆楚的地理评价可谓二律背反，即对地理区位的看重与民风民性的差评，墓志之评价同样如此，与唐人之传世文献与诗歌地评价遥相呼应。

第九节　唐人墓志中对江淮地区的评价

江淮地区，是指淮河以南，罗霄山脉以东，五岭以北的长江下游地区及淮河流域。在地理单元上，它主要是长江和淮河冲击形成的江淮平原为主，地势平坦，土壤肥沃。

在唐人眼中，江淮这广阔的范围内，还有内部的小地域概念。穆宗时期江淮发生了一次颇为严重的旱灾，在赈灾的诏书《令江淮诸州平粜诏》中这样写道：

> 如闻江淮诸州，旱损颇甚，所在米价，不免踊贵，眷言疲瘵，须议优矜。宜委淮南、浙东、宣歙、江西、福建等道观察使，各于当道有水旱处，以常平义仓斛斗据时价减一半价出粜，不得令豪家并籴，使其必及贫人。

从诏书中我们可以看出，在当时人的观念中，江淮又可分为淮南、浙东宣歙、江西和福建五个小区域。鉴于所收集的资料有限，下面将从江西、淮南、闽中三个地域进行探讨。

一、江西

江西，又称江右，清人魏禧《目录杂说》云："江东称江左，江西称江右，何也？曰：自江北视之，江东在左，江西在右耳。"关于江西的地域范围，《李愻墓志》提及洪州高安县（今属江西高安市，位于江西省西北部，靠近南昌市）时有这样的表述："县压楚塞，西接衡湘，南界番禺，土旷千里。"③由此

---

①《全唐文》卷267《潭州都督杨志本碑》，第2706页。
②《全唐诗》卷566《赠释疏言还道林寺诗》，第6555页。
③ 吴钢主编：《全唐文补遗》第8辑，第141页。

大概可以判断出唐人观念中江西的地理区位，江西南界五岭，西临湘衡，北据长江，东与闽中相邻，但被武夷山脉阻隔，三面环山，北面临江，是一个较为封闭的地理单元。

鄱阳湖平原是由长江和鄱阳湖水系赣水、抚河、信水、修水等冲积形成的湖滨平原，是长江中下游平原的一部分。这里地势平坦，河网密集，大小湖泊密布，自然条件优越。历史上江西北部凭借着近江靠湖的优势，积极地发展农业和渔业。唐代时期，江西地区的经济地位已获得一定提高，唐人对其经济作用也有一定的认同。白居易《除裴堪江西观察使制》云："江西七郡，列邑数十，土沃人庶，今之奥区，财赋孔殷，国用所系，兹为重寄，宜付长才。"[1]崔嘏《授纥干泉江西观察使制》对江西经济地理有如是评论："钟陵奥区，楚泽全壤，控带七郡，襟连五湖。人推征赋之饶，俗擅鱼盐之利"[2]，既有"控带七郡，襟连五湖"的地理区位优势，又有"征赋之饶"与"鱼盐之利"，可见唐代后期人们对江西的地域评价已经大大提高。

在地理交通区位上，江西有明显的特点与优势，这一点唐人墓志与唐人文献可相互印证。《李智墓志》曰："闽落之要，江浒之冲。"[3]常衮《授魏少游洪吉等州团练使制》说："东分九江，南控百越，总兵车之会，当水陆之冲。"[4]江西襟带江湖，东可沟通闽中，西面吴楚通衢，南部的大庾岭为入岭南的重要通道。《杜昌业江州制》称："以中流之寄，九江为重。控五岭之冲要，镇百蛮之驿骚。"[5]统治者眼中，江西还是控制岭南闽中夷人的重要阵地。

江西素有"吴头楚尾"之称，用唐人的话来说就是"荆吴之交"[6]，唐人对江西地区并没有统一的文化判读。中唐诗人敬括写有《豫章赋》，包含对江西的地理评价："懿夫倚荆衡，连楚越。回合湘沅之浦，芬敷吴会之阙。点彭蠡而烟垂，汨沧浪而吹发。"[7]在文化形象上，唐代江西也得到一定的提升。《筠州清江县重修三清观记》中说："豫章之地，实曰奥区。"[8]《为张洪州谢上表》中也称："豫章重镇。"[9]王勃登滕王阁有感而发，写下脍炙人口的《滕

---

① 《全唐文》卷 354《除裴堪江西观察使制》，第 6730 页。
② 《全唐文》卷 726《授纥干泉江西观察使制》，第 7481 页。
③ 吴钢主编：《全唐文补遗》第 2 辑，第 412 页。
④ 《全唐文》卷 413《授魏少游洪吉等州团练使制》，第 4234 页。
⑤ 《全唐文》卷 879《杜昌业江州制》，第 9191 页。
⑥ 《全唐文》卷 367《授元载豫章防御使制》，第 3730 页。
⑦ 《全唐文》卷 354《豫章赋》，第 3592 页。
⑧ 《全唐文》卷 883《筠州清江县重修三清观记》，第 9227 页。
⑨ 《全唐文》卷 385《为张洪州谢上表》，第 3917 页。

王阁》，其中有"南昌故郡，洪都新府。星分翼轸，地接衡庐。襟三江而带五湖，控蛮荆而引瓯越。物华天宝，龙光射牛斗之墟；人杰地灵，徐孺下陈蕃之榻。"① 一百多年以后，著名文学家韩愈对此做了呼应："愈少时，则闻江南多临观之美，而滕王阁独为第一，有瑰伟绝特之称。"② 滕王阁虽然只是文学作品，但其中包含的江西地理文化形象却颇有代表性，因此成为江西地区的文化标志也就不足为奇。

区域地理文化形象与其地民风民性的特征有一定的关系，也影响着唐人对江西地区民风的评价。比如抚州（今江西抚州）位于江西地区的中部偏东，据武夷山脉较近，《卢公墓志》中评价抚州说："郡近闽岭，人怯而浮。"③ 再如洪州，《李瑟墓志》有如是评价："民俗犷犴，喜于诤辨。"④ 唐代江州是士大夫的贬谪地之一，著名诗人白居易就曾贬逐于此，有"江州司马青衫湿"的悲叹。墓志对江州的地域评价中似乎更低，《郑承光墓志》中说江州："地即江关，人多杰黠。"⑤ 但唐人对江西的地域评价重点并不在自然环境方面，而总是聚集于民风民俗，而江西北部洪州、江州一带民风喜诤辩，人心狡诈，一定程度上影响了时人对江西的文化形象评价，甚至这一评价一直延续到北宋时期，宋神宗时实施变法，河东夏县人司马光攻讦江西人王安石变法，其中理由之一就是江西人"奸诈"，可见这一地域观念影响深远。

二、淮南

淮南指淮河以南到长江沿岸的地区，淮南首府扬州是唐代南方地区经济最为富庶之地，与西蜀成都号称"扬一益二"，富甲天下。由于位于淮河以南，故称之为淮南，在唐人的观念里，也称淮海。《郑居中墓志》中说："淮海奥区，东南巨镇"⑥，而《全唐文》之《遣使安抚江东敕》也说："淮海惟扬，是称溪险，山川重复，水陆殷凑。"⑦ 二者评价如出一辙。

水陆交通的便利，是唐人对淮海地区最鲜明的感知。淮南地区处于长江和淮河之间，是重要的水陆交通要冲，《郑居中墓志》说淮南"有水陆舟

---

① 《全唐文》卷181《秋日登洪府滕王阁饯别序》，第1846页。
② 《全唐文》卷557《新修滕王阁记》，第5635页。
③ 吴钢主编：《全唐文补遗》第6辑，第124页。
④ 吴钢主编：《全唐文补遗》第8辑，第141页。
⑤ 吴钢主编：《全唐文补遗》第6辑，第41页。
⑥ 吴钢主编：《全唐文补遗》第8辑，第156页。
⑦ 《全唐文》卷34《遣使安抚江东敕》，第374页。

车之辐凑，有车甲户赋之云集"①，交通的便利发达必然带动了淮南经济的发展，这方面的评价在唐人文章中很多，如蒋伸《授李珏扬州节度使制》曰："维扬右都，东南奥壤。包淮海之形胜，当吴越之要冲"②；李忱《授崔铉淮南节度使平章事制》更是说扬州"乃眷淮海，号为通都，控扼实据其咽喉"。

扬州如一颗闪耀的明珠，是淮南地区的代表性城市。杜牧《上宰相求湖州第二启》中说："扬州大郡，为天下通衢。"③扬州位于长江北岸，又是南来北往的运河水运的中心，成为唐代全国最重要的交通枢纽，也是唐代南方最繁华的经济都会，扬州的繁盛常为唐人所称赞。李白说："烟花三月下扬州"④，诗人姚合在《扬州春词三首》中更是生动形象地把水乡扬州的繁华和美丽刻画出来了：

> 江北烟光里，淮南胜事多。市廛持烛入，邻里漾船过。有地惟栽竹，无家不养鹅。春风荡城郭，满耳是笙歌。⑤

唐人墓志中也对扬州的繁盛有所描写，《皇甫文备墓志》中也评价道："□跨钓台，城通茂苑，江渍海甸，共栖王阜之鸾；千乘九都，咸乳仲康之雉。"⑥

但唐人对淮南地区民风的评价同样趋向贬义，大体认为淮南民风轻剽。杜佑《通典》即批评"扬州人性轻扬"⑦，与此相呼应，唐人墓志对扬州的民风同样多持贬义，《魏体玄墓志》中称："江淮设险，狡猾成风"⑧；李珏《故丞相太子少师赠太尉牛公神道碑铭（并序）》也说"扬州当江淮之冲，习偷薄之俗。"⑨偷薄，意为浇薄、不敦厚；康廷芝《对竞渡赌钱判》更说扬州是"郊连五达之庄，地近一都之会，人多轻剽，俗尚骄奢"⑩。与淮南地区的经济地位相比，时人对扬州人文环境的评价截然不同。

① 吴钢主编：《全唐文补遗》第8辑，第156页。
② 《全唐文》卷788《授李珏扬州节度使制》，第8243页。
③ 《全唐文》卷753《上宰相求湖州第二启》，第7804页。
④ 《全唐诗》卷174《黄鹤楼送孟浩然之广陵》，第1785页。
⑤ 《全唐诗》卷498《扬州春词三首》，第5666页。
⑥ 周绍良主编：《汇编》上，长安063，第1035页。
⑦ （唐）杜佑：《通典》卷182，第4850页。
⑧ 周绍良主编：《全唐文新编》卷995，第14846页。
⑨ 《全唐文》卷720《故丞相太子少师赠太尉牛公神道碑铭（并序）》，第7407页。
⑩ 《全唐文》卷260《对竞渡赌钱判》，第2634页。

三、闽中

关于闽中的地域范围，天宝时期诗人独孤及《送王判官赴福州序》中说："闽中者，左溟海，右百越，岭外峭峻，风俗剽悍。"[①]闽中左面临海，右为百越，南部为岭南地区，北界文中并没有提及。关于闽中地区的北界，一直存在着争议：唐初房玄龄认为闽中为福建说，李吉甫认为台州为闽中说，在《元和郡县图志》中指出："秦并天下置闽中郡，汉立（南）部都尉。本秦之回浦乡，分立为县。……后汉改回浦为章安县。"[②]意思即唐代的台州，过去属于秦朝的闽中郡。杜佑主张福建五州说，认为建安、长乐、清源、漳浦、临汀都是唐代闽中地区。本书探讨的闽中地区，东部临海，处在吴越和南越中间，在行政区划上相当于现在的福建省。

由于远离中原核心区，闽中地区的民风受中原礼教的影响较小，呈现较多的原始性，所以唐人对其民俗风尚上认同度低，评价多含有鄙夷、贬低之意，且多认为此地居民粗犷，桀骜不驯，民风难移。骆宾王《晚憩田家》中云："龙章徒表越，闽俗本殊华。"骆宾王一语道破此地文化上的差异。《郑敬墓志》评价漳州："郡居海峤，人俗生梗。"[③]《张臣合墓志》中描写闽中泉州地区："澧浦闽隅，星开娑翼。疏江叠障，迸水分峰。地蕴灵奇，人多犷剽。"[④]显然，作者与其说是出于对中原核心文化的一种向往和仰慕，倒不如说是对于边远地区弱势文化区的一种无奈。

第十节　唐人墓志中对江南地区的评价

江南是一个特殊的区域，不同的时期它的地域范围是不同的。初唐置江南道，江南第一次以行政区划的形式呈现在国家版图中。之后江南道又被分为江南西道和江南东道，江南西道也就是江西地区，而江南东道却没有被称为江东，人们一般仍然称为"江南"，说明此地具有一定的特殊性。为了突显江南地区的特殊性和重要性，本书将江南从江淮地区单列出来。唐人地域观念中的江南一般是指长江以南、浙东的太湖流域及苏杭一带。

江南的自然风光优美，极具吸引力。白居易曾在杭州任职一段时间，他

---

① 《全唐文》卷387《送王判官赴福州序》，第3934页。
② （唐）李吉甫撰，贺次君点校：《元和郡县图志》，第627页。
③ 吴钢主编：《全唐文补遗》第1辑，第226页。
④ 吴钢主编：《全唐文补遗》第3辑，第411页。

对江南的风景有着极高的评价，在离开江南后，一直对江南风光念念不忘。他在《忆江南》中写道："江南好，风景旧曾谙。日出江花红胜火，春来江水绿如蓝。能不忆江南。"① 《李畅墓志》中评价衢州说："信吴越之奥区，尽江山之秀丽。"② 韦庄说："晴烟漠漠柳毵毵，不那离情酒半酣。更把马鞭云外指，断肠春色在江南。"③ 相对北方，江南的自然风光独具一格。

在唐人的印象里，江南是与"水乡"连接在一起的。江南所处的长江三角洲和太湖流域地区，气候温和，季节分明，雨量充沛，因此形成了以水运为主的交通体系。这里河湖交错，水网纵横，小桥流水，田园村舍，如诗如画。《许枢墓志》中说："巩洛云乡，吴阊水国"④，李嘉祐说："江南渌水多，顾影逗轻波。"⑤ 刘长卿《上巳日越中与鲍侍郎泛舟耶溪》中写道："兰桡缦转傍汀沙，应接云峰到若耶。旧浦满来移渡口，垂杨深处有人家。永和春色千年在，曲水乡心万里赊。"⑥ 江南的小桥流水、荷叶田田、杨柳依依等景象别有情致，让游人流连忘返，在诗歌作品中尤多体现。严维《状江南·季春》中描述："江南季春天，莼叶细如弦。池边草作径，湖上叶如船。"⑦ 张籍《寄友人》回忆："忆在江南日，同游三月时。采茶寻远涧，斗鸭向春池。送客沙头宿，招僧竹里棋。"⑧ 陆龟蒙说："为爱江南春，涉江聊采蘋。水深烟浩浩，空对双车轮。车轮明月团，车盖浮云盘。云月徒自好，水中行路难。遥遥洛阳道，夹岸生春草。寄语棹船郎，莫夸风浪好。"⑨ 每一个场景都犹如一幅水墨画一样，颇为别致。殷文圭描写江南的秋景："水国由来称道情，野人经此顿神清。一篷秋雨睡初起，半砚冷云吟未成。青笠渔儿筒钓没，蒨衣菱女画桡轻。"⑩

江南的自然景色独树一帜，与西北地区的塞外景观泾渭分明，因此也有人将之与塞北做对比。周弘亮《除夜书情》曰："春入江南柳，寒归塞北天。"⑪ 王

① 《全唐诗》卷 28《忆江南》，第 407 页。
② 吴钢主编：《全唐文补遗》第 6 辑，第 51 页。
③ 《全唐诗》卷 26《杂曲歌辞·古离别》，第 355 页。
④ 周绍良主编：《汇编》上，久离 005，第 970 页。
⑤ 《全唐诗》卷 207《白鹭》，第 2167 页。
⑥ 《全唐诗》卷 151《上巳日越中与鲍侍郎泛舟耶溪》，第 1567—1568 页。
⑦ 《全唐诗》卷 263《状江南·季春》，第 2925 页。
⑧ 《全唐诗》卷 384《寄友人》，第 4308 页。
⑨ 《全唐诗》卷 19《相和歌辞·江南曲》，第 206 页。
⑩ 《全唐诗》卷 707《江南秋日》，第 8135 页。
⑪ 《全唐诗》卷 466《除夜书情》，第 5298 页。

智兴说："江南花柳从君咏，塞北烟尘我独知。"① 崔子向曾这样说："行尽江南塞北时，无人不诵鲍家诗。"②

唐人对江南江北之间的差异也是有感知的，崔涂说："江北不如南地暖，江南好断北人肠。"③ 诗人初至江南，感受到长江南北的差异。这种认知不光是在气温上，王勃说："归舟归骑俨成行，江南江北互相望。谁谓波澜才一水，已觉山川是两乡。"④ 在山川等自然景观的感知上，唐人也是感觉到差异的。

江南地区土地肥沃，气候温暖湿。魏晋南北朝时期，江南地区得到开发，社会经济逐步发展。到了唐代，随着北人南迁，生产工具与技术的引进，劳动力的增加，江南经济得到进一步的开发，经济地位十分重要。《苏州嘉兴屯田纪绩颂》中说：

> 浙西有三屯，嘉禾为大，乃以大理评事朱自勉主之。且扬州在九州之地最广，全吴在扬州之域最大，嘉禾在全吴之壤最腴。故嘉禾一穰，江淮为之康；嘉禾一歉，江淮为之俭。⑤

这里的"扬州"是《禹贡》中的古扬州。《浙西观察判官厅壁记》中称："浙右之疆，包流山川，控带六州，天下之盛府也。国之盈虚于是乎在。"⑥ 在唐人眼中江南富庶，尤其是浙右。《杭州刺史厅壁记》中写道："杭州东南名郡，后汉分会稽为吴郡、钱塘，属隋平陈，置此州，咽喉吴越，势雄江海。"⑦ 顾况《湖州刺史厅壁记》中有过生动描述：

> 江表大郡，吴兴为一。夏属扬州，秦属会稽，汉属吴郡，吴为吴兴郡。其野星纪，其薮具区，其贡橘柚、纤缟、茶纻，其英灵所诞，山泽所通，舟车所会，物土所产，雄于楚越，虽临淄之富不若也。⑧

繁盛的还有常州，《常州刺史厅壁记》中说："常熟隶苏州，始于晋陵置常州。当楚越之襟束，居三吴之高爽，其地恒穰，故有嘉称。领五县，版图十余万，望高地剧，此关外名邦。"⑨

① 《全唐诗》卷 314《徐州使院赋》，第 3536 页。
② 《全唐诗》卷 314《上鲍大夫》，第 3537 页。
③ 《全唐诗》卷 679《初识梅花》，第 7786 页。
④ 《全唐诗》卷 56《秋江送别二首》，第 683 页。
⑤ 《全唐文》卷 430《苏州嘉兴屯田纪绩颂》，第 4375 页。
⑥ 《全唐文》卷 534《浙西观察判官厅壁记》，第 5422 页。
⑦ 《全唐文》卷 316《杭州刺史厅壁记》，第 3206 页。
⑧ 《全唐文》卷 529《湖州刺史厅壁记》，第 5372 页。
⑨ 《全唐文》卷 316《常州刺史厅壁记》，第 3207 页。

无与伦比的经济地位让唐人对江南的评价越来越高，尤其是安史之乱后，大量北方士大夫南迁江南，《旧唐书·权德舆传》中称："两京蹂于胡骑，士君子多以家渡江东。"① 韩愈在《考功员外郎卢君墓志铭》记载："当是时，中国新去乱，士多避处江淮间，尝为显官得名声，以老故自任者以千百数。"② 吕温《祭座主故兵部尚书顾公文》载："天宝季年，羯胡内侵，翰苑词人，播迁江浔，金陵、会稽文士成林，嗤衔争驰，声美共寻，损益褒贬，一言千金。"③ 安史之乱不仅使大量的中原士人避乱江南，而且对整个唐代经济与文化产生了重要的影响，直接促进了江南文化的发展，提高了江南地区在唐代的文化地位。权德舆称："吴中多贤士君子，居易求志，为予多谢之。"④《吴郡志》中说："吴下全盛时，衣冠所聚，士风笃厚。"⑤《韦惜墓志》载："东吴奥壤，气接斗牛。"⑥《王大礼墓志》称："五湖奥壤，是曰人繁。"⑦ 墓志的表述与唐人文章对江南地区的描述实际上互为补充。

独特的地理环境，会形成不同的民俗风情。江南地区地势平坦，湖泊星罗棋布，河网纵横交错，气候湿润温暖，依靠这种天然的优势，江南地区水产丰富，水稻产量高，农业发达。《隋书·地理志》中说："江南之俗，火耕水耨，食鱼与稻，以渔猎为业。"⑧ 中书舍人李乂《谏遣使江南以官物充直赎生疏》云："江南水乡，采捕为业，鱼鳖之利，黎元所资，土地使然，有自来矣。"⑨ 所以江南素有"鱼米之乡"之称。江南民俗好鬼神，尚祭祀，这与荆湘地区相似。《隋书·地理志》说：其"俗信鬼神，好淫祀"⑩，杜佑也认为"扬州人性轻扬，而尚鬼好祀"⑪。

文化地位虽得到提升，但唐人对江南地区的民风褒贬不一。肯定方面，比如李直方在《白蘋亭记》中评价湖州："其土沃，其候清，其人寿，其风信实。"⑫ 认为江南自然条件优越，适宜居住生活，人性笃实。但也有人对江南

①《旧唐书》卷 148《权德舆传》，第 4004 页。
② （唐）韩愈撰，马其昶校注，马茂元整理：《韩昌黎文集校注》卷 6，上海：上海古籍出版社，1986 年，第 354 页。
③《全唐文》卷 631《祭座主故兵部尚书顾公文》，第 6371 页。
④《全唐文》卷 492《送右龙武郑录事东游序》，第 5020 页。
⑤ （宋）范成大撰，陆振岳点校：《吴郡志》卷 2，南京：江苏古籍出版社，1999 年，第 13 页。
⑥ 周绍良、赵超主编：《汇编续集》，圣历 001，第 360 页。
⑦ 吴钢主编：《全唐文补遗》第 3 辑，第 415 页。
⑧《隋书》卷 31《地理志》，第 886 页。
⑨《全唐文》卷 266《谏遣使江南以官物充直赎生疏》，第 2702 页。
⑩《隋书》卷 31《地理志》，第 886 页。
⑪ （唐）杜佑：《通典》卷 183《州郡十三·风俗》，第 4892 页。
⑫ 任继愈主编：《中华传世文选·唐文粹》，长春：吉林人民出版社，1998 年，第 786 页。

地区民风民俗颇有微词，比如《姚珝墓志》中评价杭州："地即勾吴，人称僄俗"①；《卢望之碑》中评价越州："句吴瓯越，轻剽成风"②；《常州刺史平原郡开国公行状》称："江沱奥域，衡霍名区，楚情剽狡，吴风浇竞"③，浇竞指追名逐利的浮薄风气；《赐回鹘可汗书意》中说："吴楚水乡，人性嚣薄"④。大多数唐人认为江南民风较为轻薄、轻剽，追名逐利风气较重。甚至对江南民风带有一定的偏见，例如《迁都议》中评价："江南土薄水浅，人心虚浮轻巧，不可以都"⑤，虽然对江南带有偏见，观点不可全信，但也反映了唐人认为江南人性轻巧虚浮的看法。

第十一节　唐人墓志中对岭南地区的评价

　　五岭，是横亘我国东西向三大自然地理分界线中最南的一道山系，于我国湖南、江西、广东、广西四省的边界相邻，因其由越城岭、都庞岭、萌渚岭、骑田岭和大庾岭五条主要山岭所组成，故又称为五岭。在唐代，"岭"字几乎成为"五岭"的代称。五岭以南，就是岭南地区，也称岭表、岭外、岭海等，在行政区划上包括今天的广东省、广西壮族自治区和海南省。岭南地区东、西、北三面环山，南临大海，是一个相对独立的地理单元，地处热带和亚热带地区，雨量充沛，水系庞杂，气候炎热，植被茂盛，优良的水热条件形成与北方中原地区迥异的地理文化景观。

　　在唐人的观念里，对岭南地区的认知首先是遥远。刘长卿《送独孤判官赴岭》说："岭海看飞鸟，天涯问远人。"⑥这种遥远的感知来自空间距离上，如果要从岭南到北方中原地区或者江南，按《元和郡县志·岭南道》记载，以广州为起点到达长安，"西北至上都取郴州路四千二百一十里，取虔州大庾岭路五千二百一十里。西北至东都取桂州五千八十五里"⑦。更重要的是要翻越南岭这道巨大艰险的地理屏障，形成了唐人心理距离上的一种遥远感。《高力士墓志》中记载高力士的父亲曾担任广州大都督，墓志撰写者韩炎评价广

　　① 吴钢主编：《全唐文补遗》第2辑，第509页。
　　② 吴钢主编：《全唐文补遗》第7辑，第31页。
　　③ 《全唐文》卷185《常州刺史平原郡开国公行状》，第1886页。
　　④ 《全唐文》卷699《赐回鹘可汗书意》，第7182页。
　　⑤ 《全唐文》卷828《迁都议》，第8722页。
　　⑥ 《全唐诗》卷148《送独孤判官赴岭》，第1507页。
　　⑦ （唐）李吉甫撰，贺次君点校：《元和郡县图志·岭南道一》，第886页。

州:"南溟地远,北极天高。"①《庄子·逍遥游》:"南冥者,天池也。""冥",有大海之意,又可写作"溟",南海即南边的大海,这里用南溟北极形容广州的遥远。《郭品墓志》中评价广州南海县(今佛山市南海区):"境称瓯越,邈矣天涯;界号番禺,悠然地角。"②很显然,墓志撰写者认为广州地区距离十分遥远,甚至是远在天涯海角。这样的观点在唐诗中也多有体现,孟贯《送江为归岭南》说:"旧山临海色,归路到天涯。"③李绅《逾岭峤止荒陬抵高要》中写道:"鱼肠雁足望缄封,地远三江岭万重。"④张籍《岭表逢故人》载:"过岭万余里,旅游经此稀。"⑤这样的诗歌比比皆是,折射出了唐人心中对岭南地区的遥远感知。

岭南地区气候炎热潮湿,植被茂盛,与中原北方地区的气候大为不同,这是唐人对岭南地区另一个重要的感知。虽然很多人并未到过岭南,但书籍和他人对岭南地区的描述令唐人形成这样的认知:只要一提到岭南,便想到酷热难耐的炎热天气和可怕的瘴气。卢纶《逢南中使因寄岭外故人》载:"炎方难久客,为尔一沾襟。"⑥高适在《饯宋八充彭中丞判官之岭南》中这样描写道:"举鞭趋岭峤,屈指冒炎蒸。北雁送驰驿,南人思饮冰。"⑦韩愈《刘生诗》中描写了逾岭之后的气候变化:"越女一笑三年留,南逾横岭入炎州。"⑧诗人用"炎蒸""炎州""炎方"等词反映岭南地区的炎热,这在墓志资料中也有体现。《李道素墓志》中墓主本是清河清平人(今山东临清),在贞观十二年(638年)随父亲任桂州都督,墓志评价桂州:"八桂炎蒸,五岭郁结,飞鸢昼堕,木叶宵零。"⑨八桂,《山海经·海内南经》载:"桂林八树,在贲隅西。"郭璞注:"八树而成林,言其大也。"后人多以八桂言桂林。

炎热的气候只是让人感觉不适应,但是瘴疠和毒虫在唐人的眼中却是致命的。瘴气是南方山林中高温潮湿条件下,动植物腐烂后形成的能致人疾病的有毒气体,刘恂的《岭表录异》中记载:"岭表山川,盘郁结聚,不易疏泄,故多岚雾作瘴。人感之多病,腹胀成蛊。俗传有萃百虫为蛊以毒人。盖湿热

① 吴钢主编:《全唐文补遗》第1辑,第35页。
② 吴钢主编:《全唐文补遗·千唐志斋新藏专辑》,第114页。
③ 《全唐诗》卷734《送江为归岭南》,第8624页。
④ 《全唐诗》卷480《逾岭峤止荒陬抵高要》,第5463页。
⑤ 《全唐诗》卷384《岭表逢故人》,第4309页。
⑥ 《全唐诗》卷278《逢南中使因寄岭外故人》,第3155页。
⑦ 《全唐诗》卷214《饯宋八充彭中丞判官之岭南》,第2239页。
⑧ 《全唐诗》卷339《刘生诗》,第3795页。
⑨ 周绍良主编:《汇编》上,贞观080,第60页。

之地，毒虫生之，非第岭表之家，性惨害也。"① 在唐人的观念中，瘴气对生命的威胁非常可怕，而岭南地区又是瘴气的重发区。《刘庭训墓志》中提到对岭南的印象："交趾瘴疠，伏波由是不归"②，交趾是今越南河内。《袁公瑜墓志》夸张地认为赴岭就像去了一次鬼门关，墓志中这样评价岭南振州（三亚）："窜迹狼荒，投身魑魅，炎沙毒影，穷海弥天，忧能伤人，命不可续。"③ 正是因为岭南地区恶劣的生存环境，所以成了谪贬官员、流放罪犯的首选之地。唐大中年间，李德裕被贬崖州（今海南海口东南），李德裕在其妻《彭城刘氏墓志》中说："以余南迁……涉海居陋，无名医上药可以尽年，无香稻嘉蔬可以充膳，毒暑昼烁，瘴气夜侵。"④ 可以看出在作者李德裕的笔下当时的的崖州生存环境恶劣，其妻于大中三年（849年）八月终于海南旅馆。宋之问本是虢州弘农人（今河南灵宝），后因为政治原因被贬泷州（今广东罗定），他在《全唐诗·至端州驿见杜五审言沈三佺期阎五朝隐王二无竞题壁慨然成咏》写道："处处山川同瘴疠，自怜能得几人归。"⑤ 诗作中也有对毒虫的描述："夜杂蛟螭寝，晨披瘴病行。"⑥ 虽描述夸张，但还是透露了在岭南生活的艰苦及对岭南的恐惧。李绅也曾被贬端州（今广东肇庆），他对岭南的瘴气和毒虫也深有体会："瘴江昏雾连天合，欲作家书更断肠。"⑦ "瘴岭冲蛇入，蒸池蹋虺趋。"⑧

在唐人的地域观念里，五岭不光是一道空间地理的分界线，更是区分华夷的重要文化界线。狄仁杰在上书武则天《请罢百姓西戍疏勒等四镇疏》中说："臣闻天生四夷，皆在先王封域之外，故东距沧海，西隔流沙，北横大漠，南阻五岭，此天所以限夷狄而隔中外也。"⑨ 他用鲜明的族群观念来区分华夏与夷狄，南方的华夷之界为南岭，而岭南地区则为"化外之地"。在唐诗中也会表现出这一观念及对岭的文化认识。张说《喜度岭》："岭路分中夏，川源得上流。"⑩ 宋之问《早发大庾岭》也写道："嵷起华夷界，信为造化力。"⑪

---

① （唐）刘恂：《岭表录异》，北京：中华书局，1985年，第1页。
② 周绍良主编：《汇编》下，开元308，第1370页。
③ 周绍良主编：《汇编》上，久视013，第976页。
④ 周绍良主编：《汇编》下，大中071，第2304页。
⑤ 《全唐诗》卷51《至端州驿见杜五审言沈三佺期阎五朝隐王二无竞题壁慨然成咏》，第626页。
⑥ 《全唐诗》卷53《入泷州江》，第651页。
⑦ 《全唐诗》卷483《江亭》，第5495页。
⑧ 《全唐诗》卷481《趋翰苑遭诬构四十六韵》，第5460页。
⑨ 《全唐文》卷169《请罢百姓西戍疏勒等四镇疏》，第1725页。
⑩ 《全唐诗》卷88《喜度岭》，第976页。
⑪ 《全唐诗》卷51《早发大庾岭》，第623页。

五岭作为中华文化与蛮夷文化的分界线，自然而然唐人对岭南这个政治文化辐射隔绝的边缘化地区民俗民风评价极其低。杜佑《通典》中评价："五岭之南，人杂夷獠，不知教义，以富为雄。"① 这是对岭南地区风俗的大体评价，也有对个别地区的描述，《李从易墓志》评价："番禺，故南越之地也，幅员五岭，节制百夷，犷俗难柔，贪泉在侧。"② 《管元惠墓志》中说澄州（今广西南宁市上林县）"风俗轻剽，封域险涩。"③ 《分岭南为东西道敕》中评价："邕州西接南蛮，深据黄洞，控两江之犷俗，居数道之游民。"④ 柳宗元曾贬至柳州，他在《柳州文宣王新修庙碑》评价当地：

> 仲尼之道，与王化远迩。惟柳州古为南夷，椎髻卉裳，攻劫斗暴，虽唐、虞之仁不能柔，秦、汉之勇不能威。至于有国，始循法度，置吏奉贡，咸若采卫，冠带宪令，进用文事。⑤

所以柳宗元到柳州后，极力推行礼教，修孔庙，兴儒学，授民礼法。总的来说，唐人对岭南地区民风民俗上极尽贬低之意，文化认同感极低。

广州、桂林是岭南的核心地区，是北上中原的交通要地，也是与岭北经济、文化联系最为紧密的地区，虽然很多唐人对岭南地区的评价不佳，但对这两个地方还是有一些正面肯定的评价，尤其是到了唐中后期，南方地区的经济发挥越来越重要的作用，岭南地区也得到逐步开发。任华在唐玄宗时期官至秘书省校书郎，后出为桂林刺史参佐，他在《桂林送前使判官苏侍御归上都序》中说：

> 桂林，秦所置郡也，南临天池。东枕沧溟，西驰牂牁，北走洞庭，地方三千里，带甲数万卒，实五府一都会矣。⑥

桂州的区位优势愈发得到凸显，与北方地区联系也日益密切，在民俗上也与中原地区趋同，萧昕在《夏日送桂州刺史邢中丞赴任序》中评价："桂林巨镇，临川荒服，居五岭之表，控两越之郊。俗比华风，化同内地。"⑦ 还有描写其自然风光的，柳宗元在被贬广西后，寄情山水，并开始对岭南地区产生好感，

---

① （唐）杜佑：《通典》卷184《州郡十四·风俗》，第4961页。
② 胡戟、荣新江主编：《大唐西市博物馆藏墓志》，第871页。
③ 吴钢主编：《全唐文补遗》第3辑，第11页。
④ 《全唐文》卷84《分岭南为东西道敕》，第882页。
⑤ （唐）柳宗元：《柳宗元集》第5卷，北京：中华书局，1979年，第124—125页。
⑥ 《全唐文》卷376《桂林送前使判官苏侍御归上都序》，第3820—3821页。
⑦ 《全唐文》卷355《夏日送桂州刺史邢中丞赴任序》，第3598页。

欣赏其自然风光。在《桂州裴中丞作訾家洲亭记》中云："桂州多灵山，发地峭坚，林立四野。署之左曰漓水，水之中曰訾氏之洲。"①

第十二节　唐人墓志中地域评价的特点及唐人地域观念的分析

　　墓志铭是一种具有哀挽与行状性质的文体，其起源和文体的成立在学术界一直都有争议。孟国栋先生认为符合文体意义的墓志文在魏晋之际就已经出现，南北朝时期得到较快发展，从内容到形式都出现了新变化，行文方式和文体形式渐渐完善并为后代所接受和模仿。②唐代是墓志这一文体迅速发展的顶峰时期，墓志由贵族化走向平民化，使得唐代墓志的数量空前繁多。

　　唐代墓志铭通常由前后两部分组成，前一部分为志文，古人常称之为"序"，后一部分为铭文，古人称之为"铭"，所以墓志铭的标题通常为"墓志铭并序"。墓志的志文部分会介绍墓主的名讳、婚宦、地望、乡邑、世系、行状、功德、业绩、配偶、子女的大致情况，及其寿年、卒葬时地等信息，有些夫妻合葬的墓志还会介绍夫人的生平情况。新出土的唐人墓志中，中下层官员士大夫的墓志占据绝对数量，墓志除了叙述他们生平仕宦的经历外，还不乏对任职地的地域评价。这些地域评价直接反映了唐人的地域观念和地理思想。通过分析，发现唐人墓志中的地域评价具有一些特点。

　　第一，唐人墓志中的地域评价内容具有多样性，地域评价多涉及地理区位、历史渊源、自然生态、社会经济状况、民风民俗以及社会风气等方面，因而具有重要的区域地理和地理学史价值。

　　地理区位方面，比如《高文墓志》评价雍州新丰县：

　　　　邑带骊山，地邻灞岸。③

《孙仁贵墓志》中评价同州：

　　　　西临地乳，东界灵河。是三辅之襟带，董千夫之雄伯。④

---

　　① 《全唐文》卷580《桂州裴中丞作訾家洲亭记》，第5862页。
　　② 详见孟国栋：《墓志的起源与墓志文体的成立》，《浙江大学学报（人文社会科学版）》2013年第5期。
　　③ 周绍良、赵超主编：《汇编续集》，显庆051，第115页。
　　④ 吴钢主编：《全唐文补遗·千唐志斋新藏专辑》，第83页。

历史文化上，《萧缮墓志》中评价渝州万寿县：

　　江汉遗甿，淙渝旧国。①

自然生态上，比如《崔偃墓志》中评价湘潭：

　　长沙地卑，蒸湿为疠。②

社会经济上，《崔夷甫墓志》中叙述沧州的经济发展状况：

　　沧州僻在海甸，东光即其南鄙。控水津陆道，邮輶攸出。近鱼盐蒲苇之薮聚，耕桑之外，又多业焉。③

对民风民俗的评价更是不胜枚举，《赵怀珌墓志》中说莱州：

　　北海剽俗，时为狡猾。④

第二，唐人墓志评价还带有鲜明的儒家礼法审视态度。儒家礼法，即儒家伦理纲常等社会道德规范，唐人墓志地域评价的标准多是以儒家道德秩序为评价准则，这点在唐人对各地民风民俗的评价上体现得尤为突出。

儒家重视礼教礼仪，但是唐代很多地区儒家礼教情况并不乐观，地域评价中多有提及，《乐善文墓志》中评价秦州长川县（今甘肃天水）："氐羌之地，礼仪罕闻。"墓主至秦州任职后，下车伊始即对当地百姓进行礼仪教化。之后墓主又任涪州永安县县令（今重庆长寿区东南），其墓志评价涪州："地连庸蜀，俗号蛮夷，君绥导多方，化如风靡，才移岁序，咏歌盈术，鲁恭训雉，焉能譬此仁明。"⑤再如，《盖蕃墓志》中评论曹州离狐县："济泗旧川，风壤邻接，可谓孝悌之至，通于神明者欤。"⑥《杨岳墓志》说沂州苍山县："此邑地粤秦中，望隆天府，权豪贵戚，是称难御。公抚之以礼义，威之以刑罚，弦韦备举，小大以情，时人以为忠厚而干蛊，仁惠而严肃。用之则行，见之于公矣。"⑦墓志在说明各地礼教情况之后，都会提及墓主在当地如何施政，突出墓主的政绩和美德。

① 吴钢主编：《全唐文补遗》第5辑，第248页。
② 吴钢主编：《全唐文补遗》第1辑，第275页。
③ 吴钢主编：《全唐文补遗》第3辑，第96页。
④ 吴钢主编：《全唐文补遗》第2辑，第562页。
⑤ 周绍良主编：《汇编》上，贞观140，第97页。
⑥ 吴钢主编：《全唐文补遗》第1辑，第64页。
⑦ 胡戟、荣新江主编：《大唐西市博物馆藏墓志》，第53页。

义利之辩是自孔孟以来儒家的重要命题，认为人们的思想行为要符合一定的道德标准。孔子曰："君子喻于义，小人喻于利。""君子怀德，小人怀土。君子怀刑，小人怀惠。"儒家追求重视礼教、尊老爱幼、讲信修睦、和谐的大同社会，厌恶争讼，所以儒家讲求"息讼"。唐人认为南方地区民风好争讼，性格轻率机巧，如《郑居中墓志》记载淮南："淮海奥区，东南巨镇，有水陆舟车之辐凑，有车甲户赋之云集。犴狱纷杂，刑政为难。"①又如《李慇墓志》中评价洪州高安县："县压楚塞，西接衡湘，南界番禺，土旷千里，民俗犷狞，喜于诤辨。"②《和守阳墓志》中评价南宾郡（今重庆忠县）："庸蜀之氓，以强凌弱，以众暴寡，下车未几，豪猾戢肩。"③墓主到达任官地后都要普及礼法，移风顿俗，可见儒家礼法性对当时士大夫思想的影响。

儒家崇尚质朴、勤劳节俭，反对铺张浪费奢侈，在对一些地区民风评价上带有强烈的儒家道德礼法色彩。巴蜀地区好赌嗜游，喜欢宴饮游乐，尤以蜀地为胜，墓志的评价多有贬刺：《韦綝墓志》中评价益州成都县（今成都市）："蜀塞名区，岷江奥壤，地非敦朴，人尚浇讹。"④《郑洵墓志》中提到成都府新繁县："化其弊俗，人知礼让。蜀有鼓乐送丧者，承风而止"⑤。婚丧仪式是重要的习俗之一，它既是人生大事，也是重要的人文社会景观，但蜀地的婚丧风俗却被士大夫所诟病，认为鼓乐送葬为铺张浪费。

第三，唐人墓志中的地域评价带有一定的主观性。墓志这种文体的形成与古代墓葬文化的风气有紧密关系，墓主的子孙后代在先人逝世后要为其树碑立传，想通过颂扬赞美先人的德行功绩使之流传，并光耀后世。宋代古文大家欧阳修就在《与杜䜣论祁公墓志书》中说：

> 平生知己，先相公最深，别无报答，只有文字是本职，固不辞，虽足下不见命，亦自当作。然须慎重，要传久远，不斗速也……修文字简略，止记大节，期于久远，恐难满孝子意。⑥

欧阳修也强调了墓志中要有应有的颂美之意，这实际上代表了古代墓志写作的一个重要情感出发点。唐人墓志在叙述志主生前任职地时往往要对该

① 吴钢主编：《全唐文补遗》第 8 辑，第 156 页。
② 吴钢主编：《全唐文补遗》第 8 辑，第 141 页。
③ 周绍良主编：《汇编》下，天宝 071，第 1580 页。
④ 周绍良、赵超主编：《汇编续集》，永昌 003，第 299 页。
⑤ 吴钢主编：《全唐文补遗》第 7 辑，第 63 页。
⑥ 洪本健校笺：《欧阳修诗文集校笺》外集卷 19，上海：上海古籍出版社，2009 年，1842 页。

地做一番地域评价，目的有二：一是强调任职地的历史地位重要，以抬高志主任职的荣耀；二是突出志主在任职地治理有方的政绩美德和嘉言懿行。

《孟俊墓志》中说：

> 仰惟懿范，毕世不追，恐田有成于变海，泽不固于藏山，消沉德业，绝灭辉光，托文言兮有美，刻贞烈兮传芳。[①]

这里表达出了唐人撰写墓志的一个重要原因就是使先人的美德流传下去，所以唐人墓志中的地域评价往往带有一定的主观性目的，对一个地方的评价有时是为了突显墓主的功绩和美德，志文多显称颂之义。《乐善文墓志》墓主曾担任秦州长川县县令，墓志中评价当地："氐羌之地，礼仪罕闻，下车未几，顿移风俗。"秦州（今甘肃天水），《元和郡县图志》记载："《禹贡》雍州之域，古西戎地，周孝王时，其地始为秦邑。"秦州位于甘肃省的东南部，秦岭山地，属于渭河支流的西汉水上游，是河西走廊的东端和丝绸之路的必经之地。秦州是陇右地区较早纳入中原文化体系之地，历史悠久，但是墓志为了突出墓主的政绩，给予了不恰当的评价。墓志中记载墓主乐府君的治理情况，"虽复割鸡喻于子游，绊骥方于季重，语其善政，彼有惭德"。同一篇墓志中，对商州上洛县的评价："东邻武阙，西界峣关，山路萧条，田畴烧塈，氓庶每遭饥馑，所食藜藿而已，君敷政百里，务彼三农，使户厌稻粱，家丰菽粟。"[②]评价涪州永安县时："地连庸蜀，俗号蛮夷，君绥导多方，化如风靡，才移岁序，咏歌盈术，鲁恭训雉，焉能譬此仁明。"[③]可以看出墓志中对秦州、商州以及涪州的评价多是为了突出墓主在当地的政绩。《路综墓志》中墓主的祖父曾任蒲州永乐县令，评价曰："既□地邻三辅，邑控两京，人物殷繁，政务纷杂，彰善瘅恶，教肃刑清，宽猛克□，威恩允洽，并邑被仁明之化，疆理无卢鹊之喧，不资三载，政成期月。"[④]可见在唐人墓志中对于某个地区的评价，有些是为了赞扬墓主的政绩与德行，突出墓主良好的品性及治理能力。

第四，唐以前的墓志铭讲究骈偶和对仗，志文中多用骈俪的四六句式写成，唐代的墓志铭也受此影响，延续了这一风格，而且撰写墓志有追古溯古情节，以古喻今，引用大量典故以展示自己的学识，这也是唐人墓志地域评

---

① 周绍良主编：《汇编》下，开元257，第1333页。
② 周绍良主编：《汇编》上，贞观140，第97页。
③ 周绍良主编：《汇编》上，贞观140，第97页。
④ 周绍良主编：《汇编》上，神功001，第912页。

价的特点之一。比如《曹参军刘君故妻元氏墓志》中评价梁州:

> 合雍分蜀,共遵铜竹之符;让水廉川,通洁冰霜之操。[①]

《范彦墓志》评价集州符阳县:

> 铜梁内负,赞契寂双槐之庭;□□孤峦,必割赏黄花之趣。[②]

《杨上及夫人墓志》评价并州:

> 郊通虏鄣,地接宝符。细侯竹马之乡,唐帝遗风之国。[③]

《袁希范墓志》评价潭州和幽州:

> 湘沅旧俗,应推择而宰辞曹;燕蓟名区,叶平反而光狱掾。[④]

《房逸墓志》评价贝州清河县:

> 邑迁淮服,荐居北部之班;路款漳滨,行去南昌之位。[⑤]

《裴怀古墓志》评价幽州:

> 元戎巨防,晋野燕垂,乘虏障而东临,望胡庭而北指。务兼天下之半,地股夷狄之冲。[⑥]

《许枢墓志》评价越州与秦州:

> 巩洛云乡,吴闾水国,会稽南越之奥壤,狄道西秦之巨镇。[⑦]

这类四六俪语对仗的地域评价在唐人墓志中不胜枚举,并且运用典故数量多,上文中的例子即可说明,"冰霜之操"可比喻操守坚贞清白,《隶续·晋右军将军郑烈碑》:"故虽凤罹不造,而能全老成之德;居无檐石,而能历冰霜之絮。"元稹《宋常春等内仆局令》:"守官无毫发之瑕,励己有冰霜之操,迹其声实,可备监临。"在描写人物也是如此,还常使用借喻的方法。《徐訚墓志》中写道:

---

① 吴钢主编:《全唐文补遗》第 5 辑,第 189 页。
② 周绍良主编:《汇编》上,总章 025,第 498 页。
③ 吴钢主编:《全唐文补遗》第 8 辑,第 291 页。
④ 吴钢主编:《全唐文补遗》第 6 辑,第 328 页。
⑤ 吴钢主编:《全唐文补遗》第 6 辑,第 347 页。
⑥ 吴钢主编:《全唐文补遗》第 9 辑,第 352 页。
⑦ 周绍良主编:《汇编》上,久视 005,第 970 页。

贞观三年，除晋州都督府司马，后除鲁王友。王以宿德髦彦，礼遇弥隆，抚俗字氓，皆资月旦。君敷陈典则，懿亲结盘石之基；献纳箴规，宗子笃维城之固。俄迁汉王府司马。王即皇之爱弟，寔曰贤王，弼谐之寄，非才莫可。用简帝心，擢君斯任。梁怀太傅，未尽贾谊之才；胶西相国，诬劳仲舒之器。经邦之术无展，论道之用莫宣。珠瘅照车之光，骥屈追风之足。岂期夜梦奠楹，兴孔宣之叹；朝言辰己，伤郑玄之心。玉树所以摧残，金精于焉掩□。致使穗帷飘寂，空留丝竹之音；庭宇荒芜，虚遗金石之韵。①

《徐謩墓志》中的借贾谊、仲舒等人物来比喻，这是唐人墓志铭书写中的惯用手法。

唐人墓志中的地域评价资料主要集中在唐代前中期，到了唐后期，墓志铭中的地域评价大幅度减少，甚至罕见。究其原因，其中墓志铭文体的转变是一个重要的因素。

唐前期墓志文体因承袭魏晋南北朝墓志文体的风格，结构上陈陈相因，按部就班地对墓主的讳、字、乡邑籍贯、世系、行治、生平的主要事迹与贡献、配偶、子女的大致情况、寿年、卒葬时地等信息依次罗列。在语言上，讲究骈偶和对仗，志文中多用骈俪的四六句式，并且谀墓言语比比皆是。下面摘引一段贞观年间的墓志：

唯祖唯官，荫光三世；有贞有谅，德备二门。父周荡寇将军、清河县令。自琼林桂树，振玉向于人端；邓苑芳枝，畅嘉音于世上。容仪可大，烈名腾于五岳；威严得重，设号通于四海。②

从这篇墓志的片段就可以看出当初的谀墓之风是何等的盛行，作者用尽各种华丽美好的词来赞美墓主生前的德行，并无过多的写实之意。

但是墓志文体在唐代也在发展，随着时间的推移，唐人开始摈弃这种谀墓的书写风格，墓志文体的结构、墓志撰写的价值观也在发生变化，特别是古文运动对墓志行文方式的影响十分突出。

唐代前期墓志铭撰写风格上因袭了六朝时期的文风，以四六句式的骈体文为主，章学诚批评道："铺排郡望，藻饰官阶，殆于以人为赋，更无质实之

① 周绍良、赵超主编：《汇编续集》，贞观 018，第 20 页。
② 周绍良主编：《汇编》上，贞观 019，第 21 页。

意。"①韩愈、柳宗元倡导的古文运动反对六朝以来华丽的四六骈体格式化语汇，而倡导自由灵活、富于现实生活的散文话语，渐渐成为文化主流所接受的文体，受此潮流的影响墓志文体由骈体文向散文转变，朝着叙述和描写的方向发展，更加注重写实性，人物的形象也由模糊逐渐变得清晰，在材料、句式、表达方式的选择上，都朝着有利于表现人物形象的方面发展。这一时期出现了一批大家，比如韩愈、柳宗元、李翱、皇甫湜、樊宗师等。我们可以随机选取一篇这个时期的墓志作品，如《元衮墓志》：

公讳衮，字山甫，仲容之元兄也。小有奇质，卓然不群。神清气和，骨秀容茂，□□□□，言必有□，未成童而行必可法，不学而立，君子伟之。六岁入小学，读孝经，至哀良□□□弃而不览。人问其故。对曰：详其义所不忍闻。七岁学论语，日读数篇。目所以睹必□其奥。未十岁通左氏传，十四擢明经第。贞元初，调补汝州参军事。时司计地官侍郎元公琇凤钦其能，辟为从事。未莅职，而元公以事左黜。梁洋连率严公震慕其为人，署观察巡官。既之府，仆射韩公全义表授试左戎卫兵曹参军、神策行营节度推官。贞元己巳，丁先府君忧，泣血柴立，逾旬绝浆。伏以太夫人在堂，毁不敢灭。既五载，选授河中府解县尉。虽官居僚任，而事必正中，冤诉必告于公，讴谣不称其宰。处下能理，时无比焉。秩满，寓居中部，从其宜也。今夏口廉使高平公时来牧兹郡，既至，上与公定交于□游之间，申知己之分。每立政行事，虽隶者无得闻而公与焉。无何，高平公自坊州镇黔阳，表授公监察御史里行、黔中观察支使。元和二年，高平公自黔南归阙，公亦随之，策勋上柱国。又高平公作尹□神州，诏授万年主簿。未旬日，高平公廉察江夏，又表公复授监察御史里行、鄂岳观察推官。高平公以公利用贞固，事无大小，悉以□□。公厚生惟和，处剧斯靖，故人仰其德，史称其贤。顷在黔阳及兹江夏，州牧有阙，必公领之，无言不行，无艰不济，所至有绩，又皆去思。遇疾终于汉阳。领州事也。②

在这篇墓志中，用语较为通俗，写实性较强，不像唐初期墓志中通篇溢美之词，而且对墓主元衮的形象刻画也比较深刻，平白的语言交代墓主的生平及任职经历，"调补汝州参军事。时司计地官侍郎元公琇凤钦其能，辟为从

---

① （清）章学诚：《章氏遗书·文史通义外编·墓铭辨体》，北京：文物出版社，1985年，第76页。
② 周绍良、赵超主编：《汇编续集》，元和023，第816—817页。

事。未莅职，而元公以事左黜"①，之后任河中府解县尉、监察御史里行、黔中观察支使、万年主簿、监察御史里行、鄂岳观察推官等官职时没有对任官地进行评价或者描述，也没有刻意去赞扬墓主的政绩，行文感觉更像一篇人物传记。这样的例子还有很多，随着唐后期墓志铭文体的变化，原先那些常常以骈文形式出现、多少有些炫耀文辞、赞美墓主的政绩贡献美德的地域评论渐渐消失，相应地关于唐人地域评价资料也随即减少。

安史之乱后，唐朝的地域政治格局与文化格局也发生重大变化，原有的地域观念已经过时，加之文人政治心态渐趋苍凉、消沉，这可能也是地域评价很少出现的外在原因。

第十三节　唐人的地域观念分析

一、唐人南北分异观念

1978年在西安市第二机床厂发现的《唐重修内侍省碑》中说："我国家富有四海，坐镇粤区，端拱凝旒，垂三百载矣。南逾北粤，北超玄塞，东临若水，西极流沙。"②"北粤"，粤是今广东省的简称，古时"粤"与"越"相通，宋置广南东路，简称广东路，由此出现广东一名。元设广东道。明设广东省。辖区汉初为南粤之地，故简称"粤"。"北粤"可能是指南岭；"玄塞"，指长城，曹植《曹子建求自试表》中说："西望玉门，北出玄塞。"李善注："玄塞，长城也。北方色黑，故曰玄。"③许敬宗《奉和执契静三边应诏》诗："玄塞隔阴戎，朱光分昧谷"④；南部抵达五岭，东到大海，北及长城，西到大漠流沙。这是唐人对国家疆域的认知，在这个辽阔的空间里，各地区存在着自然、风俗、文化上的差异，唐人对各个地区存在不同的认知，反映当时唐人的地域观念。

这里不得不提到的是在南北分界线问题上，学界存在较大分歧，这条界线可以从自然、政治、文化等角度去划分，具有多层含义。张伟然认为在唐人的心目中秦岭淮河是重要的地理界线，无论是从自然景观还是人文地理意义

---

① 周绍良、赵超主编：《汇编续集》，元和023，第816页。
② 吴钢主编：《全唐文补遗》第1辑，第37页。
③ （梁）萧统编：《文选》卷37《曹子建求自试表》，上海：上海古籍出版社，1986年，第1679页。
④ 《全唐诗》卷35《奉和执契静三边应诏》，第462页。

上讲。① 本章主要从墓志角度对以秦岭淮河作为南北方的分界线进行再讨论。

唐人墓志地域评价中也体现了南北分异性观念。唐代时全国的政治文化中心还是在北方，经济中心虽已出现东移南迁的趋势，但并未完全形成，所以唐人墓志的地域评价中始终认为京洛是文化核心区，评价中带有南北分异、北优南劣的特点。

唐人对全国各地区的评价都是以北方中原地区为参照，比如气候上，李益说："远宦一辞乡，南天异风候"②；元稹《玉泉道中作》中说："楚俗物候晚，孟冬才有霜"③。南方的气候相对北方更为温暖、湿润，北人南下后会感到不适应。方言上，崔颖《结定襄郡狱效陶体》中说："此乡多杂俗，戎夏殊音旨。"④ 韩愈说："夷言听未惯，越俗循犹乍。"⑤ 习俗上，韩愈《送湖南李正字归》云："风土稍殊音，鱼虾日异饭。"⑥ 特殊的地理环境、社会背景以及历史发展过程的不同会让当地百姓形成独特的习俗，江南水乡喜食鱼虾让北人感到不适应、殊异与陌生。宋之问曾贬至岭南，他诗文中称："越俗鄙章甫，扪心空自怜。"⑦

唐人对北方的文化认同整体上高于南方，例如在民风习性上，唐人认为北方的民风普遍较为勇猛强悍、质直忠厚、勤劳节俭。《令举猛士敕》中也说："秦雍之部，俗称劲勇，汾晋之壤，人擅骁雄。"⑧ 比如对京洛的描写，《樊公墓志》中评价洛阳："黄图帝里，赤县天畿。"⑨ "河洛奥区，帝皇邑里，水清岳峻，气淑星贞，物候光华，奇宝攸出。"⑩ 反观南方，根据前面的分析，唐人认为南方地区普遍较为偏远、荒芜，民俗尚巫祀，民风评价上多是"民风祚薄""人多浇诈"之类的评价。《燕绍墓志》中描写宣州宣城县（今宣城市）："地惟牛斗，邑带长江，控吴楚之遐壤，有轻诮之遗俗。"⑪ 轻诮，浮躁，轻率之义。《刘齐贤墓志》中墓主曾左迁普辰州刺史、吉州长史，墓志中评价："长沙地湿，仰妖鹏而增怀；岭障氛连，观䳒鸢而丧魄。"⑫ 在唐人的观念中，对

① 张伟然：《中古文学的地理意象》，北京：中华书局，2014年，第39—46页。
② 《全唐诗》卷282《送诸暨王主簿之任》，第3208页。
③ 《全唐诗》卷402《玉泉道中作》，第4497页。
④ 《全唐诗》卷130《结定襄郡狱效陶体》，第1323页。
⑤ 《全唐诗》卷337《县斋有怀》，第3776页。
⑥ 《全唐诗》卷339《送湖南李正字归》，第3806页。
⑦ 《全唐诗》卷51《玩郡斋海榴》，第625页。
⑧ （清）董诰：《全唐文》卷14《令举猛士敕》，第166页。
⑨ 周绍良、赵超主编：《汇编续集》，长安002，第388页。
⑩ 周绍良、赵超主编：《汇编续集》，显庆023，第99页。
⑪ 周绍良主编：《汇编》下，开元067，第1201页。
⑫ 周绍良主编：《汇编》上，长安015，第1000页。

疟疾瘴气等疾病都是非常恐惧的，所以对潮湿的环境有一种害怕、厌恶之情。《大唐西市博物馆藏墓志》中对洪州高安县的评价也不是很高："县压楚塞，西接衡湘，南界番禺。土旷千里，民俗犷狂，喜于诤辨。"墓志先对洪州高安县的宏观地理位置做了描述，对当地社会风气的评价却很低，认为当地民俗粗俗，礼教淡薄。

二、唐人墓志地域评价中的华夷秩序观念

上古时期，黄河流域的中下游地区华夏族群开始形成，当时生产力水平低下，人口稀少，华夏族经过不断发展、强大，占据了黄河中下游流域的广大生存空间和资源，并且他们骄傲地认为自己所处的是世界的中心，是文明的中心，而周边的部族和民族则较为落后，因此逐渐产生了一种区分人群的华夷观念。这种观念的标准是文化和文明的程度，是否符合华夏礼俗文明，合者为华，或称夏、华夏、中国人，不合者为夷，或称蛮夷、化外之民。由于周边的民族是流动变化的，便将北部的称为狄，南方为蛮，相对应的东方和西方称为东夷和西戎。《春秋左传注疏》称："中国有礼仪之大，故称夏；有服章之美，谓之华。"东周时期，周天子大权旁落，南方的楚国自称蛮夷，其后文明日进，中原诸侯与之会盟，则不复以蛮夷视之；而郑国本为诸夏，如行为不合义礼，亦视为夷狄。

秦始皇统一全国为这种华夷秩序观的发展提供了可能。到了唐代，贞观之治，开元盛世，国力上的强盛使得华夷秩序更加的成熟，这在唐人的地域观念中得到淋漓尽致地体现。前面章节中分析唐人墓志中对各地区的评价时，可以看出唐人的地域观念被打上极其强烈的华夷观念色彩。唐人的华夷秩序观即包括中心与边缘文化上差异的认知，还有对周边少数民族和藩属国政治地位上不平等的态度。

唐人对中心与边缘地区文化上的差异是有感知的。骆宾王说："中外分区宇，夷夏殊风土。"[1] 元稹《春分投简阳明洞天作》："闾阎随地胜，风俗与华殊。"[2] 赵和璧《对伏日出何典宪判》中说："天平四序，有寒暑之殊；地列九州，著华夷之别；风土既其不等，节候于是莫同。"[3] 作者赵和璧认为应该由文化差异来区分华夷。持同样看法的还有陈黯，他在《华心》中写道："夫华

---

[1] 《全唐诗》卷77《从军中行路难二首》，第833页。
[2] 《全唐诗》卷423《春分投简阳明洞天作》，第4647页。
[3] 《全唐文》卷296《对伏日出何典宪判》，第3003页。

夷者，辨在乎心，辨心在察其趣乡。有生于中州而行戾乎礼义，是形华而心夷也；生于夷域而行合乎礼义，是形夷而心华也。"①

唐代的两京是全国的政治经济和文化的中心，也是华夷秩序的中心，唐人评价两京地区时，评价极其高，文化认同度也高。而对边缘地区的陇右、岭南等地评价多带有贬义，对其文化认同感极低。

唐人华夷秩序观念中的政治地位问题，可以先从称谓上分析。唐人一般自称"中国"，《阿史那摸末墓志》说："公讳摸末，漠北人也。盖大禹之后焉。夏政陵夷，世居荒服。"铭文中说："灼灼夫人，显显令德，左右君子，系仰中国。"②《唐俭墓志》中墓主曾为幽州道行军总管，兼为定州道安抚大使，墓志中写道："因以境外，便宜置太和等五镇，断凶（匈）奴之左臂，树中国之潘拥。"③《薛震墓志》中称："地之纪者河海，其才可以营中国。"④还有的称呼为"唐国"，这也是很普遍的情况。《伪明威将军杨公墓志》中说："□宾唐国，触事庶几。训子弟以义方，恪勖劳于家事。"⑤相对而言，唐人称呼周边民族往往都会带有强烈地鄙夷口吻，在唐人墓志中一般用"东夷""鸟夷""丑房"等称谓代指。比如《□达墓志》中记载："武德之际，丑房犯边君乃杖剑从征，克平凶党，寻蒙江州道行军元帅拟飞骑尉，式旌忠节。"⑥虽然此墓志中记载的有效信息比较模糊，不能判断"丑房"代指哪个民族，但是可以从中看出在华夷观念上，唐人认为周边民族和藩属国是不具备与唐国平等的政治地位的。

唐人墓志中有很多墓志的志主是担任过边疆的地方官员或者出身武将，墓志多记载当时战争或者边界的情况。武周时期《张怀寂墓志》的墓主曾担任叠州长史（今甘肃省迭部县），当时叠州较为动荡，墓志中记载："瀚海残妖，孤恩蚁聚。同恶相济，劫掠成群，天子命将登坛，推轮伐罪。"⑦根据时间和地理位置的分析，墓志中的"葱岭小丑"应该是突厥，认为突厥犯边只是一种"蚁聚"，言语中表达了墓志的撰写者对突厥情况的描述。

① 《全唐文》卷 767《华心》，第 7986 页。
② 周绍良、赵超主编：《汇编续集》，贞观 066，第 47 页。
③ 周绍良、赵超主编：《汇编续集》，显庆 006，第 90 页。
④ 周绍良、赵超主编：《汇编续集》，垂拱 003，第 279 页。
⑤ 周绍良、赵超主编：《汇编续集》，总章 005，第 174 页。
⑥ 周绍良主编：《汇编》上，贞观 143，第 98 页。
⑦ 周绍良主编：《汇编》上，长寿 030，第 854 页。

后 记

撰写这部颇费心血的拙著历时六年，实际上在 2018 年秋已经大体完成。之所以搁置两年之久，一方面是还要作附书后的《唐人墓志历史地理资料汇编》，并想尽可能地补充一些新近发现的唐人墓志所涉历史地理资料，以避免有遗珠之憾（限于书的篇幅，本次未能收入）；另一方面也是因 2017 年承担的一项国家社科基金重大项目有诸多事项要同时展开，同时每学期还有必须要完成从本科到博士研究生的四、五门课程教学任务，三栖作战，因此有力求完善之心，而乏分身之术，自然难免顾此失彼，以至于一直拖延至现在才修改完成，付梓出版。

回想起来，我对出土碑刻的研究虽然起步较晚，却也有 10 年之久了，并且成为近 10 年连续发表系列论文最多的一个学术领域。2006 年博士毕业后，承蒙西南大学真诚引进，来到坐落在嘉陵江畔、缙云山下这所闻名遐迩的大学任教。科研方面先是承担了一个教育部人文社科项目"嘉陵江流域历史地理综合研究"，在研究过程中开始不断接触一些地方碑刻资料。作为历史时期人类活动的见证或者新历者记录，从二重证据方法角度而言，碑刻的史料价值是不可替代的，但单个碑刻的证史作用往往十分有限，仅仅只能对个别的历史事件与人物有辅助印证意义，而只有将一个时代或某些时段多个碑刻整合起来进行多维度考察，才能揭示出碑刻类文献以石证史的整体价值。特别是研究某些历史文献有限的古代史及其历史地理，选择现代出土量较大的石刻进行研究，无疑是一项十分有意义的工作。一个偶然的机会，我的一位陕西的学生，从陕西师大研究生毕业后到重庆工作，来看望我时带给我一件礼物——一本三秦出版社出版的《全唐文补遗·千唐志斋新藏专辑》，其中收录的多为近年西安、洛阳出土的唐人墓志铭。起初我并没有太在意，在书柜中搁置很长时间，但后来阅读其中一些墓志后却渐渐产生了兴趣，出于专业的敏感，发现唐人墓志不仅可以补充两唐书大量未见记载的人物传记资料，也包含着丰富的唐代历史地理方面信息，而这些信息又是过去治历史地理学的前辈们大多未曾看见过的新资料。20世纪出土的唐人墓志是前所未有的，随着现代化铁路、公路、城乡开发等基础工程的建设，大量埋藏地下千年之久的古代墓志纷纷重见天日，当然也包括不少因盗掘墓藏而被抛之荒野的唐人墓志，其被有识之士收藏刊发。地不藏宝，我辈幸运，赶上能够充分利用墓志进行包括历史地理在内的研究的好时代，自然应该而且能够在今天充分利用这批数量可观的唐代地下石刻文献。

唐人墓志文献实际上存在两个资料系统，一是唐人撰写、收录在唐人别集中，历代传抄流传，后来被收录于清人所编《全唐文》中的墓志资料，如唐代白居易、韩愈、柳宗元、李德裕等为时人所请撰写的墓志有不少即收入《全唐文》，可称为传世墓志；另一是近百年国内大量出土的唐人墓志，可称为出土墓志。前者见于后者的只是极少数，后者数量巨大，且大部分出土唐人墓志埋入地下直到现代出土，为唐以后人所未见，因而其中最有研究意义的无疑属于后者。2012年，教育部项目结项后，我试着以"新出土唐人墓志历史地理资料整理与研究"申请了国家社科基金一般项目，并在当年幸运地通过评审立项。此后七八年，我的科研工作就一直围绕这一项目展开。在大量搜集唐人墓志，包括已经汇编出版的《隋唐五代墓志汇编》《唐代墓志汇编》《全唐文补遗》等大型墓志资料，也包括艰辛寻求其他区域墓志资料与单个的考古、文物简报上报道的唐人墓志，甚至在洛阳、西安等地通过朋友介绍去一些民间收藏家、文物商人处访求、拍照、购买唐人墓志拓片……经过两年多的资料搜集与整理，能够找到的唐人墓志已经基本齐备，遂开始按照历史地理的学科分类方法撰写项目论文，先后在《中国历史地理论丛》《历史地理》等专业刊物上发表《新出土唐人墓志与唐代历史地理研究的新拓展》《出土唐人墓志与唐代政区地理的几个问题》《出土唐人墓志所涉唐代交通地理考述》等文，还在《社会科学战线》《陕西师范大学学报》等期刊发表《从出土唐人墓志看唐高宗、武则天时期的政治侧影》《唐人墓志所见唐代南方社会动乱及其治理》《大动乱时期的士庶遭际与记忆——基于涉及安史之乱出土唐人墓志的分析》等唐史论文。需要说明的是，我指导的2013级两位研究生陈呈与朱婧也参与了本课题的研究，我指定她们分别做唐人墓志的乡村地理研究与墓志反映的唐人地域思想研究。二生很用功，经过两年多努力，她们都较好地完成了学位论文的写作，其中陈呈毕业论文的一部分还发表在《中国历史地理论丛》上。此次组合全书内容时再一次对她们的论文进行审读，发现仍然存在不少文字错讹、语句不通之处，经过筛选、修改，部分地收入本书。这些内容，主要反映在第六、七、八、十章之中。她们具体承担研究、撰写内容如下：陈呈撰写第六、七、八章，朱婧撰写第十章，当然此次收入时做了若干删节、补充、修改，其余六章则为我独立撰写。

科学出版社是一家有近七十年历史的有影响的出版社，也是我校认定的国家五大著名出版社之一。科学出版社早年就重视人文社会科学著作的出版，1959 年就曾经出版过侯仁之主编，顾颉刚、谭其骧、黄盛璋、任美锷等名家注释的《中国古代地理名著选读》一书，我的《嘉陵江流域历史地理研究》一书也于贵社出版，《地理学报》曾经发表书评给予较高评价。本书又承出版社看重，也算与科学出版社有缘。

暨南大学郭声波教授是我读博士时的导师，以治学严谨、著述丰硕著称，也是当代治唐代历史地理首屈一指的著名学者，所著《中国行政区划通史·唐代卷》在学术界享有盛誉，现在兼任中国地理学会历史地理专业委员会副主任。此次承蒙郭师慷然应允赐序，给拙著以公允与深入的评价，自然要首先感谢！陕西省社会科学院刘思怡女士慷慨馈赠一整套《全唐文补遗》（九册），对本书完成颇有裨益；科学出版社编辑对工作兢兢业业，多次提出修改意见，纠正了原稿诸多文字疏漏与错误，深致敬意！2020 级研究生于洪苑、徐珏瑶一入学即帮助我校对书稿、调整表格，尤其是于洪苑出力甚多，在此一并感谢！

石刻研究涉及诸多传统国学知识与技术，更何况以石证地，难度更大。研究过程中笔者深感学然后知不足，书中错误在所难免，真诚希望读者诸君批评指谬。

作者谨识

2020 年 11 月 9 日于西南大学